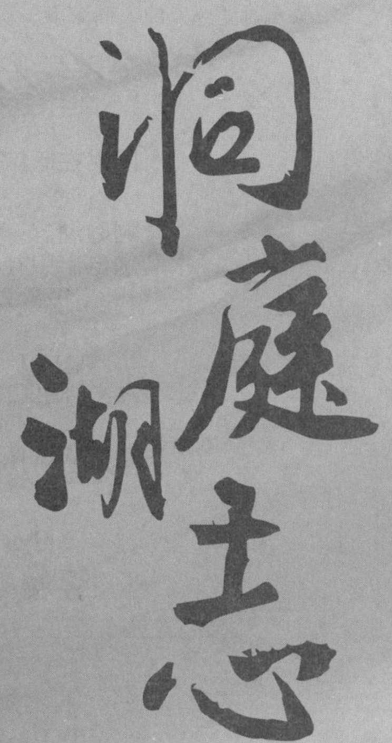

2011—2020年
國家古籍整理出版規劃項目

孫衛國　任芮欣　整理

中国水利水电出版社
www.waterpub.com.cn
·北京·

内 容 提 要

《洞庭湖志》成書於清道光年間，是洞庭湖首部方志，也是描述洞庭湖保護、開發和利用狀況的人文之作。本書第一次分門別類地記載了洞庭湖區的湖泊、山巒、水道、洲港、堤垸、税課、兵防、風俗、物産、古迹、祠廟，第一次用編午體記載了洞庭湖區的自然灾害、藩封、戰守等大事，保存了洞庭湖全盛時期的歷史面貌，並較爲完備地收録了洞庭湖區的歷代詩文、古史和神話，兼具史料價值和文學意義。《洞庭湖志》中古人"不與水争地"的治湖治水思路，是洞庭湖治理、保護和開發的寶貴思想、財富之源，對於今天的人們認識、研究、治理和利用洞庭湖仍將起到重要的參考價值和作用。

图书在版编目（CIP）数据

洞庭湖志 / 孙卫国，任芮欣整理. -- 北京 : 中国水利水电出版社，2020.12
ISBN 978-7-5170-9123-3

Ⅰ. ①洞… Ⅱ. ①孙… ②任… Ⅲ. ①洞庭湖一湖泊志 Ⅳ. ①K928.43

中国版本图书馆CIP数据核字(2020)第233473号

項目負責人：馬愛梅　宋建娜　楊春霞
審稿編輯：戴甫青　宋建娜　叢艷姿

	2011—2020年國家古籍整理出版規劃項目
書　　名	**洞庭湖志** DONGTING HU ZHI
作　　者	孫衛國　任芮欣　整理
出版發行	中國水利水電出版社 （北京市海淀區玉淵潭南路1號D座　100038） 網址：www.waterpub.com.cn E-mail：sales@waterpub.com.cn 電話：（010）68367658（營銷中心）
經　　售	北京科水圖書銷售中心（零售） 電話：（010）88383994、63202643、68545874 全國各地新華書店和相關出版物銷售網點
排　　版	中國水利水電出版社微機排版中心
印　　刷	北京印匠彩色印刷有限公司
規　　格	184mm×260mm　16開本　24.75印張　458千字
版　　次	2020年12月第1版　2020年12月第1次印刷
定　　價	**138.00**圓

整理説明

洞庭湖，古稱雲夢、九江和重湖。洞庭湖之名，始于春秋、戰國時期，因湖中洞庭山（即今君山）而得名。其位於長江中游荆江南岸，跨湖南岳陽、汨羅和湖北荆州等縣市。其北納長江松滋、太平、藕池、調弦四口來水，南和西接湘、資、沅、澧四水及汨羅江等小支流，由岳陽市城陵磯注入長江，是長江流域重要的調節湖泊。歷史上乃兵家必争之地，也是湖湘文化的重要發祥地。

清修《洞庭湖志》，乃乾嘉時期數代湘人歷經數十年，才最終定稿刊出。初編者綦世基（1702—1763 年），字鼇柱，號自堂，乾隆六年（1741 年）拔貢。乾隆十五年（1750 年）開始，綦着手收集資料，編成初稿 4 卷，名曰《洞庭志》。書未成而卒，由門生萬圖南（1739—1786 年）續撰。萬略補些詩文，臨終前交堂侄萬年淳（1761—1835 年）再補。萬年淳，乾隆五十七年（1792 年）舉人，曾任安徽霍山、巢縣、六安等地知縣、知府等職。接受萬圖南之托後，試圖擴編刊刻，不果，遂轉交岳州知府沈筠堂。沈令府學教授夏大觀增補，并親自參與，書擴編爲 6 卷，呈湖南安化人時任江南道監察御史的陶澍（1779—1839 年）總裁。嘉慶二十五年（1815 年），陶澍令萬年淳對沈稿“訂訛補缺”，萬年淳遂增補爲 14 卷，最後陶澍再訂。道光五年（1825 年）方刊刻成書。當時印量極少，道光八年（1828 年）再刊印，印數依舊不多。

此書相當重要，是關於洞庭湖唯一的志書，有重要的學術價值與實用意義。不僅對洞庭湖的自然狀況，而且對歷史上相關的人物典故、歷史遺迹、詩文藝術等，都有系統介紹。

2003 年，岳麓書社出版了何培金的點校本。2009 年，此書收入《湖湘文庫》，得以再版。本次重新整理出版，適當參考何培金的點校本。此次整理所用底本爲清道光八年（1828 年）刻本，一切以本底本爲據，錯字查對原始出處修改，原書避諱字徑改不出校。本點校本對於原書史實舛誤，多不深究，重在字詞。卷九至卷十四“藝文”，所附文章，多有删節，爲體現原編者之意，亦基本維持原貌，不作補充。

整理者

2020 年 12 月

序

洞庭，海内巨浸也。昔黄帝張樂於此，本以山得名。《山海經》：“洞庭之山，在九江之間。”所謂九江，辰、沅、漸、溆、潕、酉、澧、資、湘也。九水中，五入於沅，與澧、資、湘，潴而為四，同注洞庭以會江，若五口然。故《國策》又謂之“洞庭五渚”也，然皆後世所命名。《禹貢》但謂之九江，曰“九江孔殷”，曰“九江納錫大龜”，曰“過九江，至敷淺原”，曰“過九江，至東陵”，皆指荊州，無及揚州者。顧自秦漢以來，九江之稱，或移之江北，移之淮南，移之彭蠡，祇以《禹貢》有九江、無洞庭，遂併九江之名，而系之揚州之域。俗儒耳食，入主出奴，至今猶聒。欲志洞庭，此其大者，不容以無考也。

按《漢書·地理志》“九江郡，秦置”，而未言其地。《酈注》謂：“秦始立九江郡，治壽春。”此蓋淮南郡治，非九江也。以壽春為九江，自元狩六年始。其實壽春背淮負淝，南臨灊霍，與江絶不相涉，不知武帝何由捨淮而以江為稱？竊謂九江立郡，漢之誤沿於秦，而其端則起於楚。楚國都江陵，曰郢中，其後遷徙，如鄢郢，如郊郢，皆以郢名。《史記》：“考烈王二十二年，東徙壽春，命曰郢。”是仍施舊號於新邑也。洞庭九江，為附近國都之藪。郢徙，而九江亦隨以徙。如東晉渡江，而南兖、南徐諸州，亦因之僑置也。然則其地安在？曰：洞庭九江，在故郢之南二三百里間，則僑置亦當在壽春稍南，如今六安州境。《史記》“九江王英布都六”，即其地已。

余持此論，惟萬子彈峰深然之，以為前人所未及。萬子博學多通，戛戛獨造。往時需次都門，適余案上有《洞庭湖志》藳，乃前長沙太守沈君廷瑛屬余訂定者。余方巡城鮮暇，因轉以屬之，俾竟其事。越十年，而以志成告。蓋是志為華容拔貢綦世基所刱，湘潭夏學博大觀增輯，以遺沈太守。萬子又增之，訂訛補缺，倍於前書，其用力勤矣。余毋庸多及，而惟以洞庭即九江之説質之，冀達於古今者採正焉。

大清道光五年歲次乙酉仲夏月上澣，兵部侍郎、
巡撫安徽等處地方兼都察院右副都御史兼提督銜、
前翰林院編修安化陶澍拜撰并書

《洞庭湖志》序

五湖，洞庭為長；九江，湘、沅最長。附洞庭得名者，首青草、赤沙，而洞庭一湖總統之；與湘、沅爭流者，首資、源、澧、浦，皆洞庭一湖兼收之。《記》云：“五嶽視三公，四瀆視諸侯，其餘視伯子男。”四瀆之外惟五湖。以五湖位置之，洞庭之為伯，無得而議焉。然太湖居五湖之末，而太湖有志；西湖在五湖之外，而西湖有志；則洞庭之宜志也，為尤急。

雖然洞庭固不可無志，而志之成，則必待其人而后定。洞庭之有志也，始基之力，創於綦鰲柱；補輯之功，賴有沈筠堂、夏楓江；至於督脩之績，則必歸大中丞雲汀先生一人而已。

淳憶吾邑前輩綦鰲柱，知名士也。隨楚南提學葉書山先生，閱試士之文，凡三府一州八縣之濱湖者，檄取其志，依類而録之，不一二年而稿本牿就。尚未呈政於提學，而鰲柱已辭世矣。鰲柱没，此稿在先叔禹山手。先叔乃鰲柱及門士，欲成其師之志，未逮而没，此稿遂在淳手。淳嘗閱其文，頗多闕略，而經紀尚未盡善，欲離析而整齊之，亦以剞劂之事為難而中止。

乾隆癸丑冬，岳陽太守沈筠堂先生欲纂此志，聞學博夏楓江言鰲柱稿在淳處，遣人索取，淳舉而付之，以為此書必獲有成矣。及嘉慶乙亥冬，中丞在都為侍御，忽以《洞庭湖志》一書托淳訂正。淳取而觀之，始知沈筠堂、夏楓江補輯之本已成，未及授梓，就裁於雲汀先生。先生乃虛懷若谷，謂淳曾修岳州《巴陵志》，熟於地方形勢，悉其故實，故以屬淳而不疑也。淳謂此書補輯鰲柱所未備，而其中未備者尚多，此亦非一朝夕所能畢事。中丞謂：“不須求急，但求盡善而已。”友人陳卷山在京見此書，借觀之，後出都，竟攜以南歸。屢寄書索之，而道遠難得。時以不能成此書，而又失去原本為恨。

道光元年辛巳，淳銓六安丞，雲汀先生以是年藩屏皖省。淳每以負託為慙，先生亦含意而未發也。癸未歲，先生巡撫安徽，需米賑饑民，淳奉檄赴漢陽買米。聞卷山司鐸宜章，遣人往索此書，得之，暇時輒一一彌縫之。甲申夏，再脱稿，呈政於中丞。中丞喜淳之卒克有成也，乃竄之删之，而趣付梨棗。曰：“此志為吾南楚一大典故，不可不鐫板。汝無力任此，今南楚仕於皖者不乏人，醵金而舉之不難矣。”同鄉諸人欣然應命。六越月，而梓人告成。故曰：“督修之績，則必歸大中丞雲汀先生一人也!”

噫！此書不成於書山先生與鰲柱，以其草創未定也；不成於筠堂先生與楓江，以其尚有疑而未果也；兹成於雲汀先生，所謂必待其人者，豈不然乎？回憶鰲柱至楓江，時已四十餘年；楓江至今復三十餘年，此日脱稿又三年。經數人纂輯參考之勞，前後七十餘年而後就緒，時亦久矣。且此志為南楚書，不成於南楚而成於江南，豈有其時復有其地乎？蓋必待其人焉耳！有其人，則此書之成遂可信今而傳後。使閲者知洞庭之大，數倍太湖、西湖，而洞庭之志，則山川險要、古今戰守及堤防、水利、賦税諸典章，皆於是焉可稽，今古人文、雄才傑作，欲與洞庭争海涵地負之奇者，皆於是焉可見，亦不似太湖、西湖之志，僅記景物之佳麗，録文詞之雕鎸而已也。

大清道光五年歲在乙酉孟冬月

六安州丞華容萬年淳譔

凡　例

一、此志與他山川志不同。葢他志不過鋪張勝景，供遊覽吟咏；玆則地險為滇、黔、楚、蜀之咽喉，水利資長、岳、澧、常之蓄濬，關係甚鉅，載筆尤宜詳慎。鄭漁仲有云：誌之大原，起於《爾雅》。詳浮言，略事實，皆不足盡《爾雅》之義。是編於山川、水道、隄垸、戰守、兵防、税課諸門，悉力搜輯，或不致為漁仲所訶。

一、洞庭雖界連諸郡，惟岳陽高踞湖濱，俯瞰全勝。是志獨詳所謂“巴陵勝狀，在洞庭一湖”，故諸門皆首巴陵，次華容，次澧州之安鄉，次常德之武陵、龍陽、沅江，次長沙之益陽、湘陰，俱以湖為中央，制臨四方，而三府一州八縣疆域亦於此著矣。

一、是志無《沿革》一門。葢地有沿革，水無沿革，而東西南北分隸處，亦不可不詳。玆故於《輿圖》之後，附載《岳郡沿革》一篇，而湖上形勢大略已具於此矣。

一、志倣於史，貽厥方來，資以考信，故雖大吏亦稱官稱名。玆志沿例直書，識者知不罪其伉慢。

一、志中徵引頗多，皆標本書名目，不敢掠美前人也。至其中有紀載互異，抑或義有未安，間參鄙見，均以“按”字別之。

一、隄垸以資保障，然如巴陵、華容防江諸隄，武陵、益陽等縣防上流諸隄，混而列之，奚所區別。是志凡與湖無涉者不録，要期覈實云爾。

一、各郡邑乘志，必詳載其地之人物。是湖據天下之勝，原非一鄉一里所得私，故於《遊覽》一門，統舉古今來名賢碩彦、功德文章卓然可見者著於篇。而其地産偉人，亦互見此門内，不為另録。

一、《洞庭湖志》皆取材於各府州縣志，如某地州縣志云在縣東幾里、幾十里，或云在縣南、在縣北，此州縣志體裁則然。作湖志似應以湖為主，宜云在湖東、在湖西。然由水而之陸，與由陸而之水，其程途一也。湖志仍如州縣志體裁者，抑亦不失文獻之舊，使後之考實者有所據云。

一、碑記即藝文，不必分別與《通志・金石略》另為一門，其例不同，葢碑板無多。《記》所謂“刻唐賢今人詩賦於其上”者，迄今又數百年，百無一存，惜哉！乾隆八年，張文敏公所書《岳陽樓記》，亦一大觀也。蓋我朝書法以張文敏為第一，而文敏書法又以《岳陽樓記》為第一。今之鈎而刻之者，正復不少，不使“岳陽四絶”獨專美於前。湖志略此，以另有鈎本故耳。

一、《藝文》備志諸體，故一代名人不必皆有詩文，即一人之詩文有關洞庭者，亦不必盡録，擇其尤者而著録之。亦足以見洞庭之大，即詩文亦有不能盡收者矣。

一、是志較原本，《輿圖》增其四，《藝文》增其五，《星野》《事紀》則全更之，《捃摭》增其六，而又分其次序，以便觀覽。其間諸門附録之論，皆原本所無而不可缺者。觀此志者，尚有挂一漏萬之誚，從而式廓丕增之，則其幸也。

一、《藝文》向只分朝代，而洞庭《藝文》幾可盈尺，不分其體則茫無分别，彼此夾雜，長短混殺，觀者難於辨别。兹於文則分騷、賦、考、記、碑記、文、序、書、辨、疏、解、議、書後十三體，於詩則分五古、七古、五律、七律、五絶、七絶、五排、七排、四言、六言、詩餘、聯句、集唐十三體，無題不有，無體不備，益足徵洞庭之為大觀也。

目　録

洞庭湖三府貳州八縣
四大水入湖全圖

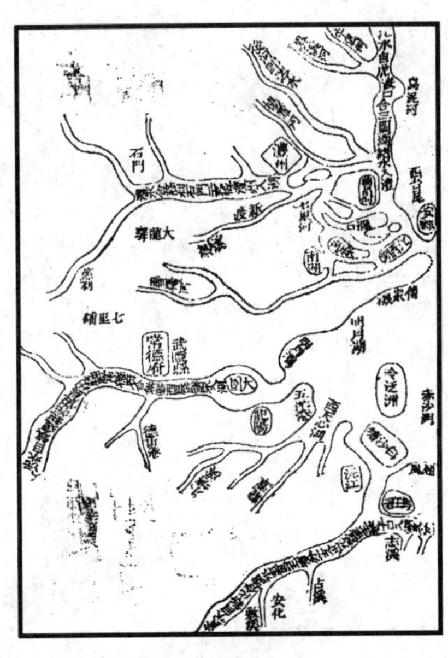

按：洞庭一湖，連三府一州八縣之地，周圍八九百里。在《禹貢》名“九江”，其實止有四大水，湘、沅、滀、澧而已。四水又惟湘、沅最大最長，而瀟水入湘，無、敘、辰、酉四水入沅，湘、沅、滀、澧合瀟、無、敘、辰、酉，是為九江。其實入湘、沅、滀、澧之水，尚有百數十道，水以九江名者，據其大者而名之也。即水之專達於湖，尚有數十道。水亦不僅湘、沅、滀、澧，而獨言湘、沅、滀、澧者，亦據其大者而名之也。但《圖》有無、漸，有瀟、蒸，其實漸統於無，蒸統於瀟耳。至大江水之由澧而入湖者，又別為一支，不在九江之數也。玆於《輿圖》之前，增此一圖，水道始分明，而三府一州八縣之地，皆瞭然如指掌矣。

卷之一

〔輿圖一〕❶

古者職方詔地事則有圖，況洞庭據荊、郢之上游，捍三湘之門户，關全楚之利害者乎！昔鄭侯收秦圖籍，具知天下阨塞、户口多少、强弱之差，漢宣帝核吏，必參考輿圖，是輿圖原為吏治而設。凡隄垸之防，蘆葦之利，皆民命所係。至於萑苻窟宅，戒衣袽而防未雨，尤不可不瞭然於心目。而遊目騁懷，藉以抒奇，又其餘也。志《輿圖》。

❶ 原書無此標題，據目録加上。另每卷下皆有“安撫陶雲汀先生督修　岳郡守沈筠堂先生總纂　候選訓導綦世基原本　岳州教授夏大觀補輯　六安州丞萬年淳再訂”，因前有説明，故皆删，特此説明。

洞庭北望圖
西
北

洞庭東望圖
北
東

南
東

洞庭西望圖
北
南

洞庭南望圖
北
東

南

岳陽樓圖
岳陽樓

君山圖

洞庭秋月 瀟湘八景之一
岳陽樓

論曰：右舊圖止有東、西、南、北四圖，但必先有全圖，而後可分而為四也。若岳陽樓之雄傑，君山之俊麗，皆不可少。而“洞庭秋月”為八景之一，亦不可不附於後。增此四圖，合而為八，湖之形勝，大概具於此矣。

又，各郡縣志之有八景也，處處皆然，惟《湖南通志》“瀟湘八景”為極大。此八景剏於米襄陽，其詞其序皆足以冠絶群倫。八景之在洞庭，僅“洞庭秋月”耳。要之，“瀟湘夜雨”“遠浦歸帆”乃洞庭湖之一隅，皆湖中實景也。“山市晴嵐”有妙於鹿角者乎？不必在湘潭也。“漁村夕照”有妙於城陵磯者乎？不必在桃源也。“江天暮雪”有妙於岳陽樓雪景者乎？不必在長沙也。“烟寺晚鐘”有妙於乾明寺者乎？“平沙落雁”有妙於洞、穆二村者乎？不必在衡山也。雖謂八景皆洞庭所有亦可，然洞庭之大，非八景所能盡。兹僅列其一，不必侈陳其餘。蓋湖之大觀，原不藉此品題，而襄陽之作，則全附於詩，所以備其本末耳。

附《岳郡沿革論》

論曰：岳郡沿革，其大要有三：一曰郡縣，二曰南北，三曰東西。

秦始，南鄙初闢，此地未置郡縣，亦未知春秋之所謂麇子城者，雉堞猶存否耶？漢置下雋，於是乎有縣名。孫、劉分争，吴始設邸閣城以屯糧、巴邱城以屯兵，時雖為重鎮，亦未聞有郡縣名。晉平吴，析吴之巴邱城為建昌郡，始立巴陵縣。巴陵瀕於重湖，建昌非即巴邱，此時有縣名，尚未聞有郡名也。

南北宋時，始立巴陵郡巴陵縣，於是乎有郡名。陳、梁置巴州，於是乎有州名。隋平陳，始更名岳州。自後州名屢改，而郡、縣不離巴陵。時郡以挾縣，而州實大於郡。終唐之世，三百餘年，終始以岳州為名。宋謂之軍，而有郡有縣。元謂之路，而領縣、領州，有革之名，無革之實。明初，增州為府，府始大於州，州與縣比，府與郡比，而郡、縣之名始定。

且荊楚之間，長沙為大都會，秦為郡，漢為國，巴陵地屬焉，是初固隸於南也。三國時，劉據公安而吞八郡，孫遷武昌而攘四屬，於是始割而北。晉時，一隸湘州，一隸長沙，則仍然南也。南北朝迄無定屬，隋則仍歸長沙。唐分岳州，屬江南西道，為揚州之南境，則又割而北矣。宋分湖南北路，岳州隸北者二，隸南者一。元屬湖廣行省，而以鄂州為省會，仍隸於北。明屬湖廣布政使，亦如元制。至國朝雍正二年，南北分闈，岳始歸南，復秦漢版章之舊矣。

若夫疆圉之廣陿，地形之離析，自秦置南郡，長沙東西界以湖湘，漢晉南北朝未之有易也。湖以西，西漢則孱陵，東漢則南郡，蜀漢則枝江，晉則南平，六朝因之。至隋，割華容隸於岳，始及湖西。隋末及唐，並西及沅江矣。宋、元割沅江而西去，明時又割鼎、澧而東來。國初因明之舊，然形勢隔絶，水陸遼遠。雍正分闈之後，乃大更定。地之阨塞，則仍府縣；廣之緜袤，則分南北；湖之險阻，則析岳、澧。定山川之形勝，復宋、元之陳規，斯洵不易之軌也。

皇言二

國朝金甌鞏固，海宴河清，洞庭安瀾，永奠南維。列聖涣號頻宣，遣祭賜額，輝煌册典，以暨石台創建，恩慈廣被，傳於無窮。皇上疇咨民瘼於疆吏，奏勘瀕湖隄垸，仰承諭旨，籌畫周詳，允符謨訓。兹敬謹登載於篇首，以昭厚澤深仁，涵濡荆藪，萬世實永賴焉。

康熙十八年七月二十日，皇帝遣禮部主事鮑復業，致祭於洞庭湖之神曰："朕惟景運長隆，允藉百靈之助，神明效順，聿修咸秩之文。是以詩誦懷柔，禮敦禋祀，緬稽祭義，胥答鴻庥。况乎肆征不庭，佐國威於有赫；罙入其祖，彰神怒之式憑。幽贊聿昭，褒稱宜懋。惟神德符河海，秀結東南，納三峽之洪流，匯九江之殊派。膏吴潤楚，普美利以成能；浴日含雲，協太虚而敷化。粤自唐、宋，歷被崇封。暨我國家，彌宣偉績。頃者逆氣未靖，天討用加。地當師旅之屯，衆賴精英之祐，閲時八月，波浪無驚。俾我六師，舳艫共濟，堅城立拔，餘孽宵奔。眷言撻伐之奇勳，實屬神功之丕顯。特申昭報，式考彝章，封為洞庭湖之神，載諸祀典。神其永膺嘉號，配岳瀆而咸尊。益著珍符，格馨香於勿替。專官告祭，惟神鑑知。"

雍正三年四月二十二日，皇上遣湖廣提督魏國經，致祭洞庭湖之神曰："維神靈鍾荊楚，膏潤東南。三峽匯流，九江合派。朕撫馭寰區，考稽典禮，將祈福以庇民，宜加封而致祭。爰命所司，崇神封號曰'涵元滙利洞庭湖之神'。惟冀波浪永静，蒸黎獲利濟之安；風雨以時，稼穡享屢豐之慶。神其昭鑑，來享苾芬。"

雍正九年正月二十一日，奉上諭："朕聞洞庭一湖，綿亘八百餘里。自岳州出湖，以君山為標準，一望杳渺，横無涯際。而舵桿洲居西湖之中，去湖之四岸，或百餘里，或二百餘里。舟行至此，倘風濤陡作，無地停泊，亦無從拯救，多有傾覆之患。昔人曾經創議，若於此處建築石臺，則狂風巨浪之中，商船有泊灣之所，實有裨益。祇以水中立基，工用浩繁，事不果行。朕以勤求民瘼為心，凡内外遠近地方，疏濬修建功程，可以利濟群生者，無不樂為興舉。况商賈行旅之往來，可以避風波之險，而登袵席之安，尤事之所當舉者。查營田水利捐納項内，有平餘銀二十萬兩，著將此項銀兩解送楚省，交與總督邁柱，會同巡撫趙宏恩，遴選賢能之員，相度估計，悉心經理，建築石臺，以為舟船避風停泊之所。務期修造堅固，以垂永久，毋得草率塞責。特論。”

雍正九年三月，湖廣總督邁柱奏：“洞庭湖為域内第一大湖，風浪叵測，出其途者，莫不恐懼，咸有戒心。蒙皇上聖明遠照，特發帑金二十萬兩，於湖中舵桿洲建立石臺，俾往來舟楫得有避風泊灣之所，保全生命。此乃開闢以來，億萬年未有之舉。自我皇上創之，由今而後千萬年不朽之功，皆我皇上成之。行據委理工程道員許登瀛逐一估計，又於東、西兩面，各建廟宇一所，召僧住持。又蓋營房二所，撥兵居住守護。并立高杆兩枝，日則張旗，夜則懸燈，使行舟遠望得有指歸。又於南北兩面，擬造店房數十間，使貿易者居之，出賣米薪，以資過往商民食物。謹繪建築石臺圖式，恭呈御覽等因。”

是月二十一日，奉硃批：“覽奏并圖已悉。萬壽宮毋庸建造，止立一碑亭可也。餘照議行。欽此。”

雍正十二年五月，湖廣總督邁柱奏：“雍正十二年四月二十八日，欽奉上諭：‘洞庭湖舵桿洲建築石臺一事，地方有司，果有玩視工程怠忽從事官員，着臣據實嚴參，毋得姑容。欽此。’臣查近湖十二縣，去秋領帑雇募人夫、船隻，勤敏幫辦者固多，間有二三處不能如期雇到，或解不及數者，臣以該令等或才具平常，或一時夫船缺少，或胥役奉行不善，以致未能如期齊全，已嚴檄戒飭，并檄行總理衡永郴道許登瀛就近查察，如有玩視，令其詳參。兹值湖水漸長，對洲取土，河堤水已漫過，在臺運土夫船，均已發回，止留運砌石工夫船在臺辦理。俟秋時水退，仍於對洲河堤取土甚近，且土堅如石，填築臺心，自可趕辦，以冀來歲告竣等因。”

是月十五日，奉硃批：“此工當極加留心，督催辦理。從前未免懈怠，以致蹉跎至今未竣耳。欽此。”

乾隆十二年四月，大學士曾同工部議覆湖南巡撫楊□奏：“勸諭鄉民，自本年秋冬為始，將險要堤工於三年之内，每年加厚三尺，加高二尺。嗣後，仍遵舊例，督令歲修，造報工部查核。又飭令水利各員，督率栽種柳荻，以護堤根，并飭地方官出示，嚴禁縱放牛羊及居民侵損，仍令道府等官隨時點驗。又查洞庭雖曰巨浸，然藉以受各省之水，各屬堤垸俱係沿湖受水之地，漸次圈成，所謂與水争地也。雖濱湖荒地，不許擅行築墾，以阻水路，已經垂諸令甲。但尚無有碍隙地，許民呈官墾，勘明築墾之例。

我國家重熙累洽，生齒日繁，沿湖堤垸，彌望無際，實無可以再行築堤墾田之處。今已成之堤，在民既獲其利，可免毀其成功。若許隙地呈官築墾，在豪民惟視一己之利，捏詞朦混，倘無識之有司，不知總覽全湖形勢，遽狥其請，而上司一時疎忽，據詳批准，實貽壅水漫決之患。嗣後沿湖荒地，未經圈築者，即行嚴禁，不許再行築墾，以致有妨水道。如有土豪地棍侵佔、私墾等弊，照例治罪。仍飭令該地方官以及水利各官，不時查察，永遠遵行等因。”是月十六日奉旨：“依議。欽此。”

乾隆二十八年六月，湖南巡撫陳□奏：“楚南洞庭一湖，橫亘八百餘里，容納川、黔、粵、楚各省之水。冬春水涸，湖灘原有荒地；夏秋水發，則荒地皆成澤國。每當諸江水漲之時，常致逆流而倒灌。幸而湖面廣闊，任其浩衍，始免冲溢之患。

自康熙年間，許民各就灘荒築圍墾田。數十年來，凡稍高之地，無不築圍成田。濱湖堤垸如鱗，彌望無際，已有與水争地之勢。若再築圍墾田，必致湖面愈狹，漫溢冲決，為患甚鉅。是以乾隆十二年，前撫臣楊□奏准：‘堤圍已築者歲加培修，未築者永禁新增，責成地方水利各官不時查察。’此為湖南水利要務，誠當永遠遵行。

查有私築之楊林塞上、下塘二圍，現已高厚綿長，剷除不易，飭縣於十日内刨開數口，使與外湖相連則已，不能阻水成田。再俟冬間水涸，復刨多口，與地相平，則水發之時，仍可漫衍，餘埂自可漸坍。尚有私築之傅家山、蓮蓬塞二圍，又澧州、長沙、華容、武陵、龍陽、沅江各縣均有私圍，共數十處，皆私築於乾隆十二年禁止之後，確勘如有拆毀未盡者，亦令其多刨水口，使成廢壤。凡近日私圍，多議拆毀，而拆毀不易，地方官因其已成之功，未免姑息，所以違禁私築不能盡絶。今定多刨水口之法，則不必拆毀，而私圍已成無用，自不敢僥倖再築。仍令各屬將准留舊圍若干處，此外不許再築。緣由勒碑濱湖，永遠示禁，每於年底，飭取州縣及專司水利各官並無增築私圍，結狀送查備案。”是月十三日，奉硃批：“所辦甚是，該部知道。欽此。”

又，奉上諭：“據陳宏謀《奏請嚴濱湖私築之禁》一摺，所辦甚是，已於摺内批示矣。洞庭一湖，為川、黔、粵、楚眾流之總匯，必使湖面廣闊，方足以容納百川，永無潰溢。乃濱湖居民，狃於目前之利，圈築圩田，侵佔湖地，而地方官又往往意存姑息，不行禁止。若湖地漸就湮鬱，則夏秋水發之時，勢必漫衍衝決，為澤國田廬之患。倘或跨州連邑，所在皆没，即所有私築圍田，亦安能保無衝没？利小害大，誠灼然可見者。陳宏謀於此事，不為煦嫗之小惠，殊得封疆之大體。着傳諭喬光烈，每年親行查勘，間有一二歲，即將有無佔築情形詳悉具奏，永以為例。摺並發。欽此。”

乾隆二十八年十一月，湖南巡撫喬□奏：“遵奉諭旨，親往查辦，挨次勘驗統計，已經刨口、尚未坍盡之私圍，共有七十七處。内地處官圍腹裹，及倚山傍岸、障護城汛，與洞庭水道，遠不相涉者十處，相度地勢，與道府州縣公同勘議，准其存留，毋庸刨毁。其餘六十七處，均嚴督於已刨各口之外，再令刨寬。俟經歷數汛，即可衝刷無存，並取結永禁修復。其刨毁私圍未經陞科者，十居六七，間有已報陞科之地，科則不一，每畝約銀一二釐至一二分不等。查刨去堤埂之地，或名圻田，或名荒灘，低窪處所，既可刈草、捕魚；稍高之地，冬春仍可種植雜糧、菜、麥，並有高阜老土，水不能及者，可以成田種稻。俱經分别勘明，計其歲入之利，完糧之外，尚有富餘，毋庸請豁。該管州縣每年巡察四次，該府每年巡查二次，該道每年巡查一次，巡撫間一年巡查一次，據實奏報等因。”十二月二十一日，奉硃批：“甚好，如議行。欽此。”

乾隆三十一年，上諭湖南撫臣致祭於君山洞庭廟，並御書匾額四字以旌之曰“靈昭楚望”。

嘉慶六年正月，新授刑部右侍郎湖南巡撫祖□奏：“以洞庭一湖，受沅、澌、漁、辰、敘、酉、湘、資、澧九江之水，環匯長沙、岳、常、澧四府州之境，盛漲時子湖、小港聯為一片，巨浸八九百里。水落時洲汊百出，不可數計。濱湖築圍墾田，曾動官項修築者，為官圍；民間報墾入册歲修者，為民圍；雖經報墾，未准築堤及未經報墾私砌土埂挖種者，為私圍。

其私圍一項，除奏明應毁六十七處外，未入册報者數尚不少。奏請定期一年之内，以次清查，如係成熟之地，本有些微錢糧，即照《賦役全書》，分别田、地、塘三項，上、中、下三則，各按現納糧數，丈明應種畝數，交給管業。其額外多種，及無粮地畝，若有礙水道，斷作官荒，無礙水道，計畝陞科。如非成熟之地，即照稀密蘆稞及漁稞，酌量課税，俱載明弓丈、四出地段，挨順造具魚鱗册，詳咨立案。設成熟之地陞科後，遇水衝刷，積年不能修復者，准呈明地方官，勘明詳辦，改作蘆、漁各課，但不得援沿江東塌西漲撥補之例，以致日久弊生，侵佔湖面。其應納蘆、漁各課，有淤出成熟地畝，亦准當官呈勘。如果無礙水道，以次陞科。若有地棍恃强争佔，及擅墾官荒者，即照《盗種官民田》《禁墾水道》各律例，計畝科罪等因。”奉硃批：“户部議奏，欽此。”

“經户部查，湖南省圍田一案，緣洞庭湖地方袤延半省，所有黔、川、楚、粤各省山溪之水，俱由此湖以達長江，而長江水漲之時，又從岳、澧各口倒漾入湖，全賴湖面寬廣，以資容洩。若圍田過多，浸佔湖面，設遇江水盛漲之年，難免泛溢之虞。是以乾隆十二年，撫臣楊錫紱奏准禁止私圍，又經前撫臣陳宏謀奏定章程，前撫臣喬光烈遵旨議覆。蒙高宗純皇帝諭旨褒嘉，永遠遵行。其前後章程，總以湖中間田曠土，可以利民築圍障水、種植田禾，以收地利。其中曾動官項修築者，謂之官圍；呈官勘定，築堤報墾入册者，謂之民圍；其餘俱係私圍。非但不准增築，即已成之圍，彼時俱奏明：除倚山傍岸不礙水道者，勘留十處，其餘六十七處盡行刨毁。並令自乾隆二十九年為始，責成水利各員，定次巡查結報，如有私築，分别嚴參議處，立定規條，歷年遵循在案。今該陞撫所奏，與向來奏准章程迥不相符，議請交接任巡撫馬檢派諳熟水利各員，親率前往各圍，按照陞撫臣祖所奏情節，詳細勘驗：所有私圍究係築自何年，各該員歷年巡查，何以一任添築，並不呈報？並有無侵佔水道？分别應否存留？更須體察民情，可否刨毁，悉心妥議具奏。”奉旨：“依議。欽此。”

七年五月，湖南巡撫馬□奏：“週歷查勘，所有奏定應毁私圍六十七處，并長沙縣團頭湖圍、湘陰縣蓮蓬塞、武陵縣美眷障等三處，亦於乾隆二十八、三十一等年，勘明廢毁，缺口宛在，流行無滯。現今江湖水道並未改流，所有原定毁廢各私圍，悉應仍循其舊，不得妄請修復。其現在查報私圍，除巴陵縣並無私築外，長沙等九州縣，其續報四十九處，臣逐一查勘，内有湘陰縣錫江山私埂二道，華容縣馬家私垸一處，均有礙水道，先經押令刨毁，不准修復。其餘各處，多築自乾隆二十八年以前，因從前清查時未經列入應留、應毁册内，水利各官歷年禁止加修，不負呈報查辦。

現查各處堤身，僅高一二尺及六七尺不等，每逢江湖灌漲，水高一二丈，此等數尺之隄，早已漫溢過頂，實不能與湖水争勢，數十年尚無阻抑泛溢之事。現在圍内業民數千百户，擇地而居，水小藉以衛田種植，水大任其漫衍流行，每年廣種薄收，兼賴捕魚、刈草之利，以完賦課，歷久相安，自可毋庸勒押刨毁，致令失所。惟是各該堤埂，非附近江湖即濱臨支港，愚民惟利是圖，或因准其存留，輒復私行加築，亦不可不防其漸。應即以現在堤埂長、高尺丈為限，示之准則，永禁增築。設遇水漲冲潰，亦不准其修復，期於水利、民生兩無妨礙。

至圍内成熟田地，均照水鄉科則完納錢糧，案契管業。今堤埂既禁加修，水勢漫溢無常，未便責令加增課額。其餘無糧之地，尤屬低窪，正藉以消納漫水，若分别酌議陞科，小民貪利忘害，勢必恃有升斗之糧，影射廣闊，更必公然增築崇堤，壅遏水勢，深為澤國田廬之患。況清丈加賦，久奉停止，似應查明各圍民户執業確據，令其照舊納課。此外無糧地畝，一概斷在官荒，嚴禁私墾，以杜佔築之漸，毋庸清丈陞科，致免擾累。即有刁黠之徒，包佔控争，祇宜隨案隨時秉公勘辦，亦可無虞滋訟。

至於江湖灘地，所在多有。附近居民往往零星私種，輒私報墾陞科。如果無關利病，原不必加之厲禁。惟統核全湖形勢，現在堤圍林立，已有與水争地之勢。凡此灘荒隙土，悉屬受水之區，即無非礙水之處，倘聽其任意墾陞，將必逐漸培植，日就埋鬱。而些微賦税之入，為數有限，一經水漲壅塞，跨州連邑，咸遭淹浸，賑卹撫綏，糜帑倍蓰，於國計民生均無利而有害。此濱湖沿江荒地，所宜一體禁墾，而呈報陞科之尤不便准行者也。

總之，水利農田所關綦重，惟當權其輕重之宜，不必稍存姑息之見。臣巡歷之次，勘察既確，當與地方印委各官，向業户居民詳晰面諭，俾其知悉，俾小民各安常業，佔築不行，水鄉其慶安瀾，永載皇恩於無暨等因。”

五月二十八日，奉硃批：“户、工二部知道。欽此。”

分星三

辨分土，察災異，觀遷變，定昏旦，會時序，課方政，莫大乎分星。分星之說，由來舊矣。而鶉尾實為楚次，楚地廣輪千里，於是乎有分經；南北殊候，於是乎有分度；郡縣錯雜，於是乎有分分。測一方之星，而星分其度，度分其分，可謂密矣。猶恐其不盡驗也，於是乎又有雜占、象緯之學。存乎書册者，至詳且備。修史志者，繼沿革而首舉之，不失二典首四命、七政之意也。作《分星志》。

《天文翼星圖》舊起鶉尾三度，終鶉尾二十一度。今起鶉尾二十三度，終壽星九度。

翼

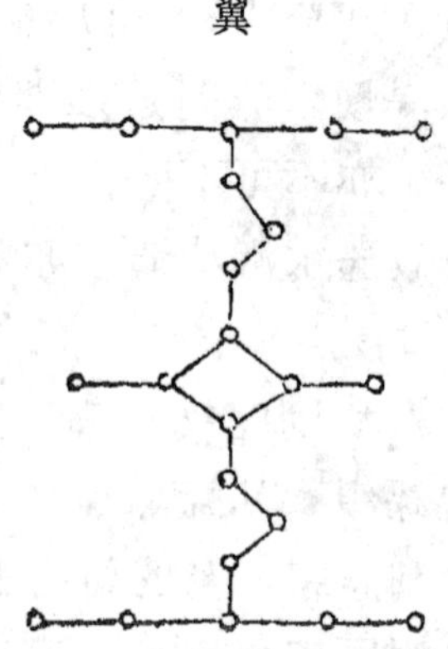

本朝曆法：翼初度至十六度止，東甌五星，向有今無。舊志仍《步天歌圖》繪載，今本《續文獻通考》《明史·天文志》，不入星圖。

《天文軫星圖》《舊志》：鶉尾二十二度，終壽星八度。今起壽星十度，終壽星二十八度。

軫

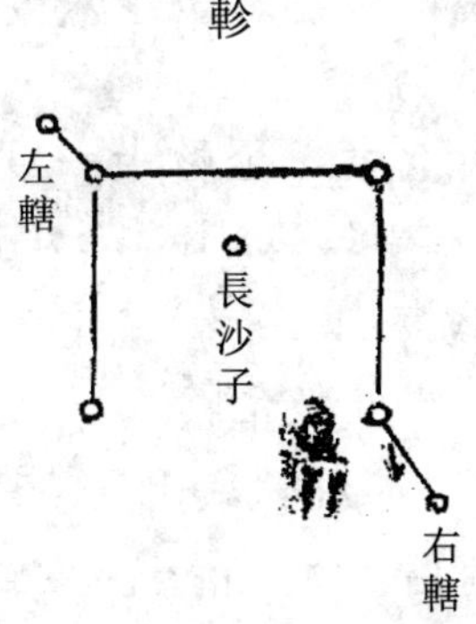

青邱子

本朝曆法：軫，初度至十一度止，軍門二星、土司空四星、器府三十二星，向有今無。青邱子七星，今止存三星。舊志仍《步天歌圖》繪載，今本《續文獻通考》《明史·天文志》更定。

分星異同

《周禮·保章氏》："以星土辨九州之地，所封封域，皆有分星，以觀妖祥。"鄭注："鶉尾，楚也。"按：分星之説，見於《周官》。而"鶉尾，楚也"等語，起於鄭康成。鶉火、鶉首諸名，見於《左傳》。《爾雅》亦未嘗徑以十二國分配十二辰。鶉尾之名，見《國語》："子犯曰：'歲在壽星及鶉尾，其有此土乎?'辰曰壽星，巳曰鶉尾，辰巳相連，故曰。及鄭氏説，必有所據。自古考分野者，皆本之。

《左傳》："旅於明年之次，以害鳥帑。周、楚惡之。"杜注："南為朱鳥，鳥尾曰帑，周、楚之分。"按：《左傳》無鶉尾而有鳥帑，即鶉尾也。古人謂子孫為帑，鳥尾亦謂之帑。軫居南方七宿之末，故軫亦謂之帑。南方朱鳥，首在秦，尾在楚。《傳》云"周、楚惡之"者，兼鶉火言也。"鶉尾，楚分"之説，蓋本此。

《史記》："翼、軫，荊州。"按：二十八宿分布十二辰，十二辰分配十二國，故以十二辰所布之星當之。其説原於《左》《國》，詳於《史》《漢》。然"翼、軫，荊州"，主全楚而言，未嘗及分度也。

《春秋元命苞》："軫星，散為荊州。"按：《史記》所云荊州，舉全楚而言。此所云荊州，舉荊南言也。考《晉書·天文志》：南陽翼六，南郡翼十，江夏翼十二，武陵軫十一，桂陽軫六，零陵軫十，長沙軫十六。荊州乃全楚之名，分南北而言，則翼主北，而軫主南也。《元命苞》獨舉軫星，故知其為荊南而言，如長沙等郡分星是也。

《西漢志》："翼、軫，楚之分野，今之南郡、長沙，皆楚分。"按：漢時大郡，湖北莫大於南郡，湖南莫大於長沙。翼主北，軫主南，故舉二大郡以包之。

費直《周易》："起張十三度，至軫七度，為鶉尾，荊州分。"按：此舉鶉尾，三十全度而言。翼為中星，翼、軫為荊州分星，未嘗及張也。時張十二度在鶉火，則張十三度至張末，周之餘度也。猶軫七度在鶉尾，軫八度在壽星，則軫八至軫末，乃楚之餘度。舊縣志并詳及張星，失古星度意矣。

蔡邕《月令章句》："起張十二度，至軫六度，謂之鶉尾。"按：諸家星度長短、盈縮不同，故言之不一。

班固《三統曆》："自張十七度，至軫十一度，為鶉尾；於辰在巳。"按：楚地分野，以星言，曰翼、軫；以次言，曰鶉尾；以支言，曰巳；以象言，曰雙女；以歲言，曰大荒落。

陳卓《郡國躔次》，與《三統曆》同。

皇甫謐《世紀》："自張十八度，至軫十一度，曰鶉尾之次。"

《星經》："南官赤帝，其精朱鳥，為七宿：井首、鬼目、柳喙、張嗉、翼翮、軫尾、司夏、司火、司南岳。"按：南方七宿，取象朱鳥。井在鶉首之初，故井謂之首。軫在鶉尾之末，故軫謂之尾。

吴道行："荊楚分野，鶉尾之次。以今授時曆為準，起張十四度三十分，至軫十度八分。"按：費氏始詳度數，至吴氏又詳分數，後人星算愈推愈密，愈審而愈差，故歲差之度，隨時而更。

《星經》："翼、軫，楚分野。翼凡十八度，一說多七十五分。內十六尺為黄道；軫凡十七度，一說多三十分。內十三尺為黄道。"按：歷代度有長短不一，詳見於前，而於翼、軫中推算黄道尺寸，其說起於《星經》。歷代算法不同，此則其一也。

《晉書·天文志》："翼、軫，楚、荊州"，"長沙入軫十六度。"按：《晉書·天文》：翼、軫，但分南陽、南郡、江夏、武陵、桂陽、零陵、長沙七大郡，而岳州隸於長沙，於長沙為近。故自來亦謂岳州當軫十六度之分，一說軫中一小星曰長沙子，長沙分星當之，正軫十六度，岳州當少有不同也。

《唐書·天文志》："翼、軫，鶉尾也。初，張十五度；餘千七百九十五杪一十二太。中，翼十二度；終，軫九度。初，謂鶉尾之初度；中，謂中度；終，謂末度。自房陵、白帝而東，盡漢之南郡、江夏，東達廬江、彭蠡之西，得長沙、武陵。"按：翼軫之分，四川之東南、貴州之東北、廣西之東北、廣東之西北、江西之西北、河南之西南諸郡，皆屬焉，不僅荊楚當之。《晉書》分七郡，舉其大者而言。《唐書》但及廬江、彭蠡，亦止得其一隅耳。

《唐書·地理志》："江南道，古揚州南境""岳、鄂、潭、衡、永、道、郴、邵、黔、辰、錦、施、敘、獎、夷、播、思、費、南、溪、溱，為鶉尾分。"按：《晉書》止分大郡，《唐書》并及小州，此一條兼及黔、粵矣。又云："山南道，古荊、梁二州之域，漢南郡、武陵、巴郡、漢中、南陽及江夏、宏農、廣漢、武都郡地，江陵、峽、歸、夔、澧、朗、復、郢、襄、房，為鶉尾分。"又兼及豫、蜀矣。又云："嶺南道，古揚州之南境"，"桂、柳、鬱林、富、昭、蒙、龔、繡、容、白、羅而西及安南，為鶉尾分。"又兼及兩廣與安南矣。荊楚之邊圉，無所不該。乃割廬江、零陵、桂陽等郡，長沙國及牂柯、江夏、南郡地，為星紀分，不為大背乎《晉書》，且與《天文志》自相矛盾。總之，《唐書》《天文》分野失之略，《地理》分野失之雜，不如《晉書·天文志》之簡而括也。

張守節《正義》："軫四星，長沙一星，左右轄二星，合軫七星，皆為鶉尾，楚之分野。"按：此單舉軫不及翼，據南四郡言，與《春秋元命苞》同旨。

邢昺《爾雅疏》："長沙軫十六度，今長沙、寶慶、衡州、岳州所屬巴陵等地。”按：《疏》謂四府所屬，皆入軫十六度，非謂四府之地盡當軫之全度也。

《明史》：“軫旁小星曰長沙，長沙府、岳州等十六州鎮，皆翼、軫分。”按：此舉湖廣通省而言。

星位星度

隋丹元子《步天歌·翼宿歌》云：“翼二十二星大難識，上五下五横着行；中心六箇恰似張，更有六星在何處？三三相連張畔附。必若不能分處所，更請向前看野取；五箇黑星翼下頭，欲知名字是東甌。”《晉書·天文志》：“翼南五星曰東甌，蠻夷星也。”《宋史·天文志》：“東甌五星，《晉志》‘在二十八宿之外’，《乾象新書》‘屬張宿’，《武密書》‘屬翼宿’，與《步天歌》合。”

《軫宿歌》云：“軫四星似張翼相近，中央一箇長沙子。左轄右轄附兩星，軍門兩黄近翼是。門西四箇土司空，門東七箇青邱子。青邱之下名器府，器府之星三十二。以上便是太微宫，黄道向上看取是。”《史記·天官書》：“軫旁有一小星，曰長沙。”《宋史·天文志》：“軍門二星，在青邱西，天子六軍之門。”《晉書·天文志》：“青邱西四星，曰土司空，主界域，亦曰司徒。”又云：“青邱七星，在軫東南，蠻夷之國號也。”又云：“軫南三十二星，曰器府，樂器之府也。”又《宋史·天文志》按：“《晉志》惟轄星、長沙附於軫，餘在二十八宿之外。”《乾象新書》以軍門、器府、土司空屬翼，青邱屬軫。《武密書》以軍門屬翼，餘皆屬軫。按：星亦有乘除，向所無者今有之，向所有者今無之。如翼之東甌五星，軫之軍門二星，土司空四星，器府三十二星，今皆無之；青邱七星，今止三星；《步天歌》全文，其星之有無、多寡，與今測多不同。

《宋史·天文志》：“漢永元銅儀，翼宿十九度；唐開元游儀，十八度，舊去極九十七度。景祐測驗，翼宿十八度，距中央西第二星去極百四度。”按：今測翼一星，黄經八宫一十九度二十三分，緯南二十二度四十一分；赤經八宫一十一度零九分，緯南一十六度三十七分。《宋史》但詳去極度，今測并詳黄、赤經，緯南、北度，測驗更精。

《宋史·天文志》：“漢永元銅儀，以軫宿為十八度，舊去極九十八度。景祐測驗，六十八度，去極一百度。”按：今測軫一星，黄經九宫六度二十三分，緯南一十四度二十五分；赤經八宫二十九度五十八分，緯南一十五度四十四分。又按：二十八宿，度有盈縮，如翼宿，《宋志》十九度，今十七度；軫宿，《宋志》十八度，今十三度。人止知緯星有歲差，不知經星亦有盈縮、有歲差也。

《宋兩朝天文志》：“東甌五星，距西南星，去極一百二十九度，入張宿七度；軫四星，距西北星，去極一百三度半；右轄星，去極一百一十度半，入翼宿十六度半；左轄星，去極一百一度半，入軫宿五度；軍門二星，距西南星一百一十二度半，入翼宿十三度；土司空四星，距南星一百二十度，入翼宿十四度；青邱七星，距西北星去極一百二十四度半，入軫宿五度。器府三十二星，距西北星，去極一百三十七度半，入翼宿八度半。”按：翼、軫所屬之星，《宋志》俱有去極度數，今東甌、軍門、土司空、器府俱無，不可考，惟青邱尚存三星耳。

昏旦度

《月令》："孟夏之月，昏翼中；孟秋之月，日在翼；仲冬之月，旦軫中。"按：此《月令》昏旦躔度之見於翼、軫者。注云：孟夏者，日月會於實沈，而斗建巳之辰；孟秋者，日月會於鶉尾，而斗建申之辰。鶉尾，即巳；實沈，即申。建於此而會於彼者，巳與申合也。

《三統術》："三月中昏，翼四度中。去日一百一十一度。四月節昏，軫四度中。去日一百一十四度。七月中日，在翼十五度。八月節日，在軫十二度。十月節旦，翼初度中。十月中旦，軫五度中。"按：此《三統術》昏旦躔度之見於翼、軫者。

《元嘉術》："四月節昏，翼十度中。四月中昏，軫十度中。七月中日，在翼十度。八月節日，在翼十七度。八月中日，在軫十五度。十月中旦，翼八度中。十一月節旦，軫八度中。"按：此《元嘉術》昏旦躔度之見於翼、軫者。

《唐月令》："孟夏之月，昏翼中；仲秋之月，日在翼，中氣，日在軫；孟冬之月，中氣，曉翼中；仲冬之月，旦軫中。"按：此《唐月令》昏旦躔度之見於翼、軫者，孟夏、仲冬與《吕氏月令》同，而仲秋、孟冬則有殊也。

《明史·天文志》："三月中昏，翼偏東七度。戌正一刻七分。四月節昏，軫偏東五度。"戌正三刻二分。按：此《明史》昏旦躔度之見於翼、軫者。古人辨日躔與昏旦度，但舉中氣言，後人復分氣與節而合考之，且詳其度之分數，與其偏東、偏西處，并時之刻數。其於歲差之説，可謂愈推愈密，時代遞更，又愈差愈遠矣。如《元嘉術》：八月節日在翼十七度，今在張十一度；八月中日在軫十五度，今在翼八度。《元嘉術》較《三統術》已差十餘度，本朝較元嘉時又差二十餘度。明乎差法，千歲可坐致也。

星占

《史記·天官書》："翼為羽翮，主遠客；軫為車，主風。"《索隱》："軫與巽同位，巽為風，車動行疾似之。"

張衡《周天大象賦》："爰周翼軫，厥土惟荊。驅風驛之千乘，奏雲門之六英。長沙明而獻壽，車轄朗而陳兵。青邱陰於韓貊，器府總於琴笙。軍門坐甲於車閫，司空掌土以司平。"按：軫主風，故曰風驛；翼主天之樂府，器府乃樂器之府，故曰雲門。六英，又曰琴笙；青邱，主蠻夷，故曰韓貊；司空之官，主平土地，亦曰司平。

《晉書·天文志》："翼二十二星，天之樂府，〔主〕俳倡〔戲樂〕，又主〔夷狄〕遠客、負海之賓。星明大，禮樂興，四裔賓。動則蠻夷使來……軫四星，主冢宰，輔臣也；主車騎，主載任……又主風，主死喪。有軍出入，皆占於軫……長沙一星，在軫之中，主壽命。轄星傳軫兩傍，主王侯，左轄為王者同姓，右轄為異姓。土司空北二星，曰軍門，主營候彪尾威旗。土司空，主界域。"❶ 按：張守節《正義》："軫星明大，則車騎用。長沙星明，則主壽長，子孫昌。"然占星之法，

❶ 此段出自《晉書·天文志上》。方括號内的字，乃根據原文補充。"有軍出入"以後，文字多顛倒順序，與原文差异較大。

不盡於此。軫主車騎，又主死喪，猶易帥師，與輿尸同占也。

《星經》："星孛於鶉尾，荊域有變；月蝕在翼，歲旱；歲星蝕月在翼，楚地饑；黑雲氣貫翼、軫，荊楚水；星孛於翼，近大微上，將兵興，有災；軫七星，主將軍樂府歌謠之事。五星犯之，失位亡國，女子主政，人失業，賊黨掠人，禍生於百日內。若光耀，則天下昌，萬民康，四海歸王。太白守之，天下學校散，文儒失業。又云：軫北星為轄，去軫五寸；南星為青，去軫一尺為常。欲其近軫，則上下和睦，遠則君臣相疑。九寸以內為近，一尺以外為遠。小而明，則國祚安；明大與四星等，則兵大起；微暗，諸侯憂。"按：歷代星占，訖無定論。《星經》所言，不能盡測，測之亦不盡驗。是故推星易，測星難。

雜占

《史記》："荊州，麗北斗權星。"按：此以北斗分星而言。北斗七星：一樞、二璇、三璣、四權、五衡、六開陽、七搖光。《史記》《星經》俱以權主楚。《宋〔史〕·天文志》："北斗第二星曰璇，其分為楚。"又《廣雅》云："荊屬衡星。"此三星相連説，俱可通。

《史記》："吴楚之（强）〔疆〕，候在熒惑，占於鳥衡。"按：此以緯星而占驗而言。熒惑，火也，火主南方。鳥謂朱鳥，衡即北斗第五星也。考熒惑占驗無常，不盡吴楚，姑備一説耳。

《唐書》："熒惑，主南方，夏禮也，視也。禮虧視失，逆夏令，傷火氣，罰見熒惑。熒惑犯歲星在翼，歲旱。"按：此以熒惑躔度占驗而言。張衡《靈憲》云：熒惑為執法之星，其精為風伯之師，或童兒歌謠嬉戲，其占無常。犯歲在翼，主旱。又一説也。

《宋〔史〕·天文志》："十二國凡十六星，在牛女之南，魏西一星為楚。"按：此以十二國分星而言。十二國共十六星，在牛女下，主十二國。楚一星，居衛之西。《步天歌》云"韓魏各一皆北輪，楚之一國魏西屯"是也。

《宋兩朝天文志》："天市垣二十二星，其西垣第二星曰楚。"按：此以天市垣星占而言。《步天歌》云：下元一宫名天市，兩扇垣墻二十二。東西各十一，西蕃第二星主楚。《通志》云：天市垣西蕃第二星，主楚之財帛，明大則吉。

《後漢書·天文志》注："北斗玉衡第四星，主荊州，常以五卯日候之。癸卯為長沙，丁卯為武陵。"按：此以支干占驗而言。玉衡第四星，即權也，其説與《史記》同。

《晉書》："五車五星，在畢北，五帝座也。東南中一星，曰司空，主填星，主楚。"按：此以畢宿五車星占而言。以下二條向誤，引作《宋志》。五車五星，分配五緯八國，而以填星主楚，熒惑主魏，多不可曉。所謂五帝座者，其五行之帝歟？

《晉書》："太微垣三台六星，其西近文昌二星曰上台，為司命，主壽，上主兖、豫，下主荊、揚。"按：此以太微星占而言。以上諸占，皆出於二十八宿分星之外，故曰雜占。

分星論

論曰：考自漢迄明，鶉尾之次，皆起於張，中於翼，終於軫。雖度有改移，而大致則一也。我朝曆法極精，推演極密，鶉尾起星七度，終翼九度。乾隆二十五年，起星五度，終翼七度。翼八度至十六度，軫初度至十二度，皆在壽星之次。歲差之法，詳於曆術。在天之星，度有盈虛；在地之州，郡有變遷；在人之推，算有疎密。而隨時消息，皆有定體。惟星占之説，微渺難言。

鶉尾翼軫，為荊楚之分星。象緯之變異，舊志皆録，然史所載不能盡書，書亦不能盡同。有變見於此而占應於此者，如建安十二年，有星孛於鶉尾，明年劉表卒、曹操下荊州。大興三年四月，枉矢出虛危、没翼軫，占曰“枉矢所觸，天下之所伐”，太寧二年遂有王敦之亂是也。

有變見於此而占應於彼者，如太和六年有星孛於翼，明年孫權有遠東之敗。光熙元年四月，太白失行，自翼入箕尾，占曰“太白失行而北，是謂反生，不有破軍，必有屠城”。五月汲桑攻鄴，魏郡害東，燕王燒魏宮室。是也。

有變見於彼而占應於此者，如襄公二十八年，歲在星紀，淫於元枵，禆竈曰“今兹周王及楚子皆將死”，《注》云“失次於北，禍衝在南”。是也。

有變見於他曜而占應於此者，如治平四年十月，月掩填星，占主“楚分流民”；熙寧元年四月，月犯歲，占主“楚分有兵”。是也。

有變見於外而占應於内者，如正始九年七月，彗星見翼進至軫，彗所以除舊布新，於是晉始正位。泰始四年正月，彗星見軫，占曰“有兵，喪”，三月王太后崩。嘉祐七年，太白犯火在翼，占曰“内有盜臣，為兵事”。是也。

有變見於此流入於彼，占應不係乎此者，如元祐六年二月，有星出翼東南，急流至濁没，占主“國人皆受恩賜”。崇寧三年四月，有星出軫西北，漫流入太微垣内屏星没，占主“外國有急使，期不出一年”。是也。

有變見於此同，而占應同者，如貞觀三年八月，日食在翼，貞元十二年八月，日食在翼，同占曰“旱”。是也。有變見於此同，而占應不同者，如建武二十九年六月，日食在翼，翼主遠客。冬，東平王蒼來朝，明年正月死。永元十二年七月，日食在翼，明年南蠻反。元嘉二年七月，日食在翼，翼主優倡，占“主上好樂”。是也。

有有變而無占者，如武德四年八月，日食在翼；貞觀十三年八月，日食在翼；乾封二年八月，日食在翼；熙寧、元豐之間，彗星屢出軫、翼而皆無占。是也。

有有變有占而無應者，如本始二年七月，辰星與翼出早，占曰“大臣誅”；四年七月，辰星在翼，月犯之，占曰“兵起升平”；五年三月，月犯填星在軫，占曰“有大喪”而皆無應。是也。

有變見於此而占驗係乎其人者，如淳熙十三年閏七月，五星伏聚於軫，八月日月五星又聚軫，占曰“是謂易行，有德受慶，無德受殃”。是也。

有變見於此而占驗係乎他曜者，如義寧元年七月，太白見翼、軫，占曰“為臣强，荊州有兵喪”；元和十四年八月，歲星、太白、辰星聚於軫，占曰“兵喪在楚分”；天聖七年二月，夜蒼黑雲貫弧矢及翼、軫，占曰“荊州水變”，係於太白黑雲。是也。

有變見於此而占驗係乎支干者，如元初五年八月丙申朔，日食在翼；永建二年七月甲戌朔，日食在翼；潛潭巴曰：“丙申日食，夷狄内攘；甲戌日食，草木不滋，王命不行。”乾道十五年八月甲子朔，日食在翼，占曰“甲子日食，夷兵動”。是也。

有變見於此而占驗有數説者，如淳化元年正月，客星出軫逆行，占曰“有土功”，又云“有使來”。元祐二年正月，有星出軫南，向南急流至濁没，占主“大臣忠諫”，又曰“賢人來”，又曰“萬物賤”。是也。

有變見而不詳其度數者，如《三國》《南》《北》不作志，魏及南北朝日食不見躔度。宋初日食亦然。建炎以後稍見躔度而不詳分數。是也。

有變見於此而太史不知者，如元初五年八月，日食在翼，史官不見張掖以聞；元嘉二年七月，日食在翼，史官不見廣陵以聞。是也。

有太史測之而多不驗者，如熙寧、元豐之間，太史多言日食而不食，或言食幾分而或過、或不及。是也。

大抵天道湛密，不易窺測；星事兇悍，遷變不一。星家之説，不可一例推也。姑附論於此云。

卷之二

湖山四

湖之雄，全在於水；湖之勝，亦資乎山。湖有山，猶海有島也。是故，有包山之東西競秀，而震澤愈奇；有孤山之大小争妍，而彭蠡益著。流與峙並顯，斯號偉觀耳。洞庭一區，廣踰八百。以子湖計之，累百盈千，指不勝屈。當夏秋之交，洪波泛漲，一望迷天，吞日月，浴星辰，壯闊不慚海若矣。而其嵸巃可望者，北有君山，南有藺嘴，東有鹿角磊石之險峻，西有禹、明、團、寄之森羅。或峙水以如浮，或濱湖而若立，真疑有神工鬼斧，巧施錐鑿於其間也。備載之，亦覽勝者所必詳焉。志《湖山》。

湖

巴陵縣

洞庭湖，在縣西南，因山稱洞庭而得名也。《山海經》："洞庭之山，帝之二女居之，是在九江之間。"郭璞注："君山有地道，潛通吴之包山，是湘君之所遊處。"按：包山，亦名洞庭山，且號君山。三茅真君云："天無謂之空，地無謂之洞，人無謂之房，山腹中空是謂洞庭。"唐李密思云："蓋神仙洞府之一也，以其為洞府之庭，故有是稱。"

其見於經傳者，夏書則名為九江。《禹貢》"九江孔殷"，《傳》"即洞庭湖"。《左傳》則名為雲夢澤。昭元年，楚子與鄭伯田於江南之夢。《杜注》：雲夢跨江南北。定四年，楚子涉睢、濟江，入於雲中。《杜注》："雲，即江南之夢。"郭璞《爾雅註》《漢書・郡國志》，則名為巴邱湖。《爾雅・十藪》："楚有雲夢。"註曰："巴邱湖是也。"《漢書》曰："巴邱湖，江南之雲夢也。"酈道元《水經註》、張説詩、《韓愈集》、盛宏之《荊州記》則名為太湖。《水經註》："黄水上承太湖。"張説詩："宛在太湖中。"《韓愈集》："避風太湖，七日鹿角。"《記》云："洞庭湖謂之太湖。"《戰國策》《史記》則名為五渚。《戰國策》："秦伐荊，大破之，取洞庭五渚。"《史記》："秦乘夏水，四日而至五渚。"裴駰注："五渚在洞庭間。"《水經註》亦稱五渚，詳見後《水道》。《南遷録》則析為重湖。《録》云："岳州洞庭西岸有沙洲，堆阜隆起，即青草洲。二湖之中有此洲，南名青草，北名洞庭，所為重湖也。"《寰宇記》則分〔洞庭〕[1]、青草、巴邱為三湖。然要而言之，洞庭足以統之。

其地東北屬巴陵，西北跨華容、石首、安鄉，西連武陵、龍陽、沅江，南帶益陽而環湘陰。凡四府一州，界分九邑，横亘八九百里，日月若出没於其中。水漲則長江亦與湖相通，雖江北之荊州、安陸、德安等郡，水所到處，皆可目為洞庭。自近代沿江各建堤垸，湖壖盡成阡陌，長江得以循隄而下。斯江之形勢分，而洞庭一湖，亦遂以長江為界，顯其畛域焉。

赤沙湖，在縣西，與洞庭湖相連，半隸華容。《水經註》："澧水逕南安縣，又東與赤沙湖會。湖水北通江而南接澧，謂之決口。"范晦叔《岳陽風土記》："郡有洞庭、青草、巴邱三湖，夏秋水泛，與洞庭為一，涸時惟見赤沙。"王粲詩："悠悠澹澧口，下會赤沙湖。"

紫港湖，在縣西，《風土記》："與洞庭會，北通於江。"

穆湖，在縣西二十五里。

么姑湖，在縣西五十里。

蚌湖，在縣西五十里。

砰頭湖，在縣西六十里。

採桑湖，在縣西七十里。

雞鳴湖，在縣西八十里。

翟家湖，在縣北七里。

魚洋湖，在縣北十五里。

白石湖，在縣東北十里。

青山湖，在縣東十里。

楓橋湖，在縣東十里。

閣子湖，一名大橋湖，在縣東南三十里。後五代楚許德勲潛軍角子湖，即此。《風土記》："閣子即角子，以在洞庭之角，故名。"岳郡舊志："今㴩湖，水泛即舟通閣鎮市，别無角子湖，或因市取其名歟？"

㴩湖，在縣東南五里，又名翁湖。《水經註》："湖之右有岸有山，世謂之烏頭石。石北右會翁湖口，水上承翁湖，左合洞渚。"唐《張説集》："㴩湖者，沅、湘、澧、汨之餘波。夏潦奔注，則溢為此湖；冬霜既零，則涸為平野。"《風土記》："春冬水涸，昔人謂之乾湖。"水漲即渺瀰，可勝千石舟，通閣子湖。

---

[1] 此處原文無"洞庭"二字，下文有"范晦叔《岳陽風土記》'郡有洞庭、青草、巴邱三湖'"，據之以補。

雷公湖，在縣南十五里。

萬石湖，在縣南五十里。

漲水湖，在縣南五十五里，與鹿角湖相近。

黄茅湖，在縣南六十里，湖岸古有窑廠。江堤未築之先，鹿角瓦器勝於湘陰，瓦窑遺跡今猶有存者。

吉祥湖，在縣南六十許，與黄茅湖相近。

白沙湖，在縣南六十里。

銅盆湖，在縣南六十七里。

河塘湖，在縣南七十五里。

大麋湖，在縣南河塘之上。

小麋湖，在縣南大麋湖之上。小麋上接古湖，屬湘陰縣界，俗訛為大妹湖、小妹湖，即《水經》所載之微水也。考《水經》："湘水又北，過下雋縣西，微水從東來流注之。"酈道元注："湘浦北有萬石戍，今萬石湖。湘水左，則沅水注之，謂之横房口，今謂之布袋口。東對微湖，世謂之麋湖口也。右屬微水，即《水經》所謂'微水經下雋者也，西流注於江'。"按：微、麋，音相近，妹，又麋音之轉耳。

華容縣

雲夢湖，一名雲夢澤，在縣東南，古荊州之藪。考班固《地理志》謂：華容、枝江、江夏、安陸皆有雲夢。而杜預、郭璞、張楫諸家之説，及宋《山川志》，俱以華容南巴邱湖當之。范蔚宗亦謂雲夢澤在華容南。鄭康成、孔穎達又謂華容之澤則雲夢。雖非華容所得專，而以屬之華容宜矣。明胥文相《君山志》引岳郡《舊志》云："雲夢湖與洞庭、青草相連。洞庭在北，青草在南，雲夢在西，合為一湖。"此説似為得之。按：雲夢，即君山後湖，巴、華二邑分界之地，過此則赤沙湖耳。

思成湖，在縣東南四十里，層山之南，與須臾湖相通。

須臾湖，在縣東南四十里。

青湖，在縣南四里，接縣港，與赤沙湖合流入江。江水泛漲，則通入湖。

長艷湖，在縣南二十里，會鄧家湖，長亘六七十里，漭蕩無際，居人編茅零處其間。上有岳城，宋岳忠武征楊太所築。

鄧家湖，在縣南，與長艷湖相通。

蔣家湖，在縣南。

褚塘湖，在縣南二十五里。秋冬水涸，漁舟鱗次，所在成市。

赤沙湖，在縣南八十里。

古湖，在縣西南。

清水湖，在縣西南。

土地湖，在縣西南。

白浪湖，在縣西南。

狼跋湖，在縣西南六十里，有景港水。《水經》謂之景口，自安鄉來會之，逕杜家灘入西湖。

大歇湖，《風土記》："岳陽到華容，過大穴漠、汴湖一日程；又西到澧江口、鼎江口，皆過大穴漠、牛氏湖、赤沙湖，三日程。"按：大穴漠，即今華容之大歇湖也。

汴湖，在縣東南，大歇湖之前。

牛氏湖，在縣南，與石山門相近。

萬林湖，在縣東南，龍開河口。

層湖，在縣東南，層山下。

葡萄湖，在縣東南。

延湖，在縣南，禹山之北。

上西湖，在縣南，景港口前。

大港湖，在縣西南，太陽山下。

張野湖，在縣南，與褚塘湖相近，一名張家湖。

白泥湖，即在長艷湖内，縣西南。

大王湖，在縣西南，長艷湖下流。

藕池湖，在縣西南，宋田山之北。

縣東北境之湖尚多，因距洞庭甚遠，玆不悉載。

安鄉縣

大通湖，在縣南二百里許，抵沅江界。即洞庭西湖。

安南湖，在縣南二里許。以下皆洞庭支湖，水泛則與洞庭相通。

大溶湖、風嵐湖、三郎湖、鴨踏湖、黄驛湖、魚流湖、大桑湖、馮占魏地湖。以上在縣東南。

東田湖。在縣東十五里。

荊臺湖、銅盆湖、櫟子湖。以上俱在縣西。

江西湖，在縣西十里，澧江之西。

大鯨湖，一名大鯨港，在縣西七里許。《舊志》云："昔有漁翁於此湖，一日忽雨雪，有大鯨魚入波間，翁舍舟跨鯨，俄失其所，因名。"秋夜月色澄澈，一碧無瑕，故"鯨湖秋月"為縣八景之一。

鯨子湖，在縣西。

三白湖，在縣西北。

縣北境之湖尚多，因距洞庭甚遠，兹不悉載。

武陵縣

青草湖，在縣東北七十里，紱紫山下。

笠湖，在縣東北七十里。湖中沙洲常浮，其形如笠，故名。

鷹湖，在縣東北六十里，漸水之所經。郡人羅時升作“晚蓋堂”臨其上。湖光月色，霜氣曉烟，使人應接不暇，名人題咏甚多。

冲天湖，在縣東北七十里。

馬頭湖，在縣東北一百二十里。

土橋湖，在縣東北六十里。

縣境之湖尚多，因距洞庭甚遠，兹不悉載。

龍陽縣

大林湖，在縣西南。

天心湖，在縣東六十里，有上下天心，東連洞庭。

太白湖，在縣八十里，東北入洞庭湖，西南會天心湖，達安樂湖入江。或曰李太白遊此，故名。

後江湖，在縣北。

太滄湖，在縣東二十里。《圖經》：“太滄湖，又名白查湖。”《隋書·地理志》：“龍陽縣有白查湖。”

洋湖，在縣東北。

青泥湖，在縣西南。

坦平湖，在縣西南。

紅沾湖，在縣北一百里。

陡明湖，在縣西十五里。

沅江縣

石溪湖，在縣南半里。民多漁此，獲利甚大。“石湖秋月”為縣境八景之一。

鶴湖，在縣東三十里。曾有鶴集於此，故名。

龍池湖，在縣南三十里。舊傳有龍潛此，故名。

天心湖，在縣西北四十里，即與龍陽相連之天心湖也。

彭池湖，在縣東北。

齊湖，在縣東。

南湖，在縣東。

赤鼻山湖，在縣東北五十里。

白泥湖，在縣東南。

安樂湖，在縣西南。

藍嘴湖，在縣北。

湘陰縣

青草湖，在縣北一百里，與洞庭湖相連，故曰重湖。旁有磊石山，水落則見山足，水滿則與洞庭混而為一，山浮水中。《水經注》："湘水自汨口西逕磊石山，又東北為青草湖口，右會苟逕北口，與勞口合。又北得同拌口，皆湘浦右迤者也。"盛宏之《荊州記》："青草湖周廻百里，湖南有青草山，故名。"《風土記》："青草湖與洞庭相通，其南羅水出焉。夏秋荊江暴漲，則逆泛洞庭，瀟湘清流悉成混濁，岳人謂之翻流水，南至青草湖。"杜甫詩："洞庭猶在目，青草續為名。"

東湖，在縣東治，一名澄鮮湖，又名放生池。

洋沙湖，在縣南三里。

蚌湖，在縣南二十里。

大湖，在縣西南十里，一名板竹池。

菱湖，在縣西南六十里，西接喬江，下通湖北。南水泛，則水從外入；西水泛，則水自內流。

金銀湖，在縣西南喬口之下，水由斗米洲出臨資口。

鶴塘湖，或名鶴龍湖，在縣西南。上接張家灘，下連三陰潭，周環約百餘里。其中子湖甚多，有所謂三塘湖、牛車湖、平湖、長湖、白星池、水星窖者，其餘難以枚舉。

激頭湖，在縣西三十里。

淳湖，在縣西四十里。

被裹二湖，在縣西五十里。

大輾三湖，《湘陰縣志》：即古三谿水。在縣西北三十里。湘水紆流西北，東北合門水，謂之門逕口。又北得三谿水口。水通承太湖，西通湘浦。三水之會，故得三谿之目。按：俗名大眾三湖，又稱為大湖，北接青山，南界蘆林潭，西連後江湖，東臨湘江。有所謂橫嶺湖、枕頭湖、南湖、善湖、龍鰕湖、沙夾湖，其子湖共有四十八處，舉其大者而已。

後江湖，在縣西北三十里，今又名慈江湖，在錫福圍內，有東、西、南、北四汊。

大帳湖，在縣西北六十里。

觀音湖，在縣西北六十里。

石湖，在縣西北六十里。

古湖，在縣北七十里，六子口對岸。

白泥湖，一名百業湖，在縣北十五里。

楓林湖，在縣北五十里。

町湖，在縣北七十里。《水經注》："濆水西流，積而為陂，謂之町湖。"

白塘湖，在縣北四十里。

漉湖，在縣西北約二百里。上連窖口湖，又上為荷葉湖、鰕湖、滋泥湖、鷓鴣湖、蚌湖，下接舵桿洲，直下與岳州府斜對，為湘陰絕大名湖。每歲所出魚利甚多。

窖口湖、荷葉湖、鰕湖、滋泥湖、鷓鴣湖、蚌湖。以上見前漉湖注。

新塘湖，在縣北九十里，正抵磊石山。

羹膾湖，在縣北三十五里，即黃水也。

鼎湖，在縣西北二百里，巴、華、龍陽交界。《湘陰縣志》："黃帝鑄鼎荊山之陽，張樂洞庭之野。鼎成，騎龍上昇，故曰鼎湖。"按：《莊子·天運篇》："黃帝張咸池之樂於洞庭之野。"洞庭猶廣漠也，在洪水未定之先，不得附會鼎湖。又按：黃帝鑄鼎荊山，詳考其地不一，皆距洞庭甚遠，詳辨於《古迹·軒轅臺》條下。又考今之常德府，舊名鼎州，有水入湖，名鼎江口。玆湖上承鼎水，因號鼎湖，亦一說也。

楊林寨湖，在縣西北四十里，上下塘之東，大神塘之西。其地高者，盡已墾成熟畝，歲無大水，獲穀甚多，不獨漁利。

石漁湖，在縣北。

龍鬚湖、螺螄湖、相見湖、婁塞湖、道場湖、新塘湖、大汊湖、低沙湖、牛胆湖、上塞湖、梅竹湖、猴獅湖、風照湖、向母湖、葡萄湖、史君湖、羊角保湖、柴把湖、南大鱔湖、上下後湖、楊樹湖、三塘湖、鄭家湖、它角湖、崔家湖、小江湖、沈家湖、朱宗湖、劉家湖、窑頭湖、何家湖、伴江湖、毛家湖、豺狗湖、挑草湖、黃泥湖、上貴湖、新窖圍湖、黃絲湖、大小中湖、高掖湖、王土湖、江塘湖、雀巢湖、爾羊湖、張馬湖、馬湖、平江湖、黃連太白湖、青竹太白湖、大磁塲湖、小磁塲湖、竹子湖、高沙湖、長競湖、競渡湖、牛塲湖、茶湖、玉池湖、大港湖、杆竹湖、白大鱔湖、鯉魚湖、東城湖、灘湖、酬塘湖、大夾湖、下白湖、陳婆湖、張家湖、陳家湖、西汊湖、長團湖、爆竹湖、焦石湖、道士湖、大塘湖、田腳湖、劉四娘湖、竹頭湖、蘆柴湖、團頭湖、蔞根湖、斯家湖、蜈蚣湖、何皮湖、塾子湖、小溪湖、陳托湖、寺塘湖、蒿湖、萬子湖。

山

巴陵縣

七里山，在縣北七里，臨湖。舊有八仙樓，今廢。《通志》："宋岳武穆屯兵處。"

巴邱山，即建郡城地，亦名巴蛇冢。三國吴魯肅以萬人屯巴邱，即此。《淮南子》："羿斷修蛇，擒封豨。"《舊記》："羿屠巴蛇於洞庭，積骨若陵，在岳州巴陵縣城南。"《爾雅翼》："岳陽郡之側，巍然而高，草木翳欝者，人以為巴蛇積骨之處。城外有巴蛇廟，已而廢。又有象骨山。"《山海經》："巴蛇食象，三歲而出其骨。"李白詩："修蛇横洞庭，吞象臨江島。"《明一統志》："岳州府城南，有巴蛇之冢。"《岳郡志》："巴蛇井在舊縣前，舊傳巴蛇穴此。"

君山，在縣西巴邱湖中，距城十五里。本名洞庭山，又名有緣山。崇勝寺傍山，名有緣山。蓋山靈，如妬人遊，每將渡，輒以惡風濁浪，拒人迴舟，故以得至此者，為有緣也。道書舊稱為第十二福地。週迴七里有奇，外凸中凹，上有十二峰，如螺髻，又如芙蓉倒地半開。上有軒轅臺、一名鑄鼎臺。湘妃墓、酒香亭、柳毅井、傳書亭、朗吟亭、飛仙亭，又有多緣寺、有緣寺、七先生祠、崇勝寺，寺中有秦王火樹。又有湘妃廟、湘君廟。宋陳邕補建。宋元豐間，祈禱屢應，封其神為淵德侯。孫光憲《北夢瑣言》："湘江北流至岳陽，達蜀江，夏潦後漲，遏住湘波，泛為洞庭，君山宛在水中；秋水涸，此山復居於陸，惟一條湘水而已。"

響山，一名鳴山，在君山西偏。響沙，躡足聽之有聲。王子年《拾遺記》："洞庭山浮於水上，其下有金堂數百間，二女居之。四時金石絲竹之聲，徹於山頂。"《水經注》："君山有石穴，潛通吴之包山。郭景純所謂巴陵地道者也。是湘君之所遊處，故曰君山。"張説詩"地道窺難測"，又云"地道穿東吴"，又云"地道傳虚應"，皆指此。

酒香山，在君山上，即漢武帝求仙酒處。相傳春時每聞酒香，尋之，莫之其所，事詳見《藝文·君山記》。山下又有龍、虎二洞，冬春水落始露。

香爐山，在縣西巴邱湖中，與君山相連。

雞子山，《岳州府志》："在君山西南，以形名，上有關帝廟。"按：此山與華容連界，故亦在華容縣，名寄山，或"雞"與"寄"音同相近而訛也。

寶劍山，在城南慈氏塔前，臨湖。

白鶴山，在城南三里滗湖上，即江叟吹鐵笛遇龍女處，詳見後《摭神》。又有白鶴寺，其陽有二池，即吕仙招蟒處，詳見後《仙釋》。又有白鶴泉，甚甘冽。

九龜山，在縣南南津港口，一連九山，狀如龜，即柳琮記僧無相居處。

癩蟆山，在縣南臨湖水中，與龜山相連，俗稱“九龜赶一蟆”是也。

絞山，與九龜山相近。

甑箪山，在縣南五里。

月山，在縣南甑山之上。

艑山，在縣南五里臨湖水中，與君山對峙，形與艑舟相似，故名。上有神人迹，下有龍窟，舊有洞庭神祠。《通志》：“啞女塔在艑山上。”詳《古蹟》。《史記·五帝紀》：“黄帝南至於江，登熊、湘。”張守節《正義》：“《括地志》：熊即熊耳山，湘即艑山，在岳州巴陵縣南。”按：熊、湘二山連稱，俱在長沙安化縣。熊耳山，本名浮青山；湘山，本名修山。故長沙古有熊湘閣，何得又在岳州？考《史記·始皇本紀》：“二十八年，浮江至湘山祠，阻大風，幾不得渡。”則湘山當是君山，非艑山也。君山之名湘山，著於《史記》，此另是一湘山，非熊、湘之湘也。《正義》以熊、湘屬之，悮矣。而又係之艑山，更悮。

龍迴山，在縣南十五里，臨湖。

靈屋山，在縣南三十里，形如芙蓉。上有古鳴觀，道書稱為第三十五洞天。

黄茅山，在縣南三十里，臨湖。

獅子山，在縣南三十五里，臨湖。

九馬嘴，在縣南四十里，臨湖。九阜望如馬嘴，直入湖中，舟行甚險。

石磯山，在縣南六十里，上有宋楊么寨。

鹿角山，在縣南六十里，臨湖。上有洞庭廟，五代楚王殷遣許德勳拒冷業，追至鹿角，即此。

華容縣

層山，在縣東南四十里，屹峙水中。舊有鼉鶴驛，水涸，故址猶存。

鼓樓山，在縣東南五十里，臨湖。有分金洞，可容千人。明設巡檢司於此。

寄山，在縣東南六十里。湖水週遭，浮峙如雞子，本名為雞子山，音訛為“寄”。

團山，在縣東南七十里洞庭湖中，與寄山相望。相傳中有風穴，犯之則陰風怒號。産赭石，可硯以書。上有伏波廟。

禹山，在縣南三十里，臨湖，統名南山。相傳禹治水至此，登其巔。上有禹王廟，下有皇功寺。南五里有石山門，相傳禹所鑿洞庭門户。

羅帳山，在縣南三十里，禹山之下。

靓孤山，在縣南五十里。宋紹興間曾建學於此。

明山，在縣南六十里，上有洞庭君廟，下有崇慶寺。

猪頭山，在明山麓，臨湖。

白蟾山，在縣南六十里，與明山相近。

方臺山，在縣南四十里湖中。岡陵隱起無峰，俗稱功畢城。

太陽山，在縣南七十里。

宋田山，在縣南八十里。有赤亭，城下為赤沙湖。三面阻水，極為險隘。《風土記》："後梁湘東王，遣胡僧祐、陸法和討侯景將任約於此。"

墨山，在縣東四十里，一名元石山，又名懸石山。上有大小懸洞、元石觀、墨山神祠。產雲母石，可為屏；麥飯石，可入藥。龍開河遶其下，洞庭水泛，此山實饒勝景。

龍陽縣

龍陽山，在縣南。《廣輿記》："舊名横山，天寶中改今名。"《常德府志》："縣以山得名。"

金牛山，在縣南六十里。《常德府志》："峰巒疊翠，烟雨護青。上有金牛寺，又有仙翁洞，及龍池、風洞。"

禅牛山，《酉陽雜俎》："龍陽禅牛山，南有青草槐叢生，高尺許，花若金燈，仲夏發花，一本可值千金。"

老虎山，在縣東北西港之側。

軍山，在縣東八十里。《明一統志》："吴治中潘濬討樊伷，屯軍於此，因以名山。"

實臺山，在縣北十五里，前對橘洲，後連内堤。

看竈山，在縣東北一百二十里。《常德府志》："舊傳黄帝鑄鼎於鼎港口，此山為鑄竈，故名。"按：黄帝鑄鼎事，多屬附會。詳辨於《古迹·鑄鼎臺》條下。

沅江縣

蘭嘴山，在縣北。舊建洞庭水師營，今遷龍陽。

月形山，在縣白沙河岸，上有前明楊嗣昌祖墓。

四湖山，在縣西南。

赤山，在縣東北五十里，為洞庭右翼。高聳雲霄，綿亘數十里。唐天寶中改為蠡山。《風土記》："南至沅江，過赤鼻湖，四日程。"

金雞山，在赤山下。

湘陰縣

黄陵山，《湘陰縣志》："在縣北四十五里，大江之濱，帝舜二妃墓在焉。"《水經注》："湘水北逕黄陵亭，西又合黄陵水口，其水上承太湖，湖水流逕二妃廟南，世謂之黄陵廟也。言大舜之陟方也，二妃從征，溺於湘江，神遊洞庭之淵，出入瀟湘[1]之浦，故民為立祠於側焉。"

玉笥山，一名石帆山，在縣西七十里屈潭上。隋於此置玉州。羅含《湘中記》："屈潭之左玉笥山，屈平之放栖於此山，而作《九歌》焉。"甄烈《湘中記》："屈潭之左有玉笥山。道士遺言此福地也，一曰地腳山。"《水經注》："汨水西逕玉笥山。"李昉《太平廣記》："漢武好仙，於玉笥山頂置降真壇，大設丹竈，道士晝夜祈禱。天感其誠，乃降白玉笥置壇上。武帝遣使取之，至壇側，颶風大震，捲玉笥而去，因名玉笥山。"

汨羅山，在縣北七十里，汨羅江出其下，上有屈原墓。

磊石山，一名龍壽山，在縣北一百二十里。《縣志》："昔軒轅氏張樂重湖之上，釋子以其遺址造小招提，名曰龍壽寺。後建洞庭廟，又名磊石驛。"《水經注》："湘水自汨江西北，逕磊石山西，而北對青草湖，亦或謂之青草山也。"又曰："山在羅口北，亦謂之五木山。山方尖，如五木狀，故俗以此名之。"《九域志》："磊石山，在湘陰青草湖，下臨湘口，北指巴陵，舊名萬歲山。"《一統志》："磊石山屹立湘東，三面臨水，一面連山，樵汲甚便。宋岳武穆討楊太，結營於此。"《湘陰縣志》："明初，誠意伯劉基狥湖南時，覘其地有王氣，命軍五千人，於石後鑿斷其東北來脈。今名半升米凹，水漲始通舟楫。"《長沙府志》："洞庭為長沙門户，中有磊石山，琴棋望兩處，高踞全湖，望周萬頃。而銅盆萬石一汊，為湖中栖泊要害。南北有事，勢所必争。今雖設立塘汛，然地廣兵遠，鞭長莫及，似當撥弁駐劄，以為藩籬之衛。"

石承山，與磊石山相連。

營盤山，在縣北四十五里，一名營田。宋末安撫李芾守潭州，遣兵入衛。時劉整道、伯顔下鼎澧，阻洞庭之險，以偏師由間道走沅江，先以游騎至河西之青山，潛渡湘江，駐師營田，若從天降。於是益陽、湘陰諸邑望風瓦解，潭州不可支矣。明末，闖賊潰卒數十萬，蹂躪湖湘。巡撫章曠駐軍湘陰，建水寨於營田及蘆林潭，并建陸營於歸義、黄谷、大荊等處，賊偵探有備，悉散去。

大青山，臨湖岸，一望平蕪，奇峰突兀。東與磊石相對，為洞庭關隘巨鎮。

---

[1] "湘"原文爲"江"，據《水經注疏》卷三十八《湘水》改。对校《水经注》原書，此處有省略。

上青山，與大青山、下青山相對峙。唐沈亞之詩“沂青山兮江之隅，拖湘波兮裊緑裾，荷拳拳兮未舒”，即此。

下青山，在上青山西。

錫江山，在縣西北約二百里，東連蕭婁鎮。

葡萄山，在縣西北六十里。岡阜隆起，土民因以成圍，名葡萄圍。

傅家山，在葡萄圍外，其地隆起，土人時復種植，遇大水常湮没之。

青竹山，在縣北稍西五十里，今亦成圍。

五家山，在縣西北，上枕揚雀潭，下連大神塘五家公館，故名。

五魁山，在縣南五里，俗呼掛榜山。其山出白泥，堅白光潤，撚之膩如脂粉，可為銀窩。各省傾銷，多取資焉。

卷之三

水道五

昔酈道元注《水經》，積數十年而成。蓋以一人徧稽九州水道，故遲之又久耳。玆言楚中一隅之水，宜若無難。然洞庭所匯，自九江而外，支派尚多，非條分而縷析之，其能瞭如指掌乎？爰詳考《水經》，叅以諮訪，蓂葉四易，始得别其源流，而辨其分合焉。益嘆道元之博綜為匪易易也。志《水道》。

沅水，據《水經》，出牂牁且音沮。蘭縣，為旁溝水。又東至鐔城縣，為沅水。東逕無陽縣，無陽者，漢武陵郡之故縣也，有水從東南入沅，是為無水。蔡沈注《禹貢》“九江孔殷”中有元水，即無水之訛，“无”與“元”相似而訛。

無水，亦出牂牁且蘭，至無陽縣入沅，謂之無口。按：《説文》“無，本古舞字”，故無水或作舞水，又加作“潕”。後人以“無”省作“无”，又以“无”訛作“元”，究即《水經注》所載之“無水”也。沅既合無，又南通運水，逕辰陽縣，縣有龍谿水，南出龍橋之山，北流入於沅。又有溠水，南出扶陽之山，亦北流會沅。沅乃東與序谿合。按：無陽，即今之貴州鎮遠府無陽縣也。“序”通作“敘”，後加水為漵浦縣，水所匯也。

漵水，亦名樠水，為五谿之一。出義陵郡鄜梁山下，為鄜渠川，西北逕義陵縣，西北入沅，沅又合柱水，東逕辰陽縣，南合辰水。

辰水，出辰陽縣三山谷，東南流獨毋水注之，逕辰水之陽。楚詞所謂“夕宿辰陽”者也。右與沅水合，謂之辰谿口。武陵郡有五溪，辰谿其一焉。水又經沅陵縣西，會武谿水，即馬援聞笛處也。再會施水，下與酉水合。

酉水，導源巴郡臨江縣，故武陵郡充縣酉源山。東南流逕無陽故縣南，又東逕遷陵故縣界，逶迤注於沅，謂之受水。其水所入，名曰酉口。沅與酉合，又合東谿水、諸魚谿水，分嶺谿水、東夷水、夷望谿水，再下為明月池、白壁灣、三石硐。又東歷枉渚，入龍陽縣境，與漸水合。

漸水，一名澹水，《水經注》：“出漢壽縣西楊山，南流東折，逕其縣南，即索縣之故城也。又東歷諸湖，方南入沅水，所入之處，謂之鼎口。”

資水，出寶慶府之武岡州之路山。《水經注》：“出武陵無陽縣唐糺山。”蓋即路山之别名也。謂之大谿水。又逕建興縣南，又逕都梁南，東北合大水。逕扶陽縣，古夫夷縣。又東北合邵陵水口，又東逕益陽縣北，謂之資水。至茅夾河分三支出喬口，北通南湖洲，又過徐河口，入沅江。大河流出布袋口，中出關公潭、白馬寺、塞梓廟，又四十里出臨資口，會湘水入湖。

湘水，發源廣西興安、靈川二縣界海陽山，有分水嶺，南流為灕水，北流為湘水。羅含《湘中記》："湘水之出於陽朔，則觴為之舟，至洞庭，日月若出没❶於其中也❷。"又云："湘水至清，雖深五六丈，下見底了了，石子❸如樗蒲矣，五色鮮明，白沙如霜雪，赤岸若朝霞。"至所經之地，首會趙城嶠水，下合觀水，謂之觀口。又東北合洮水，又合營水。逕九疑山，又東北合應水，逶迤至永州府零陵縣，與瀟水合。

瀟水，源出九疑山朱明峰。《一統志》："瀟水出九疑山，南流至三江口，東北與沲❹水合，一云與瀑漢漭合流。又東北至永州城外湘口合於湘，是為瀟湘。又過祁陽縣，至衡州府北郭，與蒸水合。"

蒸水，發源寶慶府邵陽縣耶薑山，逶迤入衡陽境。是水其氣如蒸，故名。至今衡陽縣北郭草橋河口入湘，是為蒸湘。又過衡山、湘潭、善化、長沙四邑，至湘陰縣臨資口，會資水，再下合沅水，注洞庭，是為沅湘。此三湘之所由名也。

澧水，發源於武陵郡充縣西歷山之東。過其縣南，逕零陽縣北，與温水合。又東，會零谿水；又東，九渡水注之；又東會婁水，至澧陽，右會渫水，左❺會黃水。又東過作唐縣，今之安鄉縣。左會涔水，東合澹水，折而從華容傅家磯下湖。

五渚，《水經注》："湘水左會水青口。今名臨資口。資水也，世謂之益陽江。湘水左，則沅水注之，謂之橫房口。右屬微水，經所謂微水經下雋者也，湘陰北，古下雋地。西流注於江，謂之麋湖口。"麋"與"微"音相近。湘水左，則澧水注之，世謂之武陵江。凡此四水，同注洞庭，北會大江，謂之五渚。"

微水，在巴陵縣。《水經》："湘水又北，過下雋縣西，微水從東來注之。"酈道元注："側湘浦北有萬石戍，即今之萬石湖。湘水左則沅水注之，謂之橫房口，今曰布袋口。東對微湖，世或謂之麋湖也，右屬微水，所謂微水經下雋者也。"

夏水，沱水。在華容縣北一里，一名華容河。《晉書·杜預傳》："預以巴邱湖，沅湘之會，荊蠻所恃，乃開楊口，起夏水，達巴陵，内瀉長江之險，外

---

❶ 據羅含《湘中記》(《麓山精舍叢書》本，下同)，"没"原文爲"入"。

❷ "也"，據羅含《湘中記》補。

❸ "了了，石子"據羅含《湘中記》補。

❹ "沲"原文爲"迤"，據《水經注》卷三十七改。

❺ "左"原文作"注"，據《明一統志》卷六十五改。

通零桂之漕，南土歌之。”見明孫羽侯《華容縣志》。今按：蔡氏《書傳》“華容縣有夏水，首出於江，尾入於沔，亦謂之沱”，則預所開，當始江陵。今華容河乃從石首來，冬竭夏流，故當時均以沱、夏稱，非沔陽之長夏河也。

涌水，在華容縣南。《水經》：“江水又東南，當華容縣南，涌水出焉。”酈道元注：“水自夏水，南通於江，謂之涌口。”《春秋傳》“楚大夫閻敖遊涌”，而逸注“涌水在華容”。按：此水本入江，洞庭秋漲，亦與湖通。

滗水，在華容縣東南。見《山海經》。

繡水，在華容縣西北。入長艷湖，歸洞庭。

景水，自安鄉縣來，至華容縣西南會於景港，《水經》謂之景口，逕杜家灘入湖。

芷水，在龍陽縣。《方輿勝覽》：“芷水即沅水别流，其地多生杜蘅、白芷，故名。”

壽水，在龍陽縣。《水經注》：“沅水又東，逕龍陽縣北城側。沅水又東，合壽谿，内通大谿口。”

滄水、浪水，在龍陽縣。《廣輿記》：“滄山、浪山下，各有水出，合流入於沅。《楚辭》所謂‘滄浪之水’是也。”

良水，在龍陽縣西南七十里，有良山，良水出焉。

羅水，出岳州府平江縣西北，即盧水，南流逕故縣城入汨，注於湖。《水經注》：“汨水西逕羅縣北，謂之羅水。又西，逕汨羅戍南，西流注於湘。”《風土記》：“洞庭之南，羅水出焉。”岳州舊志：“盧水在平江縣西北，發源盧山，南流入汨。以其過古羅縣，故名羅水。”按：盧山在平江縣東五十里，盧水發源於此，非出平江縣之西北，文疑有訛。

汨水，在長沙府湘陰縣北七十里。《水經注》：“湘水又北，汨水注之。其水出豫章艾縣桓山西南，逕吴昌縣北，與純水合，純水出其縣東南純山。又西逕羅縣（湘陰）北❶，本羅子國也，故域在襄陽宜城縣西，楚文王移❷之於此。又西逕玉笥山汨羅戍南，西流注於湘，春秋之羅汭即此，世謂之羅汭口。”盛宏之《荊州記》：“羅縣北帶汨水，源出豫章艾縣，會宏水，西逕羅子國，又名羅水。一水而源流異名，汨以水名，羅以國名也。”《湖南通志》：“自岳州府平江縣流入，西注湘水，亦名汨羅江。”

潰水，即白水江，俗訛為北水江，在湘陰縣東五十里。《水經注》：“湘水又北，逕白沙戍西；又北，右會東町口，潰水也。”《湖南通志》：“一名湄水，

❶ “湘陰”，據《水經注》卷三十八刪。

❷ “移”原文爲“遷”，據《水經注》卷三十八改。

即古濱水也。源出白鶴山，北流西折，密崖、玉池二山之水合流來會，謂之同含口。縈紆而西，又會神鼎山水，凡三十里，至湘江口，匯為東湖。又折而西，南逕湘陰縣學前，亦名秀水。又西逕湘陰城，南會西湖水，入湘江。水淺湖涸則江水逶迤自流。”

玉水，在湘陰縣治南陽門外。《水經注》：“玉水出玉池山，東南流[1]，注於錫浦，謂之玉池口。”

錫水，在湘陰縣北二十里，宋置錫江寨，今江上有山平起，民聚居以漁為業。《水經注》：“湘水又北逕錫口戍東，又北，左派謂之錫水，西北流，逕錫口戍北。”

黄水，在湘陰縣北三十五里，即今羹膾湖水，流逕黄陵祠，故名。《水經注》：“黄水，上承太湖，湖水西流，逕二妃廟，世謂之黄陵廟也。又西流，入於湘，謂之黄陵口。”

洲港六

水渚曰洲，水分流曰港。即志《水道》矣，似無庸更志洲、港。然洲在湖中，為商旅停泊之所，若舵桿，若鼉鶴，若金沙，其最著矣。而港則支分派别，匯而為湖者也。使於水之大者詳其所自出，而水之小者不考其所由來，安知巨浸汪洋固成於涓涓細流乎？縷析備載，以誌各洲所在之遠近，兼識各洲港所會之源委矣。志《洲港》。

洲磯、圻、灘、嘴、埂、腦附

巴陵縣

舵桿洲，在洞庭湖中，沙積灣長，向為行旅泊舟之所。國朝雍正九年，奉旨撥部存平餘銀二十萬兩，修砌石臺，週圍二百七十五丈，上建神廟，支銀十七萬七十有奇，餘銀以為歲修。上諭恭録《皇言門》。按：乾隆九年，總督阿爾賽、巡撫蔣溥奏石臺不便泊舟，停止修築，餘銀撥歸别用。

蛇鱗洲，縣北十五里，與城陵磯相近，向為兑漕水次，今久塌。

鼉鶴洲，一名磨盤洲，在縣西北，長十五里，有蘆葦之利。元時賦以供儒學會饌，有推官李炳記，碑刻列岳郡學宫内。國初為里民私佔，歷經諸生呈控，乾隆十年，知府黄凝道勘丈，通詳歸官。

新生洲，在縣西。

鐮刀洲，在縣西湖岸之下，水落則見。

---

[1] “流”，據《水經注》卷三十八補。

羅洲，在君山之前。水落，遊君山者往往為洲所隔。

金沙洲，在洞庭湖中。《君山記》："一名龍堆。延袤數十里，與鹿角洲相對。"杜甫有詩："蛟室圍青草，龍堆擁白沙。"

曹洲，縣南七十里。

芝蔴洲，縣西南湖中。

高沙洲，縣西南湖中，與鹿角相對。

眉毛洲，縣西舵桿洲側，地與龍陽相對。

螺洲，在縣西。

荊河腦，縣北三江口西岸。

城陵磯，縣北十五里，蜀江西來，洞庭南注，合流於此，《水經注》"江之右岸有城陵山，山有故城"，即此。

劉公磯，縣西門城下。

雙龍埂，縣二十五里。

華容縣

高田洲，在縣南。

破家洲，在縣南。

晒穀洲，在縣南。

萬楊洲，在縣西南。

張師圻，在縣東。

白沙圻，在縣東南。

蒼梧臺，在縣東南。

渣圻，在縣東南。

淹圻，在縣東南。

大渚圻，在縣西南。

小渚圻，在縣西南。

茶港圻，在縣西南。

傅家磯，在縣西南。

剪家嘴，在縣東南。

黄古灘，在縣南。

安鄉縣

廟子洲，在縣南，上有龍王廟，故名。

大金洲，在縣南十五里。

浮洲，在南平村，水漲諸洲皆没，惟此洲若浮，故名。

魚似洲，在澧江之岸，其形似魚，故名。

白鷺洲，在大鯨小港口。

馬沙腦，在縣東南。

武陵縣

牛鼻灘，在縣東。

侯家灘，在縣東北。

龍陽縣

汎洲，一名冷洲，又名橘洲，在縣西北五十里，即三國吴李衡種橘處。

眉洲，在縣西十里，突起中流，狀如峨眉。

毛連洲，在縣東。

白鶴洲，在縣北十里，其形類鶴。

丁洲，在縣東北。

賀洲，在縣東北。

孕子洲，在縣東北。

新洲，在縣東北。

香爐洲，在縣東十里，形如香爐。

宋家灘，在縣東北。

侯家灘，在縣北。

亂沙灘，在縣北。

旗杆嘴，在縣北。

揚旗嘴，在縣北。

柳林嘴，在縣東北。

周備嘴，在縣東北。

班嘴，在縣東北。

吊尾，在縣東。

沙堰埂，在縣北。

毛圻頭，在縣西北。

沅江縣

五斗洲，在縣北。

鍋巴洲，在縣北。

老沙洲，在縣東北。

馬王灘，在縣東。

瓦石磯，在縣東。

仙鷺嘴，在縣東二十里。

湘陰縣

飛來洲，在縣東三十里，雙江口對岸。

哀江洲，在縣南三十里，相傳二妃哭虞帝於此。

聚寶洲，在縣南四十里，即蔡家磯，舊建税課局之所。

文、武洲，在縣西南三十里。明《一統志》:“水中二洲，左右相對。秦始皇渡湘至此，文武臣僚分班而列，故名。”按:《始皇本紀》:“二十八年，浮江至湘山祠，逢大風，幾不得渡。問湘君何神，博士以堯女舜妻對。始皇怒，命伐樹，赭其山，遂至南郡，由武關歸。”時始皇并未過洞庭，何得有文武臣僚分班而列之事?或預備此二洲，以待始皇之過此耳。

黄茅洲，在縣西北二十里。

車輪洲，在縣北。《通鑑》:梁承聖二年，陸納遣其將吴藏等下據車輪。注:車輪洲，地名，蓋據湘江之要，去長沙不遠。

翁家洲，在縣北六十里。

桿洲，在縣北九十里。

牛頭洲，在縣西北。

蔡家磯，在縣西南四十里。

白魚圻，在縣北四十五里。

磯心灘，在縣南二十里，灣河口内。

張家灘，在縣西南二十五里。

板灘，在縣北四十五里。

孟家灘，在縣北五十里。

灰灘，在縣孟家灘之下。

横灘，在縣孟家灘之下。

劒灘，在縣北一百里，相傳許旌陽追斬孽蛟，試劒於石，今石猶存。

烏龍嘴，在縣五里。

港江、灣、潭、浦、池、窖、夾、口附

巴陵縣

鼉鶴港，在縣西。《風土記》:“岳陽樓對岸有鼉鶴港，商人泊舟船於此，

可勝千石之載。”

南津港，在縣南七里，為洞庭往來泊舟處，有堤。明成化間，徧列市肆，今僅存茅店數間而已。

南港，一名金箔港，在縣南二十里，水自南來，會於萬油橋入湖。

乾沙港，在縣南五十里入湖。

龍灣港，在縣東南四十里，由新牆河入湖。

涓港，在縣東南五十里，即新橋河下流，水由灌口入湖。

北港，在縣東北二十五里，水由南津港入湖。

三溪港，在縣東四十里，水由南津港入湖。

遊港，在縣東六十里，水發臨湘縣，由新牆河入湖。

大港，一名沙港，在縣東八十里，水發平江縣，由新牆河入湖。

新牆河，在縣南六十里。《明一統志》：“發源臨湘縣。會眾水，入灌口進湖。”

三湘浦，《元和郡國志》[1]：“岳州巴陵縣侯景浦，在縣東北十二里，本名三湘浦。天監中，寶誌道人為符書云：起自汝、蔡，止於三湘。（後）[2]侯景果[3]起懸匏汝水之南，而敗於巴陵三湘之浦。”

黄金潭，《幽明録》：“巴邱縣有黄金潭，莫測其深。古有釣魚此潭，獲一金鎖，引之，遂滿一船，有金牛出，奮迅踴躍而還潭，因此得名。”

三江口，即洞庭北流與江水會合處。岷江為北江，湘江為南江，澧水為西江[4]。宋慕容延釗等大破周保權軍於三江口，即此。

布袋口，《水經注》：名横房口，在洞庭中。水落則見，為東、西湖往來必由之道。又有小布袋口在其上。

灌口，即新牆河口。

麋糊口，即湖入江之道。

蝦鬚池，在縣西二十里。

華容縣

安南港，在縣西南十五里，下有檀子灣，《水經》謂之檀浦。

黄洋港，在縣西三十五里。《風土記》：“澧水注於洞庭，謂之澧江口；沅水注於洞庭，謂之鼎江口。”又有鼎江口至油橋入黄洋港，曲折而逕褚塘諸湖。

---

[1] 即《元和郡縣圖志》。

[2] “後”，據李吉甫《元和郡縣圖志》卷二十七删。

[3] “果”原文爲“東”，據李吉甫《元和郡縣圖志》卷二十七改。

[4] “江”，據原文上下文義補。

神農港，在縣南。

蘇州港，在縣南二十里，産銀魚，多吴人僑居，故名。一名中港。

板橋港，在縣南二十里。

紫港，在縣東三里，上通青湖，下通縣港。《風土記》："紫港夏秋水漲，與赤沙湖會，北通於江，南通於湖。"《水經》謂之泆口。

沙港，在縣東四十里。

蔡家港，在縣南出青湖。

景港，在縣西南六十里。《水經》謂之景口。水自安鄉縣來會之，逕杜家灘入於西湖。

龍開河，在縣南二十里，合板橋港，逕馬澗橋，北折入江南，達萬林湖，入洞庭。

華容河，在縣北一里，即沱夏水。詳見《水道志》。

泆口，見前"紫港注"。

澧江口，澧水入湖之道。

景江口，見前"景港注"。又名鼎江口，非龍陽縣之鼎口也。《風土記》："又西到澧江口、鼎江口，皆過大穴漠。"

涌口，在縣南，水注於江。夏秋水泛，則與湖通。

白泥窖，在縣南。

楠木窖，在縣南。

安鄉縣

小河，在書臺東山匯口。

後河，在縣東二百步，上受澧水，下接兎兒港。

大鯨港，即大鯨湖，在縣西七里許。

大鯨小港，與大鯨港相連。

兎兒港，在縣儒學東北，接後河，東南流，遶學宫，又南流，會澧江。

中、南澌港，相連。

景源港，上通荊州，下達洞庭。

渭港、九接港，俱在縣西。

大溶港，在縣南十五里。

小溶港，在縣西南十里。

山港，在縣西。

鶴港，在縣治右，即范文正公讀書處。

和尚港，在縣東。

腰口，在縣東南。

羌口，在縣西三十里。

匯口，在縣西四十里。

澮口，在縣北一里。王仲宣詩所謂“悠悠澮澧水，下會赤沙湖”是也。

安溪窖，在縣南二里，即安南溪。

蕈占窖，在縣西。

南湖澥，在縣東。

蘭浦，其地多蘭，故名。

大覺澥，在縣東。

焦溪，在縣西，一名一箭河，古稱涔陽。《湘君篇》“望涔陽兮極浦”，即此。吴郡虞汝明《古琴疏》：“楚王子無虧，有琴曰青翻，後質於秦，不得歸，因撫琴歌曰：‘洞庭兮水秋，涔陽兮草衰。去千里之家國，作咸陽之布衣。’”縣境西北，河、港、浦、口尚多，因距洞庭甚遠，兹不備録。

武陵縣

新興河，在縣東。

小河，在縣東。

青毛港，在縣東北。

九星窖，在縣東北。

龍陽縣

寶塔河，在縣東北一里，世傳縣形如舟，昔人曾於此疊石牆數十丈，如浮屠鎮之，故名。今廢。

鴨子港，在縣東北。

歐陽港，在縣東北。

接港，在縣東十里。

鳳港，在縣東十里。

西港，在縣東北。

武陽港，在縣東十里。

西林港，在縣東北。

蘆林港，在縣東北。

洋湖港，在縣東北。

滄港，在縣西，源從滄山發，合沅水。

辰陽港，在縣北十里。

構陽港，在縣北十里。

周家港，在縣東。

洋窩潭，在縣東北。

順旗潭，在縣東北。

紅荷池，在縣東北。

富池，在縣東北。

上窖，在縣東北十里。

中窖，在縣東北十里。

下窖，在縣東北十里。

八方窖，在縣東北十五里。

廠窖，在縣東北。

王家窖，在縣東。

明月灣，在縣東二百步，其水清澈。雖陰晦之後，常見有月，故“明月浴池”為縣境八景之一。

沙灣，在縣北。

紅沙灣，在縣北。

洋湖口，在縣東北。

洞庭夾，在縣東一百二十里，往來舟楫候風之所，水大則由紅沙夾入，水小則由此夾皆可入湖。

鯽魚夾，在縣東一百里。

沙夾，在縣東一百里。

茶夾，在縣東北。

龍打越，在縣東三十里。

柳兒越，在縣北。

賀家越，在縣東三十里。

兎子哨，在縣北。

柳沉港，在縣東。

崖沙洪，在縣北。

東頭港，在縣北。

沅江縣

沙頭河，在縣東南。

白沙河，在縣東北。

紙錢河，在縣南。

龍夾港，在縣南一里，俗傳嚴子陵嘗釣於此，恐屬附會。

瓦陽潭，在縣南。

大潭，在縣南。

楊柳潭，在縣東。

龍池，在縣西南，與安樂湖相連。

蓮花池，在縣東北一里。

齊湖口，在縣東北。

角碧口，在縣東二十里，其水瀠洄色碧。

畎口，在湘陰界。

小口，俗名小口寨。

赤江，在縣東南一里，岸有赤土如硃。

芷江，在縣西南。湘水分派逆行數十里，北會鼎水，入於洞庭沅。有白芷，故名。

湘陰縣

新市河，在縣東三十里，至窑洲河；又五里，至歸義；又十里，至吕難渡，即汨羅江口；又約十里，至何家塘；又六十里，出沉沙港入湖。

東碓河，在縣東七十里，逶迤入湖。

毛家河，在縣東七十里，逶迤入湖。

蘭沼河，在縣東八十里，逶迤入湖。

濠河，在縣南十里入湖。

灣河，在縣南三十里入湖。許渾詩“三十六灣秋月明”是也。

歸義河，在縣北六十里，西通汨羅入湖。

窑洲河，在縣北六十里，逶迤入湖。

黄穀河，在縣北八十里。其水分兩路，一通汨羅江入湖，一逕出沉沙港入湖。

青溪港，在縣南三十里入湘。

樟樹港，在縣南六十里入湖。

大菱港，在縣西南三里入湘，即雙港。

東、西港，在縣西南五十里，即文、武洲所出處。

漕溪港，在縣北三里。

黄嶺港，在縣北四十里。

檀木港，在縣北五十里河家塘内。

土星港，在縣北三十五里。

沉沙港，在縣北五十里。相傳屈原懷沙於此，故名。

兎子港，在縣北五十里，沉沙港之上。

淘金港，在縣西北五十里。

金釵港，在縣北七十里，在沉沙港内，即汨羅水出處。

新開江，在縣東五十里。

梅林江，在縣東五十里。

戕龍江，在縣東七十里。

魁樓江，在縣南二十里。内有懸藤港、梅子港，三水會流於笙竹岐。

門逕江，在縣南三十里。江口有老龍潭，其深不測，俗訛為文逕江。《水經注》："湘水又北，枝津北，謂之門逕。湘水紆流，合門水，謂之門逕口。"《明一統志》："湘江自文、武洲分流，東北又為逕江口。"

哀江，在縣南三十里。相傳二妃泣虞帝處。

後江，在縣南三十里。

百文江，在縣西六十里。《湖南通志》："自常德府沅江縣入，分二派，一東流至横岑口入湘；一南流逕後江潭而分東、南，至掃帚口入湘。"

烏龍江，今稱烏龍潭。在縣西五里三丰山下，入鼈池。《長沙府志》："晉有堪輿家記其地云'烏龍嘴過狀元生'。"

採桑江，在縣北二十里。相傳舜二妃採桑於此。

小江，在縣北六十里。

鯿魚潭，在縣南三十五里。

駋馬潭，在縣南四十里。

上窑潭，在縣南五十里。

東坡潭，在縣西二十里。

鷺鷥潭，在縣西二十里。

三洋潭，在縣西二十里。

元潭，在縣西二十里。

白鳥潭，在縣西三十里。

陽雀潭，在縣西三十里。

陵子潭，在縣西四十里。《水經注》："湘水左岸有高江水，出益陽縣。又西北，右出為陵子潭，東北流注湘，為陵子口。"陵子，即陵資之訛，資水所經歷之口也；又作林子，皆誤。

琴基潭，上為琴基望，在縣北八十里。今訛為陳溪望。

茶湖潭，在縣西四十里。

盧林潭，在縣北三十里。

後江潭，在縣北三十五里。

屈潭，在縣北七十里，即羅洲也。《水經注》："汨水西為屈潭，屈原自沉於此，故淵潭以屈為名。"《風土記》："青草湖在磊石山，其東汨水出焉，有潭謂之屈潭。"

荷包潭，在縣北六十里。其地有尹公廟，水出沉沙港。

龍標潭，在縣北一百里。

南江潭，在縣北一百二十里。

屈家潭，在縣北一百六十里。

汨口、羅汭口、荀逕北口，《水經注》："湘水自汨口西北逕磊石山；又東北為青草湖口，右會荀逕北口，與勞口合；又北得同拌口，皆湘浦右迤者也。"同拌口，今訛為同盆口。

勞口。見上。

同拌口。見上。

穴子口，在古湖對岸。

門逕口，一名文逕口。見上門逕江注。

三谿水口，在縣西北二十里。

玉池口，在縣治南陽門外。

錫口，在縣北二十里。

灣河口，在縣南三十里。

掃帚口，下為盧林潭。

東町口，《水經注》："磊石山在羅口北，濆水又在羅水南流注於湘，謂之東町口也。"

上下塘，在縣西北五十里。上接楊林寨，下抵青山。國朝乾隆初年，此地與楊林寨等處已將修築成圍，經前任巡撫陳宏謀議奏，以為有碍水道，不許修築，遂廢。

大神塘，在縣西北三十里，五家山之西。

武林塘，在縣西北五十里，與仉塘連界。

仉塘，在縣西北四十餘里，今已成圍，即名仉塘圍。

何家塘，在縣東北五十里，其地倚河，即津市河，為四方各鄉村交易之處。

扁擔夾，在縣南，臨江。

論曰：水道已詳於志，而自古迄今言水道者，不能盡附於志，另見於《藝文》中。而説之異同各出，詳略不一者，亦不妨並録。蓋古今形勢或異，而彼此聞見亦不一，抑足見洞庭之大，實非一篇兩篇之所能盡者也。劉子駿云："兼而存之，是在其中矣。"

卷之四

堤垸七

善治水者不與水争地，固已然。如洞庭諸湖瀕之平曠衍沃，使槩委而棄之，則膏腴之壤胥為蜃蛤之鄉，良可惜也。聖主軫念黔黎，大沛膏澤，於各邑民堤外，動支帑項，更建官堤，每歲飭令有司督民以時修築，俾垂久遠，葢保障之利溥矣。謹按其高厚、廣袤之數詳者，著於篇。志《堤垸》。

巴陵縣

偃虹堤，在縣西門城下。宋郡守滕宗諒築，今圮。

白荊堤，在縣東十五里，一名紫荊堤，築於宋。明成化八年，知府吴節增之。嘉靖十年，知府蕭晚重修；四十一年，邑人方鈍增築。

九龍堤，在縣北附郭。明洪武初築。

永濟堤，在城北十五里。明成化十九年，知府李鏡築，長四千丈，廣二丈，高七八尺，旁樹柳二萬株。有石橋二，甃石為閘，於二橋之北，廣五尺，高一丈五尺，架木樑以通車馬，民賴安居，永無水患，墾田至數百頃，至今誦之，號李公堤，李東陽為記。國朝順治十年知縣王篤慶；康熙五年知縣李炌，五十三年知縣王國謨相繼重修。

南津堤，在縣南十五里，瀕湖。明弘治間知府張金築。

設城堤，在西門城下。明隆慶初知府李時漸築，今廢。

華容縣

黄封堤，在縣河之濱，宋知縣黄照築。

楊柳堤，在放生池側。

官垸堤，在縣東二里。

朱家垸，在縣東南三里。

張家垸，在縣南三里。

黄蓬垸，在縣南三里。

蔡家垸，在縣南四十里。

吴家小路垸，在縣西南三十七里。

吴小垸，在縣西南三十七里。

桃樹垸，在縣西南三十五里。

石首東西垸，在縣西南五十里。

今土垸，在縣西南六里。

周小垸，在縣西南六十里。

蔡劉垸，在縣西南六十五里。

乙酉垸，在縣西南六十五里。

林家垸，在縣西南三十七里。

宋家垸，在縣西南十九里。

江黄垸，在縣西南三十三里。

黄湖垸，在縣西四十五里。

馬家垸，在縣西三十四里。

黄家垸，在縣西三十三里。

余家垸，在縣西三十二里。

線家垸，在縣西三十五里。

陳劉垸，在縣西三十五里。

永固垸，在縣西三十七里。

嚴小垸，在縣西三十八里。

蓄陂垸，在縣西三十二里。

蔡田垸，在縣西北十里。

按：縣東北境之堤垸尚多，因距洞庭甚遠，兹不備載。

以上各垸，雍正六年奉旨發帑修築，高厚倍前。

安鄉縣

圍城垸、文明垸、羅堤垸、中和垸、黄堤垸、劉孟垸、張讓垸。以上俱在縣治南。板橋垸、忠明垸，在縣北，接圍城垸；惠喜垸。以上為上十垸。興家垸、實惠垸、新家垸、太和垸、合家垸。以上為下五垸。

以上安鄉境内各垸堤，雍正六年奉旨發帑修築，高厚倍前。

石首縣

柳家堤，在縣南三十里。元里民鄭淵率眾築此，以防洞庭水患。

按：縣境堤垸甚多，俱防江水，與洞庭無涉，兹不備載。

武陵縣

柳堤，自東門外至北門。

長江堤，在縣東二十里。

皂角堤，在縣東三十里。

東田堤，在縣東十五里。

蘆洲障，周圍十五里六分。

姚家障，周圍三十七里。

王家障，周圍一十一里。

文子障，周圍一十七里。

黄溪南障，周圍一十八里二分。

黄溪北障，周圍一十五里五分。

木瓜、德遠二障，周圍三十里六分。

烏汉障，接連龍陽大圍，計一十二里。

永益障，計十八里三分。

黄花扁草障，計二十里九分，在武陵居四分之三。自蘆洲以下俱在縣東。

屠家堤、伍家堤、烏雞堤、龍裹堤、馬家窑、陽雀堤、上東堤、下東堤、接官亭堤、四老口之新陂堤、觀音椿堤。自屠家堤以下，俱在縣東。

按：縣西如槐花、南湖、花貓、金雞等堤尚有十餘處，俱係防辰、沅諸溪之水，兹不備載。

南溪障，計二十八里二分。官堤障，周圍一十四里。二障在縣東北。以上諸堤障，國朝康熙二十一年增修，雍正六年奉旨發帑修築，每堤障加高三尺，加寬五尺。

宿郎堰，在縣東九十里，周圍四十餘里。雍正四、五年夏秋水發，因近洞庭，洪波激蕩成壑，萬難修築開墾。雍正七年奉旨將額賦永遠豁除，並舊欠及本年錢糧俱邀蠲免。

尊陂，在縣北五十里。唐刺史李璡修。

楂陂，在縣東北三十五里。唐崔嗣業、韋夏卿修。

放鶴陂，在縣東北八十里。唐崔嗣業復修，又名崔陂。

津石陂，在縣北一百九十里。唐崔嗣業修，李翱、温造復修。

永泰渠，在萬金村。唐光化中刺史胡處立開。

右史渠，在萬金村。本名後鄉渠，一名石英渠，温造開。

考功堰，在縣東北八十九里。一名樊陂，唐李翱開。

以上諸渠堰俱可溉田千餘頃，惜歲久多淤。

附《唐書·地理志》[1]："武陵縣北有永泰渠，光化中，刺史胡處立開以通漕，且為丈備。西北二十七里有北塔堰，開元二十七年，刺史李璡增修，接古尊陂，由黄土堰注白馬湖，分入永泰渠，溉田千餘頃。東北八十九里有考功堰，長慶元年，刺史李翱因故漢樊陂開，溉田千一百頃；又有右史堰，刺史温造增修，開後鄉渠，總九十七里，溉田二千頃。又北百九十里有津石陂，本聖曆初，令崔嗣業開，翱、造亦從而增之，溉田九百頃。翱以尚書考功、造以起居舍人，出為刺史，故以官名。東北八十里有崔陂，東北三十五里有槎陂，亦嗣業所修以溉田，後廢。大曆五年，刺史韋夏卿復治槎陂，溉田千餘頃，十三年以堰壞，遂廢。"

龍陽縣

蕭公大堤，在縣東十五里。

南城堤，在縣東南半里。

河洪堤，在縣西一里。

陡門堤，在縣西三里。

杉木堤，在縣東南五里。

小汛洲堤，在縣西二十五里。内有塘、滘二座。

大汛洲堤，在縣西四十里。周圍一千八百六十餘丈，内有滘四座。

李公堤，在縣北二十五里。周圍二千八百餘丈。

新堤，在縣南一里。有滘一座。

古堤，在縣東南十五里。

夾堤，在縣南十五里。

曲堤，在縣南十里。

大圍堤，在縣北。周圍三萬五千八百餘丈，計一百二十里，上接沅、辰諸溪洞水，下濱洞庭大湖。舊有水滘七座，以洩積聚之流。

南趕障，在大圍之北，計二十二里。

保安障，計一十八里。

黄花障，計一十四里，龍陽縣居四分之一。

絲茅障，計四里。

彭家障，計一里。

廖家障，計四里。以上隄障俱在縣北，係補舊。

連三障，在縣北，計五里，係新增。

[1] 本段引文與《新唐書》卷四十原文有較大出入，今仍其舊。

辰陽障，計一十一里。

車橫障，計一十五里。

連五障，計一十五里六分。所統諸堤，春夏水溢，一堤不堅，五障皆潰。

三汊障，計六里五分。

灰布障，計一十五里四分。

七荊障，計二十一里五分。

銅盆障，計一十三里。

雙家障，計九里五分。

茶塘障，計一十五里。

南堤障，計十里七分。以上諸障俱在縣東，係補舊。

油坡障，長二里二分。

青坡障，長一十五里。

乾城障，長七里。三障俱在縣東，係新築。

北益障，在縣南，長一十五里六分，係補舊。

葛蒲障，長十五里。

橫堤障，在縣西，長一十一里四分。

大有障，長十里，舊名陡門。

白子障，長二十三里。

馬家障，長七里二分。

張家障，長二十二里。

莊浦障，長三十里。

永恆障，長五里。

豐收障，長七里。以上俱在縣西，係補舊。

金石障，長四十七里。復興障。二障在縣西，係新築。

以上龍陽境內諸堤障，明嘉靖十三年修，二十九年潰，四十四年修大圍堤決口三十處，長四千五百餘丈。國朝康熙七、八兩年大修，雍正六年奉旨發帑修築，每堤障加高三尺，加寬五尺，堅厚倍前。

沅江縣

西湖堤，在縣南半里。

沔湖坨，在縣東二十里。

長山坨，在縣東七十五里。

太平坨，在縣東七十里。

永寧坨，在縣東九十里。

以上沅江縣内諸堤，雍正六年奉旨發帑修築，高厚倍前。

益陽縣

凡益陽堤垸，皆為防資水而設。然資流之汎濫，皆因湖水之壅遏，雖曰防資，究所以防湖也。故録之。

千家洲大堤垸、小堤垸、長湖垸，長二千四百八十九丈。

沿河垸，長二千二百三十二丈。自千家洲起，俱在縣東。

合興垸，長四千五百二十五丈。

中洲垸，長九百一丈。兩垸俱在縣東北。

長灘垸，長一千一百丈。

河皮垸，長二千四百七十六丈。

曹埠垸，長五千五十二丈。

宋家垸，長九百丈。

上火田垸，長二千八百九十丈。

中火田垸，長一千八百四十一丈。

下火田垸，長二千二十八丈。自長灘以下，俱在縣東。

以上葢益陽境内各堤垸，雍正六年奉旨發帑修築，高厚倍前。

湘陰縣

沙田圍，在縣南，長三千九百七十一丈。

楊柳圍，在縣南，長一千三百五十丈。

軍民圍，在縣西南，長一千七百四十丈。

荊塘圍，在縣西南，長五千三百四十四丈。

東庄圍，計二十二里。

古塘圍，長三千七百三十七丈。

塞梓圍，長四千二百五十丈。

金盤圍，長三千三百四十五丈。

彎斗圍，長一千九百三十丈。

韓灣圍，長五千八百四十丈。自古塘以下，俱在縣西。

余家圍，在縣北。長二千三百九十六丈。

莊家圍，長一千一百四十丈。

黄公垞，長一千二十丈。

魯家垞，長一千五百丈。

買馬垞，長一千二百二丈五尺。

葡萄托，長一千五百四十九丈。自莊家圍以下，俱在縣西北。

以上圍、托諸堤，雍正六年奉旨發帑修築。

南堤，在縣東，宋知縣黄洪嗣築。

復興垸，在縣西，長三千七百八十丈，雍正十三年建。

馬眼圍，在縣西。

三合垸，在縣西南，長二千一百八十丈，雍正十三年建。

人合垸，在縣西，長五千七百九十四丈，乾隆四年建。

林興垸，在縣西，長一千一十丈，雍正元年建。

三陽垸，在縣西，長一千七百丈，乾隆二年建。

義合垸，在縣西南，長四十丈，乾隆五年建。

金汉垸，在縣西，長四百丈，乾隆四年建。

黄金垸，在縣西，長一千七百九十丈，乾隆四年建。

侯家垸，在縣西。

賜福垸。一名錫福垸，在縣西北，長四千七百五十丈，乾隆五年建。

廣興垸，在縣西，長一千丈，乾隆五年建。

小三陽垸，在縣西，長二百丈，乾隆二年建。

團山垸，在縣西，長六百四十丈，乾隆五年建。

冷公垸，在縣西，長三百丈，雍正三年建。

大有垸，在縣西，長一千丈，乾隆二年建。

趙家垸，在縣西，長四百丈。

楊柳坪堤，在縣西南，長一千一百丈，乾隆二年建。

合興垸，在縣西，長九百丈，乾隆五年建。

義興垸，在縣西，長二千丈，乾隆五年建。

屯田垸，在縣西，長八百丈，乾隆五年建。

酬塘垸，在縣西，長一千七百五十丈。

大順垸，在縣北，長六百二十丈，乾隆四年建。

傍山垸，在縣南，長一千九百丈，乾隆三年建。

喬山垸，在縣西，長一千七百五十丈，乾隆四年建。

蚌湖垸，在縣西南，長五百丈，乾隆三年建。

王通垸，在縣西，長一千丈，乾隆四年建。

東托垸，在縣西，長一百丈，乾隆五年建。

猪婁垸，在縣西，長三百丈，乾隆三年建。

窑嘴垸，在縣西，長二百五十丈，乾隆四年建。

公悦垸，在縣北，長二千丈，乾隆八年建。

荻湖垸，在縣北，長一千三百丈，乾隆四年建。

蘆子垸，在縣西，長二百丈，乾隆四年建。

福星垸，在縣西，長七百三十四丈，乾隆五年建。

茨塘垸，在縣西，長八百丈，乾隆四年建。

文洲垸，在縣西，長二千三百九十四丈，乾隆九年建。

聚寶圍，在縣西，長四千八十丈，乾隆十一年建。

順豐圍，在縣西，長一千六百五十四丈，乾隆十一年建。

定豐圍，在縣西，長六百五十丈，乾隆十年建。

永興圍，在縣西，長七百二十丈，乾隆十年建。

下三陽圍，在縣西，長一千三百五十丈，乾隆十一年建。

南陽圍，在縣西，長一千七百丈，乾隆十年建。

王土圍，在縣西，長一千五十丈，乾隆十年建。

太和圍，在縣西，長二千八百八十六丈，乾隆九年建。

東合圍，在縣西，長一千七百六十五丈，乾隆十年建。

桃源圍，在縣西北，長八百六十三丈，乾隆十年建。

金城圍，在縣西，長七百五十丈。

陳家圍，在縣西，長六百六十丈，乾隆九年建。

朱公湖圍，在縣西南，長六百一十八丈，乾隆九年建。

鎮江圍，在縣西南，長四百五丈，乾隆八年建。

德興圍，在縣西南，長九百一丈八尺，乾隆十一年建。以上諸堤垸，或名堤、名垸、名圍、名障、名托、名坪，各依其土名載之，其實皆堤垸也。

税課八

紀税課於洲渚，微矣。考前明沿江設河泊所額徵，我朝定鼎，所在裁減，凡諸無藝，次第豁免。故雜課視明，不過存其半，斂至薄，恩至厚也。夫一絲一忽，上關天府之貢賦，下藉蔀屋之輸將，詎或可略歟！爰分別備載各邑地畝如干，款項如干，俾覽是志者，咸知國課之寬仁，因悉江鄉之樂利。志《税課》。

巴陵縣

蘆課地畝、銀數：

上熟洲，地二十頃零三十四畝五分二釐，每畝一分九釐起科，該銀三十八兩六錢五分六釐。

中熟洲，地三十九頃五十三畝三分二釐，每畝一分五釐起科，該銀五十九兩三錢。

下熟洲，地五百九十一頃八十一畝一分六釐，每畝一分起科，該銀五百九十一兩八錢一分一釐六毫。

密蘆洲，地二百六十七頃三十八畝零六釐，每畝五釐起科，該銀一百三十三兩六錢九分零三毫。

稀蘆洲，地七百二十六頃零一畝二分五釐，每畝三釐起科，該銀二百一十七兩八錢零四釐。

以上共上中下、密稀蘆[1]地一千六百四十五頃零八畝三分一釐，共應徵銀一千零四十一兩二錢六分一釐九毫。

漁課銀數：

大城所，額徵銀六十六兩五錢三分。

大城子湖，額徵銀二十二兩三錢九分六釐。

魚苗所，額徵銀四十八兩五錢八分。

艑山所，額徵銀三十六兩二錢二分。

右家所，額徵銀六十四兩四錢六分四釐。

楊林所，額徵銀三十四兩二錢四分。

以上共徵銀二百七十二兩四錢三分，遇閏，加銀二十四兩一錢一分四釐，内楊林所，不在洞庭界中。

華容縣

蘆課地畝、銀數：

籽粒洲，地八十四頃五十六畝零七釐，每畝九釐六毫八絲九忽起科，該銀八十一兩九錢三分零九毫。

密蘆洲，地三十七頃二十四畝二分五釐，每畝三釐起科，該銀七十二兩四錢八分八釐五毫。

以上籽粒及稀密蘆地，共三百六十三頃四十二畝八分七釐，共應徵銀一百七十三兩零四分零五毫。

漁課銀數：

柱湖，額徵銀八兩四錢。

蘇湖，額徵銀八兩八錢。

渚塘湖，額徵銀七兩二錢。

延湖，額徵銀五兩六錢。

---

[1] “蘆”原文作“熟”，據文義改。

河泊三港、蔡田等湖共額徵銀一十三兩八錢。

以上共徵銀四十三兩八錢，遇閏，加銀一兩四錢九分七釐。

安鄉縣

蘆課地畝，無。

湖課銀數：

安鄉甲，徵銀三十五兩七分九釐。

焦折甲，徵銀二十三兩七分六釐。

匯口潭、清么潭共徵銀一十三兩五錢。

煤嘴潭、石龜潭共徵銀七兩五錢。

羌口潭、舖前潭共徵銀七兩五錢。

以上共徵銀八十八兩五分，遇閏加銀八錢四分。

龍陽縣

蘆課地畝、銀數：

稀、密熟蘆地，共二十八頃三十七畝三分。

共徵課銀三十七兩六錢六分九釐。

湖課銀數：

共徵銀三十八兩一錢一分三釐三毫一絲五忽，遇閏加銀一兩四分六釐八毫九絲三忽三微。

沅江縣

蘆課地畝，無。

湖課同門攤商税稞米，共銀二百八兩三錢七分八釐零，遇閏加銀二兩九錢五分七釐零。

湘陰縣

蘆課地畝，無。

漁課銀數：

漉湖、鶴塘湖、大輾三湖、石魚湖、楊林寨湖、古湖、町湖、蘆林潭、烏龍潭等處俱係産魚之所，每年漁課共一百八十八兩七錢一分四釐。

附《巴陵志·田賦論》

古者田賦之法，一因乎天，一因乎地，一因乎人，而總之皆因乎官。如荊田八等而賦則三等，係民力之勤，此因乎人者；岳之賦，山重而洲輕，此因乎地者；水旱不一，災耗不時，為之減租免税，此因乎天者。然而察年歲之凶豐而增損之，審土地之肥瘠而進退之，問民生之苦樂而緩急之，考户口之貧富而均安之，閲疆里之盈縮變遷而消息之，則官司之任也。

東陵之地，宋元以前不可得詳，間考國史，尚聞其略。唐之田賦，有户口，有土貢，租庸兩税，制則善矣。而岳挾五屬，巴陵為上，户口日增，丁糧日益，山取紵布，水取鼈甲，可謂悉矣。五代之亂，馬氏割據，其初縱採買，鑄鉛鐵，興蠶桑，公私交利，上下殷富；其後正供之外，税地、税屋、税牛、税骨，暴斂横征，民無寧日。

宋興，悉除馬氏苛政，民皆稱便。而酒課歲額，岳州則設四務；茶榷歲額，巴陵則分十品。有大小巴陵、開勝、開捲、小捲、生黄、翎毛、雙上、緑芽、大小方，凡十品。酒釀於民而課日盛，茶出無多而供日繁，勸之惜穀而耗日多，錫之嘉名而生日蹙矣。有明正供亦云平薄，而經費無常，攤派無數，徵目日益，小民不知其名改解歲更，胥吏因緣為蠹，自條編法出，而民氣始甦。

我朝秋糧夏税，有一定之則；户口滋生，免遭報之煩。有開除，有減則，有裁解。高庾有田塘地畝之分，窪下有稀密蘆地之辨。歲有旱潦，則為之減租；國有大慶，則因之免税。其於民生，可謂培養厚矣，存衂至矣。雖然，抑又有説焉，巴陵土瘠民貧，高苦旱，下苦水。十分其土，而山水居其七；十分其民，而工賈居其四；十分其農，而佃種居其六；十分其力，而傭工居其五；十分其入，而耗用居其半。此古人所以歎息於民生之不易也。觀鄉閭之疾苦，紓婦子之愁困，是所望於良有司者。

我朝定鼎之初，欽頒《賦役全書》，至詳且盡。天下郡邑，畝則不同，成賦亦異，各勒一書，永為定式，俾守土者範圍而不過焉。迄今百有餘年，農服先疇之畝畮，工用高曾之規矩，秉耒者忘徵催之煩，執技者無班匠之役。即巴陵一隅，可知天下之同也。

且夫條編之法，姜侍郎建議於朝堂，王御史力行於郡縣。侍郎，巴陵人物也；御史，巴陵名宦也。數百年以來，朝無苛政，野無逋租，二公實與有力焉。而我朝則列聖相承，覆冒無疆，既準以惟正之供，復重以蠲邺之恩。深仁厚澤固多，全書所不載也。然則以歲之上下數邦用，以年之豐凶出斂法，皆聖人法外之意。所謂損益盈虚，與時偕行，其必有繼姜、王公而起者歟！

舟筏

重湖四達，旅舫商舶，咸取道焉。然非洞庭所得專，無庸泛及。惟糧艘以

湖滣為停泊之所，戰艦以湖面為演習之場。而木貢之簰、拯溺之船，國用胥資，群生攸賴，非徒夸潯陽江舳艫千里也。志《舟筏》。

一、糧艘

長九丈四尺，寬一丈六尺，桅高八丈四尺。三帮，共一百七十九隻。首尾采繪，依次灣泊，映水爛然。每年十一月，糧道赴[1]岳兑漕，一船載米九百一十五石三斗四升三合。十二月開行抵通交卸後，於來年十月復歸水次，候兑新漕。定例新造一隻，料價銀三百九十兩，底料價銀二百零八兩。三年一小修，五年一大修，又三年重行小修，又三年拆造其非值。大小修之年，苫葢修整，即於各船津貼銀一百五十兩内開除。每船頭、舵工各一人，工食銀各四兩五錢；水手七名，工食銀共十一兩。以荊正、左、右三衛為頭帮，沔陽衛為二帮，岳州衛為三帮，停泊各有定所。兹將各衛船隻數目、灣泊地方，備列於後：

荊州正衛船，三十三號，泊北門沙嘴。

荊州左衛船，四十號，泊北門沙嘴。

荊州右衛船，三十四號，泊北門沙嘴。

沔陽衛船，二十四號，泊西門劉公磯。

岳州衛船，四十八號，泊北門糧倉。

一、戰艦

頭號長六丈一尺，寬五尺；二號長五丈四尺，寬五尺；三號長四丈二尺，寬五尺。首尾采繪，每船安百子砲一位，旗幟一幅。每營官船一隻，上設戰鼓一座，長號一枝，旗大小共五面，令字旗二面。每月千把總帶兵巡查。定例新造頭：號船一隻，價銀四十一兩五錢九分三釐；二號戰船一隻，價銀三十一兩八錢三分；三號戰船一隻，價銀二十九兩四錢八分。其大小修造之期如糧艘。舵工及水手即於兵丁内選充，配兵多寡，視船大小。分防汛地備列於後，其兵丁名數及操練之兵法，詳《兵防門》。

岳州城守營，大江鋪、石山門戰船各一隻。

岳州水師營，荊江口、荷葉洲、上鱖嘴、下鱖嘴、天花塘、石山門、艑山、鹿角、城陵磯、舵桿洲，戰船各一隻。按：水師營兵戰船十隻，惟荷葉洲、上鱖嘴、下鱖嘴三處不在洞庭之内。然遇水操之期，仍入湖歸本營一齊演習。

---

[1] “赴”原文爲“赶”，據文義改。

洞庭水師營，舊分中、東、西三路。其中路西港、羊窩潭戰船各一隻；東路五洋港、天心湖、兎子嘴、白沙塘、白❶泥湖、瓦❷石磯、沙灣、八方窖戰船各一隻；西路楊湖口、周備嘴、冷汎洲、班嘴、傅家磯、大沙圻、鼓樓山、黄粘潭、洞庭夾戰船各一隻。舵桿洲則安西四槳哨船一隻。

現在洞庭營戰船三十隻，中、東、西三路塘汛，分十八隻，存十二隻以為本營操船。康熙二十一年，解交本營充哨之船，名為巡船、汛船，又中、東、西三路，於乾隆三十七年添設快船各二隻，共六隻。

皇木簰

大小長短無定式。每年湖南巡撫遴委丞倅一員，赴常、辰採辦長大堅實之木，以供上用。因冬月西湖水淺，大簰難行，分紮小簰，至岳州城下合成大筏，上豎雙桅，轅門、堂廳亦如衙署之制，文武各撥兵役守護，以俟開行。

救生船

乾隆二年，湖廣總督高其倬奏於洞庭湖設船十六隻，總督史貽直奏添舵桿洲船十二隻，先後分布險要，拯救覆溺。九年，岳州知府黄凝道以舊船短小不能冒浪衝風，且一船水手四名，難於應猝，請改造長大船式，添設水手。巡撫蔣溥奏允造船十八隻，每隻長四丈二尺，寬七尺，高二尺六寸，篙、槳、篷、錨俱全。其水手每名歲支工食銀六兩，救生一口，官給賞銀。分員管轄，定以灣泊地方，專伺拯救。大小歲修，如例支項。君山、艑山、龍迴嘴、布袋口、舵桿洲、九馬嘴、萬石湖、磊石山各一隻，屬岳州同知管轄。岳陽門、南津港、鹿角、劉公磯、城陵磯❸、荊河口、白螺磯、楊林磯各一隻，屬巴林縣管轄。傅家磯、黄粘灘各一隻，屬華容管轄。

---

❶ “白”據卷五《兵防》補。

❷ “瓦”原文爲“尾”，據卷五《兵防》改。

❸ “磯”，據上下文義補。

卷之五

兵防九

狃治平之安者，患或出於不虞；疎防禦之策者，禍每至於莫測，則未雨綢繆宜急已。洞庭界連四郡，港汊叢密。宋之中葉，明之末流，幾為逋逃淵藪。我朝安不忘危，置岳州城守營，分哨防守；復於岳州、龍陽二處設立水汛，使有專司。故湖波清宴，不聞刁斗之聲；賈舶安恬，無復萑苻之警，誠久安長治之謨也。志《兵防》。

岳州營防守

按：三國吴魯肅以萬人屯巴邱；晉陶侃移鎮巴邱；南北朝王僧辨督軍至巴陵，乘城固守；隋虢州刺史崔仲方獻《平江南策》，於水路要害巴陵隱磯置舡屯聚；五代楚王馬殷遣刺史許德勳，將水軍屯岳州；宋岳武穆屯軍七里山，皆據岳險以致勝。然分防營制，史無可考。

明成化間，以流賊出没於洞庭，故巴陵縣鹿角哨設防領以指揮，或千、百户一人，兵五十名。新牆哨，每歲守備與衛官輪防，春夏守備在鹿角，衛官在新牆，秋冬復易其地，兵數如前。華容縣明山哨，成化十二年設，以常德衛指揮，或千、百户鎮撫，每五年輪一官，領兵五十名。正德間，定以千户哨。嘉靖四十三年，賊入華容，復改以指揮領哨。萬曆間裁兵為二十四名，官以一歲更至，後又調岳州衛官兵代之，以舟時巡，不久駐，繼止，撥龍陽兵十餘名、船一二隻，駐明山，巡官歲或一二至，去來不過數日。

國朝順治四年，略定岳州，以衆將鎮之。康熙十八年，置岳州城守營，衆將領千總一員、把總二員、馬步兵丁五百六十三名。雍正七年，添置外委千總一員，外委把總二員，兵丁内馬戰兵六十名，步戰兵九十四名，守兵四百九名。康熙二十八年，分辰州水師營，官兵移置岳州，守備一員，千總一員，把總二員，頭舵、水步戰守兵丁二百八十一名，屬岳州城守衆將營管轄。雍正七年，添置外委把總一員，兵丁内頭舵、水步戰兵二百三十三名，水守兵二百四十八名。乾隆七年改隸龍陽協。十年，仍歸岳州城守營兼轄。

城守營巴陵水路分防千總一員，派鯿山兵五名，萬石湖兵五名，銅盆湖兵五名，西門兵五名，城陵磯兵五名，大江鋪戰船一隻、兵十名，下翻嘴兵五名，周家腦兵七名。華容縣水路分防把總一員，派石山門兵十名、戰船一隻。赤亭宫兵五名，挖口塘兵五名。水師營塘汛分防三江、荊江，洞庭西湖派左司把總一員傳管，外委一員協防，荊河口戰船一隻、兵八名。荷葉洲戰船一隻、兵八名，天花塘戰船一隻、兵八名。石山門戰船一隻、兵八名。洞庭東湖派右司把總一員專管，鯿山戰船一隻、兵八名。鹿角戰船一隻、兵八名。舵桿洲三槳划船一隻、兵五名。

按：以上城守營分防之大江鋪、下翻嘴、周家腦及水師營分防之荷葉洲、上翻嘴、下翻嘴，共五處，不在洞庭之内。

洞庭營防守

國朝順治十一年，略定龍陽，以副將鎮之。嘉慶二年，奉文將洞庭改協為營，設立遊擊一員、守備一員、千總二員、把總四員、外委四員、額外三員，戰兵一百一十名、守兵四百六十三名，塘汛四十二。塘内中路十一塘。

洞庭營中路分防，派把總一員專管，外委一員協防，赤岡鋪兵五名，揚旗嘴兵五名，接港兵五名，小港兵五名，東頭港兵五名，鴨子港兵五名，宋家灘兵五名，下窑兵五名，歐陽港兵五名，酉港戰船一隻、兵七名，羊窩潭戰船一隻、兵五名。

洞庭營東路分防，派把總一員專管，外委一員協防，大林湖兵五名，五洋港戰船一隻、兵七名，天心湖戰船一隻、兵五名，白沙戰船一隻、兵八名，缸窑兵五名，五斗洲兵五名，白泥湖戰船一隻、兵五名，瓦陽潭兵五名，大潭兵六名，馬王灘兵五名，瓦石磯戰船一隻、兵十名，柳沉港兵四名，沙灣戰船一隻、兵五名，紅荷池兵四名，八方面窖戰船一隻、兵五名，南嘴兵六名。以上十八塘。

洞庭營西路分防，派把總一員專管，外委一員協防，湖口戰船一隻、兵五名，周備嘴戰船一隻、兵十名，冷汛洲戰船一隻、兵六名，班[1]嘴戰船一隻、兵五名，傅家磯戰船一隻、兵十名，大沙圻戰船一隻、兵七名，明山兵六名，鼓樓山戰船一隻、兵六名，沙堰埂兵四名，毛圻頭兵四名，黄古潭戰船一隻、兵六名，洞庭夾戰船一隻、兵六名，舵桿洲四槳哨船一隻、兵五名。以上十三塘。

操練之制：兵丁各乘水馬，往來波浪中，有放鎗、起霧、奪標諸法。本營將官，每月以時演習，總督、提督過境，閱其技之生熟，以為黜陟。

---

[1] “班”原文爲“斑”，據下文改。

會巡之法：岳州、洞庭兩營，每月各派千、把總各一員，巡查賊盜及私宰、私鑄、硝鹽、娼賭等事，於汛地交界處彼此照會，互易其票，各呈驗本管一司申詳大吏，其與陸營交界處所亦然。

水程附

东湖，自岳州至長沙：三十里至布袋口，三十里至鹿角，六十里至磊石，六十里至營田，二十里至蘆林潭，三十里至湘陰縣，十五里至灣河之笙竹駰，達長沙。

西湖，俗分明山以東為東湖，明山以西為西湖。自安鄉縣至長沙：一百里至南嘴湖，三十里至白沙湖，四十里至沅江縣，九十里至毛嘴口，七十里至喬江，達長沙。

岳州府至常德府：三十里至布袋口，六十里至團山，三十五里至寄山，四十里至黄古灘，三十里至傅家磯，往安鄉、澧州，從此分路入小河。三十里至班嘴，三十里至周備嘴，由魏家河一百二十里與武陵交界。

附《巴陵志・兵防論》

自古談兵，有戰器，有戰地，有戰人。然器不得地，雖有器不能戰也；地不得人，雖有地不能守也。洞庭屢為賊藪，兵防甚備。其器之載於古、存於今者，介之屬若干，刃之屬若干，火之屬若干。然楊太以輪舟覆，吴逆以多砲亡。紀戰績者，器不與焉，是不徒恃有器也。岳之地，三面阻水，一面當山，陸戰則雙路、七里、花板、雲溪、鳳皇、金鶚、新塘、冷水相犄角，水戰則熊湘、鹿角、城陵、舵桿、青草、白塔、鼓樓、銅盤為羽翮。召募以為向導，汛塘以通機警。可戰可固，可伏可諜，可斷可躡，知兵者所必踞也。昔子敬長圖於邸閣，劉毅列陣於峥嶸，河東入援於青草，僧祐潛軍於赤沙，德勳致勝於角子，忠武收功於君山，因便乘利，左縈而右拂之，是以騷除易易也。雖然，洞庭之險，古無興國。昔劉仁贍取岳州，起居郎高遠曰："我乘楚亂，取之甚易。觀諸將之才，但恐守之甚難耳。"是故戰器不如戰地，戰地不如戰人。得其人則一邊盡治，可以無枹鼓之警；不得其人，或以侵漁賈怨，或以苛刻積怒，或以優柔養亂，或以疎虞失機，其為弊可勝道哉！然則有器而不得其地，雖有器無益也；有地而不得其人，雖有地無益也。故得人為上，地次之，器次之。三者俱備，是為全局。

風俗十

《王制》曰："廣谷大川異制，民生其間者異俗。"《周官・土會之法》於

“川澤”曰：“其民黑而津。”蓋燥濕殊而風俗異，雖聖王有不能强齊者矣。濱湖郡邑風俗，各詳志乘，濱湖之地亦大略相同。然亦有非陸地所得而概者，故據見聞所及録之。語雖近俚，固亦採風者所不遺也。志《風俗》。

氣候 《岳州府志》：“三月先燠，十月後寒。”湖中却不然。雖盛夏酷暑，北風至則氣肅然，夜分尤甚，至有擁棉者，故諺云：“江湖無六月。”

候風 《山海經》：“洞庭，帝之二女居之，出入必有飄風暴雨。”❶故湖中風信不常，舟子候之以綄。《淮南子注》：“綄，候風羽也，楚人謂之五兩。”《文選注·江賦》：“覘五兩之動静。”注引《兵書》：“凡候風法，以雞羽重八兩。”則八兩者，軍中所用；五兩者，船上所用。又，江豚見，則知風之順逆。蓋江豚出没起伏於水中，頭向上則北風至，向下則南風至，舟人謂之“拜風”。

舟中避忌 《述異記》：“洞庭君像，以一手遮額，覆目而視，一手指湖旁，從神亦然。舟往來者必致祭，舟中人不敢一字妄語，尤不可以手指物及蓋額，不意犯之，則有風濤之險。”❷惟郴州人則無恙。郴州士子赴武昌鄉試，至廟焚楮拜壽，用“鄉眷晚生”名帖，雖遇風濤，無不安然而渡。按：郴州有柳王祠，相傳柳為郴州人。

飼鴉 《筠廊偶筆》：“洞庭君山有神鴉，客舟過，迎飛舞噪，以肉投之，接食百不失一，傳為湖神使者。”余嘗往來湖中，驗之良然，但有一種唯食飯米。相傳有葷、素二類，舟將過，必預備。

競渡戲 《荊楚歲時記》：“五月五日競渡，俗為屈原是日投汨羅，傷其死，命舟楫以拯之。舸舟取其輕利，謂之飛鳧，又曰水車，一稱水馬。舟將發，土人悉臨水觀之。南鄉最重重午，不論生熟，皆❸出觀競渡，三日而歸。既望復出，謂之‘大十五’。”《歲時記》：“端陽前後有龍舟會，編葦為船，肖龍形，焚之，謂之‘送瘟’。”又《楚辭》：“浴蘭湯兮沐芳華。”故今五日，少長皆沐浴云。

作粽 《續齊諧記》：屈原五月五日投汨羅水，楚人哀之。至此日，以竹筒子貯米，投水以祭。漢建武中，長沙歐曲見一士人，自云“三間大夫”，謂曲曰：“聞君當見祭，甚善！常年為蛟龍所竊，今若有惠，以楝葉塞其上，以綵絲纏之，蓋此二物蛟龍所憚。”曲依其言，今五月五日作粽並帶楝葉、五色絲，

---

❶ 《山海經·中山經》原文曰：“洞庭之山”，“帝之二女居之，是常游於江淵。澧、沅之風，交瀟、湘之淵，是在九江之間，出入必以飄風暴雨。”文中此句，多有刪改。

❷ 此文出自清東軒主人《述異記》卷上，原文曰：“洞庭神君相傳為柳毅。其神立像，赤面，獠牙，朱髮，獰如夜叉，以一手遮額覆目而視，一手指湖旁，從神亦然。舟往來者必臨祭，舟中之人，不敢一字妄語，尤不可以手指物及遮額，不意犯之，則有風濤之險。”

❸ “皆”原文作“界”，據上下文義改。

此汨羅遺意也。

落槽分洪 《漫叟詩話》：江漢有滸，以桿制泛濫。大漲，則溢於平陸；水退，滸見，舟人謂之“水落槽”。又，灘石湍激，其中深僅容舟者，謂之“洪”，若水大則不須問“洪”矣。王臨川詩“萬里寒江正復槽”。又，“東江木[1]落水分洪”。今湖中水涸，亦有落槽分洪之説。

翻流水 《風土記》：樂史言：大江在巴陵縣東北流入洞庭，荊江出巴蜀[2]，自高注下，濁流洶湧，夏秋暴漲，則逆泛洞庭，瀟湘清流，頓皆混濁。岳人謂之“翻流水”。南至青草湖[3]，或三五日乃還。俗又云“水神朝君山”。

中元水燈 《歲時記》：中元大放水燈，飄流十餘里。凡作佛事者，四時皆然。

中秋卜魚 《巴陵志》：中秋以月之明暗，卜湖魚之多寡。如濱海之人，以中秋月卜蚌珠之盛衰也。

石米斗米 湖中非風不行，甚有候至荀月者。遇順風，則瞬息可數十里，一日可以過湖。故諺有“升米洞庭、斗米洞庭、石米洞庭”之説，言過湖遲速之相懸，資糧不可不預備也。

物産十一

黄金産諸麗江，元珠生於赤水。天下瑰瑋殊異之物，大都出於名川大澤者為多。洞庭萃東南之秀，陰陽孕育，若瑶琨，若璣組，書誌之矣。然而盛朝不貴異物，兹但取其所常饒者，分類紀之，俾可資以適用，何必居之為奇！志《物産》。

鱗屬

龍，非洞庭所常有，但天雨時，雲霧四布，往往見龍之尾，土人謂之掛龍。鯽，劉邵《七萃》：洞庭之鮒出於岷江，紅腴，青顱，朱尾，碧鱗。按：鮒，鯽也。銀魚，巴陵縣三江口、君山後湖及安鄉、華容縣蘇州港等處皆産之。鰋，鯉，鱛，鯊，鰉，《岳陽風土記》：岳州人最重鰉魚子[4]，每得之，淪以皂角水少許，鹽漬之，即食，味甚甘美。魴，鱘，鯖，鱮，鯇，鱖，鮪，鱣，鳙，鰱，鰺，鰷，鱧，鰍，鯿，鱓，河豚魚，石首魚，茅業魚，麪條魚，鮹魚。此魚洞庭不甚出，今則多而且美。

---

[1] “木”原文誤作“水”，今依王安石原詩《東江》改。

[2] “蜀”原文誤作“屬”，據《岳陽風土記》(明刻《百川學海》本)改。

[3] “湖”，據《岳陽風土記》補。

[4] “子”，據《岳陽風土記》補。

介屬

鼉，黿，鼈，龜，《禹貢》：九江納錫大龜。蟹，《山家清供》：蟹，生於江者黄而腥，生於漢者蒼而清，生於湖者紺而馨。又曰：圓臍膏，尖臍螯，秋風膏，圓者豪，羹以蒿，尤可饕。蚌，蛤，螺。

木屬

松，栢，杉，檜，桐，梓，楓，樫，株，槐，檀，楮，楊，柳，樟，楡，桑，柘，椶，櫄，冬青。以上産君山、鹿角、濱湖等處。

竹屬

斑竹，産君山，詳《古蹟志·斑竹巖》註。方竹，産君山，明王啟茂有《方竹杖歌》，入《藝文志》。紫竹，金竹，筀竹，南竹，白竹，水竹，烟竹，苦竹，叢竹，以上産君山、鹿角、濱湖等處。篾竹，《水經注》：艑山山中多篾竹。蘆竹。各洲渚多産之。

果屬

橘，陳襄❶《文昌雜録》❷：國子朱司業言："南方柑橘雖多，然亦畏霜，每霜時亦不甚收，唯洞庭霜雖多，即無所損，詢彼人云：'洞庭四面皆水也，水氣上騰，尤能鬬霜，所以洞庭柑橘最佳，歲收不耗，正為此耳。'"柑，延安韓諺直《橘録》：洞庭柑，皮細而味美，比他柑韵稍不及。熟最早，歲至春，色如丹。鄉人謂種自洞庭來，故得名。柚，《吕覽》："果之美者，雲夢之柚。"橙，梅，桃，李，梨，榴，枇杷，棗，柿。以上産君山，鹿角及濱湖等處。藕，蓮子，芡，菱。以上産諸湖、港、汊。落花生，番薯。以上産各洲渚。

蔬屬

筍，蕨，以上産君山，鹿角及濱湖等處。蘆茾，茭笋，茭白，蓴，芹，以上産各湖汊。藜蒿，洞庭湖濱藜蒿，最早最美又最多，鄉人賴以濟饑云。鹿葱，湖葱，白花菜，黄花菜，蓼米，以上産各洲渚。

穀屬

紅黏，白黏，紅糯，白糯，以上産各堤垸。白黍，黄黍，秥粟，穤粟，高粱，大麥，小麥，黄豆，黑豆，菉豆，赤豆，飯豆，豌豆，蠶豆，芝麻。以上産各

---

❶ 《文昌雜録》作者爲宋龐元英。

❷ 以下引文與《文昌雜録》（清《學津討原》本）卷四多有出入，整理者據原文作相應修改。

洲渚。

瓜屬

冬瓜，西瓜，南瓜，北瓜，甜瓜，苦瓜，王瓜，菜瓜，匏瓜，絲瓜，瓠瓜，茄瓜。以上產各洲渚。

藥屬

薄荷，《岳州府志》："華容張斯圻產薄荷。"艾，香附，細辛，白芷，杜若，香薷，蒼耳，荊芥，商陸，括蔞，瞿麥，半夏，天冬，麥冬，車前，木賊，紫蘇，夏枯草，紫貝草，龍膽草，馬鞭草，穀精草，何首烏，金銀花，蛇床子，枳實，枳殼，陳皮，梔子，枸杞，茱萸，茯苓，木瓜，女貞子，地骨皮，金櫻子，五倍子，五加皮，桑白皮，青木香，烏藥。以上湖壖諸山及各洲渚產之。

草屬

菁，蒿，苔，莪，藍，薺，荼，荃，蘼蕪，薜荔，茳蘺，菉葹，白茅，以上產濱湖諸山及洲渚。青茅，《禹貢》：包匭菁茅。產沅江，詳《古跡志・楚貢亭》。萍，蘋，蒲，菰，荇，藻。以上產各湖汊。

花屬

蘭，蕙，野菊，蓼花，蘆花，菱花，荷花，以上產湖岸及洲渚、湖汊。木芙蓉，映山紅，以上產君山等處及湖汊。捲旗花。產華容，詳《雜摭・摭異》。

獸屬

虎，《記》云："薄慕窴窴，虎嘯猿啼。"今亦不常有。豺，貛，狐，猿，兎，鼯鼪，以上多出君山，鹿角。牛魚，江豚，水鼠。

禽屬

鶯，燕，鵲，雉，雀，鳩，錦雞，鴻雁，沿湖州渚最多。鵖鴔，鸂鶒，鵁鶄，鳧鷖，烏鴉，魚鷹，鵰鶚，沙鷗，鷓鴣，翡翠，鷺鷥，鴛鴦，鸕鷀，鸛鵲，鸜鵒，鶺鴒，鵁鶄，雎鳩，信天翁。

貨屬

茶，出君山，每歲入貢。苧，蔫，棉花，石。華容縣墨山產雲母石，可為屏；麥飯石，可入藥；層山產粗石，可作柱、磉及臼、磨。

附《物産論》

《地理》之詳物産，自《禹貢》《職方》始。《禹貢》重貢物，則記珠玉、金貝；《職方》重土宜，則詳五種六擾。但《禹貢》載荊域所産兼及璣組、大龜，《職方》止云其穀宜稻。今則珍奇罕見，而農植之種十倍於前，豈地氣之亭毒、物力之肸蠁，或亦因時代為豐嗇乎？邑重稼穡，穀以稻為本，蔬則蕷以濟之，此有田力之民也。至薄於田而厚於力，若柏港茶，浸潤數邑；湄洞薑，江漢珍之；潼溪燈草，遍販三楚；大橋肥皂，糧舟挾載，運行兩京；茅田布、西塘染之亂蘇、揚。此則物産為甚饒，而舊志所未詳者。於以殖民之生而甦民之困，勝於璣組、大龜遠矣。至今君山後湖，自巴陵、華容、安鄉、龍陽、沅江五縣沿湖一帶，其地六七百里，一平如掌，其初高淤者，可以種煙❶，可以種菜子。菜子秋種而春獲，幸而春水不發，則全收其利，所謂“西湖菜子”是也。其種煙❷者，地稍高，不忌春水，忌夏秋之水，獲其利者亦復不少。自後數十年，於今高者愈高，下者亦高，可以種麥；麥收之後，幸而夏水早退，猶可以種菽粟。洞庭之大，菜、麥、菽、粟，幾可以堆積成山。其近地之争利者，不能禁禦，惟一切斷入於官，聽民開墾。因地之高下，定賦之厚薄，限年清墾。毋俾影射互争，毋俾胥役因緣為奸，任水去來，不許私築堤垸，豈不於國計民生大有裨乎！

古蹟十二

昔司馬子長上會稽、探禹穴、窺九疑、浮沅湘矣。洞庭為沅湘地，天下奇山水無逾於此。人苟寓意林泉，即一邱一壑猶自謂過之。矧斯地名勝之區，前賢托足履迹猶存。過其墟，想其人，能無感慨係之乎？後之手是編者，不必著謝公之屐，而登樓一望，已不勝憂樂相關之致矣。志《古蹟》。

岳陽樓　在岳郡西門城上，創始未詳。南北朝顔延年《登巴陵城樓》詩，已有“清氣霽岳陽”之句。宋知軍州滕宗諒重修，有經略范仲淹《記》。明成化間都御史吴琛、知府吴節，嘉靖間知府韓士英、李臨陽，相繼修葺。崇禎十二年災，推官陶宗九建。國朝順治七年，知府李若星重修。十四年復災，康熙二十二年知府李遇時、巴陵縣趙士珩倡捐重修。二十七年又災，四十年知府孫道林倡建，未竣，為水衝塌。乾隆五年，總督班第奏撥舵桿洲歲修銀六千有餘，

❶❷ “煙”原文爲“蔫”，據上下文義改。

修繕岳城，并建樓，知府田爾易、巴陵縣張世芳承建，是為今制。七年，知府黄凝道捐建賓館前廳，八年，遣使求刑部尚書張照書范文正公記，勒於樓屏。

考此樓，自唐開元間張説守是洲，與才士登樓賦詩，樓名始著。至宋以滕宗諒修樓，范仲淹作《記》，蘇東坡書，邵竦篆額，時稱岳陽四絶，而名重天下矣。按：唐張説詩只有南樓，並無岳陽樓。《與趙冬曦登南樓詩》云："危樓瀉洞庭，積水照城隅。"正合岳陽樓地勢；又，崔魯詩則稱"洞庭樓"，李群玉詩則稱"洞庭驛樓"，豈其時樓名未定，南樓即岳陽樓？而所云南者，在郡署之南，於城則為西，以郡署方位稱之歟？然則崔、李所稱洞庭樓，皆即此樓也。不然，張説並未嘗有岳陽樓詩，而樓何得以説著名？且滕宗諒何以刻説詩於樓上耶？岳郡《舊志》南樓另載，似失考。

燕公樓 《明一統志》：在岳陽樓北。唐張説封燕國公，出為岳州刺史，人因以名樓。今廢。宋陳與義有詩，入《藝文志》。

後樂樓 《通志》：在岳郡署内，宋建，取范仲淹"先憂後樂"之義。今廢。

西閣 《通志》："在岳郡城内。"《岳州府志》："張九齡有《登道觀西閣》詩，李白有《登西閣贈嶽僧》詩。"入《藝文志》。

西亭 唐賈至有《西亭春望》詩，入《藝文志》。今岳郡志失載，莫詳其地。然亭即曰西，總在岳城西。偏玩詩意，亦距岳陽樓不遠。

仙梅亭 在岳州府城。崇禎十二年，岳陽樓燬，後有童於樓基下得一石，上有梅形，枝幹隆然而起，摩之反無痕，石長二丈餘，厚二寸，遂於樓左立仙梅亭覆之。推官陶宗九為之記。國朝亭兩燬於火，石忽不見。乾隆四十一年，巴陵令熊懋獎復建亭以復古蹟，工將竣，適村民於竈甒下得石以獻，觀者以為酷似舊石，但石已摧裂殆盡，而梅形尚存。熊令知畫，遂鉤摹入石，置亭中。自為文記其事，世榻傳之。

夕波亭 《明一統志》：在巴陵縣北三江口，一名合江亭。宋建，久圮。

四望亭 《明一統志》：在岳州府治，距内城之首。宋知州軍滕宗諒建。今廢。

洞庭南館 在岳郡城南，臨湖。唐張祐《洞庭南館》詩："地盤雲夢角，山鎮洞庭心。"

西館 宋孔武仲有《西館雨中》詩，入《藝文志》。《岳州府志》失載，莫詳其地。

望湖亭 唐崔魯有詩，入《藝文志》。《岳州府志》失載，莫詳其地。

雲夢館 宋歐陽修宿雲夢館，有詩，入《藝文志》。《岳州府志》失載，莫詳其地。

雲夢亭 唐崔魯有詩，入《藝文志》。《岳州府志》失載，莫詳其地。

湖山亭 宋孔仲武有詩，入《藝文志》。《岳州府志》失載，莫詳其地。

楊公臺 唐張泌《九日巴邱楊公臺上集宴》，有詩，入《藝文志》。《岳州府志》失載，莫詳其地。

白黿池 在岳州府北門月池内。舊有池，相傳白黿為怪。

鐵獸 在岳州府城西北門外湖岸下。《風土記》："江岸沙磧中，有冶鐵二枚，重踰千斤，長一丈，厚二尺，四端平分燕尾，若兩玦相向，各有巨竅，徑尺許，不知何用也。或云以禦風波。"明胥文相《鐵械辨》："或以為厭勝，辟蛟龍之害；或以為矴石，疑其大重，人不能舉；或以為植木其中，編之為柵，以禦風濤。"張元忭《巴陵遊覽記》："城外有鐵鑄方佛五尊，蓋晉伐吴，人以鐵鎖横截之，此殆植標繫鎖之具耳。"按：《明一統志》作"鐵枷"，岳州《舊志》作"鐵杻"。

去思堂 在岳州府城南，乾明寺東。宋郡人為知軍州范宗建。

慈氏寺塔 在岳州府城南，臨湖，高七級。晉沙門妙吉祥建，宋制使孟珙修。明正德間知府張舉毁寺，塔存。國朝康熙三十五年，郡人重修。《風土記》："日出之初，影射重湖，鎮洞庭水孽。"

屈原宅 在巴陵縣城南。《風土記》："屈原嘗宅此。"後改為太平寺。

過松亭 《明一統志》：在巴陵縣城南三里，一名過仙亭。岳州舊志作"吕仙亭"，在白鶴寺對岸。《風土記》：吕洞賓過岳陽，日憩城南古松陰，有人自木杪而下，吕與丹一粒，贈詩曰："獨自坐來獨自臥，無限時人不識我。惟有城南老樹精，分明知道神仙過。"後枯松復榮，人以為丹之力也。

紫荊臺 一名紫溪臺，在巴陵縣南滗湖白鶴山。《明一統志》："有石高四尺，曰紫英石，即江叟吹鐵笛遇龍女處。"並詳《雜摭》。

青蛇池 在巴陵縣南白鶴寺之陽。有二池，蟒曾宅其内，即吕招蟒化劍處。並詳《仙釋》。

巴蛇井 在巴陵縣城南舊縣前，向傳巴蛇穴此。並詳《湖山》。

啞女塔 在艑山上。《風土記》："舊有商人女病祟，至此能言，指其上可塔，其家遂建之。"

秦皇井 在洞庭湖岸。《風土記》："湖岸二石井，相去百步，號秦皇井，其泉甘美。"

軒轅臺 《岳州府志》："在君山上，一名鑄鼎臺。"《明一統志》："黄帝鑄鼎荊山之下，鼎成，騎龍上昇。"今臺址尚留。岳州《舊志》："西二百里，名鼎湖，又有烏號村。"按：《史記》：黄帝採首山金，鑄鼎荊山之下。鼎成，騎龍上昇。小臣不得上，手攀龍髯，髯拔，墮，墮黄帝之弓。百姓仰望，乃抱其弓以號，因名其弓曰“烏號”。其事已不足信，況荊山、首山，據《漢〔書〕·地理志》：荊山在馮翊懷德縣，首山在河東蒲坂。而《廣輿記》：荊山在河南閿鄉縣，首陽山在偃師縣。俱距君山甚遠，附會顯然。考《莊子》有“黄帝張樂洞庭之野”一語，後人因此建亭於君山，尚非無因。然亭之別名宜云“張樂”，不宜云“鑄鼎”矣。

七寶鐘　在君山湘君廟。《通志》：“七寶所鑄，高六尺，廣二尺五寸。蜀孟昶為馬希范鑄，希范以此送廟中。”

鐵桶　在君山崇勝寺。岳州《舊志》：宋建炎間，金人焚寺，兵退，寺中無一存者，止存孟府鐵桶二。

大鐵鍋　在君山崇勝寺。

酒香亭　在君山上。詳《藝文志·君山記》。

傳書井　在君山上。詳《雜摭》及《藝文志·君山記》。

傳書亭　在君山上。詳《雜摭》及《藝文志·君山記》。

朗吟亭　在君山上。因吕洞賓有“朗吟飛過洞庭湖”之句，知府黄凝道重建。

飛仙亭　在君山上。宋建。明嘉靖間，都御史桂榮檄有司重修，改名“飛昇”。

涵暉亭　在君山上。宋孔武仲有詩，入《藝文志》。按：君山古有三十六亭，明嚴首昇詩：“三十六亭無處問，朗吟應得賦冥鴻。”今朗吟亭亦久圮，餘何論乎？據父老所傳，有洞庭、烟波、禱雨、賖月、望洲、試茗、壽椿、歇即諸亭名，皆在三十六亭中，然名之不傳者多矣。

秦王火樹　在君山上。秦始皇至洞庭湘山祠，阻風，幾不得渡，問湘妃何神，博士對曰：舜妃，堯女也。始皇怒，命伐木，赭其山。《岳州府志》：“君山崇勝寺中，有古銀杏樹，大數圍，即秦王火樹，又曰赭樹。”

射蛟屋　在君山上。《水經注》：漢武射蛟於是山。按：《漢書·武帝本紀》：元封五年冬，南巡狩，至於盛唐里，祀虞舜於九疑，登灊之天柱峰，自灊陽浮江，親射蛟於江中，獲之。舳艫千里，薄樅楊而出。則射蛟當在今安慶、九江之間，此屋亦屬附會耳。

龍虎二洞　在君山上。《風土記》：“君山龍虎洞，石穴，夏秋水漲即没，冬春水落始露。朝廷嘗遣人投牲於此。歲旱，邦人往祈禱焉。”

斑竹巖　在君山上。《述異記》：“帝舜南巡不返，殁葬蒼梧之野。堯二女娥皇、女英追之不及，慟哭淚下，洒竹上，悉為斑文，故名。”按：斑竹，一名淚竹，一名湘妃竹。楚之寧遠縣九疑山及君山皆產之。

黿鼉江　《岳州府志》：“周穆王三十七年，伐楚，大起九師，東至於九江，叱黿鼉以為梁。”按：潯陽亦有九江，今九江而曰東，恐非洞庭之九江，況《志》亦未詳其地。

禹山 在華容縣南三十里，濱湖。相傳夏禹治水登其上。南五里有石山門，為禹鑿洞庭門户。

蕭城 在華容縣南蘇州港内。相傳蕭梁時所築，俗稱功畢城。

赤亭城 一名赤亭宫，在華容縣西南。三面阻水，極為險要。《風土記》：“梁湘東王遣胡僧祐、陸法和擒侯景將任約於此。”

岳城 在華容縣南二十里，長艷湖上。宋岳武穆王征楊太所築。城凡三，各相距四十里，今人呼為岳城、穆城、湖城云。

急公臺 在華容縣西南四十里。相傳岳武穆給軍糧處。

食成臺 在華容縣西南四十五里。《通志》：“宋岳武穆築以望楊太軍者，食頃便成，故名。”

三郎城 在華容縣西南五十里，謂大郎、二郎、三郎也。岳武穆征楊太所築。

讀書臺 《通志》：“在安鄉縣治右鸛港旁，范文正公讀書處。范幼孤，隨母歸朱軏。朱宰安鄉，范因讀書於此。今其地清曠爽塏，夏無蛙聲，旁有硃池墨沼。”

思賢亭 《通志》：“在安鄉縣讀書臺前。”宋邑令李元舉為范文正公建，斷碑剥落猶存。

連理木 在龍陽縣東大溪口。《水經注》：沅水又東，合壽溪，内通大溪口。有木連理，枝、根各一岸，而淩空交合。

張旭墨池 《通志》：在龍陽縣西净照寺。唐張旭善草書，每醉，以手濡墨作書，池水盡黑。又有墨池亭。《圖志》云：宋紹定間，斂山劉子澄檄所部過龍陽香積寺，訪墨池，見池、亭俱廢，重闢之，立石記其事。今亭、碑俱無矣。明萬曆間劉之龍重建，額曰“雲烟深處”。登其亭者，東望洞庭，西望陽山，金牛居南，芷江居北，形勢壯麗，仙跡宛然。

橘洲 一名汛洲，在龍陽縣境。《廣輿記》：“長二十里，即三國吴李衡種橘處。”

汎洲古柏 《通志》：“在龍陽縣境義興寺。”《常德府志》：華州回道人過此，題詩二句於古柏上云：“勒馬問船牛鼻渡，釣魚望月橘林洲。”好事鋸之，片片皆字。今所存枯柄，亦復逾抱。

蠡湖 《廣輿記》：“在龍陽縣沅江界，昔范蠡嘗乘舟遊此。”

釣洲 任楚[1]《述異記》：昔范蠡嘗釣於此洲，刻石記焉。有一陂，中有

[1] 《述異記》作者爲南北朝時期任昉。

范蠡石牀、石硯、鈷鏻；有范蠡宅在湖中，多桑苧，花果有海杏，大如拳。❶

按：范蠡，《史記》稱其泛舟五湖。五湖，太湖也，未嘗有遊洞庭之事，或因洞庭舊名太湖，詳載於《湖山・洞庭湖》條下。後人訛傳，故附會之耳。又按："蠡"與"螺"通。《類篇》：蠡，蚌屬。此湖或産螺，故名，亦未可知。

滄浪澤　載龍陽縣境。《廣輿記》："昔屈原行吟澤畔，遇漁父歌滄浪，即此。"

劉公城　在沅江西三里。《明一統志》："漢昭烈帝嘗徇武陵、長沙、零陵、桂陽四郡，因立城於此。"

故關洲　在沅江縣東六十里。漢壽亭侯屯兵處。

臥龍墨池　《通志》：在沅江縣西烏龍寺内。相傳蜀漢諸葛亮嘗滌硯於此。

楚貢亭　在沅江縣東南。元王儒真《楚貢亭記略》：宋祥符中，封祀泰山。按《禹貢》荆州"包匭菁茅"，遣使徧求。至邑，耆民王皞，年踰八十，能辨其茅，一莖三脊，芬芳殊甚。奉敕賜王皞雙帛，擢授岳州助教，其茅遂成額貢，亭曰"楚貢"。每歲於此拜獻，春祀秋嘗，備供祭祀。

黄陵亭　在湘陰縣黄陵山。《水經注》："湘水北逕黄陵亭，西合黄陵水，西流逕二妃廟。"

黄陵碑　在湘陰縣黄陵廟。唐元和十四年，韓愈諫佛骨，斥守潮州。地多烟瘴，懼不得免，過廟而禱，后移刺袁州。明年九月拜國子祭酒，刺史王堪新其廟。長慶元年，刺史張愉復立碑記其事。碑詞載《藝文志》。

湘夫人舊碑　在黄陵廟。漢荆州牧劉表景升立，題曰"湘夫人碑"。晉太康七年，又題其額曰"虞舜二妃之碑"。《水經注》："二妃從征，溺於湘江，民為立祠水側。荆州牧劉表刊石立碑，豎之於廟，以旌不朽。"《韓愈集》："舊碑斷折，其半仆地，字文缺滅，幾不可讀，將刻文於新石，以銘其陰。舊石既多破落，移之於新，恐失其真，不復刻。"

羅江碑　在湘陰北。杜氏《通典》："羅江有屈原冢，又有石碑，文曰'楚放臣屈大夫之碑'，其餘字滅矣。"《水經注》："汨羅淵北有屈原廟，廟前有碑。"

招屈亭　在湘陰縣七十里汨羅江口，每歲五月五日祭屈原後，望空舉綵旗招之。

三閭宅　在湘陰縣北七十里玉笥山。屈原嘗栖此作《九歌》。宋彭淮詩："吴山烟鎖子胥祠，汨羅水繞三閭宅。"

獨醒亭　在湘陰縣北七十里汨羅廟前。明嘉靖間，知縣戴嘉猷建。國朝乾

❶ 引文與《述異記》原文多有出入，原文曰："昔范蠡乘扁舟至此，遇風止，釣於洲上，刻石記焉。有一陂，中有范蠡魚。"

隆二十一年，邑人李大章遵行重建。

杜公亭　在湘陰縣東。唐杜子美嘗泊舟江滸。宋紹興間，知縣李詰作亭，匾曰“清風”。

杜亭　在湘陰縣碧湘門外。子美由蜀浮湘，停帆黄陵廟，有詩紀勝“復維舟邑東”，後人建亭其處。

北寺江亭　在湘陰縣。宋孔武仲登之，有詩，入《藝文志》。其地未詳。

二喬墓　在岳州府北城隅。《明一統志》：“吴孫策攻皖得喬公二女，自納大喬，以小喬歸周瑜，後卒葬於此。今有二小山相連。”《岳州府志》：墓在今廣豐倉内，或小喬從周瑜鎮巴邱，死葬焉。大喬不應葬此，但小喬亦謂之二喬，故名。今混為大、小二喬，則誤矣。又“喬”字，《三國志》本作“橋”，今人誤脱木旁。

按：廣豐倉久遷，今在府治後靈官廟側。

劉巴墓　在岳州府城西門内巴山廟後。《明一統志》：“巴仕蜀漢，鎮荊州，卒葬岳陽。時人語曰：‘生居湘江頭，死葬湘江尾。’”

二妃墓　在君山上。韓愈《黄陵廟記》：“二妃從舜南征三苗，不及，道死沅湘之間。”朱子《韓文考異》：“湘君、湘夫人墓在岳州君山。”《湘陰縣志》：“黄陵山，在縣北四十五里，大江之濱，舜二妃墓在焉。”

按：昌黎《黄陵廟記》未嘗言及有墓，則湘陰縣北之墓恐屬附會。又宋羅泌以此為舜女宵明、燭光之墓，著有《二妃辨》，載《藝文志》。

范蠡墓　舊傳在華容縣西南湖濱。

按：王隱《晉書·地道記》曰：陶朱冢，在華容縣。冢樹碑云“是越之范蠡”，晉《太康[1]地記》、盛弘之《荊州記》皆言“在縣之西南”。及考《水經注》：夏水入華容，逕范西戎之墓南。而郭仲產亦云：縣東十里，碑題“故西戎范君之墓”，碑文剥落。范西戎，不詳其人，稱蠡是其先也。碑立永嘉二年。觀其所述，最為究悉云。乃知蠡墓即西戎墓之訛傳也，後世多不察。不獨有其墓，並有蠡湖、釣洲以附會之，且多稱范蠡為華容人，致祀諸鄉賢，謂非王隱諸人紀載失實之貽悮也歟！

屈原墓　在湘陰縣北。杜氏《通典》：“羅江有屈原冢。”

祠廟十三寺觀附

凡神之廟食於一方者，必其功在生民，利及百世，有以浹洽夫人心，然

[1] “康”原文作“原”，據上下文義改。

後建祠宇以奉，明禋崇德報功之念，自有所不容已也。如忠臣孝子大節可以泣鬼神，傑士名賢流風足以振頑懦。後人追維芳躅，享祀勿替，禮亦宜之。志《祠廟》。

洞庭君廟　一在君山上，一在府城南，臨湖。《岳州府志》："祀典於君山廟行禮，而朔望於此行香。"考君山，舊祀湘妃廟。宋嘉定五年，權知軍州陳邕為《廟記》云："元豐五年，知岳州鄭公諱民瞻。以祈禱屢應請於朝，封神為淵德侯。余假守是邦，以為妃也而有侯爵，瀆禮孰甚。明年，別建湘君之廟於君山，以湘夫人配之。"據記，當即洞庭君廟也。國朝封為"滙淵水府第一尊"。乾隆三十一年御書"靈昭楚望"四字額，遣撫臣致祭，是此廟為"洞庭君廟"益明矣。

按：湖岸及湖中島嶼，此廟共有四十八處，而鹿角為主廟。玆特就有司致祭行香言之，餘不備載。

湘妃廟　在君山上。《岳州府志》："唐以前建。明弘治五年，通判李士修重修，拓其制，中為大殿，後為懿範宮，前為門，週圍繚以垣。嘉靖初，郡守韓英重修。"

按：舊祀舜二妃，唐時名湘君廟，巴陵令李密思有記。宋嘉定間，另建廟祀洞庭君，乃以此專祀二妃，旁有二妃墓。

南嶽廟　在巴陵縣南，附郭臨湖。祀唐忠靖王張睢陽，從祀者許遠、南霽雲、雷萬春。神最靈異，祈求必應。居民疾阨，書符療治，無不立瘳。至此地立廟顛末，史無明文，姑缺之。

屈大夫廟　在巴陵縣城南三里湖岸。又縣東六十里新牆河岸，有三閭大夫廟。

岳忠武祠　在巴陵縣北七里山，臨湖。明成化間建，後燬。國朝康熙十八年，巡撫韓世琦重修，建於城南吕仙亭側。

韓烈婦祠　在巴陵縣北七里山。岳郡《烈女志》："韓氏，字希孟，巴陵人，丞相琦之裔也。少明慧，知讀書。開慶元年，元兵破岳陽，女年十八，為卒所掠，誓不見辱，裂練裙，為詩見志，遂赴水死。越三日尸出，得詩於衣帶中。入《宋史・烈女傳》。"

按：《舊志》：希孟，韓魏公五世孫，適襄陽賈尚書子。又云：希孟死三十年，托夢趙松雪，書其詩，而《宋史》無明文，故闕之。詩載《藝文志》。

孝[1]烈靈妃廟　在巴陵縣南南津港岸，即古羅娘廟。祀秦羅氏女並其弟。《廣輿記》："秦武陵令羅均用溺水，其女與弟尋父屍不獲，亦溺水死。"宋時贈

[1] 原文爲"考"，據下文改"孝"字。

女曰“孝烈靈妃”。岳州府《烈女志》：“父為鐵官，舟没洞庭，女年十，攜其弟循涯哭求父屍不獲，皆赴水死。後人常見之湖上，因建淑濟祠祀之。宋元豐封為孝烈妃。”岳郡《祀典志》：“漢已有之。”

按：《風土記》：漢陸賈獲銅鼓施羅娘廟，疑指此。五代重建，宋勅封姊為孝烈妃，弟為孝感侯。明嘉靖間燬，後都御史顧璘檄有司重修。

劉公廟　在巴陵縣北十五里城陵磯。明建，祀宋劉琦，奉為水神。

按：宋高宗時，劉琦為東京副留守，提舉江湖，後知潭州，治荊南軍，屢建奇攻。其為水神，顛末未詳，然岳屬多祀之。

魯肅廟　在岳州府城西門内。

巴山廟　在岳州府城西門内。

七賢祠　在君山上。祀湯陰岳鵬舉、華容劉時雍、山陰張陽和、公安袁中郎、南城羅近溪、襄陽嚴橘園、武夒李磊英。李嘗之有記，詳《藝文志》。

崇勝寺　在君山上。舊名楚興寺，晉時建。

有緣寺　在君山上。

多緣寺　在君山上。

白鶴寺　在巴陵縣南三里㴩湖上。

水府廟　在巴陵縣南十五里龍迴嘴，臨湖。神最靈異。

古鳴觀　在巴陵縣南三十里靈屋山，臨湖。

鹿角寺　在巴陵縣南六十里，臨湖。

伏波廟　在華容縣南湖中團山上。馬援征五谿蠻泊此，後人建廟於其上。

岳爺廟　在華容縣岳城内。宋岳武穆征楊太築此城，後人建廟祀之。并詳《古蹟》。

禹王廟　在華容縣南四十里禹山上，臨湖。并詳《古蹟》。

皇功寺　在禹山下，臨湖。

崇慶寺　在華容縣南明山下，臨湖。

净照寺　在龍陽縣西，内有唐張旭墨池。并詳《古蹟》。

義興寺　在龍陽縣西汎洲上。内有回道人題詩栢椿。并詳《古蹟》。

烏龍寺　在沅江縣西。内有臥龍墨池。并詳《古蹟》。

屈原廟　在湘陰縣北七十里。《水經注》：汨羅淵側有屈原廟，廟前有碑。

黄陵廟　在湘陰縣北四十五里。《水經注》：湘水北逕黄陵亭西，又合黄陵水口，其水上承太湖，湖水流逕二妃廟南，世謂之黄陵廟。言舜陟方時，二妃從征，溺於湘江，神遊洞庭之淵，出入瀟湘之浦，故民為立祠於其側焉。并詳《湖山》。

龍壽寺　在湘陰縣一百二十里磊石山。

卷之六

遊覽十四

洞庭遊覽自屈原始，而洞庭之著名亦自《楚辭[1]》始。一則曰“邅吾道兮洞庭”，再則曰“洞庭波兮木葉下”，三則曰“上洞庭而下江”。此洞庭開策史之先者。至於沅湘、澧浦、沅芷、澧蘭、枉陼、辰陽、夏首、鄂渚，則皆圍湖數百里所經歷之實地，則又《洞庭湖志》之濫觴也。志遊覽者，首列屈子，宜哉！自漢晉以來，代有名公鉅卿周流遊覽題詠於其閒。如《藝文》所志者，不可更僕數。兹所志者，特擇其卓然表著及曾筮仕於此者耳。合《藝文志》而觀之，始知洞庭一湖，千古人物之淵藪也。志《遊覽》。

戰國

屈原，一名平，字正則，號靈均[2]，郢人。官楚左徒，後被讒，放逐沅湘，栖於玉笥山，作《楚辭[3]》，自投汨羅江以死。汨羅，今在長沙湘陰縣。其弟子宋玉、景差、唐勒之徒皆楚材也，亦往往托詞賦以悲其不遇云。

漢

賈誼，洛陽人，召為博士，超遷大中大夫，後為長沙王太傅。過此，有《弔屈原賦》。

司馬遷，字子長，龍門人，官太史令。曾適長沙，過此觀屈原所自沉淵。有《屈原列傳》。

馬援，字文淵，扶風茂陵人，拜伏波將軍，封新息侯。曾征交趾及武陵蠻，過此。

三國

關羽，字雲長，河東人。仕蜀漢，為荊州都督，封漢壽亭侯。平四郡

---

[1][3] “辭”原文誤作“詞”。

[2] 屈原，名平，又名正則，字靈均。

過此。

諸葛亮，字孔明，南陽人。仕蜀，為丞相。平四郡過此。

張飛，字翼德，涿郡人。仕蜀漢，為將軍。平四郡過此。

周瑜，字公瑾，盧江人。為吴偏將軍，屯兵巴邱。

魯肅，字子敬，臨淮東城人。仕吴，拜奮武校尉，周瑜薦以自代。

晉

杜預，字元凱，杜陵人。拜鎮南大將軍，開楊口，起夏水，以達巴陵。

陶侃，字士行，鄱陽人。拜寧遠將軍，破杜弢將王貢於巴陵。後都督八州軍事，移鎮巴陵。綏懷有道，遠近悦之。

郭璞，字景純，河東人。著《二妃辨》。

羅含，字君章，耒陽人。少孤力學，嘗書臥，夢一鳥，文五色，飛入口中，自此藻思日麗，號“湘中琳瑯”。後為桓温别駕，或謂含荊楚材也，温曰：“乃江左之秀，豈荊楚耶！”著有《湘中記》。

六朝

顏延之，字延年，瑯琊人。官秘書監。有《登巴陵城樓》詩。

王僧辯，字君才，太原祁縣人。曾擒侯景將任約等於此。

唐

韓愈，字退之，南陽人。累官吏部侍郎，卒贈禮部尚書，謚文公。有《黄陵廟記》等篇及詩。

張説，字道濟，洛陽人。擢賢良方正第一，累官中書令，封燕國公。後罷為湘州刺史，移岳州。詩益悽惋，自謂得江山之助。後拜兵部尚書、左丞相，謚文貞。有《遊洞庭湖》等篇。

張九齡，字子壽，韶州曲江人。登進士第，累官中書令，謚文獻。有《岳州九日宴道觀西閣》詩。

白居易，字樂天，太原人。貞元進士，累官刑部尚書。有《至洞庭》《題岳陽樓》等詩。

劉禹錫，字夢得，中山人。貞元進士，為監察御史，後貶朗州司馬。裴度薦為翰林學士，終檢校禮部尚書。有《君山》等篇。

賈至，字幼鄰，洛陽人。擢明經，拜起居舍人，知制誥。至德中，貶岳州司馬，終散騎常侍。有《洞庭湖》等篇。

劉長卿，字文房，河間人。開元進士，為監察御史，終隨州刺史。有《望洞庭》及《岳陽樓》詩。

朱慶餘，名可久，以字行，越州人。慶曆進士，有《過洞庭》詩。

方干，字雄飛，新安人，《全唐詩》作新定人。有《早發洞庭》詩。

李德裕，字文饒，趙郡人。累官中書門下平章事，封衛國公。有《汨羅》詩。

杜甫，字子美，襄陽人。舉進士不第，奏賦三篇，帝奇之。使待制集賢院，拜右拾遺，嚴武表為參謀、檢校工部員外郎。晚遊湖湘，有《過洞庭》等篇。

李白，字太白，蜀人。賀知章言於元宗，詔供奉翰林。號竹溪六逸，又號飲中八仙，與杜甫齊名，亦稱李杜。後因永王璘反，流夜郎。有《遊洞庭》及《岳陽樓》等篇。

孟浩然，襄陽人。名浩，以字行。有《望洞庭》詩。

王昌齡，字少伯，江寧人。開元進士，補秘書郎，貶龍標尉。有《巴陵別劉處士》詩。

段成式，字柯古，臨淄人。宦遊沅湘，著《酉陽雜俎》。

顧況，字逋翁，蘇州人。至德進士，柳渾薦為秘書郎，遷著作郎，後貶饒州司馬户。有《洞庭孤橘歌》等篇。

黄甫冉，字茂政，潤州人。天寶中與弟同登第，授無錫尉。大曆中，為左金吾衛兵曹叅軍。有《出沅江》《夜入湖》詩。

李嘉祐，字從一，趙州人。天寶中進士，歷台州刺史。有《江上曲》等篇。

李端，趙州人。嘉祐之姪，大曆中進士，官杭州司馬。有《宿洞庭》等篇。

皮日休，字襲美，襄陽人。登進士第，為吴郡從事。有《秋晚自洞庭別業寄穆秀才》詩。

崔塗，字禮山，江南人。光啟中進士。有《湖外送友人遊邊》詩。

孟郊，字東野。五十始登進士第，為溧陽尉，鄭慶餘奏為叅謀。有《湘妃怨》等篇。

高駢，字千里，南平郡王崇文之後。有《二妃廟》詩。

李商隱，字義山，懷州人。開成間進士，與温庭筠、段成式號三十六體，自號玉溪子。仕至節度判官、檢校工部郎中。有《岳陽樓》詩。

李頻，字德新，睦州人。大中間進士，累官員外郎，除建州刺史。有《湖口送友人》等篇。

郎士元，字君冑，中山人。天寶間進士，歷右拾遺，出為昂州司馬。有

《夜泊湘江》詩。

李頎，東川人。開元間進士，授新鄉尉。有《夏夜登南樓》等詩。

于武陵，杜曲人。會昌時詩人也，登大中進士。有《夜泊湘江》詩。

張祜，字承吉，清河人。辟諸侯府，輒自劾去。有《洞庭南館》詩。

馬戴，字虞臣。會昌中進太學博士，大中初為李司空幕下書記，以正言貶龍陽尉。有《夜入湖》等篇。

張謂，字正言，河南人。天寶進士，大曆間為禮部侍郎。有《洞庭》詩。

施肩吾，字希聖，睦州人。元和進士，有《湘川懷古》詩。

盧僎，中宗時人，累官至吏部員外郎。有《南樓望》詩。

張喬，池州人。咸通中，與許棠、鄭谷、張璸諸人號十哲。黃巢亂，罷舉，隱九華山。有《岳陽僧舍》詩。

崔珏，字夢之，有《岳陽樓晚望》詩。

許棠，字文化，涇縣人。有《洞庭》詩。

劉滄，字蘊靈，魯人。大中進士，官龍門令。有《憶洞庭舊居》詩。

李群玉，字文山，澧州人。大中間詣闕上表，除宏文館秘書郎。有《君山》《洞庭》等詩。

崔道融，荊州人。官永嘉令。有《夜泊九江》詩。

許渾，字仲晦，丹陽人。太和進士，擢監察御史，歷睦、郢二州刺史。有《過湘妃廟》等篇❶。

胡僧，邵陽人。天復間應舉不第。有《軒轅臺》等詩。

韓偓，字致堯，萬年人。有《洞庭玩月》等篇。

周朴，字太朴，福州人。有《南樓》詩。

張泌，淮南人。有《晚泊洞庭》詩。

趙冬曦，定州人。擢進士第，開元初遷御史，坐事流岳州，終國子祭酒。嘗與張説登樓唱和。有《秋夜遊㴩湖》詩。

張志和，字子同，金華人。有《漁父歌》。

羅隱，字昭諫，錢塘人。《靈德寺舊志》："隱從事湘南，歷淮、潤，皆不得志，乃歸。謁吴越王錢鏐，以《過夏口》詩獻云：'一個禰衡留不得，思量黃祖謬英雄❷。'鏐大笑，表錢塘令。朱温篡唐，隱説鏐伐之曰：'雖無成功，猶可退守杭越，奈何交臂事賊，為天下羞?'殆有魯仲連之風。"

李密思，巴陵令。有《湘君廟記略》。

---

❶ 原文爲"有過湘妃等廟篇"，據上下文義改。

❷ 據《全唐詩》卷六百六十六改，原文爲"思量黃祖謾英雄"。

曹松，字夢徵，衡陽人。天復初及第，時號五老榜，授校書郎。有《洞庭湖》詩。

五代

蕭振，官職、籍貫未詳。玩其文，疑是楚王馬殷之僚佐。有《楚三閭大夫昭靈侯廟記》。

潘惟一，官湘陰令，籍貫未詳。有《杜公亭記》。

宋

范仲淹，字希文，蘇州人。幼孤，隨其母歸安鄉令朱軏。軏為築書舍於鸛港之北，至今名其地曰“書臺”。後登進士第，累官叅知政事，謚文正。曾作《岳陽樓記》，為四絶之一。

歐陽修，字永叔，永豐人。登進士第，累官叅政，謚文忠。有《楚澤》《宿雲夢館》等篇。

孔武仲，字常父，新喻人。有《過洞庭湖》等詩。

黄庭堅，字魯直，分寧人。官秘書臣、國史編修，號山谷老人。有《登岳陽樓》詩。

陳與義，字去非，汝州葉縣人。登甲科，歷太學博士。南渡後，避亂湖湘，召為兵部員外，累官叅知政事。有《洞庭望野》等詩。

楊時，字中立，將樂人。拜諫議大夫，謚文肅。有《岳陽書事》詩。

岳飛，字鵬舉，湯陰人。以戰功累官少保，破楊太於此，後追封鄂王，謚忠武。

米芾，字元章，襄陽人。官禮部員外郎。有《洞庭秋月》詩。

范致明，字元晦，婺源人。先監潭州南岳廟，後為湖南安撫，遷焕章閣待制，封徽國公，謚曰文。

陸游，字放翁，山陰人。官叅軍。有《岳陽樓》詩。

滕宗諒，字子京。知岳州軍州事。有《與范經略求記書》。

夏侯嘉正，字會之，江陵人。登進士第，歷官著作佐郎。嘗奉使至巴陵，作《洞庭賦》，詞極宏麗。徐鉉見之曰：“是元虚之流也。”人多傳寫。

真德秀，號西山。有《祭屈原文》。

王炎，字晦叔，婺源人。乾道進士，由臨湘令歷湖州守，後掌樞密院。有《岳陽樓》詩。

胡寅，字子明，安國長子，世稱致堂先生。有《過偃虹堤》詩。

元

歐陽元[1]，字元功，號圭齋，瀏陽人。登進士第，延祐初授江州同知。累官至翰林承旨，封楚國公。有《洞庭湖》等篇。

許有壬，字可用，湯陰人。延祐中，累官中書左丞。有《登岳陽樓寫懷》詩。

揭徯斯，字曼碩，龍興富州人。幼遊湖湘，湖南帥趙淇、程鉅夫、盧摯咸氣重之，摯薦於朝。授翰林國史院編修，累官侍講學士、同知經筵事，修宋、遼、金三史。封豫章郡公，謚文安。

楊維楨，字廉夫，號鐵崖，山陰人。《四朝詩選》作會稽人。泰定進士，官至江西儒學提舉。明初召修禮樂書，安車赴闕，以白衣乞還，自稱鐵笛道人。宋濂薦其詩曰："不受君王五色詔，白衣宣至白衣還。"蓋高之也。有《客送洞庭西》詩。

李炳，岳州路推官。有《鼉鶴洲記》。

麴志元，巴陵人。至順進士，有才名。試中書省作《蒲輪賦》，為時所稱。至元間官宜都尹。有《登岳陽樓》詩。

胡天遊，名乘龍，以字行，平江人。博學勵行，以古人自期，遭時擾攘，養高不仕。善書法，尤工詩。明李攀龍、鐘惺咸謂其"有太白風味"。有《黄陵廟》等詩。

明

劉基，字伯温，青田人。元至順間舉進士。太祖起兵，以幣聘之，尋拜御史中丞，兼太史令、宏文館學士，封誠意伯。弘治中追贈太師，謚文成。明初徇湖南過此。

劉三吾，名如孫，以字行，茶陵人。洪武初以薦召為翰林學士。有《過洞庭》詩。

楊璟，合肥人。為湖廣行省叅政，略定岳州。封芮國公，謚武信。

楊基，字孟載，吴縣人。明初被薦為江西行省幕官，奉使湖廣，授兵部員外郎，進山西按察司。有《登岳陽樓》《望君山》等篇。

薛瑄，號敬軒，河津人。永樂進士，累官禮部侍郎，為理學名臣，謚文清。有《洞庭阻風遇雨》等篇。

夏元吉，字維喆，湘陰人。登進士第，歷官少保、户部尚書，贈太師，謚

[1] 歐陽元即歐陽玄，元代史學家、文學家。字原功，非元功，乃避諱也。

忠靖。有《洞庭秋月》等篇。

彭澤，字民望，攸縣人。景泰丙子舉人，官應天府判官。有《泊岳陽樓》詩。

劉大夏，名時雍，以字行，號東山，華容人。天順進士，歷官兵部尚書，謚忠宣。有《泊君山》詩。

黎淳，字太樸，華容人。天順丁丑狀元，累官大宗伯，謚文僖。有《夜泛洞庭》等詩。

王守仁，字伯安，餘姚人。弘治間進士，授刑部主事，以劾劉瑾謫龍場驛丞。瑾誅，洊歷僉都御史，巡撫南贛，以便宜擒叛藩宸濠，陞南京兵部尚書，封新建伯，謚文成。有《天心湖即事》及《汎江晚泊》詩。

李夢陽，字獻吉，慶陽人。弘治進士，官南京工部尚書，謚清忠。有《登岳陽樓》詩。

吴廷舉，字獻臣，嘉魚人。弘治進士，官南京工部尚書，謚清忠。有《登岳陽樓》詩。

何景明，字仲默，信陽州人。弘治進士，授中書舍人。有《岳陽樓》等詩。

邊貢，字廷實，歷城人。弘治進士，累官南京户部尚書。有《鄂渚》詩。

張治，字文邦，號龍湖，茶陵人。弘治進士，歷官大學士，謚文毅。有《夜過洞庭湖》詩。

顔頤壽，字天和，巴陵人。弘治進士，累官刑部尚書。有《題岳陽樓》詩。

楊士奇，名寓[1]，以字行，江西泰和人。以應奉翰林赴試列第一，洊歷大學士，歷事四朝，終始如一。明朝相業推"三楊"，尤以西楊為首。有《過城陵磯》詩。按：《遊覽》所志其人之生平事跡甚略，以詳於史及郡縣志故也。其有詩文者則録之，為詩文備其本末耳。又，郡縣志有《名宦志》《人物志》，洞庭湖不能兼及，以名宦非為湖而設，人物亦非盡關湖山之秀，故特立《遊覽》一門。而名宦、人物皆有之，其有詩文而不備者，亦擇其最著名者耳。

李鏡，字文明，弋陽人。成化進士，以刑部員外知岳州，築永濟堤四千丈，以捍廬舍，以時蓄洩，墾田數百頃，民利無窮。有積匪出没湖中，設法擒其渠魁，商民賴之。有《登岳陽樓書所見》詩。

楊一清，字應寧，巴陵人。其先雲南，父景，官澧州，繼娶巴陵女，遂隸籍巴陵。成化進士，弘治中後總制三邊。有《岳陽樓》詩三首。

毛伯温，吉水人。仕至兵部尚書，巡察邊備，讋服安南。有《岳陽

---

[1] "寓"原文爲"遇"，據《明史・楊士奇傳》改。

樓》詩。

孫宜，字仲可，華容人。肆力詞賦，以名士自負，自稱洞庭漁人。有《君山》等詩。

王啟茂，字天根，石首人。詩才縱横，與袁中郎齊名。有《軒轅臺放歌》等篇。

廖道南，蒲圻人。歷官侍講學士，經筵輪講稱第一。有《集岳陽樓》詩。

胥文相，字士衡，巴陵人。弘治進士，官柳州府知府。有《洞庭湖》等詩。

陳宏謨，字宗禹，武陵人。弘治進士，累官兵部侍郎。有《登岳陽樓》詩。

劉績，字用熙，江夏人。弘治進士，官鎮江府知府。有《望洞湖庭》詩。

徐鳴一，醴陵人。正德進士，累官南京禮部尚書。有《洞庭秋懷》詩。

蕭一中，字質夫，華容人。正德進士，官四川巡撫。有《岳陽樓》詩。

汪必東，字希魯，崇陽人。正德進士，累官雲南叅政。有《登岳陽樓書懷》詩。

李攀龍，字于鱗，歷城人。嘉靖進士，官至河南按察使。有《湘羅夜雨》詞。

羅洪先，字達夫，號念庵，江西吉水人。嘉靖狀元，遷春坊贊善。卒贈光禄寺少卿，謚文壯。有《湘江懷古》詩。

吴國倫，字明卿，興國州人。嘉靖進士，歷官河南叅政。有《岳陽樓》詩。

馮世雍，字子和，江夏人。嘉靖進士，官吏部郎中，出為徽州府知府。有《過洞庭》等詩。

汪如璧，字子白，崇陽人。嘉靖丁酉舉人，璧山縣知縣。有《岳陽樓》詩。

姜廷頤，字以立，巴陵人。嘉靖進士，歷官兵部侍郎。有《過君山》詩。

羅瑤，巴陵人。嘉靖進士，歷官都御史。有《望君山》詩。

艾穆，字和甫，平江人。嘉靖舉人，歷官都御史，巡撫四川。有《遊君山》詩。

方啟參，字少岳，巴陵人。嘉靖戊子舉人，官山東叅政。有《岳陽樓》詩。

張元忭，字子藎，山陽人。隆慶狀元，授修撰，進左諭德，直經筵，追謚文恭。有《君山除夕》詩並紀。

湯顯祖，號若士，臨川人。萬曆進士，官禮部主事。有《湘山》詩。

鄺露，字湛若。南海諸生。著《赤雅集》，有《洞庭酒樓》詩。

袁宏道，字中郎，公安人。萬曆進士，歷吏部稽勳司郎中。有《泛洞庭》詩。

吴道行，字見可，號虚庵，濱州人。官長沙守。有《洞庭秋月》篇。

孫穀，字嗇齋，華容人。萬曆進士，歷官都御史，巡撫遼東。有《君山雨後漫興》詩。

唐萬陽，辰陽人。萬曆進士，官御史。有《謁岳忠武祠》詩。

楊嗣昌，字文弱[1]，武陵人。萬曆進士，官大學士。有《觀岳陽樓記》。

馮之圖，字書先，興國州人。登賜進士第。有《雨渡洞庭》詩。

王應斗，字天喉，崇陽人。天啟進士，官監察御史。有《君山歌》等篇。

譚元春，字友夏，天門人。舉天啟丁卯湖廣鄉試第一。有《過洞庭湖》等篇。

蔡道憲，字江門，福建人。登進士第，為長沙推官，獻忠陷長沙死之。有《湘山楓竹》詩。

郭都賢，字天門，號些庵，益陽人。崇禎進士，官至江西巡撫。有《洞庭秋月》三十首，為時所稱，後之和其詩者甚多。又有《過洞庭》等詩。

石鯨，字浪秋，號橫海，武陵人。登進士第，官灤州知州。有《洞庭秋》詩。

陶汝鼐，字仲調，寧鄉人。官翰林侍詔。有《洞庭秋泛》等篇。

周星，號九烟，湘潭人。崇禎進士，後改姓黄。有《洞庭秋月》詩。

嚴首昇，字平子，號瀨園，華容縣歲貢生。有《洞庭舟中》等篇。

國朝

劉肇周，字院山，潛江人。崇禎進士，官編修。有《岳陽樓曉坐》詩。

王士禎，號阮亭，别號漁洋山人，順治進士，歷官刑部尚書。有《題三閭大夫廟》詩，有《讀書注憶洞庭》詩。

連應鄭，山東青州人。順治進士，任岳郡推官攝守事，建七先生祠。

古今通，字非博，鐘祥人。順治舉人。有《古岳》篇。

楊兆傑，字文仁，江夏人。順治舉人，官兵部主事。有《岳陽樓》詩。

蔡毓榮，奉天人。官尚書，任湖廣總督，來岳征吴應奇。有《題君山寺》詩。

李訔之，字伯艱。平江諸生，康熙朝綏遠將軍蔡毓榮討吴逆，延之幕府。

[1] “字文弱”原文爲“號文弱”，《明史·楊嗣昌傳》作“字文弱”，非號。

及蕩平滇、黔，嘗之預籌畫焉，凱旋，擬奏注官，堅辭乃止。有《憶君山》詩。

施閏章，字尚白，號愚山，宣城人。康熙進士，任福建學政。有《湘夫人》等篇。

高其倬，奉天人，任湖廣總督。有《洞庭湖》詩。

金德嘉，字會公，湖廣廣濟人。康熙進士。有《酒香山》詩。

趙申喬，武進人。康熙進士，歷官湖南巡撫，終户部尚書，謚恭毅。有《岳陽樓》《洞庭》諸詩。

張明先，字雪書，安鄉人。康熙進士，官詹事府少詹、廣東學政。[1]

薛澍，字霖若，韓城人。拔貢生，官巴陵令。有《岳陽樓》詩。

黄凝道，字吾南，歙縣人。官岳州府知府，陞江西驛鹽道。有《登岳陽樓》等篇。

謝濟世，號梅莊，廣西人。官湖廣長寶道。有《洞庭》詩、《重建岳陽樓記》。

顧奎光，字雙溪，錫山人。登進士第，官瀘溪令。有《湖上玩月》詩。

龔學海，號醇齋，天門人。乾隆進士，官按察使。有《岳陽樓望洞庭》詩。

程景伊，字聘山。乾隆進士，官協辦大學士。有《洞庭張樂》詩。

宫去矜，高密人。官永州府理瑶同知。有《登岳陽樓》詩。

王祚蔚，字展六，華容縣舉人。官武義令。有《洞庭湖》等詩。

鄧士錦，字太初，號萊園，江西南城人。登進士，官縣令，以事貶湘潭縣丞。有《過洞庭》詩。

楊敬儒，字恒南，沂州人。登進士第，官臨湘令。有《洞庭阻風》詩。

孫廷槐，仁和人。乾隆進士，知岳州府，遷荊南道。有《君山》詩。

張九鎰，號橘州，湘潭人。乾隆進士，官四川川東道。有《洞庭張樂》詩。

陶必銓，字士升，號萸江，安化廩生。敕祀鄉賢。有《沅江舟中望湖》等詩。

姚頤，號雪門，太和人。乾隆間探花，為湖南提學，性極温和，善訓士。所作有《洞庭十影》詩，今無存。

鄧堅，字介夫。雍正癸卯領鄉薦，從方中丞顯征苗有功，授建寧令。有《登雞鳴山》等詩。

吴思樹，字建軒，新化人。乾隆辛卯進士，官岳州府教授，性穎異，博學

---

[1] 較之《湖湘叢書》何培金校點本，此處原底本少十餘人。

無不通。嘗著《洞庭湖賦》，邑志未録，今無存，唯《汲古堂文集》數卷而已。後為山東新泰令，卒於官。

費應泰，字二交。巴陵拔貢，廷試第一，歷任教諭。有《萬石湖守風》等詩。子志學，進士，歷任江蘇上元、崑山令。有《二橋墓》等詩。

綦世基，字鰲柱，華容人。拔貢，博學能文。受知於葉提學花南，每試各棚，必延之課士。檄取各府州縣志，暇則次其門類而録之，名曰《洞庭志》，共四本，未及成而卒。

夏大觀，號楓江，湘潭人。拔貢，朝考授岳州府教授，善書畫。太守沈筠堂屬令纂《洞庭志》，因取鰲柱原本而增益之，共六本，尚多略而未備，亦未及成而卒。所著有《三江考》等篇。

萬圖南，字季搏，號禹山，華容廩貢。著有《禹山文集》。善屬詩，其稿不自收，拾綦鰲柱《洞庭志》原本，初存其手，以所作《洞庭》等詩附其上。原本已失，詳多未録，僅存《君山懷古》一首，見《巴陵縣志》。

唐懋淳，官湘陰縣令。有《重建三閭大夫記》。

李紱，字穆堂，臨川人。登進士第，任長沙太守。有《洞庭阻風》詩。

陳圭，號蘭莊，攸縣廩貢生，官臨湘訓導。有《臨洞庭》等詩。

李旭日，字東岩，咸寧歲貢，官臨湘訓導。有《過洞庭》詩。

論曰：洞庭之大，實為古今往來人文淵藪。周秦之際，屈、宋首開風氣。漢則賈生步其後塵。若《九辨》《九懷》《九歎》《九思》，皆原本屈子《九歌》，為屈子而作，不為洞庭湖而言，可以略而不登。至南北朝，顏延年、沈休文輩始獨為洞庭開先。及唐、宋兩朝，則洞庭精光發露殆盡。唐之文人如韓、柳，詩人如李、杜，往往借洞庭湖以抒其磊落豪宕之氣，而一時繼起而作者，不下百數十人，詩亦不下千數百篇，名章絶唱直與洞庭湖争雄。惟張燕公實攬其全，蓋宦居久則遊覽富，自謂得江山之助，信不誣也。宋之文人、詩人各出其倜儻之懷，不為李、杜所壓，斯時作者亦不下數十人，詩亦不下數百篇，“先憂後樂”之文，議論卓絶，直與湖光相上下。而明人郭些庵《洞庭秋》三十首，人人擬之，幾可以盈几案，志中收之亦不能盡也。至於前、後七子，其所著作，尚足與前人抗衡。其餘諸子，各因所見，而吐其奇，亦不下百數十篇。若我本朝，文運天開，奇材挺出，尤足以攀躋唐、宋，蹂躪元、明，名公鉅卿，山人墨客，洗滌腸胃，鼓盪心胸，更有收之不能盡者矣。蓋洞庭之大，經屢朝才人之所發抒，而不能窮其趣者，蓋由氣象萬千，聞見不能盡同，故留詠亦各有至情而不相假借也。嗟乎！洞庭之大，詩藪也，人藪也，才藪也，亦安能盡遊覽之人才而悉登之也乎？兹所志者，亦其略耳，故具論之於此云。

卷之七

事紀十五

機祥，天事也；藩封，王事也；戰守，人事也。三者皆大，而其原悉本乎天。頻湖州郡，古稱要地，藩封但存其名，戰守皆紀其實。《記》曰：耆欲將至，有開必先。事起於此，機先於彼，動植飛沉，俱關庶徵。守斯土者，省身莫切於勤民，勤民即所以敬天，編而輯之，使觀覽者祥則迎，吉則迪，凶則懼而修，其亦庶有裨乎。三者惟戰守最多，故宜詳書之，以垂鑒戒於將來。其事較《綱鑑》為更詳，多有鑑史未備而見於他書者。故自設險以來，兵家所重。洞庭為楚、蜀、黔、滇門户，四達交衝。自古以來，率多竊據，而戰勝攻取，無不立翦鯨魄。我朝龍興以來，削平明季餘孽，神武撻伐，速奏膚功。而歷代軍制之著於正史者，例得兼載，庶深知地利之宜，尤貴扼人和之本。志《事紀》。

唐虞

《堯典》："竄三苗於三危"；"三載考績，三考黜陟幽明，分北三苗。"《戰國策》："三苗之國，左洞庭，右彭蠡，禹征之。"朱子謂："三苗，今之岳州、武昌、九江也。"

《舜典》："苗頑弗即功"；"皋陶方祗厥敘，方施象形，惟明。"《竹書紀年》："帝舜三十五年，命伯禹征有苗，有苗民未服，帝乃誕敷文德，七旬而有苗格。"

夏

《禹貢》："三苗丕敘。"

周

壬戌。周景王六年，楚子與鄭伯田於江南之夢。

《左傳》："昭公三年十月，鄭伯如楚，子産相，楚子享之，賦《吉日》。既享，子產乃具田備，王以田江南之夢。”杜預注：“楚雲夢，跨江南北。”

丙申。敬王十五年，楚子入於雲中。

《左傳》：“定公四年，蔡侯、吴子、唐侯伐楚，楚子涉睢濟江，入於雲中。”杜預注：“入雲夢澤中，所謂江南之夢。”

乙未。敬王十四年，楚使王孫由于城麇。出《左傳》。按：杜注：“麇，地名”，《地理今釋》云：“今湖廣岳州府巴陵縣東有麇城，是也。”考麇子國，在今均州、襄陽之間。文公十一年，楚子伐麇，成大心敗麇師於防渚。潘崇復伐麇至於錫穴。防渚，即今防縣；錫穴，即今均州地，非今巴陵縣地。可知巴陵之為麇國，以麇國曾遷於此故也。猶羅本宜城縣地，一遷枝江，又遷平江，而二縣皆有羅子國之稱。杜注“麇國”前後不同者，以此。

丙申。十五年，秦伐楚，大破之，取洞庭五瀦。出《戰國策》。五瀦，詳見《山川》。

秦

壬午。二十八年，始皇浮江至湘山，遇大風而還。出《史記》。按：湘山，即君山。始皇以昭王遷周九鼎，一飛入泗水，使人没水求之，弗得。遂渡淮至湘山祠，大風，不得渡。詢知湘君為堯女，葬此，大怒，赭其山。

漢

壬戌。文帝元年夏四月，地震，山崩，大水潰堤。出《前漢・五行志》❶。

甲申。元帝建昭二年，大雪。深二尺。出《前漢・五行志》。

甲午。成帝河平二年四月，大雨雹。大如拳，著飛鳥死。出《前漢・五行志》。

丁未。光武建武二十三年，武陵蠻單程等叛，寇掠州郡，將軍劉尚擊之，兵敗。出《後漢書》。

乙酉。二十五年，伏波將軍馬援征武陵五溪蠻，軍次下雋。出《後漢書》。按：當時由岳入澧，故澧有馬援城，石門有伏波渡，安鄉有馬波湖。

丙子。章帝建初元年，澧中蠻陳從等據下雋叛，募精夫擊破之。出《後漢書》。

戊寅。三年冬，漊中覃兒健等冠下雋，發荊州七郡及汝南、潁川兵討之。先是，守臣募充中五里精夫四千人，當賊奮擊，多所殺獲，令兵復戰，大破之。斬兒健，餘眾悉降。出《後漢書》。

壬辰。和帝永元四年，澧中蠻譚永等冠下雋郡，兵討平之。出《後漢書》。

丙辰。安帝元初三年，澧中蠻田山、高少等冠下雋。時郡縣徭賦失平，田山、高少等結充中諸蠻二千餘人攻城，募五里六亭兵擊破之。出《後漢書》。

是年，竹生實如麥。出《後漢・五行志》。

已卯。順帝永和四年，霪雨傷稼。出《後漢・五行志》，《舊志》作永建四年，誤。

庚辰。獻帝建安五年，孫策卒，周瑜自巴邱將兵赴喪。出《吴志》。時瑜鎮巴邱。

---

❶ 按：此處之《前漢》即《漢書》，下同。

《集覽》：巴邱，漢長沙郡下雋縣地，三國吴始名巴邱。

癸未。八年，孫松鎮巴邱。出《吴志》。

乙酉。十年，孫權拜周瑜偏將軍，領南郡太守，以下雋等縣為奉邑。出《吴志》。

戊子。十三年冬十月，曹操以舟師伐吴，孫權遣周瑜與劉備共拒之，大破操於赤壁。初，孫權以周瑜統兵，與操遇於赤壁。交戰，操軍不利，引次江北。瑜用黄蓋計，詐降縱火燒盡北船，操大敗。孫、劉共逐之。操引兵還巴邱，嘆曰："郭奉先❶在，不使孤至此。"遂從華容道北還。此漢時華容，在荊州之監利、石首二縣，今華容乃隋所置。十二月，劉備表劉琦為荊州刺史，引兵南徇武陵、長沙、桂陽、零陵四郡，皆降之。明年，琦卒。孫權表劉備領荊州牧，分南岸地以給備，備以所給地少，不足以容其眾，請於權，不許。十九年甲午，備取益州。二十年乙未，備又使關侯徇長沙、桂陽、零陵三郡，權置三郡長吏，關盡殺之。權怒，遣吕蒙復三郡，又使魯肅屯益陽以拒關。會聞曹操攻張魯取漢中，備懼失益州，遣使求和於權，權命諸葛瑾報，命尋盟好，遂分荊州，以湘水為界，江夏、長沙、桂陽以東屬權，南郡、零陵、武陵以西屬備。按：《水經注》："益陽有關公瀨，所謂關侯灘也。南對甘寧故壘，昔關侯屯軍水北，孫權令魯肅、甘寧拒之。寧謂肅曰：'關聞吾咳唾之聲，不敢渡也，渡則成擒矣。'關夜聞寧處分，遂不渡。"又考《荊州記》："石子山溪西有小溪，關侯南征曾憩此，因名關灘。"又，沅江縣西北有劉公城，《明一統志》："漢昭烈帝嘗徇武陵、長沙、桂陽、零陵四郡，因立城于此。"《通志》："縣西烏龍寺有臥龍墨池，相傳蜀漢諸葛孔明嘗滌硯於此。"

庚寅。十五年，周瑜卒於巴邱，以魯肅代領其兵。周瑜欲取蜀，還江陵，行裝道病，卒於巴邱，以魯肅代之。出《吴志》。裴松之注："巴邱，即今巴陵。前'進潯陽，討定江夏，還豫章、廬陵，留鎮之巴邱'係巴邱縣，與此名同地異。"

乙未。二十年，劉備、孫權分荊州，以湘水為界。湘水以東屬孫，湘水以西屬劉。孫權分長沙，立漢昌郡，在岳州湘陰縣界，以陸遜為郡守，屯陸口，出《吴志》。

蜀漢

按：《事紀》倣《綱目》，以蜀漢為正統，凡三國時事皆係之。漢末建興後乃别為蜀漢，以吴係之。

甲辰。後主建興元年，吴增兵守巴邱。吴增巴邱守兵萬人，蜀亦益永安之守，以防非常。吴問蜀曰："東之與西，譬猶一家，而聞西更增白帝之守，何也?"對曰："東益巴邱之戍，西增白帝之守，事勢宜然，真不足以相問也。"出《蜀志》。

丙午。三年，封子慮為建昌後。吴析巴邱城為建昌郡。出《吴志》。

己酉。六年，封陶廷壽為吴昌侯。又改巴陵為吴昌郡。出《吴志》。

丙寅。延熙九年，吴分荊為二部。出《通鑑》。按：是時，鄂、岳皆屬吴，自武昌以西至蒲圻為右部，武昌以東為左部。

戊辰。十一年，彗星見軫。經四十二日後，有楚王曹彪就戮之驗。出《蜀志》。

乙亥。十八年，陸凱拜巴邱督、偏將軍。凱討山賊陳毖於零陵，斬毖，克捷，拜巴邱督、偏將軍。孫皓立，遷鎮西大將軍，都督巴邱。出《吴志》。

❶ 據《三國志·魏書》卷一四，"郭奉先"應是"郭奉孝"。

西晉

戊午。武帝太始四年，吴以右丞相萬彧上鎮巴陵。出《吴志》。按：萬彧事見《吴志》，係之晉紀下者，時吴雖未亡，而晉已正位也。

丙申。咸寧二年閏八月，大水。漂没三千餘家。出《通考》。

丁酉。三年，封王藴為建昌侯。藴，孝定武皇后父。出《晉書》。

是年七月，大水。九月始平。出《晉書·五行志》。

戊戌。四年，以杜預為鎮南大將軍，督荊岳諸軍事。先是，羊祜鎮荊州諸軍事，祜卒，以杜預代之。出《通鑑》。

是年七月，大水。傷稼壞屋。出《晉·五行志》❶。

乙卯。惠帝元康五年六月，大水。出《晉·五行志》。

丙辰。六年夏五月，大水。出《晉·五行志》。

戊午。八年秋九月，大水。民多溺死。出《晉·五行志》。

辛酉。永寧元年十月，霪雨。淹害禾稼殆盡。出《晉·五行志》。

乙丑。泰安五年夏五月，義陽蠻張昌反，詔以劉宏都督荊岳軍事。出《晉書》。按：凡都督荊岳與荊湘等州之事，似涉寬泛，然略之則本末不備，故間詳之。

丙寅。惠帝光熙元年，荊州都督劉弘卒。時天下大亂，宏專督江漢，威行南服，每有興廢，手書，人皆感悦。語曰："得劉公一紙書，賢於十部從事。"自杜元凱以後，劉宏代之。至是宏卒。出《通鑑》。按：《通鑑》多本正史，云出《通鑑》者，以《綱目》同也，若原本正史，則云出某書。

己巳。懷帝永嘉三年，以山簡都督荊、湖等州軍事。簡，濤之子也，不恤政事。初，荊州冠盜不禁，劉弘子璠，簡表璠得眾心，恐為亂，詔徵璠為越騎校尉。南州由是遂亂，父老莫不追思劉弘父子云。出《通鑑》。

辛未。五年，石勒陷江夏，湘州流民作亂，推杜弢為刺史。巴蜀流民布在荊湘間，為士民所困苦。參軍馮素欲盡誅流民，流民大懼，一時俱反，以醴陵令杜弢為湘州刺史。出《通鑑》。

癸酉。愍帝建興元年，陶侃破杜弢於青草湖，王敦表侃為荊州刺史。杜弢作桔槔打没官軍船艦，軍中失色，潯陽太守周訪作長岐棖以拒之，桔槔不得為害。而賊從青草湖密抄官軍，侃將陶與率輕舸出其上流以擊之，所向輒克。出《通鑑》。

乙亥。三年，荊州刺史陶侃襲擊王貢於巴陵，降之。自杜弢遁長沙，弢將王貢誘五溪蠻，以舟師斷官運。徑向武昌，侃以刺史拜寧遠將軍，使鄭攀、陶延夜趨巴陵，潛師掩其不備，大破之。貢遁還湘城，侃令諭之，截髪為信。貢降，弢自敗走，後死湖湘中。出《通鑑》。

東晉

戊寅。元帝太興元年，以王敦為荊州刺史。敦從侃為廣州刺史，遂代刺荊州。出《通鑑》。按：是時，岳北近於荊，南近於湘，分隸無常。

---

❶ 按：《晉·五行志》即《晉書·五行志》。

庚辰。三年，以譙王承為湘州刺史。王敦謀不軌，帝謂承曰："敦奸逆已著，湘州據上流，控三州之會，欲以叔父居之，何如?"承曰："湘州經冦亂之餘，民物凋敝，三年乃可即戎。苟未及此，雖灰身無益也。"出《通鑑》。按：湘地困甚，承躬自儉約，傾心撫綏。

壬午。永昌元年，王敦反，譙王承檄討之，敦分兵冦長沙。承與甘卓露檄數敦逆狀，帥所統致討。遣条軍至廣州，約陶侃。侃遣条軍高寶帥兵北下，敦遣魏乂攻長沙。城池不完，資儲又缺，人情震恐。或勸承南投陶侃，或退踞零桂。甘卓亦遺書勸之，承不能從。出《通鑑》。按：王敦猖獗，勢不可當，譙王處此，進退狼狽，惟有以死自靖而已，投陶侃、踞零桂，皆非計也。

是年，王敦兵陷長沙，湘州刺史譙王承死之。魏乂等攻湘州，百日拔之，執譙王承，送武昌殺之。出《通鑑》。

己丑。成帝咸和四年，以陶侃為太尉，侃以江陵偏遠，移鎮巴陵。侃以討蘇峻拜為太尉，晉前置建昌郡，尋省為巴陵郡，侃因移鎮於此。出《通鑑》。

甲午。九年，太尉、長沙公陶侃卒。侃在軍四十一年，明毅善斷，人不能欺。自南陵迄於白帝，數千里中，路不拾遺，至是卒，以後事付右司馬王愆期。出《通鑑》。按：陶侃移鎮巴邱，權時之宜，不久便移鎮武昌，公之卒在武昌，不在巴陵。録此者亦以備本末，便紀後事也。

是年，以庚亮都督江、荊等州軍事。出《通鑑》。

庚子。成帝咸康六年，庾亮卒，以庾翼都督江、荊等州軍事。時人疑翼年少，不能繼其兄。翼悉心為治，戎政嚴明，數年之間，公私充實。出《通鑑》。

辛巳。孝武太元六年十月，東南星奔。經翼軫，聲如雷，占曰："楚有兵。"出《通考》。

冬十一月，大水。出《晉・五行志》。

壬辰。十七年，桓玄據荊、岳。先是，童謡云："芒籠目，繩縛腹，殷當敗，桓當復。"未幾，殷敗，桓玄遂據荊岳。出《晉書》。

乙未。二十年九月，白鹿見。出《丙寅郡志》。

己亥。安帝隆安三年，荊州刺史殷仲堪擊桓玄於巴陵，不克。仲堪以桓玄跋扈，乃與楊佺期結婚為援。遣從弟殷遹帥水軍七千至三江口擊玄，遹軍不習水戰，敗績。玄屯兵巴陵而館其穀，又破楊廣於夏口。仲堪即失巴陵之積，又諸將皆敗，江陵震駭，仲堪與佺期皆為玄兵所逼殺。出《晉書》。

庚子。四年，詔桓元都督荊、湘等八州軍事。先是，桓温為都督，桓玄攻荊、岳，殺仲堪，乃詔元督之，兼刺荊、江二州。出《通鑒》。

甲辰。安帝元興三年，劉毅等及桓玄戰於峥嶸州，大破之。元挾帝入江陵，留永安何皇后及王皇后於巴陵。桓玄自以爲帝，復挾帝為亂，劉毅、何無忌、劉道規進據巴陵，帥眾自潯陽西上，與桓玄遇於峥嶸州，大破之。玄挾帝西走，留二后於巴陵。玄為馮遷所殺。其黨馮該戍大岸，孟山圖據魯城，桓山客守偃月。劉毅攻魯城，劉道規攻偃月壘，何無忌列艦於中流，以防越逸。毅躬貫甲冑，陵城半日而二壘俱潰，擒山客，而馮該遁走，毅進平巴陵。出《通鑑》。

乙巳。元興四年，以檀韶封巴邱縣侯。韶，道濟兄，以討桓玄功封。出《通鑑》。

庚戌。安帝義熙六年四月，妖賊盧徇冦巴陵。出《晉書》。

辛亥。七年，劉遵斬荀林於巴陵。盧循黨荀林冦江陵，荊州刺史劉道規破之，諮議劉遵追林，斬之於巴陵。出《晉書》。

南朝宋

己巳。文帝元嘉六年，以江夏王義恭都督荊湘等州軍事。先是，彭城王義康都督荊湘軍事，至是以義康録尚書事，命義恭代之。出《通鑑》。

己卯。十六年，以衡陽王義季都督荊湘等州軍事。出《通鑑》。

癸巳。三十年，以南郡王義宣為荊州刺史。出《通鑑》。

甲午。武帝孝建元年，韋菘屯巴陵。時南郡王義宣梁山戰敗走，聞巴陵有軍，回江陵。義宣鎮荊州十年，財富兵強，挾震主之危，見帝方攬威權，即舉兵至梁山，為王弦謨所敗，遁走。時聞巴陵韋菘屯兵有備，遂回向巴州。出《宋書》。

丙申。三年春正月，奉皇弟休若為巴陵郡王。文帝子，出《宋書》。按：《南史》稱休若素得人心，《舊志》誤為文帝時封，今考史正之。

己亥。大明三年，以竟陵太守劉懷玠轉巴陵王。出《宋書》。

辛亥。明帝泰始七年，以巴陵王休若為南徐州刺史。巴陵王休若為荊州刺史，民間訛言：荊州當出天子，巴陵王有貴相。宋主召為南徐州刺史。出《宋書》。

秋七月，宋主殺其弟巴陵王。休若至京口，聞建安王死，益懼。宋王以休若和厚，能得物情，恐其將來傾奪幼主，欲遣使殺之。慮不奉詔，乃手書招之，使赴七月七日宴。及至，賜死，而幼主遂孤立矣。出《通鑑》。

戊午。順帝昇明二年正月，荊襄都督沈攸之討蕭道成，軍潰，自縊於華容櫟林。

南朝齊

己未。高帝建元元年，封戴僧静為建昌侯。僧静，永興人，以佐命功封。出《齊書》。

甲子。武帝永明二年七月，封子倫為巴陵王。倫，字雲宗，武帝第十三子。出《齊書》。

辛未。八年，樹連理四株。出《齊書》。《丙寅郡志》入南宋朝，誤。

乙亥。明帝建武二年，封蕭昭秀為巴陵王。昭秀，字懷尚，文惠太子第三子。出《齊書》。

己卯。廢帝永元元年，封蕭昭胄為巴陵王。昭胄，字景允，竟陵文宣王之子。出《齊書》。

庚辰。二年，雍州刺史蕭衍起兵襄陽，行荊州事蕭穎胄亦以南康王寶融起兵江陵。齊主遣將劉山陽就穎胄兵襲襄陽，衍以計沮之。山陽至巴陵遲回不上，卒為穎胄所殺。衍以計取穎胄，使不為山陽用；又以計使山陽為穎胄所殺。行至巴陵遲回不上，故使衍得行其計。出《通鑑》。

辛巳。和帝中興元年，河東郡王譽遷南中郎將、湘州刺史。未幾，侯景寇建鄴，入援至青草湖，臺城没，詔班師，譽還湘。出《通鑑》。

壬午。二年四月，梁王衍稱皇帝，廢齊主為巴陵王，殺之。是年，齊亡，而梁代之。時梁主欲以南海為巴陵國，從王居之。沈約曰："不可慕虛名而受實禍。"梁主頷焉，乃使人詣殺之。出《通鑑》。

南朝梁

壬午。武帝天監元年，封齊主為巴陵王，奉齊後。全食一郡，用天子禮樂。未幾，王殂，謚為齊和帝。出《梁書》。

是年，復封蕭寶義為巴陵王，以奉齊後。齊主既殺，乃封寶義，奉齊祀。出《梁書》。按：《丙寅郡志》作高帝時封，誤。

是年，封沈約為建昌縣侯。約，武康人，以佐命功封。出《梁書》。

庚子。普通元年，封蕭屏為巴陵王。普通三年，卒。出《梁書》。

辛亥。中大通三年，封蕭詧為岳陽郡王。詧，昭明太子之子，元帝永康中，舉兵冦江陵，不克，詧自稱梁王，藩於魏。出《梁書》。

戊辰。太清二年，梁荊州刺史、湘東王遣兵援臺城，移檄湘州刺史、河東王譽，雍州刺史、岳陽王詧。時兵發江陵，討侯景。出《通鑑》。

己巳。三年，岳陽王詧攻江陵，湘東王繹遣兵襲襄陽，詧遁還。繹使竟陵太守王僧辯攻湘州。先是，鮑泉攻湘州，河東王譽逆戰而敗，退保長沙。岳陽王詧以糸軍蔡大寶守襄陽，帥眾伐江陵，以救湘州。湘東王繹大懼，問計於王僧辯，僧辯具陳方略。詧遁還，乃以僧辯代泉攻長沙。邵陵王綸致書於繹曰："弟若陷洞庭，雍州疑迫，何以自安？必引魏軍，以求形援。弟若不安，家國去矣。"繹不從，綸流涕曰："天下之事，一至於斯。湘州若敗，吾亡無日矣。"出《通鑑》。按：雍州，謂岳陽王詧也。湘州，河東王譽也。邵陵王綸，繹之兄也。

十一月，梁湘東王繹遣兵攻襄陽，岳陽王詧乞師於魏，魏遣楊忠帥師救之。出《通鑑》。按：綸之言驗矣。時侯景亂於外，諸王亂於內，北魏人援，愈難支矣。

辛未。文帝大寶二年，梁湘東王繹遣大都督王僧辯伐侯景，次巴陵。景攻之不克。六月，繹使胡僧祐擊景，敗之，獲其將任約，景遁還。湘東王繹以王僧辯為大都督，帥諸將東擊侯景，至巴陵。聞郢州陷，因留戍之。繹遺僧辯書曰："賊既乘勝，必將西下，不勞遠擊。但守巴陵，以逸待勞，無不克矣。"又謂僚佐曰："景若水，步兩道，直指江陵，此上策也。據夏首，積兵糧，中策也。悉力攻巴陵，下策也。巴陵城小而固，僧辯可任，景攻不拔，野無所掠，暑疫時起，食盡兵疲，破之必矣。"乃命徐嗣徽自岳陽、杜崩自武陵引兵會僧辯。景使丁和守夏首，宋子仙為前驅趨巴陵，分遣任約直指江陵，景統大軍，水陸繼進，於是緣江戍邏，望風請服。僧辯乘城固守，偃旗臥鼓，安若無人。景眾濟江，執王珣等至城下，使説其弟湘州刺史王琳。琳曰："兄授命討賊，不能死難，曾不內慚，翻欲陽誘。"取弓射之，珣慙而退。景百道攻城，城中鼓噪，矢石雨下，殺賊甚眾，景乃退。僧辯著綬乘輿，奏鼓吹巡城。景軍飢疫，死傷大半，繹遣胡僧祐援巴陵，戒之曰："賊若水戰，以大艦臨之，必克。若步戰，鼓棹就巴陵，不須交鋒也。"僧祐至湘浦，景遣任約帥鋭卒據白塔待之。僧祐由他路西上，潛引軍至赤沙亭。會信州刺史陸法和至，與之合軍。法和有異術，隱於百里洲，豫言多中，人莫能測。至是，因任約向江陵請行。既至，與僧祐縱兵擊之，約兵大敗，殺溺甚眾，擒約及宋子仙，送江陵，景遁。先是，天監中，《沙門釋寶志》曰："搖尾狗子自發狂，當死未死咬人傷。須臾之間自滅亡，起自汝陰死三湘。"出《通鑑》。按：狗子，景小字，起自懸瓠，即昔之汝南。巴陵有地名三湘，景奔敗處，其言皆驗。《丙寅府志》為承聖元年，誤。

壬申。元帝承聖元年，封王琳為巴陵王。後吳明徹進兵圍城被執。出《梁書》。

癸酉。二年三月，兩龍見。螭蚴湖中，城中皆見。出《梁書》。

甲戌。三年，封程靈洗為巴邱侯。出《梁書》。

乙亥。敬帝紹泰元年，下湘州刺史王琳於獄，其長史陸納據湘州以叛。梁主徵王僧辯與蕭循共討納。循軍次巴陵，營未立，納請降，求送妻子。循曰："此詐降也，必襲我。"乃密為之備。納潛軍夜至。薄營大譟，軍中將士皆驚，循坐胡床，於壘門望之，略無懼色，徐部分將士擊之。樊毅與左右數十人，當營門力戰，斬十餘級，擊鼓申令，獲其一艦。納退奔長沙。出《通鑑》。

丙子。太平元年，封前鎮西法曹、行參軍事蕭沇為巴陵王。出《梁書》。

後梁

明帝時，司空華皎戰敗於巴陵。帝授華皎為司空，巴州刺史戴僧朔、巴陵内史潘智虔、岳陽太守章昭裕皆隸於皎。帝恐上流宰守並為皎扇惑，乃下詔曲赦巴、湘二州，賊主將帥，並許出首。皎以大艦載薪，因風放火，俄而風轉自焚，皎大敗，乃與僧朔奔江陵。眾等無復船渡，步趨巴陵，巴陵城已為陳軍所據。偽與結盟，遂執之，盡俘其眾，併殺皎之黨與。出《北史》。

陳

庚辰。文帝天嘉元年，巴陵太守任忠討巴湘。初，王琳立蕭莊為梁王，署任忠為巴陵太守。琳敗，授安湘太守，仍隨侯瑱進討巴湘。出《陳書》。

九月，陳太尉侯瑱攻湘州，周遣司馬賀若敦、獨孤盛救之，領水軍趨巴陵。江陵之陷也，巴湘之地皆入於周，周使梁人守之。陳使侯瑱等將兵逼湘州，周遣賀若敦、獨孤盛救之，軍於湘州。會援絶糧斷，敦恐瑱知之，乃於營内多為聚土，覆之以米。召旁村人佯為訪問，隨即遣之，瑱以為實。敦又增修營壘，為久留之計。先是，土人多乘輕舟載米肉以餽瑱軍。敦乃偽裝餉船，伏甲士於中，瑱軍望見，逆來爭取，甲士出而擒之。又敦軍數有乘馬投瑱者，敦乃别取一馬，牽以趨船，令船中逆以鞭鞭之。如是再三，馬畏船不上。伏盡發，殺之。後實有餉饋及亡降者，瑱皆拒，擊之。瑱乃襲破獨孤盛於楊葉洲。盛收兵登岸，築城自保。詔司馬空侯安都率眾會侯瑱拒周軍。十一月，周巴陵城主尉遲憲降，獨孤盛潛遁。出《通鑑》。按：楊葉洲，洲名，在今新堤下。

冬十一月，梁王巋遣王操率軍，會華皎於巴陵，伐陳，城陷。陳湘州刺史華皎附梁，請伐陳。梁王巋遣王操率水軍三萬，會華皎於巴陵，與陳將吴明徹戰於沌口，不利，長沙、巴陵並陷於陳。巋，梁王詧之第三子也。出《北史》。

辛卯。二年春正月，周湘州主殷亮降，湘州平。出《陳書》。

庚子。宣帝太建十二年，封皇弟叔慎為岳陽王。宣帝第十六子，後主叔寶所封。《南史》詔曰："岳陽風迹可紀，古所謂維城磐石，叔慎其近之乎？"隋師渡江，叔慎詐降，斬隋將龐暉。起兵長沙，不克，死之。出《通考》。

是年，並封叔雄為巴山王。宣帝第十八子，與岳陽王同封。出《通考》。

又封叔韶為巴山王。宣帝第二十七子。後陳亡，卒於長安。出《通考》。

隋

甲辰。文帝開皇四年，岳陽王陳叔慎降隋。隋大舉伐陳，行軍元帥楊素破荊門而下，陳主遣信州刺史顧覺鎮安蜀城，荊州刺史陳紀鎮公安，皆懼而走，巴陵以東無敢逆者。湘州刺史、岳陽王陳叔慎遣使請降。出《隋書》。

丁丑。煬帝大業十三年十月，蕭銑起兵巴陵，自稱梁王。巴陵校尉董景珍、雷世猛，旅帥鄭文秀、徐德基、張繡謀據郡叛隋。推景珍為之主，景珍力辭曰："吾素寒賤，不為眾所服。羅川令蕭銑，梁室之後，請奉之。"乃遣使報銑，銑喜，從之，聲言討賊，募得數千人。會潁川賊沈柳生寇羅川，銑與戰不利，因謂其眾曰："今天下皆叛，隋政不行。巴陵豪傑起兵，欲奉吾為主。若從其請，以號召江南，可以中興梁祚，以此召柳生，亦當從我矣。"眾皆悦。乃自稱梁公，改隋服色旗幟，皆如梁舊。柳生率眾歸之，銑以為車騎將軍。起兵五日，遠近歸附者至數萬人，遂向巴陵。遣徐德基帥郡中豪傑數百人出迎。柳生與其黨謀曰："我先奉梁公，勳居第一。今巴陵諸將，皆位高兵多。我若入城，返出其下，如殺德基，質其首領，獨挾梁公，進取郡城，則無出我右者矣。"遂殺德基，入白銑。銑大驚曰："今欲撥亂反正，忽自相殺，吾不能為若主矣。"因步出軍門，柳生大懼，伏地請罪，銑責而赦之。陳兵入城，景珍言於銑曰："徐德基建義功臣，而柳生無故擅殺之，此而不誅，何以為政？且柳生為盜日久，今雖從義，凶悖不移，共處一城，勢必為變。失今不取，後悔何及!"銑又從之，景珍收柳生斬之，其徒皆潰。銑乃築臺燔燎，自稱梁王。恭帝義寧二年，銑即帝位，徙都江陵。出《通鑑》。

唐

辛巳。高祖武德四年，遣趙郡王李孝恭、李靖伐梁，梁援兵次巴陵不進，銑遂降。武德三年，以李孝恭為山南招討大使。明年，拜信州總管，乃大治舟艦，習水戰。會李靖使江南，孝恭倚其謀，乃統水陸十二軍自夔州順下，以擊蕭銑，破彝陵、荊門二鎮。銑倉卒徵兵，不能遽集，乃悉現兵出拒戰。李靖縱兵奮擊，大破之，乘兵直抵江陵，入其外郭；又攻水城，大獲舟艦，靖使盡投江中。諸將曰："破敵所獲，當藉其用，何棄以資敵？"靖曰："蕭銑之地，南出嶺表，東拒洞庭，吾軍深入，若攻城未拔，援兵四集，吾表裏受敵，進退不獲，雖有舟楫，將安用之？今棄舟艦，使塞江而下，援兵見之，必謂江陵已破，未敢輕進，則吾拔江陵矣。"已而，救兵至巴陵，見棄舟，果疑不進，內外阻絶，遂降。出《通鑑》。

丁亥。太宗貞觀元年，旱。出《丙寅郡志》。

乙未。九年秋，大水，害稼。出《丙寅郡志》。

乙巳。十九年二月，獻毛龜一。出《唐書》。

辛亥。睿宗景雲二年，封子範為巴陵王。後進封岐王，開元四年贈惠文太子。出《唐書》。

乙酉。順宗永貞元年秋七月，旱。出《丙寅郡志》。

是年，封子鯤為岳王。順宗子。出《唐書》。

戊申。敬宗寶曆四年，大旱。出《丙寅郡志》。

己酉。五年，大水，害稼。出《通考》。

庚戌。文宗太和四年夏，大水，傷稼。出《丙寅郡志》。

庚子。僖宗廣明元年冬十月，黃巢冠陷郡城，刺史李絢、判官重甫鎮死之。先是，黃巢陷潭州，士卒疫死者什三四。乃自桂陽州編筏，沿江而下，抵潭州。李絢不敢出，巢攻陷之，遂進逼江陵，并陷鄂州。出《通鑑》。

乙巳。光啟元年，淮南敗將張環據復、岳二州。時武陵人雷滿屢攻掠荊南，淮南將張環、韓師德叛高駢，據復、岳二州。出《通鑑》。按：復州，今竟陵地。

癸亥。昭宗天復三年，荊南節度使成汭救鄂州，舟次君山，吴將李神福擊敗之。淮南楊行密以李神福為招討使攻鄂，節度使杜洪求救於朱全忠。全忠遣韓勍率步兵萬人屯灄口，會荊南節度使成汭及各鎮救之。汭發舟師十萬，沿江東下。掌書記李珽諫之，以為有反顧之憂，不如遣驍將屯巴陵，堅壁勿動，不過一月，吴兵食盡自還，鄂圍解矣。汭不聽而行。馬殷果遣許德勳將舟師襲江陵，陷之。將士聞之，皆無鬥志。神福聞汭至，自乘舟覘之。還謂諸將曰："彼戰艦雖多，而不相屬，易制。"先據君山，汭舟至，擊之。縱火焚其戰艦，士卒皆潰，汭赴水死。出《通鑑》。按：《丙寅府志》以為哀帝天祐三年事，又以李神福為福神，又作福仁，今據《綱目》及《五代史》正之。

甲子。四年，向環據郡城。環，澧州人，據城為冦，刺史吕自牧被殺。出《通鑑》。

丁卯。哀帝元年哀帝末改元，為天佑元年。六月，淮南遣將擊楚，楚大破之，遂取岳州。陽偓遣其將劉存、許玄應將水軍擊楚，楚王馬殷懼，軍使劉定真賀曰："我軍勝矣。"殷問其故，定真曰："夫戰，懼則勝，驕則敗。今淮南兵驕，而王有懼色，吾是以知其必勝也。"殷命指揮使秦彦暉帥戰艦拒於上流，偏將黄璠以舟三百伏於瀏陽口。存等遇雨，引兵還，彦暉追之。存數戰不利，乃遺書請降，彦暉曰："此詐也，勿受!"鼓譟而進。存走，璠以瀏陽舟截江合擊，大破之。存及陳知新戰死，彦暉取岳州。按：《五代史・楚世家》以此為唐昭宗天祐二年事，云："吴楊行密遣其將劉存等攻杜洪，圍鄂州。楚馬殷遣秦彦暉、許德勳以舟兵救之，已而杜洪敗，存等遂攻殷。殷遣秦彦暉拒於上流，與偏將黄璠以舟師三百合擊，大破之。"又《吴世家》云："梁開平元年，鄂州劉存、岳州陳知新伐楚，敗於瀏陽，楚人執存及知新以歸。楚王欲活之，不屈，殺之。"

五代後梁

丁卯。太祖開平元年，以馬殷為楚王。於是，湘州盡屬楚，至天成二年始建國，置百官，以姚彦章、許德勳為丞相。出《通鑑》。

六月，淮南遣將攻楚，楚大破之，遂取岳州。楊偓遣其將劉存、許玄應將水軍擊楚，楚王馬殷命指揮使秦彦暉帥戰艦拒於上流，偏將黄璠以舟三百伏瀏陽口。存等遇雨，引兵還，彦暉追之，存數戰不利，乃遣書請降。彦暉曰："此詐也，勿受。"鼓譟而進。存、璠以劉陽舟截江合擊，大破之，存及陳知新戰死，彦暉取岳州。出《通鑑》。按：此事已見上，因《通鑑》載入後梁開平元年四月，故重出之，所以存疑也。

己巳。三年，楚王馬殷遣許德勳擊朗州，破之，追冷業於鹿角山。先是，朗州武貞軍雷彦恭附於吴，攻劫為荊湖患。會楚擊荊南，後彦恭又攻岳州。開平元年，楚乃會荊南帥高季昌攻彦恭，逾年不能破，彦恭乞降於吴。吴楊偓遣將冷業將水軍屯平江以救彦恭。楚岳州刺史許德勳拒之，進兵朗口，使善游者五十人以木葉覆首，持長刀浮江而下，夜犯業營，且多舉火。業軍驚擾，德勳大軍踵至，敗之，彦恭奔楊行密。出《五代史》。

甲戌。四年夏四月，楚岳州刺史許德勳襲吴黄州，克之。楚以許德勳為岳州刺史，將水軍巡邊。夜分，南風暴起，都指揮使王環乘風趨黄州，大掠而還。德勳曰："鄂人將邀我，宜備之。"環曰："我軍入黄州，鄂人不知，奄過其城，彼自救不暇，安敢邀我?"乃展旗鳴鼓而行，鄂人不敢逼。出《通鑑》。

後唐

戊子。五代唐明宗天成三年，吴攻楚岳州，敗績。《綱鑑》作二年丁亥事。先是，梁太祖即位，馬殷遣使修貢，太祖拜殷侍中兼中書令，録楚王。荊南高季昌，原名季興，以兵斷漢口，邀殷貢使。殷遣許德勳攻其沙頭，季昌求和，乃止。季昌自附於吴，楊偓封秦王。九月，季昌敗楚師於白田（村名，在華容縣），獲其將吏十六人，獻於吴。吴以雄武軍苗璘統軍，王彦章將次軍，攻楚岳州，師次君山。楚王殷遣許德勳將戰艦千艘薄之。德勳戒其衆曰："吴人掩吾不備，若見大軍，必懼而走。"乃潛軍閣子湖（即巴陵閣鎮市旁湖名），使其佐王環夜帥戰艦三百屯楊林浦，絶吴歸路。遲明，吴人進軍荊江口，將會荊南兵於道人磯，勳命都虞侯詹信以輕舟三百出吴軍後，而自以大軍當其前，吴師進退無策，虜璘及彦章以歸。因攻荊南，遣德勳將水軍屯岳州。自是鄂、朗間皆有重兵。

秋，吴遣使於楚請和，求釋岳州俘虜。吴求和於楚，請釋苗璘、聶彦章。楚王殷歸之。德勳餞之曰："楚王國雖小，舊臣宿將猶在，願吴朝勿以措懷，必俟衆駒争皂棲，然後可圖也。"時殷多内寵，嫡庶無别，諸子驕奢，故德勳語及之。出《通鑑》。

庚辰。長興元年，楚武穆王馬殷卒，子希聲嗣。希聲未幾死，希範立。出《通鑑》。

乙未。潞王清泰二年，彭士然攻岳州，馬希範遣將擊，勝之。溪州刺史彭士然率錦、樊二州士兵攻岳城，楚馬希範命其將劉勍以步兵五千擊之。士然大敗，納地請和，希範許之，以所據三州歸焉，立銅柱為界。出《五代史》。

後漢

按：馬殷父子守湖湘之地，與五代相終始，終五代之世，未有能窺湖湘者，亦一方之幸也。

庚子。隱帝乾祐三年，馬希萼以舟師攻岳州。初，楚王馬殷卒，立希範，範卒，劉彦瑫等立希廣。時廣兄希萼為朗州節度使，以群蠻攻潭州，率舟師攻岳州，刺史王贇堅城拒之。萼使人謂贇曰："公非馬氏之臣乎？不事我，欲事異國乎？為人臣而懷二心，豈不辱其先人？"贇曰："先父為先王將，六破淮南兵，今大王兄弟不相容，贇恐淮南坐受其斃，一旦以遺體臣淮南，誠辱先人耳。大王苟能釋憾罷兵，兄弟雍穆，贇敢不盡死以事大王！"萼慚，引兵去。至長沙，希廣遣劉彦瑫、許可瓊、馬希崇、李彦素、韓禮拒之。出《五代史》。按：馬氏内亂，王贇守正不納希萼，可謂賢矣，其入《名宦》宜哉。

後周

辛亥。太祖廣順❶元年，唐遣劉仁❷贍將兵取岳州。仁贍取岳州，撫納降附，人忘其亡，唐百官共賀湖南平。起居郎高遠曰："我乘楚亂，取之甚易。觀諸將之才，但恐守之甚難耳。"司徒李建勳曰："禍其始於此乎？"出《通鑑》。

丙辰。世宗顯德三年，詔王逵攻唐鄂州，岳州團練使潘叔嗣殺王逵，迎周行逢入朗州。行逢討叔嗣，斬之。王逵引兵過岳州，團練使潘叔嗣燕犒甚謹。逵左右求取無厭，譖叔嗣謀反。逵怒，叔嗣不自安，屬將士而告之曰："吾事令公至矣，今乃信讒疑怒，軍還，必擊我。吾不能坐而待死，汝輩能與我俱西乎？"衆憤怒請行，叔嗣率之西襲朗州。逵還，戰敗死。或勸叔嗣遂據朗州，叔嗣曰："吾就死耳，安敢自專？"乃歸岳州，使將吏迎武安節度使周行逢。衆謂行逢必以潭州

---

❶ "順"，據《資治通鑑》卷二百九十〇補。

❷ "仁"，據《資治通鑑》卷二百九十〇補。

授叔嗣，行逢曰："叔嗣賊殺主帥，今若遽用❶，人必謂我與之同謀，何以自明？且俟踰年未晚也。"乃入朗州，自稱武安❷留後，告於周。以叔嗣為行軍司馬，叔嗣怒，稱疾不至。行逢曰："叔嗣更欲圖我耶？"又授叔嗣武安節鉞以誘之，叔嗣遂行。行逢迎候郊勞，甚歡。叔嗣入謁，遣人執之，立庭下責之曰："汝為小校，無大功，王逵用汝為團練使，一旦反，殺主帥，吾未忍斬汝，乃敢拒吾命乎？"叱命斬之。出《通鑑》。

宋

癸亥。乾德元年，行營使慕容延釗討朗州之亂，大破賊於三江口，荊湖悉平。時朗州軍亂，詔以慕容延釗為湖南道行營前軍都部署。延釗方被病，令肩輿即戎事，以李處耘為都監，師次荊門。高繼冲遣其叔保寅、軍校梁廷嗣奉牛酒犒師。處耘乃召保寅等宴延釗之帳，密遣輕騎數千倍道前進，繼冲惶怖出迎。因調發江陵卒，并其師趨朗州。先遣別將分麾下及江陵，兵趨岳州。延釗大敗賊於三江口，獲船七百餘艘，斬首四千級。又遇賊帥於澧江，擊敗之。賊棄砦走，俘獲甚眾。大軍在朗，朗人縱火焚城而潰，擒其將汪端。會朗將周保權年尚幼，其將匿江南砦僧寺，侍中遣師渡江獲之。賊平，盡得荊湖之地。出《宋史》。按：太祖時已改元乾德，《丙寅府志》以為建隆四年，誤。

丙寅。四年二月，岳州郡署火。火起郡署廩庫，延燒市肆，民舍殆盡。出《通考》。

丁卯。五年春，鼎州人鍾相陷郡城，知州黄琮、縣丞葉畬死之。出《宋史》。

丙子。太宗太平興國元年，黄從志據岳州，湖廣道解暉討平之。時暉充湖廣道行營前軍，潭州平，璽書獎諭。時偽統軍黄從志據岳州，暉率舟師討平之，生擒從志及將校，俘斬、溺死者甚眾。出《宋史》。

壬午。七年十一月，鼠害稼。出《通考》。

壬午。仁宗慶曆二年，大水壞白荊堤。出《通考》。

癸未。三年，瑶人亂，知岳州軍事楊畋討平之。湖南瑶人唐和等據六洞，劫掠州縣，詔以畋提點本路刑獄，專治盜賊。進軍初不利，募勇夫深入六洞，卒平之。出《宋史》。

乙酉。五年，地震。出《通考》。

庚申。神宗元豐三年，火。焚民舍殆盡，延燬岳陽樓。出《通考》。

南宋

丁未。高宗建炎元年，金人掠岳州，流賊劉鍾入冦。時金兵潰散，掠岳州。而自宣靖以來，湖湘盜賊四起。是年八月，劉鐘入寇平江，據白面寨。加以趙壽之徒，張用、曹成、馬友之眾，縱横為害，所在殘毀。民非匿山谷則泛江湖，邑境為墟。至紹興四年賊始平。出《丙寅郡志》。

庚戌。四年五月，洞庭湖赤光夜見。湖中夜有赤光如火，明照湖心，上下一色。初從東北亘天，俄轉東南。或曰此血徵也。後金兵掠湘、沔，巨盜鍾相、孔彦周、曹火星、劉超、彭筠、楊么相繼為亂，殺戮無算。出宋《五行志》。

癸丑。紹興三年，湖賊楊么僭號大聖天王。八月，王𤩽擊么於鼎湖，敗績。

❶ "遽用"原文爲"據爾"，今據《資治通鑑》卷二百九十三改。

❷ "武安"原文爲"武平"，今據《資治通鑑》卷二百九十三改。

詔岳飛移兵討之。詔統制王𤫉征楊么，𤫉遣崔僧等討么於鼎湖。么乘大水攻破鼎州杜水寨，守將許銓戰没，官軍死者甚眾。於是授飛清遠軍節度使，代𤫉討么。出《通鑑》。按：么，本名太，楚人呼年少者為么云。

乙卯。**五年三月，張浚視師潭州。**浚以建康東南都會，而洞庭據上流，恐楊么滋蔓為害，請乘其怠❶，急討之。至醴陵，釋邑囚數百，皆么諜者，給以文榜，俾招諭諸砦，皆懽呼而去，於是相率來降。出《通鑑》。按：楊么之破，人皆知岳忠武之功，而使忠武能成此功者，實賴張都督保持之也。《綱目》特書張浚視師潭州，又書張浚還自潭州，非僅以備本末，正見忠武之功終始賴有張浚也。此春秋書法，《丙寅府志》削之，失《綱目》之旨矣，今本《綱目》補入。

夏，大旱，六月，岳飛破楊太於洞庭湖，太死，湖湘平。是年三月，樞密使張浚視師潭州。浚以建康東南都會，而洞庭據上流，恐太滋蔓為害，請乘其怠急討之。至醴陵，釋邑囚數百，皆太諜者，給以文榜，俾招諭諸寨，皆懽呼去，於是相率來降。時岳所部皆西北人，不習水戰，岳曰："兵何常，雇用之何如耳。"而太黨楊欽、劉衡、周倫、黄佐、黄誠、陳滔、高老虎、夏誠、全琮、劉銑等數十人，皆勇健善戰，聚兵數萬，戰艦數千。東搶岳州，西掠澧州，北據江陵，南占潭州，為害不小。又令周倫、劉衡、黄誠等列營東西，岸多其戰艦，分設水門，以候救應。岳至潭州，遣本府經歷王忠賫榜招諭。忠言："前者鼎州差劉醇、邵州差劉珂、荊湖宣撫差朱實、湖南宣撫差朱詢、荊南鎮撫司差史安、湖南軍差趙通，共十七人招撫，俱被殺，不還。今忠往，必被太殺，雖死，亦何益朝廷？"岳曰："但去何妨！眾賊内亦必有知順逆者。"忠至湖口，黄佐謂其眾曰："岳節使號令如山，與戰，萬無生理，不如往降。節使誠信，必善遇我。"遂降忠。岳表授佐武義大夫，單騎按其部，拊佐背曰："子知順逆者，果能立功，封侯何足道！欲復遣子歸湖中，視其可乘者擒之，可勸者招之，何如？"佐感泣。因與部下宋傑襲周倫於砦，殺之。岳上佐，遷武功大夫（武功，《精忠傳》作武經。）時張浚以都督軍事至潭，參政席益疑岳玩寇，欲以聞，浚曰："岳侯，忠孝人也。兵有深機，胡可易言？"益慚而退。統制任士安不受王𤫉令，岳鞭之百，使餌賊曰："三日賊不平，斬汝。"隨令董先、楊再興、王剛、張用於永安寨樹木叢密處埋伏，自部精騎攻寨。士安先至寨請戰，宣言："岳太尉領兵二十萬至矣，何不早降？"賊劉衡見任士安軍，併力攻之。士安佯退，衡進至伏處，岳迎戰，刺殺衡之副將趙炳。衡回顧本砦，烟燄迷天，望湖中走。至樹林叢雜處，伏兵四起，衡中矢死。會朝旨召浚還防秋，飛袖小圖示浚，浚欲候來年議之。岳曰："已有定畫，都督能少留八日，可破賊。"浚曰："何言之易？"飛曰："王四廂（王𤫉字）以王師攻水寇則難，飛以水寇攻水寇則易。水戰，我短彼長，以所短攻所長則難。若因破將用敵兵，奪其手足之助，離其腹心之託，使孤立，而以王師乘之，八日之内，當俘諸酋。"浚許之。岳果如鼎州。黄佐招楊欽來降。岳喜曰："楊欽驍悍，彼腹心潰矣！"表陞佐武德大夫，授欽武義大夫，禮遇甚厚。復遣歸湖中。二日，欽説全琮、劉詵來降。岳詭罵曰："賊不盡降，何來也！"杖欽，復遣去。欽入湖，往見高老虎，言被人賺降受辱狀，約共戮力拒戰，即與宴砦中。將至二更，岳令張憲、岳雲、董先、王貴引戰船三百至砦旁，鳴金鼓、縱火炬以震之。生擒高老虎，梟於鼎州界上，降其眾數萬。太負固不服，方浮舟湖中。其舟一名望三州，一名和州載，一名五樓，一名九樓，一名大得山，一名小得山，一名大海鰍頭，一名小海鰍頭。每一名為一號，每一號有百餘艘。兩旁遮陽板内，俱安水輪，使人如攀轆轤，其行如飛，旁置撞竿，官舟迎之輒碎。岳伐君山木為巨筏，張牛革以蔽矢石，塞諸港中。又以腐木亂草浮上流而下，擇水淺處，遣善罵者挑之，且行且罵。賊怒，來追，則草木壅積，舟輪碍不行。岳遣張憲、岳雲爭擊之，賊奔港中，為筏所拒。官軍乘筏舉巨石撞，其舟盡壞。太技窮，赴水死。（《精忠傳》云：推鐘儀于水中，自赴水。牛皋生擒之，押見岳，斬首，送張浚。）陳滔引所部兵奪鍾儀坐船，來降湖側大

❶ "怠"，據《續資治通鑑》卷一一五補。

砦。夏誠尚未知消息，忽報大聖天王陳滔戰敗回砦，誠大驚，開門迎滔。部下一齊並入，楊欽、黄佐繼進，岳兵亦至，圍太老營，夏誠、黄彪等束手受縛。餘眾驚曰："何神也！"俱請降，眾凡二十萬。岳方受降，牛皋謂："賊眾傷官兵甚多，不可赦。"岳曰："楊太所部，本是農夫，先被鍾相以妖術煽惑，事發懼死，以致相聚為盜相死，又被程吏部欲盡殺之，因此潛逃，偷竊求生。今賊首既誅，餘皆國家赤子，安得不允其降？"因親行諸砦，惟老弱歸田，籍少壯為軍。果八日捷書至潭。浚嘆曰："岳侯神算也！"湖湘悉平，詔陞岳武勝定國軍節度使、京西路宣撫使、河南北諸路招討使，兼營田大使。初，太恃其險，官軍自陸擊之則入湖，水攻之則登岸，因曰："欲犯我者，除是飛來。"至是，人以為其言為讖云。

秋，大饑。時旱甚，無收，民多轉徙，道殣相望。湖帥吕頤浩特奏撥上供米三萬石以賑。運判薛弼入覲，悉以饑狀聞，奉上命給錢六萬緡，廣西常平米六萬斛，鄂岳米二十萬斛，徧賑之，民賴以甦。出《丙寅郡志》。

冬十月，張浚還自潭州。湖湘平，浚奉詔遣岳飛屯荊、襄，以圖中原，乃自鄂岳轉淮東。會諸將議防秋之宜。帝賜詔，趣歸。出《通鑑》。

乙亥。**二十五年，改岳州為純州，岳陽軍為華陽軍**。或言"岳州乃岳飛駐軍之地，又與其姓同，乞改之"，蓋以媚秦檜也。岳州人謂："飛駐軍乃鄂州，於我州何與？"尋復為岳州。出《通鑑》。

戊子。**孝宗乾道四年二月，岳州衛署火**。時廩庫火燔，市肆、民舍無存，官吏踰城僅免。出《通鑑》。

己丑。**六年，洞庭巨黿見**。廣、長丈餘，走沙擁舟，以首足壓重艦入水。出《宋史》。

庚寅。**七年十一月，巨黿又見**。為患如前。見《宋史》。

戊申。**十五年，大水**。出《宋史》。

壬戌。**寧宗嘉泰二年，旱**。出《宋史》。

庚辰。**開禧十六年夏五月，霖雨**。出《宋史》。

己巳。**嘉定二年，旱**。出《宋史》。

甲申。**十七年夏六月，火**。丁亥日，岳陽樓火起，燒郡署、帑庫及民舍。己丑日，復燒民舍百餘家。出宋《五行志》。

丙戌。**理宗寶慶二年，降濟王竑為巴陵郡公**。竑，寧宗子，出《宋史》。

己未。**開慶元年，元兵破岳州**。元將忽必烈南侵，由黄州陽邏堡渡江，圍鄂，遣帥拔都兒以舟師圍岳州，破城，俘遺民以歸，韓氏女希孟被掠，死之。出《宋史》。

乙亥。**恭帝德祐元年三月，元阿里海牙入岳州**。岳州安撫使高世傑，會郢、復、岳三州及上流諸軍戰艦數千艘，扼荊江口。元丞相伯顏與諸將會鄂城下，議曰："鄂襟山帶江，為江南要區，且兵種皆備，今江陵、岳、潭皆未下，上流一動，則鄂非我有矣。"阿里海牙亦言："江陵地居上流，宋倚之為重鎮，若非乘此破竹之勢取之，待江水泛溢，鄂、漢恐亦難守。"帝從其請，進徇江陵，與宋鄂州安撫高世傑遇於洞庭湖，兵船成列而陳。阿里海牙督諸翼水軍屯東岸，而自率兵左右夾攻。世傑敗走，追至桃花灘。會朱國寶破宋保柵，亦進兵臨、岳，與宋將戰於灘上，獲世傑，遂下岳州。出《通鑑》。按：荊江口，即今荊河口；桃花灘，在岳州西數十里。

元

按：元明以後，《丙寅府志》較詳於正史，其時近，故得之於見聞者多，不盡出於正史也。

辛卯。**順帝至正十一年，巴陵城北門壞**。門木柱無故自倒，柱腳向天。出《丙寅郡志》。

是年，群鼠渡江。群鼠數十萬，銜尾渡江。出《丙寅郡志》。

壬辰。**十二年春二月，羅田賊徐壽輝遣其黨陷岳州**。先是，倪文俊推壽輝為紅巾賊。壽輝聚眾於蘄水，陷縣城及黄州。據之，建都僭帝，國號“天完”。沿江諸州，所向輒克。至是，遣其黨倪文俊陷岳州。後文俊建偽都於漢陽，迎壽輝居之，郡縣悉為賊境。出《元史》。按：壽輝，羅田人，與麻城鄒普勝等以燒香倡妖為賊。倪文俊，黄陂漁人，號蠻子，從徐壽輝為偽相。

秋七月，官軍破紅蓮賊。流賊蔡、袁二酋率眾掠岳州，稱“紅蓮教”。七月，官軍擊破之。出《元史》。

甲午。**十四年夏，赤星見，大饑疫**。時郡中各縣皆饑民，疫死者無算。出《丙寅郡志》。

乙未。**十五年，群鼠渡洞庭湖，入蜀**。時有群鼠數十萬，銜尾渡湖，入四川。出《丙寅郡志》。

丙申。**十六年，總管劉達禮入鎮岳州**。自倪賊陷岳郡為賊境，至是兵興，達禮與麻失理入岳鎮守。出《元史》。

丁酉。**十七年，陳友諒據荊、岳**。友諒，沔漁人子，為縣吏，聞徐壽輝、倪文俊蜂起，遂棄吏從文俊。至是，文俊謀殺壽輝不果，奔黄州。友諒乘釁襲殺文俊，併其軍，遂跨有荊、岳。出《明史》。按：友諒本姓謝，祖千一，贅於陳，從其姓，父普才。

己亥。**十九年，大雨，群龍見**。大雨八十日，群龍見洞庭湖中。出《丙寅郡志》。

是年，洞賊寇岳州，鄉民鄧均忠擊殺之。時洞酋向思永、夏克武聚眾攻劫巴陵，民鄧均忠率義勇擊殺二酋。事聞，授均忠宣慰使。出《丙寅郡志》。

庚子。**二十年，群蟻同穴鬬死**。積成雉堞。後本路官軍張斌戰死潞州，人以為凶兆云。出《丙寅郡志》。

甲辰。**二十四年春三月，吴湖廣行省楊璟帥師屯三江口，取岳州**。是年為吴王元年，遣湖廣行省楊璟提師略定岳州，屯於三江口。同知張鎮以本路地歸於吴，授鎮錦衣衛鎮撫，隨遣大將軍徐達撫諭百姓，命總治蕭傑鎮守，修土城，設守禦所，改路為府。出《明史》。

是年，陳友亮之黨鄧義亨降於吴，岳州平。友諒領其眾，又殺壽輝，偽稱帝，國號漢，改元大義，仍據江西、湖廣諸路。江州之敗，退保武昌。後率眾攻吴，戰死於鄱陽湖，其子理復據武昌。吴王遣師追圍之。是年二月，吴王親征，理降。因命將略定諸州縣，岳郡各邑，陷賊尤深，其黨張雄自友諒時築土城於華容西鄙，儲糧以運，横徵暴斂，民不聊生。至是，行省楊璟招安，義亨出降，張雄亦敗，郡境始寧。出《明史》。

明

庚戌。**太祖洪武三年，蟻鬬死，積成堆**。出《丙寅郡志》。

辛亥。**四年，岳、澧諸蠻亂，命衛國公鄧愈討之**。出《明史》。

戊午。**十一年，大水**。出《丙寅郡志》。

丁丑。**三十年，封孟熜為巴陵王**。熜，楚昭王第二子，謚悼簡，無嗣。出《明史》。

甲申。**成祖永樂二年，封孟爟為岳陽王**。爟，昭王第九子，謚悼惠，無嗣。是年又封悦燿為華陽王。燿，蜀獻王第二子，封於澧。時澧隸岳，就國後徙武崗，復徙澧州。衣粗茹淡，禮賓好賢，甚有聲譽。出《明史》。按：自來岳陽蕃封，俱未就國，惟華陽王就封於澧。時澧屬岳，故并及之。

癸亥。英宗正統八年六月，大水。出《明史》。

戊寅。天順二年，大水，饑。出《明史》。

己卯。三年，大旱。出《明史》，舊志作二年，誤。

庚辰。四年，大饑。出《明史》。

戊子。憲宗成化四年，饑。出《明史》。

庚寅。六年，襄陽賊劉千斤反入洞庭。指揮同知卜馬翔禦之，戰死。翔與知府吴節各率舟師禦賊，翔迎戰失利，為賊所害，肢解其尸，沉於湖。出《明史》。按：劉千斤與石和尚、李鬍子後先嘯聚，後為靖勇將軍朱永、兵部尚書白圭奏至，詔官軍攻擊，敗之。

是年十二月丙辰，地震。出《明史》。

丁酉。十三年，雨冰雹。牛死無算。出《明史》。

戊戌。十四年，饑。出《丙寅郡志》。

戊申。孝宗弘治元年，大旱。自正月至九月，無苗，百物食盡，又兼時疫，道殣相望。出《丙寅郡志》。

己巳。武宗正德四年，大旱，饑。出《丙寅郡志》。

庚午。五年春，湖廣歲饑，沔陽賊圍岳城，命都御史洪鐘討平之。湖廣屢饑，命鐘以本官總制軍務，陝西、河南、四川亦隸焉。沔陽賊楊清、邱仁等僭稱天王將軍，出没洞庭間，圍岳州，陷臨湘，官軍屢失利。鍾及總兵官毛倫檄都指揮潘勳、柴奎，布政使陳鎬、副使蔣昇擊破之於麻穰灘，斬七百四十餘人，賊平。出《明史》。

夏五月，雨黍。出《丙寅郡志》。

癸酉。八年，大雪。洞庭冰合，人騎可行。出《明史》。

甲戌。九年，雨黑黍，秋大熟。出《丙寅郡志》。

丙子。十一年春，地震。出《明史》。

夏，東南方紅光見。巴陵東南方天忽如烈，長可二丈餘，紅光刺人。出《明史》。

秋七月，天裂。初五夜，紅光燭天，群喧為“天裂”。出《丙寅郡志》。

丁丑。十二年，巴陵縣署火。廳堂、吏舍焚燒殆盡。出《丙寅郡志》。

癸未。世宗嘉靖二年，大旱，饑。四月不雨，至七月。出《丙寅郡志》。按：《明史》：是年又大水。

丙戌。五年，封兄厚熙為岳王。世宗同母兄，封五日而薨。出《明史》。

丁亥。六年夏五月，大水，霪雨，雷擊岳陽樓柱。出《丙寅郡志》。

己丑。八年，饑。出《明史》。

庚寅。九年，大饑。出《明史》。

壬辰。十一年夏，大水。出《明史》。

甲午。十三年夏，大旱。出《丙寅郡志》。

丙申。十五年，大饑。出《明史》。

庚子。十九年，蛟水壞田盧。蛟出山中，山水暴漲，衝塌田、房無算。出《丙寅郡志》。

甲辰。二十三年夏，大饑。知府陸埛力請賑之。岳屬諸縣皆饑，斗米錢三百文，而華邑為甚，巴陵次之。民鬻子女，逃亡四方，哭聲震野。埛先籌得米若干石，興修郡學宫，以工代賑。復為請得藩庫銀數萬兩，會發諸州縣倉廩，截改南京九永錢糧，悉充賑貸。每月給粟二斗，銀一錢，視其貧而差。其月自秋至明年夏，臨春，復貸以牛、種。選士庶耆老公正者董其事。而埛身親巡行以稽覈之，民沾實惠。時都御史亦以饑巡視各郡，惟岳鮮流離，疏其事於朝而鄰封之。民謡為埛頌歌云："説旱談荒處處同，到來畫餅饑難充。流離滿眼還誰問，却羡鄰封有陸公。"出《丙寅郡志》。按：陸埛守岳，善政多端，而救荒之政，不獨岳人蒙福，即鄰郡亦被其澤，宜其奉祀名宦不廢也。

庚戌。二十九年，洞庭湖中五龍並見。出《丙寅郡志》。

乙卯。三十四年，地震。城中房屋震塌，壓斃人畜甚多。出《丙寅郡志》。

秋八月，巴陵縣東南隅火。焚民居數百家，延燒圓通寺。出《明史》。

庚申。三十九年夏五月，大水。夏，霪雨不止，山水内衝，江水外漲，洞庭氾濫如海，傷壞田廬無數。水發迅速，老稺多溺死者，尸滿湖中。漂流畜産，所在皆是，有連人連房浮沉水上，猶扃户未開者。蓋是歲之潦，為古今僅見云。出《丙寅郡志》。

秋九月，地震。出《丙寅郡志》。

乙丑。四十四年夏，大水。出《丙寅郡志》。

丁卯。穆宗隆慶元年，大水。出《丙寅郡志》。

戊辰。二年，巴陵縣署火。廳堂、吏舍俱燬，民房亦多延燒。出《丙寅郡志》。

三月甲寅日，地震，是年饑。出《明史》。

己巳。三年夏，大水。出《明史》。

庚午。四年，大旱。出《丙寅郡志》。

辛未。五年夏五月，鼠害稼。出《丙寅郡志》。

十一月，天鼓鳴。岳州城西，天鳴如礱磨聲，自寅時起，至辰刻始寂。出《明史》。

乙酉。神宗萬曆十三年，饑。出《明史》。

戊子。十六年，大旱，饑。官為勸賑，富户助之，民免流亡。出《丙寅郡志》。

庚寅。十八年秋八月，天鼓鳴。時初五夜，城中響聲尤甚。出《丙寅郡志》。

是年，大盜入華容城，明年再入。典史李朝科之子李一茂，冒風濤追賊，死洞庭湖中。

甲申。二十七年七月，辛未，地震。出《明史》。

壬寅。三十年，大水。出《丙寅郡志》。

丁未。三十五年六月，大水。漂没廬舍無數。出《明史》。

甲寅。四十二年，大水。出《乙丑郡志》。

戊午。四十六年春，蚩尤旗見於東方。出《丙寅郡志》。

庚申。四十八年，大饑。出《通鑑》。

辛酉。熹宗天啓元年春，大雪。正、二兩月，雪未斷，平地積四五尺，人畜魚鼈多凍死，樹木根枯，洞庭冰結，人馬可行。出《丙寅郡志》。

癸亥。三年，山賊陷岳州，衡永道史啟元設關守之。石馬塘賊并虔州九連山賊陷岳州，衡永兵備道史啟元於廣、贛、孔道募兵守之，使賊不得奔逸，遂殲其魁。出《通志》。

戊辰。懷宗崇正元年，大水入岳州城。大雨兼旬，濱陽門水浸城内。出《丙寅郡志》。

辛未。四年，地震。出《丙寅郡志》。

壬申。五年夏，旱。松樹皆枯，竹盡開花死。出《丙寅郡志》。

秋，八月，大水。出《丙寅郡志》。

癸酉。六年夏，旱。秋，城北門壞。出《丙寅郡志》。

丁丑。十年，有並頭鳥鳴於東門。出《舊縣志》。

戊寅。十一年，飛蝗為災。岳州飛蝗蔽天，禾苗、草木葉俱盡。出《明史》。

乙卯。十二年夏六月，岳陽樓火。自十一年四月，樓左角每日有烟噴出，至是年六月二日樓焚。出《丙寅郡志》。

辛巳。十四年四月丙寅，地震。出《明史》。

壬午。十五年春二月，發郡城官軍進勦平江土賊，不克。先是，平江三都盜首許定凡聚眾數千，據三都，破縣城。知縣翟文術自縊死，定凡糾合流賊，愈肆兇鋒。二月，都司黎某領兵與巡檢危某從曾家畬進勦，屢戰不利，賊擒黎都司併殺危巡檢。三月，守備王某復領兵來戰，擒於奉真觀，引至東源亭殺之，遂據縣城。出《明史》。

夏四月，監軍道陳瑾祚、遊擊蔣邵領兵進勦平江土賊，獲賊首許定凡，斬之，餘黨悉平。先是，署縣事杜回益檄勸鄉民擊賊，有義勇李世第散財募眾，數與賊戰，挫其鋒，賊棄城保山，回益復走，請武昌乞師。巡撫宋一鵬委瑾祚監軍、邵領兵，併合同知牛斗星贊軍事，駐劄縣城，由八力嶺進勦，戰於鄒家洞，賊大敗。邵追於杏水灘，獲定凡，斬之。瑾祚入中洞，收捕餘黨，縣境始寧。出《丙寅郡志》。

是年，流賊李自成之黨大掠郡邑，岳州府知事署縣事鈕《舊志》失其名。死之。李自成既破荊州，據之。而岳屬胥隸快皂日夕思亂，乃群起而請賊。賊遣其酋江一洪據華西里，民皆載妻孥避於舟。惟東山恃其險固，抗賊與敵。賊乃益其眾來攻，謂之“洗山”，統一鄉男女而殲之。時署縣事、岳州府知事鈕某執節不降，死之。出《丙寅郡志》。

十月，地震。出《丙寅郡志》。

癸未。十六年春，巡按御史劉熙祚駐岳州禦賊，遣將恢復華容，擒賊酋江一洪，斬之。自十五年賊破荊州，官軍失利，四散移集於岳，掠食鄉村。至是，熙祚至，檄條將孔全斌劄營七里山以守險，而分將恢復華容及石首、監利、安鄉諸縣，擒賊酋江一洪併偽知縣，斬之，設官安民，留兵守岳。出《丙寅郡志》。

夏四月，巡按御史劉熙祚會巡撫都御史李乾德，大敗闖賊於洞庭湖，賊黨孟長庚等北走。時巡按劉熙祚正恢復諸縣，而巡撫李乾德亦至岳。適闖賊偽防禦使孟長庚、偽將軍任光榮引眾從水路泊荊河口，將圖岳。熙祚、乾德與防道許璟各率兵禦之，大戰湖中，十日三捷。四月十一日，賊盡揚帆過城陵磯鏖戰，官軍用木筏載大炮，攻沉賊舟十六隻，於是登岸。賊又於磯下五里潛渡，遶官軍後，會孔全斌預伏兵於蓮花塘蘆葦中，突起而擊賊，截殺殆盡，闖賊大敗，擒其酋，自是賊無窺岳志矣。乾德克敵後旋沅，熙祚亦歷巡常德，調衡永副將尹先民守岳州。後賊陷永州，劉熙祚死之。出《明史》。

夏五月，流賊張獻忠冠湖南，巡撫都御史李乾德駐岳州禦之，殲賊黨於岳城。五月二十日，張獻忠既陷武昌，破咸寧、蒲圻諸縣，遂率眾向湖南。巡撫李乾德仍據岳州，與總兵李希貴策戰守。時城中居民散盡，乃先設伏，而令軍士詐為居民，迎賊入城，伏發，盡殲之。留四賊，各割其一耳貫箭，縱回辱之。賊益眾進攻，乾德虛立營壘，於道旁林中植幟置砲，覆薪其上。賊以火攻之，砲發斃賊數百人。賊益恐，水陸並進。乾德飾戰艦於中流，度矢石可及即止而不進，待賊矢砲既盡，水陸截擊，賊引却。出《明史》。

秋八月，張獻忠逼岳州，大掠諸縣。偏沅巡撫李乾德兵不支，岳州陷。張賊被沅撫李乾德、總兵孔希貴等據城陵磯禦戰，三戰三克，殲其前部。獻忠怒，悉眾二十萬圍岳州，百道並進。乾德等不支，棄城走，城遂陷。張賊入城，竊行郊祭禮，分黨散入諸縣，大肆擄掠。平江諸生童光楚率兵來援，至新墻遇賊，奮力合戰，死之。賊入臨湘，知縣林不息潛逃，為邏者所獲，割其耳鼻而死。賊入平江，設偽知縣姜維，招連雲山冦為將，盤據平城。獻忠欲西渡，卜於洞庭湖神，三卜不許，乃斂舟將北。忽大風起，覆舟百餘，溺死數千人。獻忠怒，連巨舟千艘，載婦女焚之，水光夜如晝，遂陸行向長沙，陷之。李乾德奉吉王、惠王走衡州。先獻忠陷武昌，長沙大震。承天巡撫楊基率所部千人，自岳州奔長沙。推官蔡道憲請還駐岳州，曰："岳與長沙，唇齒也，并力守岳，則長沙可保，而衡、永亦無虞。"楊基曰："岳，非我屬也。"道憲曰："棄北守南，猶不失為楚地。若南北俱棄，所屬地安在?"楊基語塞，乃赴岳州。及賊入蒲圻即遁去。湖廣巡撫王聚奎遠駐袁州，憚賊不敢進。道憲亦請移岳，聚奎不得已至岳，數日即徙長沙。道憲曰："賊去岳遠，可繕城以守。彼犯岳，猶憚長沙援。若棄岳，長沙安能獨全?"聚奎不從，賊果以八月十五日陷岳州。出《明史》。

冬十一月，都督左良玉遣將擊賊，張獻忠復由岳州入蜀。左良玉旋武昌，遣將擊賊。獻忠懼，於是自長沙復岳。造浮橋鎮江，由荊州入蜀，半渡橋拆，溺死賊眾數千。獻忠慮其屬貪戀不進，乃盡殺所掠婦女，投尸江中，賊遂西行。所設偽官，亦各潛逃。自是荊棘徧野，岳民無孑遺矣。出《明史》。

甲申。十七年，巡撫都御史何騰蛟遣將守岳州。先是，二月，推官戴吉人入岳城，闃無一人，始廣為招集。未幾，江防道許璟亦旋至。巡撫何騰蛟遣將鎮守岳城，官員十存二三。營兵而外，卒鮮居民。出《明史》。

是年，群鳥集四境。有鳥成群，似烏而小，在田滿田，在屋滿屋。明年，遂有闖賊屠戮之變。出《丙寅郡志》。

國朝

乙酉。順治二年夏五月，闖賊餘黨一隻虎、王進才、馬進忠等大掠巴陵、臨湘、華容。時闖賊敗於陝西，餘黨走湖廣、江西。五月，其酋一隻虎引賊眾由通城入巴陵，邑民率鄉勇禦之。賊遂分掠鄉村，斬男婦，焚廬舍，所至為墟。其黨劉體統自武昌入平江，吴汝義自寧州入平江，據黃龍、幕阜、東陽諸山，大肆屠戮。而賊黨中惟王進才、馬進忠二人尤慘酷。臨、華二邑，搜殺與巴陵同。蓋自古未有之禍，岳至此官民俱無矣。時避賊者咸相戒云："寧逢白虎，莫逢王、馬。"誠痛之矣。出《丙寅郡志》。

丙戌。三年春二月，王師駐岳州，略定湖南，諸賊悉遁去。先是，故明巡撫何騰蛟招撫各賊，而王師南下，貝勒王駐劄岳州，擊殺流賊。其酋一雙虎等皆遁去。有馬蛟麟者投誠，貝勒授以副將，委守岳州。時左良玉死，其將馬進忠、王允成無所歸，突至岳州。明偏沅巡撫傅上瑞大懼，監軍章曠曰："此無主之兵，可撫也。"入其營，與進忠握手指白水為誓。曠有智略，行軍不避鋒鏑，身扼湘陰、平江之衝，湖南恃以無恐。嘗戰岳州，以後軍不繼而還。已，又大戰大荊驛。騰蛟鋭意東下，拜表出師，與監軍李賡品先復湘陰，期十三鎮大會岳州，遣章曠率眾并就撫諸降賊凡二十萬，水陸兩路進圍岳州。馬蛟麟固守，總督羅繡錦，叅將韓友、高士清、惠文觀等俱率兵來援。騰蛟所與期諸鎮兵皆逗遛不進，獨赤心兵先至。赤心者，李自成兄子也，初名錦。自成死，眾擁錦為主，奉自成妻高氏乞降，騰蛟馳檄撫慰之。唐王賜錦名赤心，赤心為大清兵所敗，請鎮兵皆罷。蛟麟乃與副將李顯功領鐵騎突圍而出，大破章曠陸路兵於三眼橋，追殺五十六里，至新墻而還。乘勝復攻水師，皆大捷。章曠仍走長沙。後騰蛟入粵西，旋攻永州，趨湘潭。王師執之，不食，死。出《丙寅郡志》。

秋，大旱。自五月不雨，至九月。出《丙寅郡志》。

丁亥。四年，叅將唐調鼎守岳州。恭懷智王來定湖南，馬蛟麟隨營征勦。是時改經制，岳州以唐調鼎守之。先是，澧州屢遭賊破，如老回回、張獻忠等，其出處皆無定所。賊又分十賊，在石、慈、九、永間，澧無一村無賊矣。守道王崇儒同叅將唐調鼎、游擊洪顯達、守備周運熙、陳萬範、劉臣等禦賊於安鄉。五月，兵部侍郎彌勒章京由麻河進兵，失利。九月，唐調鼎敗賊於會口，得船隻、器械無算；又夜劫楊國棟營，岳、澧遂復。出《乙丑郡志》。

夏，大旱，饑。奏開除荒田絶丁額。是時，流賊甫平，户口凋敝，農無耕牛。又遇亢旱，斗米價銀一兩，民食樹皮草根。境内復多虎患，白晝傷人，死亡者眾。奏奉開除荒田絶丁俱免徵。出《丙寅郡志》。

己丑。六年，大饑。斗米銀五錢。出《丙寅郡志》。

九月，守道王璲調荊岳兵守澧州。湖南四家賊，聚十餘萬至澧，據新安鎮石馬深溝。守道王璲調兵守之。十月十四，賊來攻，荊將王君相、劉進忠追殺二十里，賊退僊陽一帶，列營四十里，為久據計。王璲出示招降，於是楊王名、雷孚言等率賊萬餘眾，相繼投誠，總督羅乂遣三標兵來援。十一月二十六日，中軍游擊唐國臣殺賊張光翠一營，劉二虎、袁宗第兩營皆逃散分降，劉、袁奔入川。餘王進才一營入永山中。出《乙丑郡志》。

辛卯。八年正月，游擊洪顯達擊王進才於洞庭。進才復渡洞庭為寇，洪顯達同三標兵擊之，獲馬三百匹，降數千人。四月二十六日，又同游擊高成旦會勦，擒其中軍魏進禄，斬之山中，賊盡矣。王進才逃入歸、巴，合姚、黄賊營。出《乙丑郡志》。

癸卯。康熙二年，大水。出《丙寅郡志》。

己酉。八年，洞庭蜃樓見。出《乙丑郡志》。

辛亥。十年，大旱，奏免本年錢糧有差。是年，城南塔前出水如血，亢旱成災。奏奉免地丁錢糧十之六。出《丙寅郡志》。

壬子。十一年六月，人面鳥集學宫。日出時，有大鳥，人面、兩翼，集府學宫上，壁立如人，越時飛城外，忽不見。出舊縣志。

癸丑。十二年夏，大旱。出《丙寅郡志》。

甲寅。十三年春二月，逆黨吴應奇入據岳州。是歲，吴逆三桂叛於雲南，遣逆黨分據要害。二月二十八日，應奇率眾由華容直趨巴陵，陷城據之，劄寨於城東雙路口金鶚山，築壘掘濠，自山下遶城北九龍隄，周二十里許。大發工匠，造船製砲，以郡學宫為鑄砲所，廣貯火藥，圖以自固；分布翼羽，攻取各縣，設偽職，徵解錢糧。時長沙亦陷於逆，諸路梗絶，惟湖西水路可通往來。出《丙寅郡志》。

夏四月，安遠大將軍貝勒討吴逆，駐師於鳳凰山。大軍於四月初十日駐城陵磯，安遠靖寇大將軍多羅貝勒尚善為總統。十一日，逆犯前鋒大戰於馬家嶺，大將軍貝勒乘勝進軍，駐於城東十里之鳳凰山，與逆壘相望，作土城，擊塹列栅，建立大營以鎮之。副將軍護國公駐城北七里山，巡撫都御史韓世琦隨營調度，而總督尚書蔡毓榮則坐鎮荊州，與岳遥相犄角。提督若桑、若周，總兵若萬皆提兵堵險。故逆不得長驅，亦不敢東下。出《丙寅郡志》。

丁巳。十六年冬十二月，貝勒駐巴陵，遣兵恢復平江。吴逆僞設官員，平江則以故明落職知縣葉某者冒任四載。於是平邑監生黄素公、吏員黄子熹、耆民陳成玉、陳崑黄等詣軍前上書，謂："平江居長岳之中，為咽喉要地，不先克取，逆故得以往來相通，首尾相應，糧草軍需因而不絶。乞發兵，先恢復平江，次及臨湘，則逆之咽喉斷絶，岳城不攻而自下矣。"書進，貝勒召入，命坐議侍，各賞白金有差。十二月十四日，都統趙某領萬人前進，克復平江，僞官遁去。始委知縣魯仁城安撫百姓。先是，萬載、瀏陽流寇嘯聚連雲、盧洞、白水諸山，至是復窺縣城，大軍遂殺殆盡，邑境乃安。出《丙寅郡志》。

戊午。十七年夏五月，總督尚書蔡毓榮統舟師進戰洞庭湖。大軍與逆相持日久，連年合戰，餘孽未滅。先是，十六年十一月，吴逆三桂入據衡州。本年閏三月僭號，應奇愈堅據岳城，大將軍貝勒乃與毓榮議造鳥船。至是，毓榮統舟師八百餘艘，由荊河口深入，直進洞庭君山後湖，四與逆戰。九月，復選勇將放舟君山，乘秋深水落，載土筏木，塞諸港道，絶逆糧舟，連營鹿角，與陸軍相接。又遣將分堵大營後、三眼橋、冷鋪子、穆湖鋪、七里山五處，絶旱路糧道，逆閉門不出。是歲，大將軍貝勒尚善薨，多羅貝勒察來領大將軍印務，仍駐鳳凰山。出《丙寅郡志》。按：鳳凰山，俗名烟墩山，今有貝勒王廟，畫像尚存廟中。

六月，湖廣兵敗三桂舟師於君山。

七月，官兵敗三桂之眾於岳陽。又，討逆將軍鄂内敗三桂之眾於柳林嘴。

八月，尚善卒於軍，命多羅貝勒察尼代之，命貝勒察尼取岳州。

十月，賊將吴應麒遣杜輝、巴養、元姜義帥水軍犯陸石口，將軍鄂内敗之。

己未。十八年正月，逆黨吴應奇夜遁，岳州平。逆據岳城，相持五載，即絶其糧道。而吴三桂亦於上年八月死於衡州，逆眾解體，多投我軍。迨大軍逼迫，城中食盡，致啖糠秕，或嚙皮物以充腹，人皆委頓。正月十八夜，逆吴應奇率眾登舟夜遁而去。官軍入城，遣將綏靖諸縣，地方悉寧。出《丙寅郡志》。

夏，大旱。民始安堵，復逢大旱，穀米騰貴。奉恩蠲除逃亡丁税，并免抛荒田地税。出《舊志》。

庚申。十九年，大饑。斗米銀一兩。出《丙寅郡志》。

壬戌。二十一年，大水。出《舊志》。

癸亥。二十二年，竹盡開花，枯死。出《丙寅郡志》。

甲子。二十三年四月，洞庭湖蜃樓見。出《乙丑郡志》。

丙寅。二十五年，饑。奉詔大赦，免本年逋賦六七。兩年亦饑，俱免田租之半。出《舊志》。

己巳。二十八年春，旱。自上年八月至本年三月，不雨，田未播種。然米價獨賤，每石銀捌錢，民食充裕，始立常平倉。出《丙寅郡志》。

夏五月，火。焚民房數百家，延燒岳陽樓。出《丙寅郡志》。

庚午。二十九年冬十二月，大雪。積十餘日，湖水凍合，人可步行。出《丙寅郡志》。

辛未。三十年，大熟。出《丙寅郡志》。

甲戌。三十三年，大熟。自三十年來，連四歲皆稔，本年尤大熟，米穀充盈。出《丙寅郡志》。

丙子。三十五年秋七月，大水潰隄，歲大饑。自六月霪雨連旬，田皆淹没。至是，江北隄潰，歲荒，民大饑。出《丙寅郡志》。

己卯。三十八年，大熟。連兩年皆豐，本年尤大熟。出《丙寅郡志》。

乙酉。四十四年，大水，饑。出《丙寅郡志》。

丙戌。四十五年，饑，大疫。奏免本年錢糧有差。自三月不雨至七月，斗米錢三百文，加以民多病疫，奏奉免錢糧有差。出《丙寅郡志》。

丁亥。四十六年，旱。出《舊志》。

戊子。四十七年，大水。出《省志》。

壬辰。五十一年，大熟。自四十七年大水後，連四載皆豐，本年尤大熟。出《丙寅郡志》。

甲午。五十三年，大旱。出《丙寅郡志》。

乙未。五十四年夏，大水。出《通志》。

丙申。五十五年，大水。奏發賑減糧額，仍免本年錢糧有差。自正月連雨至五月，諸縣俱被水，巴陵為甚。奏奉發倉穀賑濟，復加發帑銀二千七百兩，仍按分數豁免本年錢糧。出《丙寅郡志》。

丁酉。五十六年，地震。出《丙寅郡志》。

庚子。五十九年，大水。出《丙寅郡志》。

壬寅。六十一年，大熟。連兩歲皆豐。出《丙寅郡志》。

丙午。雍正四年夏，霪雨。自四月至六月苦雨，大水潰隄。出《丙寅郡志》。

丁未。五年夏，大水。奏發帑賑濟，仍免本年錢糧有差。兩歲大水，諸隄潰壞，先官為捐賑，復奏奉發帑銀賑饑，仍按分數豁免本年錢糧。出《丙寅郡志》。

己酉。七年夏，大旱。自六月至十一月不雨。出《丙寅郡志》。

庚戌。八年夏，霪雨。自三月至六月，雨不止，麥禾兩傷。出《丙寅郡志》。

丙辰。乾隆元年，大熟。出《丙寅郡志》。

壬戌。七年夏，大水。奏發穀賑濟，仍免本年錢糧有差。時湖南偏災七縣，巴陵之舊江、穆湖兩村皆水鄉，被浸潰隄。奏奉發穀，視其分數，按口每月加賑，仍照例免本年偏災地方錢糧有差。出《丙寅郡志》。

乙丑。十年冬十一月，大雪。深數尺，湖水盡冰。出《丙寅郡志》。

甲戌。十九年夏，大水。按：《丙寅府志》："至乾隆十年止。"自十年以後至今，見聞猶多，以次續補之。

壬午。二十七年秋七月，地震。十七日午刻。

甲申。二十九年夏，大水潰隄。

戊子。三十三年春，疫，大水。

己丑。三十四年春，霪雨。自正月大雨連旬，舊城坍塌十餘處。

秋七月，大雪。深尺許，時二十八日也。

庚寅。三十五年秋七月，蚩尤旗見。二十八日戌初有赤氣出城北隅，俄而中分，碧白光百道，閃爍交互，約一更時漸變如火色，經天照耀，達曙乃收。

秋九月，星殞東方。初九日酉刻，城東星殞有聲，空懸白氣如幢，搖曳下垂，日晡始漸收。

癸巳。三十八年秋七月，地震。初十日午時震，戌刻又震。

甲午。三十九年冬十月，星流有聲。朔一日，天將要曙，流星大如輪，赤如火，四週有芒，自南而北，飛聲如雷。

乙未。四十年春，黑眚見。是年，巴陵修城，舊城既拆。二月九日薄暮，月影模糊，有黑團斗大起城北，沿蒴刀池經縣署出南關，直趨梅市橋，綠火一線，長丈餘。次日，人見經過處有遺膏，刮取焚之，氣甚腥。

丙申。四十一年，清明後有一日，大雪。

秋七月，長星見。形如匹練，光芒五六丈，橫亘東南，三更始出，五更不見，如是者計十餘夜。

戊戌。四十三年夏，大旱，蝗蝻為災，大饑。奏發帑賑濟，仍免本年錢糧有差。自六月至十月不雨，米價昂貴，荒歉較甚。

己亥。四十四年，又旱。自上年大饑，民間盖藏已空，典質亦盡，荒歉較甚。

乙巳。五十年夏，大旱，饑。奏發帑賑濟，仍免本年錢糧有差。

冬十一月，地震。十三日戌刻，震動有聲。

丙午。五十一年，清明後大雪。三月十六日、十七日，積深二尺許，大饑。

秋八月，蝗。初二日辰刻，蝗自湖西而來，遍滿城鄉，至初四日午刻始凈。時稻已登，不為害。

戊申。五十三年春三月，巴陵白烏生。東關外地藏菴古樹上，産白烏三。知府圖爾炳阿取而畜之，占為祥兆。

夏，大水，巴陵河西隄决。

秋七月，天鼓鳴。十五夜，月色皎然，一更後，殷殷似雷動北方。移時，天漸昏，響漸近漸大，如千萬磨礱聲，城中驚擾，三更始靜。

己酉。五十四年春三月，雷震岳州文星閣柱。十四夜，大雨傾注，雷火自閣頂尋隙而入，繞閣訇訇，擊柱，柱碎如粉。

庚戌。五十五年冬十二月，大雪，雷電。冰凌互凍，經旬不開，至二十三四日，迅雷震電。

癸丑。五十八年夏五月，巴陵火龍見。五月十七日，縣南龍迴嘴火龍起平地，黃霾晦塞，火光激射，焚燒茆屋積薪，村民室中釜甑罌缸，隨風飄轉墮地，俱無損者。

秋七月，巴陵城南龍見。二十三日辰刻，湖中片雲墮湧，自西蚴蟉而東，旋繞地下，蒼茫隱露，突山白氣一縷，已而洪濤噴薄，煙霧迷離，轉瞬豁然。

論曰：自古藩封，所以展親錫類、枝葉相扶持焉者。故每置諸重地，俾之足以戰、足以守。此王公設險之義，宜藩封與戰守並列也。抑嘗考之：元康屢年大水，遂兆杜弢之亂；會昌歷見熒惑，爰啟黄巢之變。災生郡署，鍾相陷城；赤照洞庭，楊太作逆。羅田賊起，先有北門之壞；沔冦猖獗，預覩群鼠之妖。明之初，水旱漸臻，千斤呼號其季也。地震累書，兩賊流毒。天人變故，常相因應。是以異不虚生，怪不空來。昔劉氏父子作《五行志》，原本《洪範》，效法《春秋》，執事之大者。説者不察，謂其近讖緯，師焦京晉、唐諸志，但録災異而不著徵應，失作志之本矣。況兵者，凶器，民之大命係焉。上天降鑒，必有以昭示之。述戰守者，兼及禨祥，城有味乎其言之也。雖然，昔之為郡縣者，虎或不渡，蝗或不入，雉或不驚，何施而得斯耶？然則盡師帥之職，揚朝廷之德，感陰陽之和，延太平之福者，是誰之責歟？

附《岳郡事紀論》

論曰：藩封也，禨祥也，戰守也，皆可以事紀、編年書之者也。岳郡藩封無多，惟禨祥、戰守事見於史志者猶詳。禨祥莫大於星變，而星變已著於《分野》，惟水旱災異可録耳，外此則皆戰守事也。

嘗考三苗之國，左洞庭而右彭蠡，至春秋為麇子遷地。戰國時，洞庭五瀦皆為楚有。秦伐荊，取之。始皇郡縣天下，於是盡隸長沙。漢興，封諸王，立故衡山王芮為長沙王，地小而最忠，故能長有其國。當時布英亡走長沙，芮之子臣起而誅之，父子俱有成勞，以故百數十年之間，湘湖之地晏如也。迄新莽篡竊，荊州緑林兵起，湘湖乃為盜藪。建武初，伏波諸公相繼平定，於是漸歸乂安。

漢末，長沙太守孫堅實有楚地，自劉表為荊州牧，南北不免區分。劉表死，曹操破吴，遂以荊州資昭烈。蜀漢正位，湘湖長沙為吴有，巴陵實為重鎮，周瑜、魯肅、吕蒙、萬彧、陸凱永據為戰守地矣。晉平吴，置荊州都督，兼攬鄂、岳，時則有羊祐、杜預、劉宏，賢豪輩出，撫綏數十年。

晉之衰也，湘州流民為亂，杜弢猖獗，加以王敦不軌，奸逆無道。雖以譙王丞控三州之要會而踞其上游，終以勢力不敵，身地俱喪，非陶太尉其孰能收之！陶以江陵偏遠，移鎮巴陵，雖非長策，亦救時之急也。陶死後，庾亮、庾翼相繼振起，巴邱之區，頗稱充實。及桓元代温，挾帝為亂，峥嶸之役，皇后播越，雖旋為馮遷所殺，而晉之元氣已盡。宋受晉禪，徐羡之行逆於前，謝晦反叛於後，荊湘騷然不寧，得江夏、衡陽二王相承，州事稍安。逮南郡王義宣繼之，輔之以臧質反側之子，更值宋主挾嫌忌弟，休若無辜受戮，諸王殄滅，幼主孤立，國事不復可支。齊永平時，蕭衍起兵，將軍劉山陽至巴陵，遲回不進，墮其術中，衍乃代為皇帝，廢齊主為王，卒至臣主首領俱不能保。且臺城之變，岳陽王詧已援岳至青草，而燎原之火，不可嚮邇。斯時也，侯景亂於外，諸王亂於内，遂使洞庭風波震盪不寧。大寧、承聖之間，王僧辯實守此地，輔之以胡僧祐、陸法和、蕭循諸人，赤沙之戰，擒任約而走侯景；淥口之役，備詐降而退陸納。岳陽戰功誠有足多者！江陵之陷也，湘湖皆入於周；獨孤之敗也，又入於陳。大約南北兩朝，洞庭實為血海。

隋初，天下置四大總管，荊州總管控盡南服。大業之季，巴陵校尉董景珍推蕭銑為主，意欲復梁，實為唐有。唐自李靖伐梁，銑舉嶺表、洞庭而降之，安瀾之慶如是者。又百餘年，代宗之後，盜賊多有。時以吕元膺、崔群、崔郾諸公觀察鄂、岳，培持甚厚。自黄巢為亂，强臣叛將羅列半天下，擾攘不寧，不獨岳為然，而岳其最甚者也。維時群盜割據之會，又經李神福[1]、雷彦威再三劫掠，鄂、岳一帶，殆至無人。而馬氏留後，内有高郁為之謀主，外有許德勳為之羽翼，雖歷五代之變，而楚地富強，人民安堵。破劉存、掠黄州、敗雄武、擒苗王[2]，岳兵之強，乃令敵不敢進。其後馬氏内亂，眾駒争皂，骨肉相殘，唐劉仁贍乘其弊而舉之，唐不能守而周取之。至潘叔嗣賊殺主帥，於是殘賊相扇，跋扈日眾，用是皆受首於宋。

宋太祖平定湖南，湘湖之間，久不知兵。建炎之初，金人屠潭，盜賊群起，楊太蹂躪民間，倚洞庭為淵藪，王統制制其下流，張潭州扼其咽喉，岳忠武之神算，八日而殄擒巨猾。巴陵戰功，其無加於此者乎！自是以往，歲無寧宇，逮阿里海牙入岳，高世傑敗死於湖中，湖南州、軍皆為元有。由是饑饉薦臻，草竊朋興。明太祖崛起江表，殄殲萑苻，百餘年間，無復桴鼓之警。崇禎之末，流賊日熾，李自成有洗山之慘，張獻忠有焚舟之酷。天命將有所歸，雖以劉、左、李、何之才，豈能挽既覆之轍哉？

我朝順天應人，神武不殺，旌旗所指，德威並施。從來湖湘巨寇，莫大於吴逆父子，而楚南戰績，亦莫大於貝勒將軍。豐功偉烈，與鳳皇争鳴於瑞世。迄今碑銘剥蝕，濠壘淹夷，父老子弟多不能詳述故事。蓋天下之平久矣，表而出之，使古今治亂之由瞭如指掌，亦可見邊遠陳迹，固國史所不能悉也。

---

[1] “李神福”原文爲“李福神”，據《資治通鑑》改。

[2] “王”原文爲“聶”，據《資治通鑑》改。

卷之八

捃摭十六

怪力亂神，聖人不語，以其非理之常也。若夫登記載之書，滋見聞之廣，雖理之所無，安見非事之所有？彼神降、石言、鷁飛、星殞，《麟經》具詳，則知聖人所不語者，有防微之意焉；所必録者，有炯戒之意焉。摭異志奇，固《春秋外傳》例也。況乎君山靈異，洞庭譎怪，變幻靡常，取而書之，亦鑄鼎象物，使民知神姦意耳。又豈徒薜蘿山鬼，續《離騷》之餘也乎！作《捃摭》。

摭地凡二十條

洞庭　《寰宇記》云："洞府之庭也。"《荊州記》："太湖亦有洞庭，潛通君山，故得名耳。"三茅君云："天無謂之空，山無謂之洞，人無謂之房。山腰空虚，是謂洞庭；人頭空虚，是謂洞房。"由斯以言洞庭，視《寰宇記❶》之説，更覺暢盡矣。出《雅俗稽言》。

湖水　《水經》云："廣五百里，日月出没其中。"大抵湖上舟行，雖泝流而遇順風，加之人力，自旦及暮，可行二百里。巴陵西到華容，過大穴漠、汴湖，一日程；又西到澧江口、鼎州江口，皆通大穴漠、赤沙湖，三日程；南至沅江，過赤鼻山湖，四日程；又東至湘江，過磊石、青草湖，兩日程。夏秋水漲，其道如此；冬春水落，往往淺澁，江道廻曲，或遠或近，雖無風濤之患，而常靠閣。出《岳陽風土記》。

《全唐詩話》云："洞庭湖詩，許棠題後無繼者。僧齊己駐錫巴陵，欲吟詩竟未得意。有都押衙蔡姓者，戲謂己公曰：'題洞庭湖者，某詩絶矣，諸人幸勿措詞。'己公堅請之，押衙抑揚朗誦曰：'可憐洞庭湖，恰到三冬無髭鬚。'"原注：湘江北流至岳陽達蜀江，夏潦後，蜀漲勢高，遏住湘波讓而退，溢為洞庭湖，闊數百里。秋水歸壑，湖底漸出，唯一條湘川而已，此言其不成湖。或謂洞庭湖面寬闊，三冬北風寒勁，可以斷人髭鬚，亦一説也。

---

❶ "記"原文闕，據上下文義補。

巴邱 《岳陽風土記》："巴邱，亦謂之巴陵闞。"《江記》言："羿屠巴蛇於洞庭，積骨為陵。"《淮南子》曰："斬巴蛇於洞庭。"今巴蛇塚在州院廳側，巍然而高，草木叢翳。張燕公有《登巴邱望墨山》之詩，兼有巴蛇廟，在岳陽門内，太守歐頴廢之。

洞庭夾 "湖之中央，沐日浴月，吞雲吐霧。合九江之水，統數千里溪洞諸流，匯為巨浸。范記稱'朝暉夕陰，氣象萬千'，已得其梗概。而孟襄陽之'涵虚混太清'、杜少陵之'乾坤日夜浮'二語，可謂洗盡塵滓，形容入妙矣。"出許鶴沙《東還紀程》。

洞庭山 浮於湖中，下有金堂數百間，玉女居之。四時聞金石絲竹聲，徹於山頂。楚懷王時，舉群才賦詩於上，云"瀟湘洞庭之樂"。聽之令人難老，雖《咸池》《九韶》不得比焉。每四仲節，王常繞山遊宴，舉四仲之氣以為樂章。王好進奸雄，群賢逃越。屈原以忠見斥，隱於沅湘，披蓁茹草，不交世務，採柏實和桂膏以食，被王逼逐，乃赴清冷之水。其神遊於天河，精靈時降湘浦。楚人為之立祠，漢末猶在。其山又有靈洞，采藥者入之，明如燭照，行十里，迥然天清霞耀，花芳柳暗，舟樓瓊宇，壯麗異常。有眾女，霓裳冰顏，麗質與世人殊。邀采藥者飲以瓊漿金液，奏以簫管絲桐。餞，令還家，贈丹醴之訣。其人還鄉，見邑里人户皆非疇昔。尋得九代孫，問之，云："遠祖入洞庭山采藥不回，今已三百年矣。"出王子年《拾遺記》。

黄金潭 巴邱縣有黄金潭，莫測其深。古有釣於此潭，獲一金鎖，引之一船。有金牛出，奮踴躍而還潭，因此名。出《幽明録》。

白泥窖 在洞庭湖中，長十餘里，水淺不及尺。舟過膠泥中，螺蚌、碎石與艎板相軋，聲剌剌不休，非猛風不能過。水涸時，人力推挽，數里之地，行一二日者有之。篙頭綴横木，形如卜字；其鋭者，一入膠泥，不能復出。人以為神窖。出許鶴沙《東還紀程》。

紫荊臺 在㴩湖岸。有江叟遇樵夫，遺以鐵笛，吹之無聲。一日登白鶴山，吹於紫荊臺，響震林谷，百鳥飛舞。忽有女子出，授神藥，曰："服此當為水仙。"女子盖龍女也。出《紀勝書》。

布袋口 洞庭一湖，合九江五渚之水，奔趨於此。稍下則三湘之水，西南一帶支流匯為東湖，西向入口，與九江水合流過岳州，至城陵磯入於岷江，實有括囊之象。昔有"收拾九江歸布袋"之句，其名俚，其義確也。出許鶴沙《東還紀程》。

扁擔洲 洲地客山高，主山隱伏，不甚利土人，而僑居多興葺者，俗謂之扁擔洲。出《岳陽風土記》。

巴陵隱磯 隋虢州刺史崔仲方獻《平江南之策》云：水路要害必争之所，

須巴陵隱磯置船屯聚。《水經註》云：“江水過下雋縣北與湘水會，匯為洞庭而得巴陵，其隱磯則又東也。此皆沿江要害所必守者。先命屯之，然則巴陵當為雄鎮矣。”出《乙丑郡志》。

岳城洞門　城東門腳下，舊有洞門，名“濱陽門”。每年自開一扇，人以為水驗。崇禎元年，兩扇俱開，水到浸城内，官為拜祭乃消。出《丙寅郡志》。

摭人凡十六條

鄭德璘　巴陵令。貞元中，任湘潭尉，家長沙，每歲省親江夏。曾遇老叟鬻菱芡者，璘挈松醪春飲之。一日，涉洞庭，將赴江夏，有鹾賈韋氏女美艷，夜與鄰舟女知詩者同泊。鄰舟女聞江舟有秀才吟所作《拾芙蓉》詩云：“物觸輕舟心自知，風恬烟静月光微。夜深江上解愁思，拾得紅蕖香惹衣。”鄰舟女取紅箋書之，置韋女奩中。及旦，分舟去。德璘自江夏歸，適與韋舟同宿洞庭。韋女於水窗中垂釣，璘見而悦之，以紅綃題詩曰：“纖手垂鈞對水窻，紅蕖秋色艷長江。既能解佩投交甫，更有明珠乞一雙。”戲投之，惹其鈎。女拾之，珍重繫臂，愧無所報，遂以鄰舟女所書紅箋投之。已而，韋舟張帆先發，遭風没於洞庭。德璘聞而悲惋，為《弔江姝》詩二首，曰：“湖面狂風且莫吹，浪花初綻月光微。沈吟暗想横波淚，郤共鮫人相對揮。”“洞庭風軟荻花秋，新没青娥細浪愁。淚滴白蘋君不見，月明江上有輕鷗。”詩成，酹而投之。遂感水神，持詣水府。府君曰：“德璘曩有義相及，且異日是吾邑明宰，不可不曲活此女。”查同溺輩，問誰為鄭生所愛，有主者摻臂得紅綃，府君命攜韋女送璘舟。時已三更，璘覺有物觸舟，秉燭拯之，乃韋女，繫臂紅綃尚在，遂納為室。後璘當調，遷謀醴陵令，韋女曰：“不過巴陵耳。”璘曰：“何以知？”韋女曰：“昔水府君已言之矣。”璘果遷巴陵。使人迎韋女，舟至洞庭，逆風挽舟，見一老篙工，即水府君也。韋氏拜謝，府君以詩書韋氏巾曰：“昔日江頭菱芡人，蒙君數飲松醪春。活君家室以為報，珍重長沙鄭德璘。”書畢而去。璘詳詩意，方悟即昔日鬻菱芡者。歲餘，有崔希周投詩卷於璘，内有《江上拾芙蓉》詩，因知韋氏所投德璘紅箋詩，是希周所作耳。出《楚風補》。

馬希範　後唐莊宗滅梁，楚馬殷遣希範修貢。莊宗問洞庭廣狹，對曰：“車馬南巡，纔堪飲馬耳。”莊宗嘉之。出《五代史》。

許棠　有《洞庭》五言詩，時人謂之“許洞庭”。出《丙寅郡志》。

沈光　有《洞庭張樂賦》，韋岫曰“此一岸宫商也”。出《丙寅郡志》。

滕子京　左遷巴陵，重修岳陽樓。落成，郡僚問：“落成如何？”曰：“痛飲一場，憑欄大慟十數聲而已。”後卒於官，時人以為讖語。出《通志》。

楊大方　岳州人，好學負氣。紹熙中赴試，於江陵道中過一廟，衣冠入謁，擲案間盃珓。諮決得失，神不許。時已被酒，遂取珓毀之，捋惡部判官鬚大聲叱責，引足踏仆之，乃去。纔出門，悶蹶。移時起，謂僕曰："酒之累人如此。吾適入廟侮神，被二卒追詣庭下，神詰責甚峻。賴善部力為分解，謂'此子為醉所誤，未宜置之重罰，就令充惡部使'。神首肯，我必不免。"索紙作家書授僕，投筆而逝。出《夷堅志》。

吾邦使君　汪安行以澧守移攝巴陵。歸任，道由安鄉，阻風，禱於黃山寺。夢烏巾紫襴者來謁云："詰朝可行。異日吾邦使君也，敢不告。"既寤，風果息，解舟去。秩滿還朝，仍任澧守。紹興改元，乃書事於朝。湖上神靈之不可測，乃如此。出《通志》。

君山父老　戴吕夜泊君山，忽一舟至，有老人自稱"湘中老人"，吟云："湘中老人讀黄老，手披紫藟坐碧草。春之不知湖水深，日暮忘卻巴陵道。"吕異其詩，就之，復不見。按：《一統志》載，吕筠卿嘗遇老人於君山，索酒數行，亦歌此。東坡云："此詩殆是李謫仙輩老人，盖真遯世者。"出《廣異記》。

洞庭廟祝　杜雲隱，黄陂人，洞庭廟祝。能知水面風波，與人語輒驗。江湖廉訪使伯顏上其事於朝。至元十六年十月，勑封普惠廣化真人，提調沿江諸廟事。出《湖廣通志》。

岳州助教　宋祥符中，封祀泰山。按《禹貢》：荊及衡陽，惟荊州"包匭菁茅"。遣使遍求。至沅江，耆民王皓，年踰八十，能辨其茅，一莖三脊，芬芳殊甚。奉勑賜王皓雙帛，擢授岳州助教，其茅遂成額貢，亭曰"楚貢"。每歲於亭内拜獻，春祝秋嘗，備供王祭焉。按：《書傳》"荊州貢茅，一莖三脊，人未有能辨之者"。出元王儒真《楚貢亭記略》。

張舉　弘治間知岳州，居官極清苦，蔬食布袍。夫人嘗令人置漆楪數席。一日宴客，設之，張驚曰："此楪何處來？"夫人云："某衙借用。"後再設，張曰："此楪如何久不還？"夫人不得已吐實。張怒，毀其器，送夫人還鄉。此亦佳話之可傳者。出《丁酉舊志》。

醉叟　不詳其姓字，以其常醉，呼曰"醉叟"。常遊岳郡，冠七梁冠，衣繡衣，高顴潤輔，修髯便腹，望之如悍將。年五十餘，手提一籃，盡日酣沉，百步之外，糟風撲鼻。不穀食，惟啖蜈蚣、蜘蛛、癩蝦蟆等物。市兒爭握諸毒以供，輒喜；有侮之者，漫作數語，多中其陰事。口常念"萬法歸一，一歸何處"二語。人詢其故，終不對。公安袁伯修召而飲之，深信其異。出袁宏道《醉叟傳》。

漁翁　卓彦恭嘗過洞庭，月下有漁舟過其旁。卓呼問："有魚否？"應曰："無魚，有詩。"桌喜曰："願聞。"老人鼓枻徐去，高吟曰："八十滄浪一老翁，蘆花江上水連空。世間多少乘除事，良夜月明收釣筒。”欲邀之，不可及矣。有漁夫鼓枻之意。出《明一統志》。

鄧廷瓚　為方伯時善醫，雖小吏有疾，必親診視。及為中丞，善奕。雖士彝知奕者，略崖岸接之。以是，周知蠻徼要險。出《丙寅郡志》。

彭學本　萬曆間，以糧務繫岳郡獄。值郡大旱，言於獄吏曰：“我能致雨。”吏白於守，召之，令致雨神，并觀運雷法。俄而，堂上吼然，陰雲蔽署。有神現一足，靴長丈餘，隨登臺披髮，約三日後大雨。屆期果驗。有妖虹亘天，語守借劍斬之。西向麾劍，落於縣之長壽堰。後有人拾得之。出《丙寅郡志》。

謝登之　尚書。初赴嘉靖庚子鄉試，遊洪山寺，題詩有“幾年聞説洪山寺，今日來登第一峰”之句。是秋，果掄元。出《丁酉郡志》。

摭事凡十六條

洞庭樂　北門城問於黄帝曰：“帝張《咸池》之樂於洞庭之野，吾始聞之懼，復聞之怠，卒聞之惑。”出《莊子》。

君山酒　君山上有美酒數斗，飲之昇仙。漢武帝聞之，齋居七日，遣欒巴將童男女數十人求得之。未進御，東方朔竊飲之。帝怒，欲殺之，朔曰：“使酒有驗，殺臣亦不死；無驗，安用酒為？”帝笑而釋之。又，咸通中，王廓自荊渚將過洞庭，泊舟君山。登山而行，見石窪中有酒，掬而飲之，陶然以醉。自此無疾，漸厭五穀，後亦不知所終。出《博物志》及庾穆之《湘州志》。

競渡　屈原以五月望日赴汨羅，土人追至洞庭不見，湖大船小，莫得濟者，乃歌曰：“何由得渡湖？”因爾鼓櫂争歸，競會亭上。習以相傳，為競渡之戲。其迅檝齊馳，櫂歌亂響，喧振水陸，觀者如雲，諸郡率然。出《隋書》。今辰、沅以上尤多此戲，甚或釀成大案，守土官宜嚴禁。

作粽　屈原五月五日投汨羅水，楚人哀之。至此日，以竹筒貯米，投水以祭。漢建武中，長沙區曲見一士人，自云“三閭大夫”，謂曲曰：“聞君常見祭，甚善，但常年為蛟龍所竊。今若有惠，當以楝葉塞其上，以絲纏之。此二物蛟龍所憚。”曲依其言。今端午作粽，投水以祀神，其遺風也。出《續齊諧記》。

吕仙畫像　宋時滕子京守巴陵，時有道士投刺云“回巖客”，自稱“華州回道士”，風骨聳秀。滕知為異人，置酒高談，密令畫工圖其像，口占詩以贈之云：“華州回道士，來到岳陽城。别我遊何處，秋空一劍横。”回大笑而去。次日召之，不見矣。出《東軌記》。

洞庭怪異　湖南馬武穆王巡邊，舟至洞庭，暴風忽至，浪如連山，見波中蛟螭出没，雲霧昏濛，有如武夫執戈戟者，有如文吏具欄簡者，有如捧盤盂者，徘徊伺候，閃爍睢盱，莫知何物。左右大駭，衣服器皿悉投之。舟人欲以姬妾為請，王不聽。移時風定，僅獲存焉，數年王薨。出《湖廣通志》。

渡江馬　順治七年庚寅，市人見兩長人騎白馬渡江。人争目之，飄然而去，莫知其異。出《乙丑郡志》。

守洲船　洞庭每冬必有舟涸於渚間，百千人移之不可動，須俟來歲，聽其自流，謂“湖神出巡，勅令守洲”。其舟子夜宿舟中，輒聞風濤激湍急，檣楫如飛，曉仍涸於故處。如此者為吉徵，賈客尤利之。移舟之日，視其式，造小舟，獻於廟，以酬神。出《異聞録》。

岳陽圖畫　周必大在京師茶店，具紙畫岳州圖。譙樓上十二時牌，亦時時自换，神筆也。出《夷堅續志》。

和州載艦　天祐中，淮師圍武昌，杜洪中令乞師於梁。梁與荊方睦，乃諷中令成汭帥師救之。汭欲親征，乃造一巨艦，三年而成，號曰“和州載”。艦上列廳宇，司局、衙府皆備。又有“齊山”“截海”之名，壯麗非常。成汭性驕，飾非拒諫，一切斷自己意。幕僚俯仰，不敢措一詞，惟孔史日楊源贊成之。舟次君山，吴師焚之，汭竟溺死，軍士潰散。先是，成姓郭名禹，改名曰汭。汭，水内也。和州之敗，盖前定矣。出《瑣言》。

書傳匾字　汪濤，字山來，工書。少時販米楚中，偶至一寺，見殿上集衣冠十餘輩，聚沙成字，徑丈，曰“岳陽樓”。山來笑謂曰：“是可以墨書，何艱於八法乃爾耶?”眾驚愕，白郡守。延入署，煮墨一缸。山來以碎布蘸墨，書匾上，頃刻成字。守嘆賞之，囑山來書款，曰“海陽汪濤書”。至今樓屢修，而此匾不易。出《嘯虹筆記》。

言符祥徵　明初，一道人題岳陽樓上，曰：“宋玉塚開天子出，杜康臺側狀元生。”後世廟出於郢邸，任享泰生於襄陽，皆符其言。出《雅俗稽言》。

祖來宅税　岳陽井邑，舊皆瀕江。郡城西數百步，屢年湖水潄齧，今去城數十百步，即江岸。父老相傳，今江心，舊闤闠也。瀕江砂磧地，尚有税絹甚重。去祖來宅税，北津舊去城角數百步，今逼近石觜。盖荊江日潄而南，湘江日潄而東也。出《岳陽風土記》。

君山神夢　建昌進士黄鉞，言其祖履中無子，禱於岳州君山廟。夢神以彩籠盛五色鳳三，别以筠籠盛一鳥，併授之。後正室生三子，皆擢第；妾生一子，無所能。出《湖廣通志》。

築白荊隄　宋慶曆間，巴陵白荊隄壞。興築方畢，有大鯉躍於潭，役夫烹之，食者皆中毒死。出《風土記》。

書韓氏詩　巴陵韓氏希孟，魏公琦之後，嫁賈尚書之子瓊。元兵破岳州，韓被掠，以衣帛書一詩，投於江而死。長興州判沈思安嘗托劉元履，丐趙松雪為書其詩，元履諾而未言。一夕，夢一婦人云：“趣為我求書，庶因大人君子之筆，發攄幽憤。”松雪聞而異之，乃為之寫一通，歸之於沈。出《兩山墨談》。

摭神凡十四條

洞庭君女　儀鳳中，有儒生柳毅者，應舉下第，將還湘中，取道涇陽，見婦人牧羊於道畔。怪，問之。泣曰：“妾洞庭君少女，嫁涇川次子，夫壻樂逸，為婢僕所惑，被黜至此。聞君將還吴，密邇洞庭，欲以尺書寄託侍者。洞庭之陰有大橘樹，鄉人謂之社橘，舉樹三發，當有應者。”話竟，引别東去。毅乃訪於洞庭，依婦言，俄有武夫出波間，引入靈虚殿，取書以進。洞庭君泣曰：“老夫之罪，使閨闈孺弱遠罹詬害。”哀咤良久，左右皆流淚。君驚，謂左右曰：“無使有聲，恐錢塘所知。”毅曰：“錢塘何人？”曰：“寡人愛弟也。昔為錢塘長令，今則致政矣。”曰：“何故不使知？”曰：“以其勇過人耳。昔堯遭洪水九年，乃此子之一怒。”語未畢，而大聲忽發，有赤龍長萬丈餘，雷霆激繞其身，擘青天飛去。俄擁紅粧一人回，君笑謂毅曰：“涇陽之囚人至矣。”乃宴毅於凝碧宫。洞庭君弟錢塘君曰：“涇陽之妻欲求托高義，世為賓親。”毅以殺其壻而納其妻，於義不可，肅然以謝。明日辭歸，遂娶於張氏；張亡，又娶韓氏；旋亡，徙家金陵，復娶盧氏。經歲，笑謂毅曰：“妾即洞庭君女也，感君之恩，誓必求報。洎錢塘季父論親不從，悵望成疾。值君累娶不終，卜居於此，遂得報君之意。”開元中，與同歸洞庭，莫知其跡。此事曾有闢其謬，而事出《虞初》，雖荒唐，亦安知其不實有此事耶？出《虞初志》。

陳卷山云：洞庭湖神，分風送船，晉虞喜《志林》已載之。近人紀述，直謂柳毅為洞庭湖神。柳公，唐高宗時人，其遇龍女事，李朝威為作傳，至十餘紙。李係中唐人，去柳公不遠，以唐人紀唐事，聞見較確。《虞初志》載録數行，訛傳至今。《郴州志》載為郴州人，楷訪其遺跡，亦屬荒唐。而宜章柳氏自謂為其遠祖，號為洞庭毅王，載在祀典，春秋官為致祭，殊不可解。竊謂宋齊至隋，羅縣、湘陰並建，當時亦互稱羅陰。俗謂柳公為羅陰秀才，有由來也。舊羅縣，今半入沅江，然則公蓋沅江、湘陰間人。此志中眉目所係，應請釐定。

鮫宫神姊　垂拱中，太學進士鄭生晨發銅駝里。渡洛橋，聞橋下哭聲，察之，見一女，蒙袖泣曰：“我孤，養於兄。嫂惡，常苦，今欲赴水矣。”生憐之，載與同歸，號曰“汜人”。能誦楚詞《九歌》《招魂》《九辨》之書，擬其調，為怨辭。嘗撰《風光》詞曰：“隆佳秀兮昭盛時，播薰緑兮淑華歸。故里里，一作室。荑與處萼兮，潛重房以飾姿。見雅雅，一作耀。態之韶華兮，蒙長藹以為幃。醉融光兮渺渺瀰瀰，迷千里兮涵烟媚。媚，一作眉。晨陶陶兮暮熙熙，舞嫋娜之穠條兮，嫂盈盈以披遲。酡遊顔兮倡蔓卉穀，流倩電兮石髮髓施。”

生居貧，汜人嘗出輕繪一端賣之，有人酬以千金。歲餘，生將遊長安。一夕謂生曰："我湘中鮫宮娣，謫而從君，緣滿，當與君訣去。"後十餘年，生兄為岳州刺史。上巳日，生從兄登岳陽樓張宴。生偶感愁思，吟曰："情無限兮蕩洋洋，懷佳期兮屬三湘。"聲未終，有畫艫浮漾而來，中為綵樓，高百尺，其上帷帳簾櫳，彈弦鼓吹。中有一女起舞含嚬，形類汜人。歌云："泝清風兮江之隅，一作'訴青春'。拖湘波兮裊緑裙。荷拳拳兮情未舒，匪同歸兮將焉如？"舞畢，斂袖凝望久。須臾，風波遂迷所在。沈亞之補其詞，題曰《湘中怨》。出《楚風補》。

元王惲《湖中後怨序》云：至元十八年十月，按事順德，晨起讀《沈下賢文集》，偶賦此。或云：鄭，即子春也。詩曰："洛橋曉月光朦朧，彼姝嬌啼橋水東。鄭生蚤發與之遇，挈去滕御甘長終。霧綃烟縠已懺悦，九歌招魂皆楚風。一朝謫滿與鄭訣，云是蛟娣非凡庸。岳陽樓高花映紅，滿筵歌舞鮫人宮。海風吹散歘不見，倚雲望人湘江空。"其詩辭皆膾炙人口者也，其原皆見於《楚風補》云。

南嶽神 彭城劉山甫，中朝士族也。父官嶺外，侍從北歸，泊舟青草湖。登岸見有天王祠，廟宇摧頽，香火不續，因題詩曰："壞牆風雨幾經春，草色盈庭一座塵。自是神明無感應，盛衰何得卻尤人。"是夜，夢為天王所責，因云："我非天王，南嶽神也，主張此地，何為見侮？"俄而驚覺，風波暴起，殆欲沉溺。遽起悔過，壞詩稿，風濤始定。出《湖廣通志》。

康公神 康應，字保裔，三世為宋臣，死王事，廟祀開封。明圓通釋無相領帖南還。過廟，謁之，禱於神，請神而歸。時岳大興寺宇，人率喜施捨，皆云："夜嘗夢康公所促，故不敢後。"功訖，夢神曰："汝工既畢，吾舍當興，可即茅栗坪為基。"後遂建廟，所禱輙應，民間至今奉敬不衰。出《湖廣通志》。

水府仙女 揭曼碩未達時，遊湖湘間。一夕，泊舟洞庭，攬衣露坐。忽中流一櫂逼舟側，中有女子，儀容甚雅。揭與談論，皆世間恍惚事，且云："妾與君有夙緣，非同人間淫奔者。"迨曉，謂揭曰："君大富貴人，宜自重。"因留詩曰："盤塘江上是儂家，郎君閒時來喫茶。黄土作牆茅蓋屋，庭前一樹紫荊花。"明日，揭阻風盤塘鎮，行數步，見一水府祠，所設像與夜中女子無異。後揭官至翰林侍講學士。出《楚風補》。

曾城夫人 開寶中，賈知微遇仙者曾城夫人於洞庭。歌曰："黄陵廟前青草春，黄陵女兒茜裙新。輕舟短棹唱歌好，水遠山長愁殺人。"歌畢而去。出《乙丑郡志》。

雷部 《國史》云：祥符中，岳州玉仙觀火，惟留一柱，有"謝仙火"三字。趙康靖《見聞録》云：歐陽永叔言，永州一亭為火燬，獨存一柱。柱根下，倒刻三字，云“謝仙火”。好事者問何仙姑，曰：“雷部兄弟。”又有云：“係夫婦。”《岳陽風土記》載：祥符八年，華容老子祠，雷震其楹，上有倒書“謝仙火”三字，入木踰分。零陵何仙姑曰：“謝仙，雷部火神也。兄弟二人，各長三尺，好以鐵筆書字，字高下與身等。”後滕子京摹刻岳陽樓上。元豐二年樓火，土木碑碣悉燬盡，此三字無少損。按：此事與歐陽永叔所記小異，大抵永叔恐得之傳聞而記，言與《國史》近實。又《筆談》云：“世傳湖相間雷震，有神書‘謝仙火’三字於木柱上。所謂‘火者’，疑若隊伍若干為一火耳。”此說“火”字又異，並存之。

雨工　柳毅遊涇陽，遇婦人牧羊道畔，自言“洞庭龍女”。毅問：“牧羊何用?”女曰：“非羊也，雨工也。”問：“何為雨工?”曰：“雷霆之類也。”毅復視之，皆矯顧怒步，飲齕甚異，而大小毛角，則無異羊焉。出李朝威《柳毅傳》。

龍女愛文　許漢陽，名商，汝南人。貞元中，舟過洪饒間，遇風，尋小浦避之。行三四里，至一處，竹木森茂，亭宇壯麗。有二青衣，雙鬟若鵶，素面如玉，迎舟而笑。許悅之，登岸投謁。青衣延入，見庭前池中荷菱芬芳，虹橋兩道傍一閣，白金書額云“夜明宮”。青衣引入閣，見女郎六七人，貌若天仙。許具述來歷，女郎云：“客中一宵，亦有少酒，願供歡飲。”閣前花萼滿樹，青衣捧一鸚鵡置欄杆上，甫一鳴，百花齊放。每花中現一美人，長尺餘，歌舞盡態，俄頃頓滅。女郎出一卷示許，覽之乃《江神賦》。令許讀之，並請自讀。又出《感懷詩》一章曰：“海門連洞庭，每去三千里。十載一歸來，辛苦瀟湘水。”嗣取諸卷帖，許録之，卷中皆有人名、押署，有名仲方，有名王者，有名朝陽者。許擬和韻書卷中，女郎曰：“不可，此卷歸呈父兄，不欲雜耳。”俄而，青衣促許退，悵悵而別。及曉視之，但見空林而已。解纜行至昨遇風處，岸人云：“昨曉遭風，溺死四人。二更後澇出一人，微有氣而似醉，救活之，乃言曰：‘昨夜海龍王諸女過歸洞庭，宿於此，取我輩四人作酒，幸客少，不多飲，我故得免。’”許問：“客為誰?”曰：“一措大耳，不記姓名，但記青衣云：諸娘子苦愛人間文字，嘗欲得窮措大以供談論。”許追憶其事及《感懷詩》，皆可驗。歸舟，覺腹中膨脹，吐出鮮血數升，三日方平，始知所飲皆人血耳。出《集異記》。

水神題詩　有客泊湘妃廟前，夜半偶不寐。見輿衛入廟中，置酒鼓瑟，心悸不敢窺。迫明方散，隱隱絶水浮空而去。因入廟中，見詩四首，墨色猶未乾。其詩曰：“碧杜紅蘅縹緲香，水深潭月弄新涼。峰巒向曉渾相似，九處堪疑九斷腸。”出許彦周《詩話》。

楠木神　洞庭湖白泥窖下有楠木窖，舟行過此，黑風濁浪。舟子驚相耳語，翦牲焚楮，色甚惶恐。見神木直逼舟傍，遥望過船遇之。船破，賴買筏得救。

舟子色稍定，乃曰“此楠木神，每遇暴風晝晦，輒出遊湖中。神首色沉緑如螺髻，往來於神❶木窖之前後左右，終古於斯，稱神木”云。出許鶴沙《東還紀程》。

掃帚神 有商人甌明過青草湖，湖神邀歸，問所須，有一人私語曰：“君但求如願，不必餘物。”明依其言，湖神許之。及出，乃呼“如願”，是一少婢也。至家數年，遂大富。後歲旦，如願起晏，明鞭之，如願鑽入糞帚中，明家漸貧。故今歲旦糞帚不出户，恐如願在其中。此亦《齊諧》《誌怪》之所不廢也。出《搜神記》。

誠感湖神 韋騶者，明五音，善長嘯，自稱“逸群公子”，舉進士不第。遊岳陽，太守以親知見辟，數月謝病去。有弟騋，舟行溺洞庭，騶乃痛哭水濱。移舟湖神廟下，欲焚其廟。忽假寐，夢神曰：“幽明之途，無枉殺者，公先君嘗為城守，方剛讜正，鬼神避之，撤淫祠甚多，不當廢者有二，神訴，上帝初不❷許，固請十餘年乃許，與後嗣一人謝二廢廟之主，故賢弟當之，茲當送屍湖上。”騶驚悟，往尋，果獲弟屍於岸。是夕，又夢神謝曰：“鬼神不畏忿怒，而畏果敢，以其誠也。君今果敢如是，吾所以懷畏。昔洞庭張樂，是吾所司，愿以至音酬君厚惠，所冀觀《咸池》之節奏，釋浮世之懮煩也。”忽嘐金石羽籥，鏗鏘振作。騶甚嘆異，曲終乃寤。出《甘澤謡》。

神迎詔使 乾隆四年，鹿邑中翰梁遂，以詔使過洞庭。風雨中，見一長髯人，紗帽藍衣，氣度閒雅，乘一物似馬，半没水内；侍者持杖，猙獰隨其後，與波上下。舟中數十人共見之，相距才數武。逆風而行，良久不見。其年八月，梁返棹過齊安，與商丘宋犖言之，或曰“此洞庭君迎詔使”，理或然也。出《筠廊偶筆》。

摭仙凡十四條

龍宫僧 唐嘉州任自信，住湖南，持《金剛經》。興元十五年過洞庭湖，有異物如雲冒舟上，俄失自信。久之，乃凌波而出，云至龍宫謁龍王念經，賜珠寶數十事。有僧附一信，屬至衡嶽觀音臺付昭真師，言是汝和尚送來，令傳《金剛經》。自信至南嶽訪僧，果云和尚滅度五六年矣。出《報應録》。

吕仙笛 橘齋史右丞，夙病眉瘤。初至館樓上，夢仙拭面而瘤脱。既覺，往謁吕仙亭，物色如所見。平章呼喇岱夫人秃滿倫氏患頭風，日夜望仙禱祈。已而，聞笛聲，皆曰“仙笛也”。公曰：“仙有靈，當再聞。”及夜，笛聲起墻外，自是夫人起居如初。出鄭元璧《吕仙亭記》。

---

❶ 據上下文義，“神”應爲“楠”。

❷ “不”，據上下文義補。

杜仙女　名蘭香。邑有漁父于洞庭之岸，聞兒啼聲，四顧無人，唯三歲女子在岸側，漁父憐而舉之。十馀歲，天資奇偉，容貌姝瑩，殆天人也。忽有青童自空而下，攜女去。臨昇，謂其父曰："我仙女杜蘭香也，有過謫人間，會期有限，今去矣。"其後降包山張碩家，授以舉形飛仙之術，碩成仙去。漁父亦學道，不食，後不知所之。出《墉城集仙録》[1]。

飛石亭仙女　長沙李氏女，生而能言，自云麻姑化身。宅後有飛來石，年十二游其下，拾一桃，食，遂不食人間煙火。構亭于石上，日坐蒲團，年三十六仙去。有商張某過洞庭，遭風覆舟，忽一女子駕小舟救之。張問，來曰："吾家長沙石飛亭，昨來會湘君，適見溺，故亟援爾。"張訪至石飛亭，立廟祀焉。見《長沙縣志》。

樊夫人　名雲英，上虞令劉剛妻也。剛素有道術，為治尚清浄簡易，民受其惠，無水旱疾毒之傷。樊亦潛修密證，遂皆白日仙去。唐貞元中，湘潭有一媪，鬢翠如雲，肥潔如雪，策杖曳履，日可數百里。在湘十餘載，常以丹篆救疾，鄉人敬奉之。一日告人曰："吾欲往洞庭救百餘人性命，為我設船一只。"里人張珙具舟楫送之。將至洞庭前一日，有大風濤撼一巨舟觸于君山島上，舟碎，百餘人露宿于島。有白黿游沙上，數十人殺而食之。明日，有物如城圍島，白如雪，島上人忙怖叫號，勢甚急。岳陽人亦遥覩雪城，莫能曉也。媪舟至岸，遂飛劍刺之，聲如霹靂，雪城遂崩，乃一白黿長千餘尺，蜿蜒而斃，劍立其胸，遂救島上百餘人。忽有道士來，與媪遇，甚相慰悦。珙詰其故，道士云："劉綱真君之妻，樊夫人也。"出《貞元遺事》。

周生　逸其名，唐太和中，廬於洞庭君山，時以道術濟吴楚，人多敬之。後將要抵洛，途次廣陵，舍佛寺，有三四客來。時方中秋，霽月澄瑩，且吟且望。有説開元時元宗遊月宫事，因相與嘆曰："我輩塵人，固不得至其所矣。"周生笑曰："某常學於師，亦得焉，且能絜月致之懷袖。"因命虚一堂，翳四垣，不使有纖隙，且告客曰："我將梯取月去，聞呼，可來觀。"乃閉户。久之，忽見天地曛晦，俄聞生呼曰："某至矣！"客因開其室，生曰："月在某衣中耳。"舉其衣，出月寸許，一室盡明，寒入肌骨。客拜謝曰："願收其光。"因閉户，其外尚晦，食頃，方如初也。出《通志》。

江叟　善吹笛。樓上有神，教往荊山求鮑仙，叟如其言，得遇鮑仙，贈以玉笛，吹之有龍來，迎去成水仙。出《列仙傳》。

華州道士　《列仙傳》：吕巖，字洞賓，蒲州人。得雲房之道，隱顯變化，多遊衡、岳、湘、鄂間。《岳陽風土記》：巖，嘗留題岳陽樓云："朝遊北海暮

[1] 原文爲"墉城仙録"，今據《四庫全書存目叢書》改。

蒼梧，袖有青蛇膽氣粗。三醉岳陽人不識，朗吟飛過洞庭湖。”宋王綸守岳州時來謁，自稱“華州回道士”。綸問世係，巖曰：“世係不必問，所請教者奕棋耳。”綸素號國手，與奕連負。問其籍，巖吟曰：“仙籍班班有姓名，蓬萊仙客吕先生。凡夫肉眼知多少，不及城南老樹精。”綸訝之，轉瞬已失。嘉定己巳，鍾仲山自金陵罷官歸，舟次巴陵南津港，俄見一舟中有黄襖翁，二青衣童侍側，熟視仲山良久，俄失所在。翌日，仲山往吕仙亭拜禮，真像果衣黄，有兩青衣童侍側，貌與昨所見肖，仲山感悔無已。周星作《水調歌頭》詞，有“更似南津港，忽遇吕公舡”之句。乾道中，衲衣髻鬟，竹笠草履，行乞於市。乘醉過州西南橋，值喬守出，犯前行。喬怒而執之，道人曰：“吾醉矣！”喬命下獄。詰旦，引問道人，亦無言，賦詩曰：“暫别蓬萊海上遊，偶逢太守問緣由。家居北斗星杓下，劍掛南天月角頭。道我醉來真箇醉，知他愁是怎生愁。相逢何事不相識，却駕白雲歸去休。”書已，乘雲冉冉而去。喬憮然，始知為吕仙也。按：吕巖，唐進士，為德化令。《常德府志》：龍陽縣汎洲義興寺，有古柏，華州回道人題詩二句於古柏上：“勒馬問舡牛鼻渡，釣魚望月橘林洲。”好事者鋸之，片片皆字。

《漁隱叢話》：回仙自作傳云：“吾乃京兆人。唐末，累舉進士不第，因遊華山，遇鍾離傳授金丹大藥之方。復遇苦竹真人，方能驅使鬼神。再遇鍾離，獲希夷之妙旨。吾得道年五十，第一度郭上竈，第二度趙仙姑。郭性頑鈍，只與延年之法。趙性通靈，隨吾左右。吾惟是風清月白，神仙聚會之時，嘗遊兩浙、京、汴、譙郡。嘗着白襴衫角帶，左眼下有痣，如筋頭大。世言吾賣黑、飛劍取人頭，吾聞哂之。實有三劍，一斷煩惱，二斷貪嗔，三斷色慾，是吾之劍也。世人有傳吾之神，不若傳吾之法；傳吾之法，不若傳吾之行。為人若反是，雖携手接武，終不成道。”

《漁隱叢語》：回仙有《沁園春》一闋，明内丹之旨。語意深妙，惜乎世人但歌其詞，不究其理，吾故表而顯之，云：“七返還丹，在人先須煉己待時。正一陽初動，中宵漏永。温温鉛鼎，光透簾幃。造化争馳，龍虎交合。進火功夫猶鬬危。曲江上，看月華瑩静，有個烏飛。當時，自飲刀圭。又誰信，無中養就兒。辨水源清濁，木金間隔。不因師指，此事難知。道要玄微，天機深遠，下手速修猶太遲，蓬萊路仗三千滿，獨步雲歸。”

江州《望江亭自記》：“吾京州人，唐末三舉進士不第，因遊於江湖。”一云於廬山遇鍾離真人，得九九數，號純陽子。《風土記》云：河中府人，唐吕渭之後，會昌中兩舉進士不第。所載互異，今備存之。

三管笛　《博異志》：洞庭老人，不知名氏。賈客吕筠卿常於仲春夜泊君山，命酒吹笛。倏忽見一老父掉舟來，於懷袖間出笛三管：其一大如合拱，其次如常人所蓄，其一絶小如細筆管。筠卿請吹之，父老[1]曰："大者諸天之樂，不可發；其次對洞庭諸仙合樂而吹；其小者是老身與朋儕可樂者，試為子吹之，不知可終曲否？"言畢，把笛三弄，湖上風動，波濤漶瀁魚鼈跳噴；五六聲，君山鳥獸叫噪，月色昏昧，舟人大恐。老父遂止。出《博異志》。

城南稺松　吕仙曾於岳陽城南題詩云："惟有城南老樹精，分明知道神仙過。"至建炎中松猶存。紹興二十三年，大風拔樹無數，此松遂枯。有道人適至，折已仆一枝插於旁，咒曰："彼處難安身，移來這裏活。"自是，日以暢茂，即今稺松也。道人，蓋吕仙云。出《夷堅志》。

廳西青衣　山人劉方元自漢南抵巴陵，夜宿江岸館中，籬西一廳尚扃鎖。二更後，月色滿庭，江濤不驚，忽聞有家口嘯咏之聲。一老青衣曰："往年阿郎見官時，命老身常騎偏面騧，抱阿荊郎，墜損左膊，至今天陰酸痛，明日必大雨。今阿荊郎，高官也，不知知有老身否？昔日阿荊郎愛念'青青河畔草'，今日亦頗謂'綿綿思遠道'也。"明旦，果雨。壁上有詩，墨色甚新，其詩曰："爺娘送我青楓根，不記青楓幾回落。當時手刺衣上花，今日成灰不堪着。"視其詩，非人間語也。出《博異志》。

賣酒姥　姥善採百花釀酒。王方平嘗以千錢過蔡經家，與姥沽酒。後有人經洞庭湖，見賣百花酒者，即姥也。出《龜臺琬》。

降乩仙　城南有請仙者乩，忽自運大書云："余劉聖臣，康熙時人，住硃砂橋，方冠即卒，無嗣，妻何氏，栢舟自矢。余季父屢欲奪其志，氏誓不二夫，投繯幾絶，以母救得免，事姑孝十七年如一日。奈族散湮没，請入志以光泉壤。"淋漓奮迅，扶乩者手腕幾脱，時嘉慶八年二月晦日也。後延訪里中，故老云：硃砂橋左划舡塘，昔為士族劉姓故居，譜系有"學、步、聖、賢"等泒，學古、聖臣諸人名頗著，後式微遠徙。夫節孝攸關，允宜闡揚，但事屬乩傳，未便遽登《列女》門中，附摭於此。正非執尸頭之筆，描變相之圖，為鬼作董狐也。

摭釋凡八條

陸法和　梁承聖初，侯景遣其將任約伐湘東王。法和時在江陵，詣湘東，乞討約，召諸蠻八百人，又遣胡僧祐千餘人同行。登艦大笑曰："無量兵馬！"江陵多神祠，人常祈禱。自法和軍出，無復一驗，人皆以為神徙行故也。至赤沙湖，與任約相對。法和乘輕舟，不介冑順流而下。去約軍一里遠，命將士攻之，縱火舫於前，風逆不便。法和以羽扇麾之，風勢急反。約眾皆見梁軍步於

[1] 據上下文義，此處"父老"應爲"老父"。

水上，大潰投水，約逃竄。法和曰："明日午時當得。"及期，人問之，法和曰："吾前於此洲水乾建一刹，語檀越等。此雖為刹，實是賊標。今何不自標下求賊也？"如其言，果見約在水中抱刹，仰頭纔出鼻，遂擒之。法和後入齊為太尉，無疾，禮佛，坐繩床終。殮入棺，尋開視不見。出《北史》。

睦禪師 洞山初法嗣，住乾明寺。僧問："昔日靈山記，今朝嗣阿誰？"師曰："楚山突兀，漢水東流。"曰："任心麽，則洞山的嗣也。"師曰："聽事不真，唤锺作甕。"出《乙丑郡志》。

無姓 《一統志》："居巴陵縣東南楞伽北峰，足不出閫者五十年。唐柳琮為之記。按：省志以為柳宗元，誤。國朝諸保宥《君山法席記》亦云："天岳，於唐得無姓，於元得無相，而兩和尚甚不偶也。"《舊志》止載無相而遺無姓，今考前説補之。

無相 名普實，蜀夔人，圓通寺僧。誕夕白光燭室。泰定三年五月五日，有異僧過門，因話"心包太虚"，聞之忽省如夙契。年十一出俗，携錫遍歷禪席，嘆曰："大丈夫不越出三界，毁形何益！"由此節飲食，脇不沾席。七日，豁然頓悟，云："如人飲水，冷煖自知。"自洪武初南遊荊湘，衆迎居圓通寺。陞座演法，天花飛墜，仙鶴翔空。長沙旱，迎實祈禱，舟次龍祠，祈風説偈，遂感神助，四百里程未竟日而至。祈求三日，果大雨。一日，示其徒曰："辛未正月初二日，吾當歸。"及期，沐浴端坐，説偈而逝。出《一統志》。

灝鑑 雲門偃法嗣，受具於靈徹，分住乾明寺。嘗恃三轉語酬學者疑問。今乾明寺有三轉軒及其墓塔，元學士虞集銘。出《乙丑郡志》。

偏奕 字眉伯，黄岡人，汪姓。襁褓多病，八歲博涉群書。遭明季之亂，皈身空門，了徹禪旨。順治十三年，由百丈源分住乾明寺，修灝鑑之業。或問："獼猴不進圈時如何打？"師云："也跳不出。"遠近僧衆宗之。當事延開法席於君山，於是興復崇勝古刹。晚會綏遠大將軍蔡毓榮，助建大雲寺，移居焉。緇流推為洞宗三十一世燈。出《省志》。附録郡守諸保宥《請住持君山啟》：伏以徧界春風，冰泮露溪山之面；中流夜棹，月明見天地之心。遥看十二螺青，諦聽一聲惟白。泰惟和尚，青原嫡派，百丈親嗣，七載新開，久勞監醬，千年舊案，時打葛藤。陽春之曲既高，清夜之鐘亦冷。凡諸具眼，鮮不同心。玆者洞庭八百奇觀，君山十一福地。昔時名衲，曾建法幢。此日山靈，徒存梵刹。雖娥英之篔簹如故，而佛照之榔栗無傳。幸遇吾師移來此寺，深慚某等幾負玆山。然而宦海雖深，骨亦帶蓮花之氣，但以清瀾未涸，口難吞棘栗之蓬。謹卜良辰，祈宣妙法，傳書井邊之橘，歷歷家珍；朗吟亭畔之松，明明祖意。應度者宰官居士，巴陵道上，誰家竈裏無煙？可憐者，外道波旬，青草湖邊盡是水中撈月。不提正令，曷掃邪蹤？欲翻騰百刼狐身，請踍跳三天驢脚。伏願兩堂並喝，不妨賓主分明。一棒重拈，莫惜婆心太切。徵阿難之覺海，萬字從胷；開梵志之迷雲，雨花放手。庶高峰鼻孔，摸著半邊，而道吾手頭，咬破一指，儼然鷲嶺親到龍潭。

朗雲 乾明眉伯衣孫，雪鑑法嗣。後居白鶴山㴩湖寺，登堂説法，有云："陰陽未判，父母未生，主人翁在甚麽處？"僧徒皈依，有語録三卷。

一如 君山崇勝寺僧。雍正五年七月，武陵客舡遭風沉於湖。僧偕其徒樸圜，操舟往救，凡十三人。留寺數日，贈資使歸，客環泣曰："感師出我於魚腹，還求脱我於囹圄。"僧訝，問故。僉稱領販鹾賈汪師桂鹽引，今失鹽課一千五百餘金，歸必不免。僧勉慰之，令歸。九月水落，募善泅者覔得竹箱，封扃甚固，馳送武陵，十三人已就獄月餘矣。汪啟鑰，封識如故，乃白縣省釋諸人。縣義其事，通稟上憲。當時巡撫趙宏恩給"五藴真空"額以表之。

摭物凡二十一條

湘祠斑竹　舜南巡不返，歿葬於蒼梧之野。堯之二女娥皇、女英追之不及，至君山慟哭，淚下沾竹，竹盡斑。出《述異記》。

君山鸚鵡　隋開皇九年，吴興柳歸舜自巴陵泛舟，遇風，吹至君山。維舟登岸，循小徑行四五里。興酣，越溪磵，忽道傍有大石，表裏洞徹，周六七畝。上生翠竹，圓大如蓋，高百餘尺，葉曳白雲，森羅映天，清風徐吹，戛作絲竹聲。石中穴一樹，高幹茂蔭，花徑尺，色深碧，異香成煙。有鸚鵡數千，丹嘴翠衣，尾長二三尺，翱翔其間。各相稱呼，故有武遊郎、仙郎、阿蘇兒者，又有自在先生、踏蓮露、鳳凰臺、戴蟬兒、多花子，亦有能歌者，音調清麗。見歸舜，忽呼曰："阿春，看客!"忽一青衣乘雲而下，相見。出《述異志》。

神鴉　巴陵鴉甚多，土人謂之"神鴉"，無敢弋者。唐張裕《送韋整尉長沙過洞庭詩》："風帆彭蠡疾，雲水洞庭寬。木客題蔬束，江烏接飯丸。"杜工部詩"迎棹舞神鴉"，皆是也。《周氏篆》云："神烏，在岳州南三十里。群烏飛舞，舟上或撒以碎肉，撒以豆粒。食葷者接肉，食素者接豆，無不巧中。如不投以食，則隨舟數十里，眾烏以翼沾泥水，污舡而去，此其神也。"出《岳陽風土記》。

蜃樓　康熙六年，洞庭君山側見蜃樓，有城郭樓臺之狀，人物、牛犢無一不備。八年復見，順流至城陵磯。二十三年四月二十五日復見，有小山十二及樓閣、寶塔、旗旟之屬，自申至酉乃滅。楊翔鳳《君山蜃樓》詩序云："曾聞海市，歲現蜃樓。《圖經》侈為盛談，韻士譜之音律。若洞庭者，八百里神奇，億萬斯變幻。鮫綃有帕，涕淚成珠。江上麗人，向樓臺而舞袖；湖中主者，開館閣以延賓。往事雖然，於今絶響。庚戌夏五，望九申酉，百川方至，微雨浸淫。偶極目汪洋，洲起中流，層樓疊湧，坊額鋪金，旛竿曳彩，户牖洞開，浮屠出没，觀者如堵。既有象之可求，宛在中央；覺漸遠以漸息。水天一色，嵐翠千端。市人喧傳，水泛山來。達者默識，色從空有。夜半湖生五色，光華夕照平林，已移海汝於蒼梧，欲等人間於天上。兼之上秋赤沫噴民間，出因何故？季春石礎餂官舍，食果阿誰？奇不絶書，事堪並誌。莫致而致，怪不為怪。君山靈物，郡侯既見其所見；三異瀕仍，野人又聞非所聞。"

寶鏡　長安任中宣家畜寶鏡，識者謂是三代物，後有籀篆八字云"水銀陰精，百練成鏡"。詢所得，云商山樵者得之石下。後中宣南過洞庭，風濤洶然。因泊舟，夢一道士赤衣乘龍，詣舟中言："此鏡乃水府至寶，世出有期，今當歸我。”中宣因問姓氏，但笑而不答，持鏡而去。夢回，視篋中，已失所在。出《龍城録》。

湖蚌 洞庭湖中舊有巨蚌，其大如半席。深夜側立一殼，乘風往來烟波間，中吐巨珠，與月相射。漁者百計取之，終不得。出《岳陽樓風土記》。

江黿 唐開元中，敦煌李鷸為邵州刺史，挈家之任，泛洞庭，泊舟登岸，因鼻血衂沙上，江黿舐之，幻為鷸形。繫鷸於水中，將其妻子抵任，州人亦不能覺。數載，郡邑大旱，召江西河沙道士葉静祈禱，静能浮山赴水。朝過洞庭，忽見沙上繫一人。詢之，則鷸也，具以狀對。静書符帖巨石上，石即飛起空中。黿方擁案晨衙，為巨石所擊，復其本形。時張説為岳州刺史具奏，送鷸補官。今舟行，相戒不瀝鼻血[1]於波中，以此故也。出《獨異志》。

人魚 崇禎六年夏，漁人曬網。忽有魚似人形，手足皆備，自河上岸。出《乙丑郡志》。

象猪 崇禎六年癸酉，邑民家豕産象，育之，名曰“象猪”。出《丁酉郡志》。

金印 宋紹興中，洞庭漁人獲一印，方二寸，紐有連環四，兩兩相貫，上有大環總之。漁者以金競而訟於官，辨其文，乃“壽亭侯印”四字，疑必關公所佩也。出《省志》。

石刻 巴陵漁人於洞庭湖中得一石刻，詩即“鮫室圍青草，龍堆隱白沙”之句。持問諸作者，云“老杜《過洞庭》詩”，但末聯“雲山千古疊，底處上仙槎”二句，為少異耳。出《宋類苑》。

人面鳥 康熙十六年，有大鳥人面，集於郡學宫，壁立如人。越時，飛出城外，忽不見。出《丙寅郡志》。

捲旗花 湖賊楊么為岳飛所破，兵皆敗，捲旗插野。後遍地生花，如捲旗之狀，因名。出《通志》。

娑[2]羅樹 巴陵縣南有寺，《丙寅府志》載圓通寺。僧房床下忽生一木，隨伐隨生，旬日勢凌軒楝。道人移房避之，木長便遲，但極晚秀。有外國沙門見之，名為娑羅也。彼僧所憩之蔭，常著花細如白雪。元嘉十二年，生一花，狀如芙蓉。考《酉陽雜俎》，天寶初，安西道進娑羅枝狀言：“臣所管四鎮，有扳汗羅最為密近，有娑羅樹，特為奇絶。不庇凡草，不止惡禽，聳幹無慚於松栝，成蔭不愧於桃李。近官拔汗那使令採得前件樹枝二百莖，如得托根長樂，擢穎建章，布葉垂陰，鄰月中之丹桂，連枝接影，對天上之白榆。”

靈芝草 雍正六年十月晦日，城南玉霄宫雷祖閣香案上，産靈芝六莖，五色繽紛，一時稱瑞。

白鶴茶 㴩湖諸山出茶，謂之㴩湖茶。李肇所謂“岳州㴩湖之含膏”也。

---

[1] “血”，據李冗《獨異志・附録》（張永欽、侯志明點校，北京：中華書局，1983年）補。

[2] 原文爲“婆”，依上下文義改。

今惟白鶴僧園有千餘本，土地頗類北苑，一歲不過一二十兩，土人謂之“白鶴茶”，味極甘香。出《岳陽風土記》。

黄藤草 《本草綱目》：“名鉤吻，亦名野葛。‘野’或作‘冶’，地名也。廣人謂之胡蔓草，又曰斷腸草。生嶺南者，花黄；生滇南者，花紅。滇人謂之火把花，岳州謂之黄藤。”《集解》云：“野葛，葉如葛，赤莖大如箭而方。根黄色，苗為鉤吻，根名野葛，葉如柹，其根新採者皮白骨黄，宿根似地骨，皮嫩根似漢防，已中毒者飲冷水即死。”稽含《南方草木狀》：“蕹菜似落葵而小，治野葛毒，取汁滴野葛苗，即萎死。世傳魏武帝啖野葛至尺，應是先食此菜也。”巴邑多叢生，民間有隙，輒輕生誣陷。嘉慶八年，有男女俱食而死。巴邑令陳玉垣案視，心憐恨之，諭各里殷實家收買黄藤，以絶毒根。并作《樂府》一章云：“掘黄藤，絶根荑。長鑱非不利，釋鑱而唏。齋戒沐浴，祇告靈祇：我掘黄藤，何如爾弗生！爾之所生，佳莫如稻秔。然必藉人力，時而耨、時而耕，嗟我婦子，終歲不得寧。惟彼黄藤誰播種？遠被岡阜，近及田塍。縣令官職卑，况我已暮齡，可以告皇天，害人心不萌。爾何生此草，毒我蚩蚩氓！春秋焚祝帛，跪拜獻犧牲。我愧涖此土，不能覺愚癡。掘黄藤，告靈祇！”

橘薪 洞庭以種橘為業者，其利與農畝等。宋政和元年冬，大雪積尺餘，河水盡冰，橘皆凍死。明年伐而為薪取給焉，葉少藴作《橘薪》，以志其異。出《研北雜志》。

土餅 乾隆三十三年，邑大水，歲荒米貴。城外七里山有土，色淡紅，細如粉，人争掘之，和糠麩為餅以食，呼為“觀音土”。考《雲南志》：臨安府有落容山，其土香羹可食。《論語撰考簽》云：武當縣谿岸，土色鮮黄可噉。《紀聞》云：開元二十八年，懷州武德縣期城村婦人，遇老父，紫衣白馬，告以渠傍土佳可食。村人取之，拌麵為餅，食甚香，遠近競取。渠東西五里、南北十餘步，土並盡。由是觀之，土竟有可食者，但歲當荒歉，殆亦飢者易為食耳。

銅甑 昭潭山下有寒泉，水深不測，名曰昭潭。諺曰：“昭潭無底橘洲浮。”昔人覆舟於此，沉其銅甑，甑有銘詞。後於洞庭湖得之，疑有潛穴相通耳。出《録異記》。

鐵牛 岳陽樓下左側，有鐵牛一，蹲踞西望而張其口，若有吞湖之意。想亦五行剋制之理，與滇省銅牛制水之義同。出許鶴沙《東還紀程》。

摭詩凡十一條

洞庭佳咏 洞庭天下大觀，騷人墨客搜奇者尤眾，如“水涵天影闊，山拔地形高”“四顧疑無地，中流忽有山”“鳥飛應畏墜，帆遠却如閒”，皆見稱於世。然莫若孟浩然“氣蒸雲夢澤，波撼岳陽城”，則洞庭空曠無際，氣象雄壯，如在目前。至杜子美則又不然，“吴楚東南坼，乾坤日夜浮”，不知少陵胸中吞幾雲夢也。出《西清詩話》。

巴陵樂府　舊傳《臨江仙》一闋，滕子京所作。其詞曰："湖水連天天連水，秋來分外澄清。君山自是小蓬萊，氣蒸雲夢澤，波撼岳陽城。帝子有靈能鼓瑟，凄然依舊傷情，微聞蘭芷動芳馨。曲中人不見，江上數峰青。"出《岳陽風土記》。

岳陽樓詩　楊慎云："予昔過岳陽樓，見一詩云：'樓上元龍氣不除，湖中范蠡意何如？西風萬里一黄鵠，秋水半江雙白魚。鼓瑟至今悲二女，沉沙何處弔三閭？朗吟仙子無人識，跨鶴吹簫上碧虚。'視其姓名，則元人張翔，字雄飛作，不知何地人也。"出《楊慎《丹鉛録》。

三洲歌　商客數遊巴陵三江口往還，因作歌三首云："送歡板橋灣，相待三山頭。遥見千幅帆，知是逐風流。""風流不暫停，三山隱行舟。願作比目魚，隨歡千里遊。""湘東醽醁酒，廣州龍頭鐺。玉樽金鏤椀，與郎雙杯行。"出《古今樂録》。

巴陵漁父歌　唐張志和《漁父歌》曰："青草湖邊月正圓，巴陵漁父棹歌連。釣車子掘頭船去，樂在風波不羨仙。"出《乙丑郡志》。

湘女繫臂詩　明季，沅陵縣城南，杜女名小英，被賊掠去，投水死，逆流而上至洞庭。有詩十絶，以油衣裹之，繫於臂云。

洞庭君詩　感柳毅寄書，贈以詩云："大天蒼蒼兮大地茫茫，人各有志兮何可思量。狐神鼠怪兮薄社依牆，雷霆一發兮其孰敢當。荷貞人兮信義長，令骨肉兮返故鄉。永言慚愧兮何時忘！"出《楚風補》。

錢塘君詩　洞庭君弟，贈柳毅詩云："上天配合兮生死有途，此不當婦兮彼不當夫。腹心辛苦兮涇水之隅，鬢鬢風霜兮雨雪羅襦。賴明公兮引素書，令骨肉兮家如初。永言珍重兮無時無。"出《楚風補》。

柳毅詩　感洞庭、錢塘贈什，酬以詩云："碧雲悠悠兮涇水東流，傷嗟美人兮雨泣花愁。尺書遠達兮以解君憂，哀冤果雪兮還處其休。荷君和雅兮盛甘羞，山家寂寞兮難久留，欲得辭去兮悲綢繆。"出《楚風補》。

杜子美詩　"吴楚東南坼，乾坤日夜浮。"董斯張曰："或疑洞庭楚地，何遠及於吴？"考《荊州記》："君山在洞庭湖中，上有道通吴之包山，今吴之太湖亦有洞庭山，以潛通君山，故得名。"或疑"乾坤日夜浮"有似咏海，考《水經注》："洞庭湖，圓廣五百里，日月若出没其中。"又《拾遺記》："洞庭山浮於水中。"方知杜句所云，皆是緊切洞庭，一語移動不得。出《省志》。

米元章詩　《瀟湘八景圖》有總序、散序，復有跋，曰："余購得李營邱圖，拜石餘閒，逐景撰述。主人以當臥遊，對客即如携，眺其《江天暮雪》曰：'蓑笠無踪失釣舡，同雲漠漠黯江天。湘妃獨對君山老，鏡裹修眉已皓然。'不即不離，移易他處不得。"出《梅村詩話》。

洞庭十影詩　乾隆四十三年，姚雪門先生臨岳考，試詩“古有十影”詩題。十影者，日影、月影、雲影、雪影、山影、塔影、帆影、漁影、鷗影、鴈影，皆洞庭湖之佳題也。當時所取之詩，無有可傳者，但雖無可傳之詩，不可不存此題，以作後日洞庭典故也。

捃摭補遺

洞庭遺老　《治城客論》：“永樂中，有一老人居洞庭湖之濱，久而復有兩人至，聚處一室，不輕出門户。風月之外，則棹小舟，操酒榼，泛湖而飲。飲至醉，扣舷而歌。歌竟，相持大慟而歸，人莫測也。居人時以錢米周之，或受或否。已而一人病革，呼其隣曰：‘吾欲告汝以姓名，恐為汝累；不言，汝終見疑。奈何？’其人固請，乃曰：‘我建文朝某編修也，幸葬我於湖旁某山下。’居人收葬之，其一人後未知所在。”

簣土鎮舟　《華容縣志》：“張真，字仲理，寧國南陵縣進士，知華容縣事。性坦率，能為民任大事，守已清介，靡絲毫之污。其子自南陵來，因以其孥歸，借民舟送至巴陵，舟空無一物，歷洞庭風波中，乃簣土鎮之。”

落水不斃　《華容縣志》：“劉忠宣公，少隨其父廣居，官廣西歸。舟甫離洞庭，至赤沙湖，悞墮水中。風悍浪激，舟行已遠，浮沉水中。遇漁艇掠出，載至官舟，已半日矣。因以米肉勞漁者去。盖鬼神陰相之與。”

孝感風止　《楚風補》：“唐寅，醴陵人，永樂癸卯舉人。學問淹博，操行至孝。父伯遜喪嘉魚，寅奔柩，經洞庭，烈風驟至，旋止。人謂為孝感云。”

遇賊長揖　《楚風補》：“楊鶴，字修齡，武陵人。萬曆甲辰進士，由渭南擢御史，巡鹽兩浙。載圖書、太湖石歸。洞庭遇賊，從容長揖。賊語曰：‘狹路相逢，何不動聲色乃爾？’發覆見書，乃大笑而去。”

禪服哭友　李白《上安州裴長史書》：“昔與蜀中友人吴指南同遊於楚，指南死於洞庭之上。白禪服慟哭，若喪天倫，炎月伏屍而泣。行路聞者，悉皆傷心。猛虎前臨，堅守不動。遂權殯於湖側，使之金陵。數年來觀，筋骨尚在，遂營葬於鄂城之東。”

收瘞溺死　《湖廣通志》：“萬時逢，巴陵人。明萬曆戊子春，洞庭風作，覆溺者四十餘艘。悉斂而瘞之，太守王濚表其宅。”

浮屋報主　《岳州府志》：“明嘉靖三十九年大水，華容十都民獲一浮屋，聞有呻吟聲。啟視，則少婦據梁上，中浮四笥。詢之，乃荊州士人妻也。合巹甫四月，夫入市，家忽被水，漂流至此，葢絶食數日矣。民止於家，而走報荊州。士人至，挈妻歸，以屋、笥贈所獲民。民受屋而反笥，時人義之。”

子山惡夢 《水經注》："昔王子山有異才，年二十而而得惡夢，作《夢賦》。二十一歲溺死於湘浦。"《古文苑》："王延壽，字子山，南郡宜城人。嘗至魯，賦靈光殿。歸，渡湘水而死。"

洞庭封域 沈存中《彭蠡小龍記》：彭蠡小龍，顯異至多，人人能言之。一事最著：熙寧中，王師南征，有軍仗數十船，泛江而南。自離真州，即有小龍登船。船師識之曰："此彭蠡小龍也，當特來護軍仗耳。"主典者以潔器薦之，蛇伏其中。船乘便風，日棹數百里，未嘗有風濤之恐。不日至洞庭，蛇乃附一商人船回南康。世傳其封域止於洞庭，未嘗踰洞庭而南也。有司以狀聞，詔封神為順濟王，遣禮官林希子中致詔。至祠下，焚香畢，空中忽有一蛇墮祝肩上，祝曰："龍君至矣。"甚重，一臂不能勝。徐下至几案間，首如龜，不類蛇首也。子中致詔意曰："使臣至此，齋三日，然後致祭。王受天子命，不可以不齋戒。"蛇受命，徑入香奩中，蟠三日不動。祭之日，既酌酒，蛇乃自奩中引首吸之。俄出，循案行，色如臙脂，爛然有光，穿一剪綵花過，其尾尚赤，其前已變為黃矣，正如雌黃色。又過一花，復變為緑，如嫩草之色。少頃，行上屋，乘紙幡腳以行，輕若鴻毛，倏忽不見。明日還，蛇在船後送之，踰彭蠡而回。此龍常遊舟楫間，與常蛇無辨。但蛇行必蜿蜒，此則直行，舟人以此辨之。

孝解危厄 錢希言：龍陽書生曾壽貴過洞庭，風浪甚猛，同船擾亂。壽貴獨蒙被而臥，忽夢至一大宮殿，堂上坐者如王者狀，趨召貴人，賜之坐。謂曰："如此風波，少年何故冒險而至？舟中得毋有黃卷通否？非此人，舉舟葬魚腹矣。吾乃水府之神，爾可言於世人也。"既寤，風定得濟，推驗果有黃卷通者，乃其同學諸生，事父廣文極孝，故感格至此。卷通後亦登仕版。古云：孝通於天，信哉！

蜃樓 《華容縣志》："明嘉靖壬子夏五月，九都民見洞庭水中一山，逆流泝常德。山上草木蒙茸，宇舍峻麗，茶園竹塢，宛然在目。男子數人，各長一丈餘，穿紅衣，鸚鵡錦雞無算。蓋蜃樓之屬也。鄉人不知，以為怪。"

龍化 《岳郡志》："元至正十九年，岳州大雨，群龍見。大雨八十日，洞庭湖群龍變化而去者無數。又，明世宗嘉靖二十九年，五龍並見於洞庭。"

巨蟒 《風土記》曰："白鶴山寺，其陽有兩池，內潛巨蟒，吕翁招出，化為劍。"

水神示夢 《江夏縣志》："樊尚璟，江西進賢人。諸生時夢神，赭袍異相，語之曰：'吾洞庭水神也，君異時成進士，必牧吾土。'萬曆末，授江夏令。下車日，值邑人建洞庭君廟，因割舟中裝千金以助。入廟瞻拜神像，宛然如夢。或云'神語終身事'，甚悉，江夏給諫段然記之。"

神賜漆杖 萬曆丙申，常熟縣東鄉徐政肅，因隨父官湖廣湘陰縣武障司巡檢，今移為新市司。舟停瓜步，有漁人網一金色鯉魚，長可尺許，鱗甲煥然，鬐鬣潑刺，以目聽人語，政肅異而買之。篋中有小銀牌，戲取一而題其姓名，係於魚項，放之揚子江。其夕，夢有黃袍神，自云是“趙源清貞君”，謂政肅曰：“卿有放龍子之事，陰功昭著。洞庭君為請於上帝，異日當為洞庭神矣。”政肅驚寤，汗流浹背，秘不以告，遂奉其父之官。歲餘，其父以事赴武昌，政肅隨行，夜宿鸚鵡洲邊。又夢一緋衣神，自稱洞庭君，授以朱漆杖一根。政肅驚寤，汗流浹背，受之再拜，神遂去，瞥若風雨。驚寤後，其白兩夢於其父。回帆過洞庭，蹤迹洞庭君廟，賫酒脯獻之，陳請情事，言詞哀苦。望見神像，恍與後夢相符，益覺悚然，如有所睹。及出廟門十餘步，夾道垂楊掩映，徘徊之際，空中委硃紅漆杖一根，嘆曰：“神所祝也，敢不敬承。”拾而登舟，心怪之而不測。所以惟供杖於官舍，日夕焚香，衹禮而已。政肅旋以幽憂成疾，漸覺沉綿。至戊戌秋九月十五日，據牀而坐，頓覺精神恍惚，狂惑失度，謂家人曰：“洞庭君迎我矣。君言適有海運之役，曹務繁冗，須我佐理，玉清宫詔勑已下，不可復返。如何？如何？”又曰：“門外緹騎可有百餘，旌旗隊仗，羅列於庭，而赤鬚小吏甚多。”家人驚起，咸無見者已。又曰：“諸神擐金甲、乘白馬來也。”便呼更衣，取其狀，題三十二字於上，詞如古語，不具載。自是不復言，至二十五日奄然而逝。家人悉聞之，望空漸滅。

湖水中高　許纘會《東還記程》：數年前，隨諸大夫後，議築海堤，見海水中高而四垂。潮來時，有黑氣如烟雲者，與水相屬，先水而至。乃憶摩詰“潮來天地青”一語，非奇句，乃真境也。然海水中高之故，未詳其理，以為視遠當如此耳。及過洞庭，四望湖水，亦復如是，始悟地包於天，則其體圓，圓則山河藪澤亦隨之而圓。水者，天地中五行之一，有不為氣之所旋轉耶？向謂水勢平遠者，未嘗於數百里平闊處，觀其大勢耳。或問：“地體之圓，因何而驗？”曰：“試觀各省，太陽出地時刻分杪，遠近不同，其理顯然。先儒言之詳矣。”

火井　巴陵縣西十五里，與濠溝相近，有回祖洲，在洞庭北岸，岷江南岸。一井大如箕，水常湧沸。土人以火引之，即熖灼弗絶，煎茶炊食皆可，亦蜀中火井之類歟。

洞庭幹　吴郡虞汝明《古琴疏》：宣城王鸞有古琴，傳是始元中物。背銀嵌“谷風”二字，細古篆文。極愛重之，命謝眺為詩咏之。詩成，王大擊節稱賞，用為驃騎。詩曰：“洞庭風雨幹，龍門生死枝。雕琢分布濩，冲響逾清危。春風摇蕙草，秋月滿方池。是時別鶴呌，浸淫客淚垂。”

洞庭春色　宋安定郡王用洞庭柑釀酒，名曰“洞庭春色”，色香味俱佳。宋張表臣《珊瑚鈎》：近時以黃柑釀酒，謂之“洞庭春色”，皆奇絶者耳。

浮蛇 《岳郡志》：明嘉靖三十九年夏五月，岳州大水。洞庭汎濫如海，傷壞田盧無數，老幼溺死，所在皆是。華容九都有二蛇盤結波間，鄉人擊之，蛇散，得一小兒，氣息奄奄，救而育之。蓋是歲之潦，為古今僅見云。

新生洲 《風土記》：丁晉公南遷岳陽，見江之西新生洲云："此洲出，後當有真人臨此。"皇祐二年，英宗以團練使鎮岳州，後登寶位，果盡符其言。

洞庭使者 《述異記》：浙人張端叔，其父為鎮遠府。過洞庭，舟覆，溺死二僕。越二十年，復遊洞庭，夜夢二僕偕至，云："某為洞庭郡使者，聞主人至，故來侯。今連日應大風，惟某日某刻可渡。至期，風順當趨送。"至期，風定，見檣上二烏，對船中呌噪。張怪之，仰呼："汝是某某否？"二烏作答狀。又云："既是某某，可飛集於几！"果翔而下，與之食，輙飲啖。因促舟師放船，食頃抵岸，二烏猶盤旋不去，再三諭之，哀號飛去，復還者數回，若悲感不勝然。

洞庭龍子 《夷堅志》：南城陳光道，字不矜，宋嘉祐進士。自桂林罷官歸，過洞庭，夢緑衣童子言是"洞庭龍子，奉命告君"："勿食蒜韭及犬，三年當有所遇。"及遇期，六月如商州，道經藍田，宿於藍田驛。夢向童子執節而來曰："仙子侯君。"道以行峻崖峭壁，竟以節叩壁，聞鏗然掣鎖聲。入内，棟宇華焕，金壁絢赫。進抵中堂，見一女方笄，姿態縹緲，憑几寫書。顧客至，喜延對席，談説如雲。陳乘間調之曰："獨居無悶乎？"對曰："神聖無悶。"既而置酒同飲。人間方酷暑，陳但覺清涼如秋深，因言："吾本蔡員外女，名嬉，字清娘，小名次心。幼時善秦筝，母更字曰筝娘。君仙才也，得與君遇，幸矣！"因出白玉版授之，請曰："君既遊方外，不可無紀。"陳遂成十絶句，寫畢復飲，歡洽終宵，曾不及亂。女命侍兒以簫度《離鸞》之曲，曲終而寐。

洞庭靈異 石首王啟茂《松牕憶録》：先君好閲野史，每言洞庭神靈異，見於紀述者甚多。舟人必虔禱，否則獲譴。余每過，尤致敬焉。天啓乙丑腊月十八日，自湘潭還至長沙，即戒篙師："將至廟，當先報，以便肅衣冠而拜。"是夕，雪月交耀，篙師貪程遄發，雞鳴，已過廟。予方睡覺，畏寒不能起，但呼速偹紙錢牲醴。篙師笑應之曰："安用太急，渠需牲醴，當隨我來。"予怒其戲慢，責之。天明，將至布袋口，忽舟中人推翻火爐，衣被盡灼，一船驚擾迷悶。舟行雖駛，而南北莫解，忽已薄暮。予心動，亟拜禱請罪。篙師始悟，已却行百數十里，又近長沙矣。時有一人同舟者云："先伊來湘，一篙師老而嗜酒，經廟下寒甚，取客人神福錢買酒，盡醉，實未祭神，客人問何不祭，則曰：'吾已祭吾腹矣。'夜半擁爐，火焚其衣，通身糜爛，呼號一夕而死。"

湘妃詩 有客舟泊湘妃廟前，夜半偶不寐，見輿衛入廟中，置酒鼓瑟，心悸不寧。至明方散，隱隱浮空而去。因入廟，見遺詩四首，墨色未乾，詩云：

“渺渺三湘萬里程，淚篁幽石助芳貞。孤雲日斷蒼梧野，不得攀龍到玉京。”“碧杜紅蘅縹緲香，冰絲彈月弄清涼。峰巒一一俱相似，九處堪疑九斷腸。”“玉輦金根去不回，湘川秋晚楚絃衰。自從泣盡江蘺血，夜夜悲風怨雨來。”“少將風月怨平湖，見盡扶桑水到枯。相約杏花壇上去，畫闌紅子鬭樗蒲。”此已見前，而四詩不備，兹據《湘陰縣志》補之。

水仙 華容廩生張召洛，字邇伊，隨其叔廣西宣化令佐理數年。其叔因老引疾，邇伊隨歸，失足於水，拯救不可得。十餘日，有樵夫持書至，則邇伊筆也。言溺水之夕，將出湖口，如物憑之，衣履不濕，駭浪餘生，頓悟前緣，并勉子孫“孝養讀書”等語。後又有舊佃，自蜀貿易歸，持書云：於川中遇一道士言：“爾田主張邇伊，予老友也，有書寄其家。”及啟之，又邇伊筆也。自稱為廣默真人，有“年來枕旁雲臥，寄語兒曹莫浪尋”之句。又數年，澧州刺史張範攝靖篆，以乩召仙，仙云：“吾乃廣默真人也，湖上是吾家。數道寒光繞屋斜，偶然乘鶴亭樓上，鐵笛一聲落煙霞。”範訝曰：“仙非薪山祖乎？”曰：“然。”薪山者，其孫諱心法。時範延在署中，竟夕共歡，楚士夫及仕於楚者，咸作詩歌傳之。見邑志。

論曰：昔《左氏春秋》，内外分傳；莊子《南華》，内外分篇。厥後子史多倣其式。蓋内者，書之正文；外者，文之餘緒也。自來志乘，有雜紀，或有志餘，或有攟拾。雖無分於内外，大要皆正文所不能盡，而以補綴其所不及，非盡稗官野史之文也。夫聖人作《易》，不嫌“豕塗鬼車”之辭；詩人祖述，不諱帝武玄鳥之異。晉、魏、宋、元諸書，兼載鬼神，并詳僧道。天地之大，何者不有？苟事足資考鑒，文足備掌故，珥筆者又烏能略之？今纂湖志，自《輿圖》迄《事紀》，凡十五門，宏綱鉅典，規模大備，而碎玉遺珠，未嘗不與正文相輔。雖怪怪奇奇之事，茫茫冥冥之語，折衷舊聞，咸本載籍。首《摭地》，至《摭言》，分為八類，殿於編終，蓋所以收攝全書，非徒博異，實以補遺。觀此者，謂之《洞庭外志》可也。

卷之九

藝文一

粤若風騷振響，肇始左徒。厥後賈太傅造湘流，弔之鳳凰、麒麟，蔚為辭賦，夐乎至矣。繼此名流發詠，抽秘騁妍，莫不波譎雲詭，與巨浸争奇。於是言文幾如入淵探珠，無美不備。兹收録其有係於湖者，以資考核。他如模山範水，亦足見性情，則擇尤雅者登之。雖吉光片羽，未嘗不可作全豹窺也。志《藝文》。

騷凡四首

湘君《九歌》之一

［周］屈原

君不行兮夷猶，蹇誰留兮中洲？美要眇兮宜修，沛吾乘兮桂舟。令沅湘兮無波，使江水兮安流。望夫君兮未來，吹參差兮誰思？駕飛龍兮北征，邅吾道兮洞庭。薜荔拍兮蕙綢，蓀橈兮蘭旌。望涔陽兮極浦，横大江兮楊靈。楊靈兮未極，女嬋娟兮為余太息。横流涕兮潺湲，隱思君兮陫側。桂櫂兮蘭枻，斲冰兮積雪。采薜荔兮水中，搴芙蓉兮木末。心不同兮媒勞，恩不甚兮輕絶。石瀨兮淺淺，飛龍兮翩翩。交不忠兮怨長，期不信兮告余以不閒。朝騁騖兮江皋，夕弭節兮北渚。鳥次兮屋上，水周兮堂下。叶户。捐余玦兮江中，遺余佩兮澧浦。采芳洲兮杜若，將以遺兮下女。時不可兮再得，聊逍遥兮容與。

湘夫人《九歌》之四

屈原

帝子降兮北渚，目渺渺兮愁予。嫋嫋兮秋風，洞庭波兮木葉下。白蘋兮騁望，與佳期兮夕張。鳥萃兮蘋中，罾何為兮木上。沅有茝兮澧有蘭，思公子兮未敢言。荒忽兮遠望，觀流水兮潺湲。麋何食[1]兮庭中，蛟何為兮水裔。朝馳

---

[1] “食”原文爲“爲”，據《楚辭》（《四部叢刊》景明翻宋本）卷二改，下同。

余馬兮江皋，夕濟兮西澨。聞佳人兮召予，將騰駕兮偕逝。築室兮水中，葺之兮荷蓋。蓀壁兮紫壇，播芳椒兮成堂。桂楝兮蘭橑，辛夷楣兮葯房。罔薜荔兮為帷，擗蕙櫋兮既張。白玉兮為鎮，疏石蘭兮為芳。芷葺兮荷屋，繚之兮杜蘅。合百草兮實庭，建芳馨兮廡門。九嶷❶繽兮並迎，靈之來兮如雲。捐余袂❷兮江中，遺余褋❸兮澧浦。搴汀洲兮杜若，將以遺兮遠者。時不可兮驟得，聊逍遥兮容與。

懷沙《九章》之五

屈原

滔滔孟夏兮，草木莽莽。傷懷永哀兮，汩徂南土。眴兮杳杳，孔静幽默。鬱結紆軫兮，離愍而長鞠。撫情效志兮，冤屈而自抑。刓方以為圜兮，常度未替。易初本迪兮，君子所鄙。章畫志墨兮，前圖未改。内厚質正兮，大人所盛❹。巧倕不斲兮，孰察其撥❺正。玄文處幽兮，矇瞍謂之不章。離婁微睇兮，瞽以為無明。變白以黑兮，倒上以為下。鳳凰在笯兮，雞鶩翔舞。同糅玉石兮，一概而相量。夫惟黨人之鄙固❻兮，羌不知余之所臧❼。任重載盛兮，陷滯而不濟。懷瑾握瑜兮，窮不知所示。邑犬之群吠兮，吠所怪也。非俊疑傑兮，固庸態也。文質疏❽内兮，眾不知余之異采。材朴委積兮，莫知余之所有。重仁襲義兮，謹厚以為豐。重華不可遌兮，孰知余之從容。古固有不並兮，豈知其何故也。湯禹久遠兮，邈而不可慕也。懲違改忿兮，抑心而自強。離慜而不遷兮，願志之有像。進路北次兮，日昧昧其將暮。舒憂娛哀兮，限之以大故。

亂曰：浩浩沅湘，分流汩兮。修路幽蔽，道遠忽兮。懷質抱情，獨無匹兮。伯樂既没，驥焉程兮。萬民之生，各有所錯兮。安心廣志，余何畏懼兮。曾傷爰哀，永嘆喟兮。世溷濁莫吾知，人心不可謂兮。知死不可讓，願勿愛兮。明告君子，吾將以為類兮。

橘頌《九章》之八

屈原

后皇嘉樹，橘徠服兮。受命不遷，生南國兮？深固難徙，更壹志兮。緑葉

---

❶ “嶷”原文爲“疑”，據《楚辭》卷二改。
❷ “袂”原文爲“玦”，據《楚辭》卷二改。
❸ “褋”原文爲“佩”，據《楚辭》卷二改。
❹ “盛”原文爲“晠”，據《楚辭》卷四改。
❺ “撥”原文爲“揆”，據《楚辭》卷四改。
❻ “固”原文爲“妬”，據《楚辭》卷四改。
❼ “臧”原文爲“藏”，據《楚辭》卷四改。
❽ “疏”原文爲“所”，據《楚辭》卷四改。

素榮，紛其可喜兮。曾枝剡棘，圓果摶兮。青黄雜揉，文章爛兮。精色内白，類任道兮。紛緼宜修，姱而不醜兮。嗟爾幼志，有以異兮。獨立不遷，豈不可喜兮？深固難徙，廓其無求兮。蘇世獨立，横而不流兮。閉心自慎，終不過失兮。秉德無私，參天地兮。願歲并謝，與長友兮。淑離不淫，梗其有理兮。年歲雖少，可師長兮。行比伯夷，置以為像兮。

賦凡十三首

弔屈原賦

［漢］賈誼

恭承嘉惠兮，竢罪長沙。仄聞屈原兮，自湛同沉。汨羅。造託湘流兮，敬弔先生。遭世罔極兮，乃隕厥身。嗚呼哀哉兮，逢時不祥。鸞鳳竄伏兮，鴟鴞翱翔。闒茸❶尊顯兮，讒諛得志。聖賢逆曳兮，方正倒植。謂隨夷溷兮，謂跖蹻廉。莫邪為鈍兮，鉛刀為銛。吁嗟默默，生之亡故兮。斡❷棄周鼎，寶康瓠兮。騰駕罷牛，驂蹇驢兮。驥垂兩耳，服鹽車兮。章甫薦履，漸不可久兮。嗟苦先生，獨罹此咎兮！

誶曰：已矣！國其莫吾知兮，子獨壹❸鬱其誰語？鳳縹緲其高逝兮，夫固自引而遠去。襲九淵之神龍兮，沕❹淵潛以自珍。偭蟂獺以隱處兮，夫豈從蝦與蛭螾？所貴聖之神德兮，遠濁世而自臧。使麒麟可係而羈兮，豈云異夫❺犬羊。般紛紛其離此郵兮，亦夫子之故也。歷九州而相其君兮，何必懷此都也？鳳凰翔於千仞兮，覽德輝而下之。見細德之險微兮，遥增擊而去之。彼尋常之汙瀆兮，豈容吞舟之魚。横江湖之鱣鯨兮，固將制於螻螘。

洞庭張樂賦以“八音克諧，天地充滿”為韻

［唐］蔣至

聆黄帝之遺音，澹乎至察。天非私覆，稱其德以無三；國有元風，應其方以宣八。所以合德樞之幽鍵，率至人之大戛。當其存乎象用，酌彼❻鈞深。將合之於萬籟，故稽之於八音。非剽之以耳，寧聽之以心。風師拊石，雲將摐

---

❶ “茸”原文爲“葺”，據《賈誼集》改。

❷ “斡”原文爲“幹”，據《賈誼集》改。

❸ “壹”原文爲“抑”，據《賈誼集》改。

❹ “沕”原文爲“忽”，據《賈誼集》改。

❺ “夫”原文爲“乎”，據《賈誼集》改。

❻ “彼”原文爲“被”，據《全唐文》（清嘉慶内府刻本，下同）卷四百七改。

金。棄[1]園客之絲，彈為鶴舞。辭羌人之竹，擫以龍吟。雖不擊而不考，或習習而愔愔。坐忘斯得，旋歸静默。其始也懼，其終也惑。廻日月之運行，會[2]鬼神之柔克。淒清廣莫之野，蔓衍華胥之國。奔夷貊於蟠水之東，聳[3]鱗翰於幽陵之北。和容遠被，休氣充塞。邦用榮懷，人之克諧。何以鼓[4]靈鼗之坎坎，撞猛簴之喈喈。至乃起於無朕，調之自然。張樂洞庭兮聽《咸池》，同嶰谷兮合鈞天。昭炎氏之作頌，寓莊生之外篇。是則成象者樂之文，希聲者樂之器。舞妙有為八佾，懸至和為二肆。觀其妙叩以玄關，動無方覃於厚地。貫陰陽而不測，庸詎識於純粹。吾君纘[5]戎，始酌遺風。集端虚於黄屋，攘靡曼於玄宫。理代之音兮蹈而不厲，不言而化兮美以能充。今以視昔，實由[6]玄同。受靈命[7]之誕敷，宥希夷之自滿。考徵音於天樂，謝能賦於窺管。

洞庭獻新橘賦以“湖海清和，遠人修貢”為韻

可頻瑜可頻，姓

洞庭之遠兮，亘全楚而連巨吴。路悠悠似窮塞，波淼淼而平湖。遠國之奥壤，中華之外區。風土所宜兮四方各異，珍果斯出兮諸夏或無。至於白商謝，玄律改。風落瑶林，寒生窮海。枇杷落而將盡，荔枝摘而不待。然後浮香外散，美味中成。照斜暉而金色，帶晚潤而霜清。圓甚垂珠，琪樹方而孰可。味能適口，玉果比而全輕。在禹貢非它，於周制則那。充厥苞於林下，發使者於江沱。襄橙不得而雜，楚柚不得而和。所獻者皆嘆其美，所貴者不以其多。歲峥嶸而已晚，路崎嶇而自遠。齊萬物以坌人，離本枝而不返。其價可重，其味可珍。固緑蒂[8]而未變，施素錦而猶新。若夕發於南國，已朝奉於北辰。匪雕餙以自媚，實羽翼以因人。獻芹者既非其匹敵，獻桃者何足與等倫。豈比夫江北則枳，江陵則柚。隨楂梨而莫逐，備職貢而無由。同碩果而已矣，望君門兮阻修。美哉！植物斯多，結實者眾。斯橘也，栽則隔乎淮浦，生則主乎雲夢，獨專美於當今，及歲時而入貢。

---

❶ “棄”原文爲“弃”，據《全唐文》卷四百七改。
❷ “會”原文爲“合”，據《全唐文》卷四百七改。
❸ “聳”原文爲“從”，據《全唐文》卷四百七改。
❹ “鼓”原文爲“致”，據《全唐文》卷四百七改。
❺ “纘”原文爲“攢”，據《全唐文》卷四百七改。
❻ “由”原文爲“曰”，據《全唐文》卷四百七改。
❼ “命”原文爲“祇”，據《全唐文》卷四百七改。
❽ “蒂”原文爲“帶”，據《文苑英華》(明刻本)卷一百四十五改。

湘妃泣竹賦

蔣防[1]

昔帝舜之南巡不迴，緊二妃兮心傷已[2]摧。對三湘之遥兮，積水無際。望九疑之峻兮，愁雲不開。鬱丹誠而飲憾，攀緑篠以興哀。淚湯湯而千里墮睫，竹冉冉而萬點凝苔。斂蛾之怨盈臆，如狸之班變色。落紅臉而珠影争圓，染碧纖而纈文交織。夭紹嬋娟，嗚咽潸然。瀝青簡兮丹書粲粲，洒緑枝兮白露漣漣。所以精神達而理歸其著，悲哀集而物謝其堅。想夫萬里迎秋，重江[3]向夕。引蒼翠以歔欷，忽闌干而委積。仗卷然之手，兩點垂絲。揮密爾之叢，眾痕凝碧。是知至哀必感，有怨必通。行無情而發外，淚有感而從中。慷慨成行，乍洗龍吟之管；斕㸌遶節，如交鳳食之叢。寧類夫聲伯再懷其夢想，楊朱徒歎其西東。豈無芳菲，渝其霜霰。豈無浩森，忘其顧眄。是[4]以委檀欒，寄蕙蒨。來非鼓瑟，玉箸之滴瀝雙流。去乃望夫，粉籜之淋漓一變。懿乎！巖巒滿目，今古同情。事雖遷於歲月，理不昧乎堅貞。或剪修竿，對潭中而錦落。或成長簟，施堂上而霞騰。豈不以拂水梢雲，逾千越萬。庶夫知我者，謂我點點而成文；不知我者，徒曰青青而懷怨。

哀湘竹賦

劉蜕

悵二妃之淚竹，圓紅滴滴兮臨乎湮[5]沚，竦枝與脩幹兮，吟哀風之不已。摇勁節而錦舒兮，垂高蔭而自美。招翔鸞之與翠鳳兮，緝晴霞之數里。繁柯重乎舜祠兮，瘦影疊乎湘水。諒高節之自任兮，匪庭篠之云比。鄙眾蔭之延接兮，耻凡羽之棲止。入清溪之浪聲兮，無笙簧之相擬。恨葉翻波兮騷屑之風，露滴烟蒙兮濯纓之子。悵靈均之節兮依然，想真姿兮千年若此。

洞庭賦

［宋］夏侯嘉正

惟楚之南，有水曰洞庭，環帶五郡，森不知其幾百里。臣乙酉夏使岳阳，

---

❶ “防”原文爲“昉”，據《文苑英華》卷一百四十五改。

❷ “已”原文爲“以”，據《文苑英華》卷一百四十六改。

❸ “江”原文爲“秋”，據《文苑英華》卷一百四十六改。

❹ “是”原文爲“足”，據《文苑英華》卷一百四十六改。

❺ “湮”原文爲“烟”，據《全唐文》（清嘉慶内府刻本）卷七百八十九改。

抵湖上，思构赋，明日[1]披襟而觀之，則翼然動，促然跂，慄[2]然駭，愕然眙。悅[3]若[4]駕春雲而軼霓，浩若浮汗漫而朝蹐[5]。退若劇泰山之安，進若履千仞之危。懵若無識，智[6]若通微。跛若不倚，蹌若將馳。耳不及掩，目不暇逃[7]，情悸心嬉。二三日而後，神始宅[8]，氣始正。若此不敢以賦為事者二年，然眷眷不已。

一日登崇[9]邱，望大澤，有雲崒兮興，欻兮止。興止未霽，忽若有遇。由是濆陽輝，沐芳澤，覩一異人於巖之際，霞為裾[10]，雲為袂，冰膚雪肌，金玦[11]玉佩，浮邱羨門，斯實其對。因[12]言曰："若非好辭者耶？"臣[13]曰："然。""然則若智有所不通，識有所不窮，用不通不窮[14]，而循乎無端之紀，若得無殆乎？"臣[15]又曰："然。""然志極則物應，思精則道來[16]，嘉若之勤無譁談，吾為若稱云：太極之生，曰地曰天。中含五精，五精之用，而水居一焉。水之疏，邇[17]則為江兮，遠則為河；積則為瀦兮，總則為湖。若今所謂洞庭者，傑立而孤，廓然如無區，其大無徒。含陽字陰，玄神之都。曖曖昧昧，百川不敢逾。有若臣[18]者，有若賓者，有若僕者，有若子者，有若附庸者，有若娣姒者。若禹會塗山，武巡牧野，千出[19]百會，咸[20]處麾下。每[21]六合澄静，中流廻睨。莽莽蒼蒼，纖靄不翳。太陽望舒，出没其間。萬頃咸沸。彊而名之為巨

---

[1] "臣乙酉夏使岳阳，抵湖上，思构赋，明日"，據《宋史》（北京：中華書局，1977年版）卷四百四十《夏侯嘉正傳》補。

[2] "慄"原文爲"隮"，據《宋史》卷四百四十《夏侯嘉正傳》改。

[3] "悅"原文爲"恍"，據《宋史》卷四百四十《夏侯嘉正傳》改。

[4] "若"原文爲"然"，據《宋史》卷四百四十《夏侯嘉正傳》改。

[5] "蹐"原文爲"隮"，據《宋史》卷四百四十《夏侯嘉正傳》改。

[6] "智"原文爲"烟"，據《宋史》卷四百四十《夏侯嘉正傳》改。

[7] "逃"原文爲"移"，據《宋史》卷四百四十《夏侯嘉正傳》改。

[8] "宅"原文爲"完"，據《宋史》卷四百四十《夏侯嘉正傳》改。

[9] "崇"原文爲"榮"，據《宋史》卷四百四十《夏侯嘉正傳》改。

[10] "裾"原文爲"裙"，據《宋史》卷四百四十《夏侯嘉正傳》改。

[11] "玦"原文爲"環"，據《宋史》卷四百四十《夏侯嘉正傳》改。

[12] "因"原文爲"回"，據《宋史》卷四百四十《夏侯嘉正傳》改。

[13] "臣"，據《宋史》卷四百四十《夏侯嘉正傳》補。

[14] "用不通不窮"五字，據《宋史》卷四百四十《夏侯嘉正傳》補。

[15] "臣"，據《宋史》卷四百四十《夏侯嘉正傳》補。

[16] "來"原文爲"通"，據《宋史》卷四百四十《夏侯嘉正傳》改。

[17] "邇"原文爲"通"，據《宋史》卷四百四十《夏侯嘉正傳》改。

[18] "臣"原文爲"神"，據《宋史》卷四百四十《夏侯嘉正傳》改。

[19] "出"原文爲"同"，據《宋史》卷四百四十《夏侯嘉正傳》改。

[20] "咸"原文爲"紛"，據《宋史》卷四百四十《夏侯嘉正傳》改。

[21] "每"，據《宋史》卷四百四十《夏侯嘉正傳》補。

澤，為長川，為水府，為大淵。縱之不踰，跼之不卑。乍若賢人，以重自持。誘之不前，犯之愈堅。又若良將，以謀守邊。澎湃濞濞，浩爾一致。又若太始，未有仁[1]義。冲冲漠漠，二氣交錯。又若混沌，凝然未鑿。此乃方輿之心胸，溟[2]海之郛廓也。三代之前，其氣濩落。浩浩滔天，與物迴薄。滅木襄陵，無際無廓。上[3]帝降鑒，巨人斯作。乃命玄夷，授禹之機。隧山陻谷，滌源暢微。然後若金在鎔，若木在工，流精[4]成器，夫何不通。是澤之設，允執厥中。既異其性，遂得其正，有升有降，有動有靜。"

臣應之[5]曰："升降動靜，可得聞乎？"曰："水之性，非圓非方，非柔非剛，非直非曲，非玄非黃。劃象為《坎》，本乎羲皇。外婉而固，內健而彰。降以[6]《姤》始[7]，升以[8]《復》張。其靜處陰[9]，其動隨陽。六府之甲，萬化之綱。式觀是澤，乃知天常。若乃四序之變，九夏攸處。烘然而炎，沸然而煮。群物鴻洞，爍為隆暑。澤之作，欣然其容，若去若往，若茹若吐。靈趨怪覿，杳不可覩。蒸之為雲，散之為雨。倏忽萬象，如還太古。真可嘉也！若乃秋之為神，素氣清泚。肅肅翛翛，群籟四起。澤之動，黝然其姿，若挺若倚，若行若止。《巽》宮離離，為之騰風；蒼梧崇崇，為之供雲。四顧一色，黯然氤氲。其聲瀰瀰，若商非商，若徵非徵。東湊海門，一浪千里。又足畏也！言其狀，則石然而骨，岸然而革。氣[10]然而榮，浲然而胍。有山而心，有洞而腹。有玉而體，有珠而目。窮鼻孤島，呀口萬谷。臂帶三吴，足跬荊、巫。或跂[11]然而望，或翼然而趨勢。彭蠡、震澤，詎可云乎？"

臣又問[12]曰："澤之態，已聞命矣。水之族，將如何居[13]？"神曰："大道變易，或文或質。沉潛自遂，其類[14]非一。或被甲而遭，或曳裙而圓。或禿而跛，或角而蜿。或吞而呀，或呿而牙。或心以之蠏，或目以之蝦。或脩臂而

[1] "仁"原文爲"名"，據《宋史》卷四百四十《夏侯嘉正傳》改。
[2] "溟"原文爲"涓"，據《宋史》卷四百四十《夏侯嘉正傳》改。
[3] "上"原文爲"二"，據《宋史》卷四百四十《夏侯嘉正傳》改。
[4] "精"原文爲"形"，據《宋史》卷四百四十《夏侯嘉正傳》改。
[5] "臣應之"，據《宋史》卷四百四十《夏侯嘉正傳》補。
[6] "以"原文爲"而復"，據《宋史》卷四百四十《夏侯嘉正傳》改。
[7] "始"，據《宋史》卷四百四十《夏侯嘉正傳》補。
[8] "以"原文爲"而"，據《宋史》卷四百四十《夏侯嘉正傳》改。
[9] "陰"原文爲"險"，據《宋史》卷四百四十《夏侯嘉正傳》改。
[10] "氣"原文爲"蒸"，據《宋史》卷四百四十《夏侯嘉正傳》改。
[11] "跂"原文爲"岐"，據《宋史》卷四百四十《夏侯嘉正傳》改。
[12] "臣又問"，據《宋史》卷四百四十《夏侯嘉正傳》補。
[13] "如何居"原文爲"何如"，據《宋史》卷四百四十《夏侯嘉正傳》改。
[14] "類"原文爲"數"，據《宋史》卷四百四十《夏侯嘉正傳》改。

立[1]，或横鶩[2]而疾。或髮於首，或髯於肘。或儼而莊，或毅而黝。彪彪玢玢，若大虚之含萬彙，各循其生而合於群者也。"

臣又問[3]曰："若神之資，其品何如也?"曰："清矣、静矣、麗矣、至矣，邈難[4]知矣。肇於古，古[5]有所未達；形於今，今[6]有所未察。非希非夷，合其心於自然，然後上天入地，把[7]三根六。況[8]水居陸處，夫何不燭！彼鞚鯉之賢，轡龍之仙，乃吾之肩也。其餘海若、天吴、陽侯、神胥，齷齪而遊，曾不我儔。"

臣又問曰："《易》稱'王公設險'，是澤之險，可以為固。而歷代興衰，其義安取?"神曰："天道以順不以逆，地道以謙不以盈。故治理之世，建仁為旌，聚心為城。而弧不暇[9]弦，矛不暇[10]鋒。四海以之而大同，何必恃險阻，何必[11]攎要衝?若秦得百二為帝，齊得十二為王。其山為金，其水為湯。守之不義，欻然而亡。水不在大，恃之者敗。水不在微，怙之者危。若漢疲於昆明，桀困於酒池，亦其類也。故黄帝張樂而興，三苗棄義而傾。則知洞庭之波，以仁不以亂，以道不以賊，惟[12]賢者觀其知[13]而後得也。"於是盤桓徙倚，凝精流視。罄以辭對，倏然而晦。

弔屈原賦[14]

真德秀

侯抱忠貞而不遇兮，嗟無路以叩門。因行吟於澤畔兮，志於邑而莫伸。記《離騷》以抒懷兮，慨[15]想乎唐虞之君，臣處濁世而若浼兮，甘俎豆於江神。葬魚腹而不悔兮，播千古之清名[16]。惟懷沙之遺俗兮，迄流傳於楚人。歲蒲節

[1] "立"原文爲"攘"，據《宋史》卷四百四十《夏侯嘉正傳》改。
[2] "鶩"原文爲"霧"，據《宋史》卷四百四十《夏侯嘉正傳》改。
[3] "臣又問"，據《宋史》卷四百四十《夏侯嘉正傳》補。
[4] "難"原文爲"誰"，據《宋史》卷四百四十《夏侯嘉正傳》改。
[5] "古"，據《宋史》卷四百四十《夏侯嘉正傳》補。
[6] "今"，據《宋史》卷四百四十《夏侯嘉正傳》補。
[7] "把"，據《宋史》卷四百四十《夏侯嘉正傳》補。
[8] "況"原文爲"呪"，據《宋史》卷四百四十《夏侯嘉正傳》改。
[9][10] "暇"原文爲"假"，據《宋史》卷四百四十《夏侯嘉正傳》改。
[11] "何必"，據《宋史》卷四百四十《夏侯嘉正傳》補。
[12] "惟"原文爲"為"，據《宋史》卷四百四十《夏侯嘉正傳》改。
[13] "其知"原文爲"之"，據《宋史》卷四百四十《夏侯嘉正傳》改。
[14] 據《湘陰縣志·藝文》(清乾隆二十二年刻本)改、删。
[15] "慨"原文爲"概"，據《湘陰縣志》改。
[16] "名"原文爲"音"，據《湘陰縣志》改。

之來臨兮，潔瓣香而招魂。伊南陽之吉里兮，祠妥靈而尚存。一江相望兮，墓水拱而輪囷。嗟疆界之廣兮，窘侵攘之紛紜。孰釐正而使歸兮，量余力而覃徵。欲東走於長安兮，言懼早而莫聞。惕朝思而夕念兮，莫慰想於九原。薦韭奠於正祠兮，擷澗沼之蘋蘩。希御風而欣降兮，鑒余意之拳拳。

洞庭湖賦❶并序

［國朝］張明先

蓋聞百神受職，河隨嶽以懷柔。重譯來朝，海静波而效順。崇川澤之祀典，位比諸侯。紀水靈之嘉名，人稱河伯。然而四瀆長江為長，五湖洞庭為先。讀《禹貢》書，九江載於荊域；覽《戰國策》，五瀦誌在岳陽。則是洞庭一區，遂兼全楚諸勝。夫七澤三湘而下，地既濕卑，赤沙❷、青草❸之間，水相吐納。春生夏漲，雪消巴蜀之山；日盛月增，泉注黔陽之嶺。惟眾流之悉合，識萬派之攸同。偉矣波臣，遐哉水國。明霞焕采，漣漪呈❹綃練之章；旭日淩暉，錦浪蹙金珠之色。泳游鱗之貝闕，舞介士於瓊宫。遥天飛萬斛之舟，匝地朗層霄之月。螺盤水面，黛生十二煙鬟；蚌展湖心，光現三山宫殿。吞雲夢而八九，干氣象以萬千。江城落鐵篴之梅花，洲渚拾金閨之瑶草。唳雲間之孤鶴，朗吟仙子朝飛；奏天上之眾璈，張樂軒皇夜渡。漁歌互答，盡是文章；沙鳥群啼，天然簫管。曩者王師連艦，水效靈以晏清。天使持旌，神享祀而來路❺。豆籩陳處，十五郡草木馨香；綸綍宣時，七百里魚龍踴躍。

自是❻厥後，水無汎岸，農夫免昏墊之虞。其在於今，風不鳴條，舟子有安瀾之慶。熟非上承天道，仰協宸衷，報國家以和平之休，躋宇宙於仁壽之域者乎？臣僻居楚地，生長湖濱，心域見聞，浩渺難窺大海；身承潤澤，汪洋久溢洪波。思夫名山大澤，必有記誦之章。矧兹九水三江，已底平成之績，用援毫而賦事，亦即景以攄情。其辭曰：

夫何洪流之灝渺兮，實眾水之所經。稽巨浸於南服兮，獨有異乎洞庭。匯百川而吐納，並四海以效靈。日月於是出入，天地為之清寧。水平遠而浮緑，嶽遥立以凝青。撫元化之無極，儼太古之冥冥。尔乃吸澧呼湘，含江吞漢，辰酉各方，沅朗同貫。資潋流而派長，无漸出而勢涣。藐彭蠡之奔湃，

❶ 據《安鄉縣志》（清乾隆十三年刻本）改。
❷ “沙”原文爲“水”，據《安鄉縣志》改。
❸ “草”原文爲“沙”，據《安鄉縣志》改。
❹ “呈”原文爲“成”，據《安鄉縣志》改。
❺ “路”原文爲“格”，據《安鄉縣志》改。
❻ “是”原文爲“時”，據《安鄉縣志》改。

小具區之浩瀚。風乍静而湍飛，霧旋收而烟亂。連天驚鹿角之濤，浴日掩鴨欄之岸。望之而莫識其深，測之而難窮其畔。洵楚澤之雄觀，豈滄江之微瀾？

若夫雍澨餘波，新牆異派，千峰浪出，萬木雲靄；淵迷黄牯之潭，湍急雙牛之瀨。布袋響以潺湲，木窖幻乎神怪。水或汜兮或溢，沙忽散兮忽汰，紛百態而千形，又孰[1]知乎六合之外。山則蘢堆、磊石、九馬、巴邱、石門、玉笥、神鼎、鼓樓，圓石似水面之轂，艑山若湖口之舟。或對峙以列章，亦叩聲若鳴球。蟠君山之鬟髻，扼城陵之咽喉。幾疑[2]嵐而抹黛，共砥柱於南洲[3]。地則湘東、朗州、武陵、橋江、容城、下雋、昌江、作唐，闔三郡與八邑，混此界而彼疆。亭留赤松，臺傳軒皇。聽夜雨於湘岸，覽勝狀於岳陽。張説出守之地，仲淹讀書之鄉。

南通北粤，東抵維揚，西極黔蜀，北達魏梁。驛連屬而不絶，人環繞於四方。草則揭車、射干、澧蘭、沅芷、菰米、芹葉、菱蕁、蓼蕊，搴杜若兮寒汀，采江蘺兮芳沚。葉既緑而枝青，花仍丹而莖紫。信葛蔓而蘋稠，並抽英於晝裏。木則梗[4]、楠、杞、梓、榆、柳、杉、楓、杶、幹、栝、柏、松、楸、梧桐。望蓊鬱於水涯，指婆娑之遠峰。橘三擊而傳牘，筏八日以成功。是以洞賓詠老樹於城南，而杜甫賦古木於隄中。魚則江豚、海狶、叔鮪、王鱣、鱸、鯥、鯽、鯉、鯪、鰩、鯩、鰱，迎風拜戲，躍水蹁躚。鯿縮項以自若，鱏短鼻而怡然。莫不時聚時散，或逝或旋。

渺渺乎空之域，悠悠乎窈冥之天。鳥則鵁鶄啼露，孔翠圍沙，飛凌波之屬玉，翔落日之神鴉。伊鵜鶘與鸂鶒，咸伺魚以窺鰕。彼靈禽之百族，息水國以為家。别有楠精、猪婆、水兕、綍馬，噴浪騰雲，吼波振瓦。鼉挾鑿舟，蛟逞平野。照夜之蠙珠來去，鳴風之鼉鼓上下。蜃樓倏出，海市頓假。乃水族之多異，亦難罄其傳寫。

故當其春也，滄波萬頃，彌天一碧。盪冰鏡之千艘，走横流之七百。睇洸瀁之無垠，信蓬瀛之咫尺。惟春和之足美，詎狂瀾之猶昔。及其夏也，日既麗而風薰，物同熙而景媚。汎江上之飛鳧，蕩雲根之薜荔。覩雪浪之排空，撫銀濤而決眥。莫不神與天飛，情因境遂。若乃白帝徂秋，木葉微脱，霏玉露之瀼瀼，肅金風之括括。落鴈騖於平沙，飛蘆花於瀏滆。湛霜鏡以逾清，朗冰壺而彌豁。又何羨乎錢塘潮水之奔騰，揚子江濤之遼濶哉。冬則獰龍悉蟄，沙磧偕

---

[1] “孰”原文爲“就”，據《安鄉縣志》改。
[2] “疑”原文爲“凝”，據《安鄉縣志》改。
[3] “洲”原文爲“州”，據《安鄉縣志》改。
[4] “梗”原文爲“楩”，據《安鄉縣志》改。

平。閣子出紫溪之石，汨羅落碧水之泓。詎尾閭之獨洩，抑坎止以無傾。則有舸艑大舟，洲渚縱横，似馮夷之交挽，若陽侯與相争。豈牽舟而能居，宁罔水之可行。此四序所以各異，而群瀆亦莫與京也。

若夫賈艘商艇，檣帆下上，去來各借長風，東西悉破巨浪。速則千里瞬息，遲或跬步惆悵。曾經旬而難渡，倏一夕之輕颭。又有仙客騷人，凭江獨憮。月邀庾亮之樓，酒覓巴陵之甒。羡遠渚之鴛鴦，題芳洲之鸚鵡。團香井兮醉仙，歌滄浪兮漁父。樂化日兮西江，賦蒹葭兮南浦。凌萬頃之茫然，藐千帆於片羽。既抗跡以抒懷，亦由今而思古。方今天風不怒，濁浪靡驚。鮫室驅鰐，鼉窟除鯨。朝宗合於江永，澄澈比之河清。伊武功之震疊，洵禹績之峥嶸。波蘭奠安於楚服，金湯鞏固於神京。即斯重湖之底績，益徵帝德之難名。於是乃為之歌曰：

泛重湖兮揚清波，咏中流兮舞婆娑。鳴簫鼓兮發棹歌，湖之山兮峩峩。芳洲披兮青莎，龍珠宫兮夜吟。鴈瓊霄兮暮過，樂復樂兮何極。願為霖兮沛四國，頌澄清兮颺聖德。

洞庭湖賦

黄秀

客有遨遊楚澤之濱，艤舟湖湘之涘。望巨浸之稽天，浮空際而逶迤。覩衝波之汨地，勢奔騰其如駛。合九江五瀦而匯流，溯湃將暨乎千里。異震澤、彭蠡之溶濇，雄風獨擅於南紀。是以浩浩淼淼，滚滚沄沄。維岳之陽，厥名洞庭。

夫洞居幽邃而深邃，庭處堂奥而成尊。控沅澧以作户，跨荊漢以為門。貯濱辰之涌溭，收瀟蒸之潺湲。萬派於焉吐納，百川於焉并吞。通吴會，莫窮其委；歷蜀廣，始遡其源。在宇内洵稱為大觀，即王國亦倚為屏藩矣。當其瀰漫無際，而湖渚相激也。若降洞之方割，若混沌之初析，若大邦之受附庸，若龍門之導碣石，若罡風之天半飈飀，若迅霆之横空搏擊。又若萬馬之追奔驟馳，而千軍之銜枚走疾，震撼澎濞，黯然自失。

試觀扶桑東昇，恍出龍堆，望舒西没，疑隱鮫室。湍轉則星辰如浴，濤飛則天河似沸。乘槎則足躡斗牛，携艇則身入蟾窟。且有山踞於心，穴穿於腹。潭既垂其落絲，嶂復峙乎靈屋。聳青螺以障迴狂瀾，列壺嶠而洵湛髣髴。爾廼四序遞遷，忽寒忽暑。百物蕃滋，或茹或吐。涸為洲，浮為渚，蒸為雲，散為雨。蜃擁樓而氣同海市，蚌含珠而光摇玉宇。陰霾忽迷乎朝暉，陽焱時熠於孤渚。靈隱恠現，杳然莫克僕數；而氣象萬千，實難定於天之奥府。倏而和風微扇，霧斂烟霏；倏而轟雷乍響，雲垂水立。散曉霞於春明，瀫紋盈玆萬斛。懸皓月於秋空，碧練橫其千幅。漠漠聯霄漢以難分，茫茫見水天之一色。

至若魚鼈游泳於中流，蘆荻叢聚乎岸側。鳧雁振翮以飛鳴，蛟龍鼓浪而奮翼。無小無大，時萬時億。凡屬隩區之産育，罔非波臣所生殖。❶況乎異蹟閱古今，既争奇以疊出。而仙踪留名勝，復變幻其何極。欲泝洄以從之，殆可望而不可即。抑又聞之，黄河九曲區地脈，長江萬里限南北。玆湖滔滔莫能測，遂俾楚甸中擘劃。

當夫世際其平，鯨浪用以潛消。迨乎龍戰於野，鼉穴亦屬易宅。在昔有苗阻玆聲教，麇子恃其險僻，杜弢誘溪蠻以悖叛，楊么竊湖滘而充斥。方謂天塹莫能踰，詎識地利難為藉。故干羽既舞，苗民格矣；雍澨既奔，麇土裂矣；士行有征，貢請降矣；岳侯進討，逆受磔矣。即或肆驚濤怒浪之殊觀，創車舶鳥艘之異式，而欃槍為之頓掃，狼烟為之悉滅。總由難恃者險，難敵者德。既其覩朝宗於江漢，不且永觀澄清於澤國也哉。

客於是始則愕然驚，繼則懽然樂，久之油然思，終復爽然豁。爰為鼓枻而前，擊楫相向，陟君山以凭弔，登岳樓而惆悵。想洞庭之著稱天下，惟厥大其誰與讓。因躊躇以四顧，且俯仰乎上下。乘除自識於方來，興衰堪稽乎既往。慨❷乾坤之長浮，睇宇宙之邈曠。察無窮於盈虚，悟有本之蕩漾。借八百之餘潤，溥四海以咸放。縱予目兮遠覽，攄予懷兮獨暢。聊為摛詞以形容，而寧罄斯湖之勝狀？復為之歌，歌曰：

維彼河兮，稱四瀆首；維彼海兮，作白谷王。淮兮漢兮，滉瀁漭沆；獨此洞庭，灌注芉疆。既廣且袤，遥接炎荒。夾赤沙兮連青草，蒸雲夢兮撼岳陽。直欲與河海争霸，共推為五湖雄長。吾將駕桂蘭兮作楫，叱黿鼉兮為梁。逍遥乎蒼梧之埜，馳騁乎廣樂之鄉。欣文魚兮變化，看大鵾兮高翔；思帝子兮降自北渚，望美人兮在水一方。

君山十二螺髻賦有序

黄秀

山浮水面，翠擁湖心，洵天地間一幅大畫。昔人比之十二螺髻，良不誣也。邇來❸蔓草荒烟，彌望一色，所餘亭臺，亦復無幾。但湖山本具天然勝概，在會心人能自領取。不假人力點綴，始稱宇内佳境也。嘗三至玆山，登眺

---

❶ 據《岳州府志》卷二十三，中間有一段話曰：“且也巨艦艨艟，掛征帆則勢等鳥翼；扁舟輕颾，乘微風則廣類鱗集。聽唱晚于漁舟，既不異夫絲竹；發棹歌于木桴，亦奚減乎音律？”

❷ “慨”原文爲“既”，據《岳州府志》卷二十三改。

❸ “來”原文爲“乃”，據《岳州府志》卷二十三改。

連朝，不揣固陋，因作賦曰：

望坤輿以廣漠❶兮，何處乏岡陵之嵘嵲。峙砣立於砥柱兮，實惟玆群巒之斗絶。任九泒之震蕩兮，洪濤戰而凛冽。凌湘波以縹緲兮，大塊為其造設。巨鰲駕自海若兮，類蓬島之矗兀。巉崖飛來江上兮，疑桃源之曲折。將遠觀以無垠兮，欲與蒼昊而遥接。抑旁覽其誰鄰兮，堪偕巫峰而並列。是以名既垂於福地，形復宛在中央。或云崑崙片石，似為海風飄颺。将上應天時以成歲，抑下合地支以偕行。起欸乃於湖隈，儷一岸之宫商。即不等五嶽四大之綿亘，亦數擬六律六吕之調陽。試觀水如練白，山似螺青，凝黛鬟兮遠浦，浮晚翠兮孤岑。貯銀盤兮明鏡，耀金掌兮畫屏。匪如日南之斗大，豈若瓘飯之化形。恍同蛾緑之色殊，寧侔蓼紫之味幸。

粤稽往古，軼事堪陳。軒黄鼎成而上昇兮，髯拔河湑；虞妃南遊而悼逝兮，淚染叢筠。追臺畔之雄風兮，蛟殪自漢。拾樹底之遺燼兮，石赭於秦。况復欒巴承命兮，掘仙醴如乳泓。龍女傳緘兮，汲毅井而泉清。泐古篆於鮮壁，伐巨木於嵓坪。洞既分其龍虎，墓猶列以皇英。眄爐峰而烟嵐靄靄，踏響山而逸韵鏗鏗。尋幽岫之伏流渺渺，悵蒼梧之雲樹冥冥。且自佛照卓錫，既賜崇勝以嘉名。而既馮夷效順，復創祠宇以峥嵘。爰撫古松輪囷兮，挺楨幹以垂陰。對方篁篠蕩兮，森蓊鬱以成林。橘柚離離兮，産佳實於江潯。茝蘭馥馥兮，為王者而流馨。眄睍睆之載好兮，鳥嚶嚶其自鳴。雜水聲而送响兮，風習習以披襟。至於覽三十六亭之舊址，訪四臺五井之遺蹟，雖悲蘞蔓於芳草❷，猶幸傳聞於往籍。若遠若近，時興時廢。洞雲歸根，烟波凝碧。朗吟尚聞，酒香誰覓？禱雨時於雲夢，壽椿因之駐蹕。欲睎月以明心，將望洲而告夕。聊漚花以試茗，且止風而歇即。自“洞雲歸根”至“止風歇即”以上皆亭名。❸

夫惟大觀無盡，益信勝地有緣，❹用是探奇而遍歷，勿憚再三以盤旋。昔嘗憶嘯咏於太史，❺ 今復纘舊遊於廿年；偕朋侶而歌至止，宿招提以聽潺湲。❻既敲詩而得句，共舉觴以流連。捫薜蘿兮陟千仞，覩蒼茫兮臨萬頃。湖外環兮浸碧天，山中涵兮摇清影。視乾坤兮一萍浮，睇層巒兮如佛頂。浩浩乎，幾忘置身於重湖之巔；飄飄乎，恍若獨立於靈鷲之嶺。

---

❶ “漠”原文爲“莫”，據《岳州府志》卷二十三改。

❷ “草”原文爲“洲”，據《岳州府志》卷二十三改。

❸ 據《岳州府志》有“余未及載”，被删。

❹ 據《岳州府志》有“寺前額名有緣山”，被删。

❺ 據《岳州府志》有“余嘗同蔣虎臣先生至此”，被删。

❻ 據《岳州府志》有“時與北平孫文博含章、姑蘇周魯壁、武林倪亮工、武陵徐昆流同遊”，被删。

洞庭湖賦

費元傑

荊稱澤國，水以為鄉。北流江漢，南衍瀟湘。坼吴楚於東南，浮乾坤於渺茫。合九江而豬之，則洞庭獨擅乎岳陽。匯泉源乎西粤，壯吐納乎湘南。衡嶽之所迅激，星沙之所浩汗。注汨羅之淵沛，灌沅水之瀰漫。連青草以曠邈，薄赤沙於澧蘭。漲滬湖其餘潤，瀲夢澤乎南安。噓噏群水，兼包眾湍。列五郡而分布，環八邑以聚攢。誠南條之巨浸，為宇内之奇觀。

若乃崑崙之石，海風漂泊；江上數峰，峥嶸磊硌。浪奔騰而奮擊，波洶涌而飛薄。聲如雷响，又如鼓作。流沙逐而往還，立石隨以前却。驚濤之所震撼，怒浪之所劖削。陵谷為之變遷，川原為之舛錯。爾廼吐雲霓，吞日月；産龍蛇，育魚鼈。蛟螭以之為宫，黿鼉以之為宅。江豚迎風而拜舞，海蚌舒珠而擘裂。大則鯨鱣噴浪鼓鬣，細則鰕鮮浮波飲液。巨蟒、元龜、蜿蝸、螻蟈，或混淪乎泥沙，或潛伏於莽澤。其羽族也，則有鴻雁、鳬鷖、鵞鷺、晨鵲。鶚立鷗浮，飛鶩鳴鳶；梁燕銜泥，乍掠危檣之頂；祥烏攫肉，群隨賈客之舡。凌波濯羽，矯翮摩天。千聲萬喙，互聒争喧。

至若芳草蓊蘙，佳卉葱蘢。葭蒼蘋白，蘋青蓼紅。菁茅賦於《禹貢》，荇藻詠於《國風》。《離騷》所記，則蘭芷、杜衡、宿莽、芙蓉；《子虚》所稱，則雕胡、菱莘、菖蒲、芎藭。敷榮吐秀，接葉連叢。洵水國之富與，更僕數以難窮。當其春和景麗，色醉巴陵；九疑滴翠，二酉浮青。武陵桃花而浪暖，章臺楊柳以風輕。望龍堆之沙白，探橘井而月明。挂征帆於遠浦，發漁歌於杳冥。遊春者引為娱目，傷春者對之怡神。

若夫岷峨雪消，荊江暴漲，秋水至而灝淼，長風起而鼓盪。氣蓬勃以霧交，時鬱律其烟放。類混沌之欲剖，象太極之未兩。既偃虹之莫續，將百川以誰障？四顧邈然，環無歸向。驚心駭目，倏忽萬狀。矧迺山水之靈，怪異奇偉。空中蜃氣以乍變，澤國陽燄而自起。通地脉於吴山，潛逵道於坎底。聲響傳其虚應，伏流計以千里。是又造化之幽秘，不可窮之事理。

爰是臨流覽勝，望古興思。軒皇鑄鼎於荊山，曾張樂以《咸池》；二妃思君而有淚，猶染竹於湘湄。慕夏禹之文德，待七旬乎匪遲。羡武穆之神算，刻八日以稱奇。問漁夫於滄浪，悲逐臣於《楚辭》。詢泉香而荒遠，撫[1]赭樹而迷離。起青蓮而買酒，邀羽客以吟詩。感江山之助興，識優樂之與歸。觀原泉

[1] “撫”原文爲“望”，據《巴陵縣志・洞庭集》改。

之有本，歎遊者之如斯。臨淵流而羡魚，懷舟楫以何[1]期。述鬼聞於所習，用獻賦於清時。

君山賦以“日帶潮聲曉，烟含楚色秋”為韵

黄文理

匯九江與五瀦，咸資生於天一。既霞蔚以雲蒸，尤沐月而浴日。湧砥柱於中流，惟君山為傑出。螺髻送青，烟波凝碧。沙隱龍堆，草圍蛟室。福地名傳今古，允為神仙室窟。彷彿海上三山，恒可望而不可即。尔乃置身湖中，舉頭山外。微風習習，晴雲靄靄。渺瀰隱其地軸，朗吟發兹天籟。聳巉岩之嶙峋，戰洪濤以滂沛。宜與蒼昊而為隣，匪第黄河之如帶。

由是乘巨浪，汎輕舠。向山麓而至止，陟彼岸以逍遥。如穿幽巖而杳杳，如入洞壑之迢迢。如撐實筏於大澤，如聞颶風於海潮。如覩地天之相接，如瞻蓬島之飄飖。竚中峰而悵望，冀仙侶之可招。原夫崑崙飛來片石，海風吹落湖心。軒黄鑄其九鼎，龍髯攀而上升。欒巴承命，掘仙醴如乳泓；柳毅傳緘，汲橘井而泉清。蛟殪自漢，樹赭於秦；洞分龍虎，墓列皇英。四顧茫茫以無地，萬頃潺潺如有聲。

當其旭日舒和，時維春曉。覩羲馭之融融，縹少女而嫋嫋。山凝黛以翠滴，花流馨而雲遶。坐参差之緑樹，聆睍睆於黄鳥。則有濃陰匝地，湛露降天。尋潛穴之伏也，踏響麓而鏗然。斑筠染湘妃之淚，南薰來帝子之絃。挹爐香之冉冉，溯原泉之涓涓。消炎蒸於永日，縹幾縷之茶烟。厥惟大觀無盡，益信勝地有緣。

至若金飈爽薦，籬菊香含。平沙之征鴻嘹唳，瀟蒸之洪波澄潭。歸帆遥掛遠浦，山市近映晴嵐。納新涼以披襟，洵足神曠而興酣。倏焉木葉既下，現兹洲渚，寒風凜冽，宛然在嶼。爰擁紅爐，酌緑醑，暢幽情，舒愁緒。又奚必披鶴羽之氅，汎山陰之棹，將欲周遊五湖而歷覽三楚。逮閲時序之推遷，因俯仰其何極。

四臺五井，僅叢荊棘。古寺僧寮，恒嗟仄泐。遂令奇峰特擁於江潯，嘉名徒擅諸澤國。安得往績，再振今兹。依然勝覽，仍增山色。吁嗟乎！撫古松輪囷兮，猶偃蓋於山陬。對方篁篠簜兮，尚森欝以盈眸；鐵甕雙貯招提兮，澄澈時覩乎清流。帝子並祠林麓兮，蘋蘩薦於靈修。試想子京載起，復剏建乎名樓。仙亭重搆，冀回道之來遊。惟三山之鼎峙兮，匪一葉之萍浮。追豪情於太白兮，飲無限酒於巴邱。奚必剗却兹山兮，鋪湘波以平流。爰敲詩得句兮，聊

[1] “何”原文爲“同”，據《巴陵縣志·洞庭集》改。

舉觴以唱酬。覩安瀾於南紀兮，醉吟乎洞庭深秋。儷徘徊於鷲嶺兮，臨乎方壺瀛洲。

岳陽樓賦以“北通巫峽，南極瀟湘”為韵

彭應銓

粵自州判荊衡，省分南北。七郡雄峙於上遊，東陵地當乎阸塞。國故號為麇羅，野遥分為軫翼。何風景之獨殊？匪尋常之可測。崒嵂巑岏兮蒼梧之奇，溦渫瀲灔兮洞庭之色。螺浮十二峰兮恒作鎮於巴邱，匝圍八百里兮更為紀於南國。欲方泳兮無從，且維舟兮莫得。覽勝狀於城西，乃構樓於湖側。

第見黝然而邃，豁然而通。巘然而峙，傑然而隆。舉頭天外，極目寰中。八方寥廓，四面玲瓏。雲蒸礎磜，霞駮簾櫳。列柱擎天，絶頂跨重霄之勝。斷鰲立極，盤根昭百代之雄。曲檻繞廻廊，犬牙相錯。危檐森曉砌，鳥翮遥翀。花雨毿毿，麗藻排空之梲。玉屏軟軟，水晶碧落之宫。歲在貞觀，創兹鉅典；洎乎慶曆，爰繼芳踪。遠可争雄於黄鶴，近尤度越乎燕公。此誠文人學士之所景慕，而亦遷客騷人之所會同者也。

爾乃吞巨浸於雲夢，納遠勢於巴巫。變化倏忽，杳渺虛無。洲岸舡横，載烟霞於陸地；峰頭錯列，浣星斗於重湖。窺月窟，瞰鮫宫，一長嘯而風雲迭起；覽雲帆，觀烟樹，乍憑欄而耳目歡愉。可渺滄海於一粟，可貯乾坤於一壺。可探天根於指掌，可驗無極於苞符。

蓋古來二七洞天，首推天岳，而巴陵萬千氣象，盡在城隅。至若曉霧騰空，暮雲出峽，逶迤濯神女之衣，葆合鑄軒銅之匣。清光欲滴，點城畔之棲鴉；翠黛如堆，媚波心之睡鴨。窈寥分其迷離，穹隆欣其翔洽。地疑仙島，不羡乘龍之奇。世近羲皇，何須道引之法？則有泛宅詩翁，懷奇欲上；挈壺佳客，慕古來探。仙梅灼灼兮花恒稔，仙象陶陶兮醉半酣。鐵笛横空兮宫商允協，雲和載鼓兮怨慕誰堪？

騁雄文兮唐賢今人之盛，鳴高尚兮蘆花江上之談。俯偃虹之舊址兮，亘百尋之略彴；望蜃氣之成樓兮，峭萬仞之烟嵐。絶成於四，高倍以三。聽傳書於橘井，玩秋月於寒潭。有時手摘列星，辰看拱北，亦或目窮滄海，鵬羡圖南。獨是流連光景，志士或有深心，而觸類引申，英流尤多遠識。讀先憂後樂之詞，念致君澤民之德。至治以誰而升，景運以誰而翊？大萬彙之陶甄，惟一念之淵默。故偶陟乎崇阿，數倚欄而太息。覺寓目而興思，自感懷之靡極。

見水坎之殷盈也，因思阜其衣食。見市廛之雜沓也，又思戒彼喧囂。見工商之輻輳也，因思大其安集。見奇贏之日甚也，更思抑彼虛驕。見江漢之朝

宗、蠻琛之入貢，則思格苗於虞舜、而納聽[1]於唐堯。見六合之混茫、三江之浩蕩，則思推恩於海隅而普化於荒要。此皆名賢之盛心，發抒於山川雲物，豈同下士之歌嘯，感懷於雨晦風瀟？不然，極綺臨春，其名非一；竹樓聽月，厥制尤良。然皆侈亹寐於片晌，表鼡另於一方。苟非得人以為重，究亦雖盛而不彰。何如楚南襟喉之地，乃得長依君子之光。棨戟遥臨，疎檽狀色；舟車所至，畫閣留香。宴客則銜杯天上，摛藻而挹秀江鄉。撫舟楫兮欲濟，思砥柱兮中央。顧玆勝蹟長留，肇嘉名於萬禩；行且蒼生永奠，慶福地於三湘。

神鴉賦

黄曉

自沅江而下，由武陵達於洞庭，舟次傅家磯。篙人急催入廟，共以雞血濺神前，然後拜禱。廟之左右，群鴉亂飛，喧聲四起，如騶從之呵護其軍帥者。篙人指云："此鴉將也。"歸視舟中，鴉集桅蓬之上，以肉啖之。有不茹葷者，投以素食，始去。若或不與，即將引舟入木窖中，不得即脱，必發誓願，方能舟行，遂咸稱為"神鴉"。予感其事而賦之曰：

鴻飛杳杳兮，不争食於野鶩；鵬舉千里兮，不比翼於黄鵠。天地之大兮，吾焉往而不自適？曾一臠之幾何，遂甘心而為所役？既而思之，物從其類，各有攸司。雖維神之是使，亦所性之相宜。翳飢烏之覓食，廼世事之堪推。

聞有孟虧，鳳凰其隨，舍玆木實，莫知所之。虞氏馴禽為職掌，夏人食卵佐庖犧。信覆翼之禆於教稼，敢不遵先德而敬祀夫高禖。奈何生不毓於丹山，體不備夫五色；非羽族之宗長，表人間之奇特？曷由濯弱水、巢阿閣，五雛養於異地，君子於焉康樂？若者毛豐肉疎，丰姿獨别。飲瑶池，翔金穴，大喉吐故，修頸納新，仙人跨焉遊於帝闕，胡為乎城郭是、人民改？警露無聲，虹裳疎節。痛華表而伏青田，摩紫頂以抱長膝。舉世混濁兮，罔非腐鼠與盜泉，其誰愜乎天然之飲啄？

爾乃都護從事，登階振羽。清唳相呼，鑑形而舞。或為山雞之目，終日眩水；或為孔雀之儀，不翔霑雨，媿於士之自愛者！鷦鷯一枝，爰居爰處；泛泛其鷗，依於洲渚。雁啣蘆而避繳矰，雉隨車而升鼎耳。雖有凌霄之志，必待風雲之會。所謂黄鳥懷其好音，流鶯遷夫幽谷。天雞警曉以東明，踆烏晰耀以西逐。視彼鷃列家禽，朋黨盜竊。鷹飽易颺，急用羈紲，大不相侔爾。至若老拳奮鶻，中陵飛隼，梟生食母，大慚反哺；鴞集泮林，食我桑黮。鵂鶹拾人爪甲，姑獲收人魄魂。鵂鶹一號鬼車，皂雕逞其翮勁。此皆性非柔順，污吾鐺

[1] "聽"原文爲"聰"，據《巴陵縣志・岳陽樓集》改。

甌，攫搏大肆其狂，貪饕而不知止者也。

嗟爾！鴉之成群兮，不依人而依神。何若神之精爽兮，喜牲血之淋淋。吉凶惟其好兮，將毋謂河伯之不仁。屹廟貌於中流兮，曾媲美於湘君。置木窖以停泊兮，匪波瀾之不興。縱烏啄以環匝兮，猶驅餓虎於山林。雖然凡豎卒之無厭，寧墨吏之相遣。矧口腹之為用，亦乾餱之是愆。君不見内宫愛翡翠，奄宦遍江南。賤人而貴鳥，捕擾道路觀。又不見淮王昇仙日，翰音登於天。鸜鵒善滅火，司晨知將旦。雲龍風虎各相從，鬼使神驅寔張膽。樊噲入鴻門，敢將生肉啖。二卵棄干城，惡具來反間。世上風波未可知，聊從所欲以避險。

記凡十五首

黄陵廟碑[1]

［唐］韓愈

湘旁有廟曰黄陵，自前古立以祠堯之二女、舜二妃者。庭有古碑，斷裂分散在地，其文剥缺。考《圖記[2]》，言“漢荊州牧劉表景升所立”，題曰“湘夫人碑”。今驗其文，乃晉太康九年。又題其額曰“虞舜二妃之碑”，非景升立者。

秦博士對始皇帝云：“湘君者，堯之二女、舜妃者也。”劉向、鄭玄亦皆以二妃為湘君，而《離騷》《九歌》既有湘君，又有湘夫人。王逸之解，以為湘君者，自其水神，而謂湘夫人者乃二妃也。從舜南征三苗不及，道死沅湘之間。《山海經》云：洞庭之山，帝之二女居之。郭璞疑二女者帝舜之后，不當降小君為夫人，因以二女為天帝之女。以予考之，璞與王逸俱失也。堯之長女娥皇，為舜正妃[3]，故曰“君”。其二女女英，自宜降曰“夫人”也。故《九歌》詞謂娥皇為“君”，謂女英為“帝子”，各以其盛者推言之也。《禮》有“小君君母，明其正自得稱君”也。《書》曰：“舜陟方乃死。”《傳》謂：“舜昇道南方以死。”或又曰：“舜死葬蒼梧，二妃從之不及，溺死沅湘之間。”予謂《竹書紀年》帝王之没皆曰“陟”。“陟”，昇也，謂昇天也。《書》曰：“殷禮陟配天。”言以道終，其德協天也。《書》紀舜之没云“陟”者，與《竹書》《周書》同文也。其下言“方乃死”者，所以釋“陟”為“死”也。地之勢東南下，如言舜南巡而死，宜言“下方”，不得言“陟方”也。以此謂[4]舜死蒼梧，

---

[1] “碑”原文爲“記”，據《韩愈集》（长沙：岳麓书社，2000 年）改。

[2] “記”原文爲“經”，據《韩愈集》改。

[3] “正妃”原文爲“之后”，據《韩愈集》改。

[4] “謂”原文爲“為”，據《韩愈集》改。

於是二妃從之不及而溺死者，皆不可信。二妃既曰以謀語舜，脱舜之厄，成舜之聖。堯死而舜有天下，為天子，二妃之力，宜當為神，食民之祭。今之渡江者，莫敢不進禮廟下。

元和十四年春，予以言事得罪，黜為潮州[1]刺史。其地於漢南海之揭陽，厲毒所聚，懼不得脱死，過廟而禱之。其冬，移袁州刺史。明年九月，拜國子祭酒。使以私錢十萬抵岳州，願易廟之圮桷腐瓦於刺史王堪。長慶元年，刺史張愉自京師往。予與愉故善，謂曰："丐我一碑石，載二妃廟事，且令後世知有子名。"愉曰："諾。"既至州，報曰："碑謹具。"遂篆其事，俾刻之。

湘君廟記略[2]

李密思

洞庭，蓋神仙洞府之一也。以其洞府之庭，故以是稱。湖名因山，自古而然矣。昔人有立湘君祠於此山，因復謂之君山。其廟宇為秦王燬廢，後亦久無構葺者。是山去郡郭四十里，而近人未嘗敢居其中。按：《圖經》："此山不受穢惡，無猛獸。"愚以海有員嶠、蓬島之類，人可望而不可至。玆山堢坰坡心，雲水四周，人可至而不可居，寧非員嶠、蓬島之亞歟？固為靈神之所憑依，宜矣。舊，邦人禱禜水旱，嘗於此山。

岳陽樓記

［宋］范仲淹

慶曆四年春，滕子京謫守巴郡。越明年，政通人和，百廢具興。乃重修岳陽樓，增其舊制，刻唐賢今人詩賦於其上。屬予作文以記之。

予觀夫巴陵勝狀，在洞庭一湖。銜遠山，吞長江，浩浩蕩蕩，横無際涯。朝暉夕陰，氣象萬千，此則岳陽樓之大觀也。前人之述備矣。然則北通巫峽，南極瀟湘，遷客騷人，都會於此。覽物之情，得無異乎？

若夫霪雨霏霏，連月不開；陰風怒號，濁浪排空；日星隱曜，山岳潛形；商旅不行，檣傾楫[3]摧；薄暮冥冥，虎嘯猿啼。登斯樓也，則有去國懷鄉，憂讒畏譏，滿目蕭然，感極而悲者矣。至若春和景明，波瀾不驚；上下天光，一碧萬頃；沙鷗翔集，錦鱗游泳；岸芷汀蘭，郁郁青青。而或長烟一空，皓月千里，浮光耀金，静影沉璧；漁歌互答，此樂何極！登斯樓也，則有心曠神怡，

---

❶ "州"原文爲"川"，據《韩愈集》改。

❷ 按：李密思《湘君廟記略》，録於《全唐文》卷八〇二。此處所録不全，只開頭一段而已。

❸ "楫"原文爲"檝"，據《范文正公文集》（《四部叢刊》景明翻元刊本）卷七改。

寵辱皆忘，把酒臨風，其喜洋洋者矣。

嗟夫！予嘗求古仁人之心，或異二者之為，何哉？不以物喜，不以己悲。居廟堂之高則憂其民，處江湖之遠則憂其君。是進亦憂，退亦憂。然則何時而樂耶？其必曰："先天下之憂而憂，後天下之樂而樂乎[1]！噫！微斯人，吾誰與歸！"

偃虹隄記

歐陽修

有自岳陽至者，以滕侯之書、洞庭之圖來告曰："願有所記。"予發書按圖，自岳陽門西，距金雞之右，其外隱然隆高以長者，曰"偃虹隄"。問其作而名者，曰："吾滕侯之所為也。"問其所以作之利害，曰："洞庭，天下之至險，而岳陽、荊、潭、黔、蜀四會之衝也。昔舟之往來湖中者，至無所寓，則皆泊南津，其有事於州者遠且勞，而又常有風波之恐，覆溺之虞。今舟之至者，皆泊隄下，有事於州者，近而且無患。"問其大小之制，用人之力，曰："長一千丈，高三十尺，厚加二尺而殺其上，得厚三分之二。用民力萬有五千五百工，而不踰時以成。"問其始作之謀，曰："州以事上轉運使，轉運使擇其吏之能者，行視可否，凡三反復，而又上於朝廷，決之三司，然後曰可，而皆不能易吾侯之議也。"曰："此君子之作也，可以書矣。"

蓋慮於民也深，則謀其始也精，故能用力少而為功多。夫以百步之隄，禦天下至險不測之虞，惠其民而及於荊、潭、黔、蜀。凡往來湖中，無遠邇[2]之人，皆蒙其利焉。且岳陽四會之衝，舟之來而止者，日凡有幾。使隄土石幸久不朽，則滕侯之惠利於人物，可以數計哉？夫事不患於不成，而患於易壞。蓋作者未始不欲其久存，而繼者常至於怠廢。自古賢智之士，為其民捍患興利，其遺跡往往而在。使其繼者皆如始作之心，則民到於今受其賜，天下豈有遺利乎？此滕侯之所以慮，而欲有紀於後也。

滕侯志大材高，名聞當世。方朝廷用兵急人之時，嘗顯用之，而功未及就，退守一州。無所用心，略施其餘，以利及物。夫慮熟謀審，力不勞而功倍，作事可以為後法，一宜書；不苟一時之譽，思為利於無窮，而來告者不以廢，二宜書；岳之民人與湖中之往來者，皆欲為滕侯紀，三宜書。以三宜書，不可以不書，乃為之書。

---

[1] "乎"原文爲"與"，據《范文正公文集》卷七改。

[2] "邇"原文爲"近"，據《歐陽文忠公集》外集卷第十三改。

新生洲下鼉鶴灘洲記

［元］李炳

中水而陸者謂之洲，名列郡學之版。厥壤宜荻者，新生洲也。並洲而下，湍流峻急，攢聚累積，乃沙乃土。若突而出者，鼉鶴灘洲也。二洲逶迤，高下相屬。大江流其東，洞庭瀦其南，西引巫江，北帶荊水。公私家之土不雜於其間，洲廣袤之所巨也。

厥初灘水既遠，下土墳壚，可稷❶可菽，可麥可牟。墾之者得以食其力，久將私焉。元統甲戌，學官言之郡，郡下其屬。巴陵縣丞趙士音雅納世里，偕學正楊元範履其畝，丞議："當歸之。"學郡曰："丞議是也。"其歸之。遂賦其歲之入以相春秋之奠，其羡餘以養士。後十年，教授孫昌翁暨其徒謀曰："地之隸於學者以成額，而是洲未之刻，無以昭於後。"乃立石，請予書之。嗚呼！予有以復諸君子矣。

洲以新生名，原始也。今之書者，又今之新生洲也。今夫水，黿鼉之所遊，魚蝦之所藪，舟而過其上不敢輕。迺昔之灘而今之洲，非天所以厚於郡學歟！然則遊是學也，富詩書以飽其腹，肥仁義以饒其心。是惟弗用，用則致君澤民，以無負教養之意，其可也。若夫群居終日，飽食以嬉，曾德業之罔聞，而惟廩粟是縻，豈吾黨之士所望於諸君子哉！遂為記。

是年為至正癸未，其刻石夏五既望也。洲之畝，若粟、若佃，則詳於碑之陰。進士、承務郎、岳州路總管府推官李炳記。

新築永濟隄記

［明］李東陽

岳州府城北十五里，有磯曰城陵，當川、廣、雲、貴之衝。官所置有驛，有巡檢司，有遞運、河伯二所。凡朝所遣使，有事於西南，諸藩牧泊而下，方巡歲代，及執事役夫之宣教布令，商賈民庶之往來，胥此焉集，其為地至要也。顧其西則長江奔流，衝齧無定；東則白石、翟家二湖所匯，地勢卑墊。每夏秋際，洞庭、江、漢與二湖合，浩蕩掀播，茫無畔涯。舟行則多限風濤，或累信宿；陸行則廵山歷澗，紆廻三十❷餘里，艱阻萬狀，人甚苦之。

前知岳州府眉山吳侯，欲築堤構橋以得代，弗果。福清戴侯繼守，始就二湖構木為梁，頗利病涉。但冬置春撤，歲費頗擾，利與勞不相值。成化癸卯，

❶ "稷"原文爲"粒"，據弘治《岳州府志》改。

❷ "十"原文爲"百"，據弘治《岳州府志》改。

弋陽李君文明知府事。事既就緒，乃命築土為隄，長四千丈，廣二丈，緣地勢為平高者七八尺。堤成，名曰永濟。旁夾柳樹二萬以固積壤，又鑿巨石於華容之層山，為橋二於舊所置梁處，廣二丈，高倍半，長五倍，之下可容舟。橋成，名其南與隄同，其北曰“廣通”。復慮水漲則舟不能出入，乃倣規運河，甃石為閘於二橋之北，廣五丈，高丈有二尺，長加高之三尺。架木梁以運車馬，建亭列室，以為官屬迎侯之地。而隄之事始備。葢始於甲辰十月，越一年，丙午某月，為工二十有七萬，金三千餘兩而成。

初，城陵居民與水高下，依山並磯，以附市集。至是乃募民俾自占隄，築土架屋，市貨咸輳，烟火相接，户累數百，無復有轉徙慮。隄東隰地，舊為萑荻之區者，恃其障蔽，漸可耕蓺。田以頃計者，要其成，可至數百云。

夫隄堰之制，起於中古。所以障蔽水患，為田壤計，鮮有專為道塗設者。然民之生，彝險勞逸，亦惟所在而為之利，獨田也哉。城陵之險，惟道塗最急。今易水為陸，縮遠為近，就平彝而脱危阻，其利可知也。甚者變槎居為市集，化棄地為膏沃，又昔之所未有者。葢一舉而數利兼焉。古稱更舊政者，不十倍利則不必興，有如是役，亦可以興矣。且其費必公出，工必傭致，慮定而事動，期剋而功集，改聽易視而民不知。微李侯之賢，其曷克臻兹哉！隄以永濟名者，自唐已有之，今名有實廢，不可復考。

是隄也，吴侯之志，戴侯略施之，李侯實大成之。嗣是以往，如數侯者，異時而同志，則斯名也，其亦可以稱情矣乎！李侯名鏡，舉己丑進士，歷刑部員外郎，兼明平恕，修學校，飭公宇，百廢具作，而隄之功為多。佐是役者，某官某，❶ 請予記者，山東叅政鄧君宗器、四川按察副使柳君拱之及其鄉大夫也。

君山記

胥文相

夫洞庭為長江巨浸，而君山則洞庭孤絶處也。雖三苗擄以為險，而舜實以是昭文告；蛟蜃雜以為窟，而禹實以是降我凶德，民到於今受其賜。秦皇幾以不渡，楊么祇以自剪。且聞是山不受穢惡。

赤沙湖在洞庭湖西，夏秋水泛，與洞庭為一，涸時惟見赤沙。《舊志》云：洞庭南連青草，西亘赤沙七百里，又謂之三湖。《一統志》。雲夢湖，在郡治西，與洞庭、青草二湖相連。洞庭在北，青草在南，雲夢在西，合為一湖。孟浩然

---

❶ 據弘治《岳州府志》中有“同知譚綸，通判周鳳、吴佐，推官章惟，巴陵知縣滕卓，岳州衛指揮劉纓”，被删。

詩："氣蒸雲夢澤，波撼岳陽城。"郡志。金沙洲在洞庭湖中，與鹿角相對，一名龍堆，延袤數里。杜甫詩"龍堆擁白沙"即此。宋張孝詳有《賦葛長庚詩》："惟有金沙堆下水，東西南北任風吹。"《一統志》。

君山，在府城西一十五里洞庭湖中，一名洞庭山，又名湘山，狀如十二螺髻。《山海經》云：洞庭之山，帝之二女居之。蓋堯女湘君始居於此，故名。昔秦始皇南遊衡山，入洞庭，遇風波大作，幾不能渡，因問："湘君何神？"博士對曰："堯女、舜妃也。"又曰："湘君神遊，出入則多風。"始皇怒，命伐其樹，赭其山。上有楚興寺、軒轅臺、柳毅井、傳書亭、飛仙亭、響山、酒泉山，道書以為第十二福地，古今題詠最多。《一統志》并郡志。湘江北流至岳陽達蜀江，夏潦後，蜀江漲勢高，遏住湘波，讓而退溢為洞庭湖，凡數百里，而君山宛在水中。秋水歸壑，此山復居於陸，惟一川湘水而已。《北夢瑣言》。

酒香山，《湘川記》：君山上有美酒，飲者不死。漢武帝遣欒巴求得之，未進御，東方朔竊飲。帝怒，欲殺之，對曰："使酒有驗，殺臣亦不死；無驗，安用酒為？"帝笑而釋之。相傳每春時，往往聞酒香，尋之莫見其處。《方輿勝覽》并郡志。

響山，在君山上，一名鳴山，履之鏗然有聲。柳毅井在君山。唐柳毅中宗時下第歸，至涇陽，見一婦人牧羊，泣曰："妾，洞庭君小女，嫁涇川次子。今被毀黜，敢寄尺牘。洞庭之陰，有大橘樹，擊樹三，當有應者。"毅如其言，武夫揭水引入靈虚殿，取書以進。洞庭君泣曰："此老夫之罪，使孺弱罹憂。"頃之，有赤龍飛去，俄擁紅粧一人回，即寄書女也。宴毅碧雲宫。洞庭君弟錢塘君曰："涇陽嫠女，敢託高義為親。"毅不敢當，辭而去。後再娶盧氏，貌美，曰："予即洞庭君女。涇上之辱，君能救之。兹奉閨房，永以為好。"遂與同歸洞庭。郡志。

軒轅臺，在君山，一名鑄鼎臺。黄帝鑄鼎荊山之下，鼎成，騎龍上昇。今臺址尚存。《一統志》。

巴陵遊覽記

張元忭

楚中二樓，岳陽與黄鶴争霸。自文正有《記》，岳陽之名始重，然《記》稱"巴陵勝狀，在洞庭一湖"，而不及君山，何哉？君山去郡城三十里，夏秋水漲，湧浮湖面，彷佛蓬島。登君山者，譬如駕萬斛巨艦，浮游大海，其間變怪百出，而舟未嘗動。偉哉觀也！

予以使事赴長沙，既抵巴陵，為除夕前一日，傳舍閉矣，乃往遊君山。舟至岸，謁湘君祠。行數里，弔二妃墓。又半里許，為崇勝寺，榜曰"有緣山"。

兩墀古銀樹，大可數圍，腹中半焦，僧指此為“秦皇火樹”。入方丈，飯已，折而北，登軒轅臺，凭欄四顧，水天一色。又折而左，為酒香亭，僧言漢武帝得仙酒於此，至今春時尚聞酒香。又轉入山徑中，漸上山麓，緩步淺沙，沙中積雪初化，如履茵褥，從人頓足作鏗鍧聲。僧曰：“此響山也。”《志》稱君山有穴，潛通吳之包山，豈其地耶？其旁峭壁巉曬，有洞如龕，僧曰：“此龍虎洞也。”又遶出山門，左登朗吟亭，方舉酒徘徊，忽聞欸乃聲發湖上，疑是吕仙飛渡，然竟不得見。乃下觀柳毅井及傳書亭。亭前猶有刺橘泉，泉亦特甘。

僧又引予觀寺中古鐵器。考之年月，多五代時物，或云西蜀孟昶所遺。是晚宿方丈，翼日別君山。既出門，復登朗吟亭，眺望良久，乃循舊渡歸。抵岸，登岳陽樓，見城外鐵鑄方佛五枚，陷沙磧中。蓋晉伐吳，吳人以鐵鎖橫截之，此殆植標繫鎖之具耳。夜宿公館，聞爆竹聲，稍動故鄉之思，而城中蕭然特甚。改歲為癸未元旦，詣公所，稱賀畢，携榼再登樓，酹吕仙。已，布座命酌。八窗洞啟，風景一新，湖山改色。讀壁間文正《記》，憮然有懷，鼓缶作歌曰：“昨日之日兮歲云徂，今日之日兮春服初。人皆攘攘兮，我獨於於。云誰之賜兮，拱北以呼。”又歌曰：“今日之樂兮樂何如，鸞為馭兮雲為車，觀風問俗兮貧富殊，晨有不炊兮寒無襦，使我不得飲兮立躊躇。”

歌罷，還館舍，作《巴陵遊覽記》。

重建岳陽樓記

謝濟世

余童蒙時，即聞天壤間有岳陽樓。或曰：“仙蹟也，吕翁三醉於斯。”或曰：“杜工部有《詩》，范文正公有《記》，故斯樓亦重世。”常考岳州城，古來水陸争戰之地也。而長江、洞庭在其西，尤利水戰。即如吴逆之變，偽君吴應麒[1]據城以抗我王師者五年，綏遠大將軍督水師深入，絶其運糧，而後克之。是以雲南甫平，旋移辰州之水師營於城下。夫城下即排戰艦，則城上便當巢車。萬一有小醜如楊么者，竊發湖中，則禡旗、桴鼓、縱金，皆於是乎。

在樓之建，顧不重歟？樓即西門之譙樓，其規模比三面特壯。宋慶歷以前，未知誰實剏建。滕子京以後，亦不知幾經重修。記得康熙戊子冬，余計偕過此，輪奂依然。及辛卯再過，則平臺廢址矣。自此三十年來，往還城下十餘次。每一繫纜，未嘗不翹首長太息也。

今上御極之五年，持盈保泰，安不忘危，命各省督撫修葺境内關隘。適制憲班公以是請，詔許之。其年冬，巴陵張令世芳遵檄興工。匝城堞墉，缺者補

[1] “麒”原文爲“琦”，據《清史稿·吴三桂傳》改。

之；三譙棟宇，舊者新之。維斯樓也，購石楠以造之，其高五尺，其制三層，通費白金六千有奇，明年而告竣。

甫竣，余以兑漕至，與僚屬宴集其中。宴罷，酒酣，撫今思昔，睹岩城之孔固，喜老眼之及時，乃援筆以記之。至於少陵人以《詩》重，希文《記》以人重，皆足以為斯樓重。然而前賢有數，後生無窮，重斯樓者，獨二公乎？若乃屏而五事，棄而五倫，盜天地之精，解其尸以去，而又不甘自泯滅，見形容，留姓字，賣弄伎倆，可❶以惑誘世間之愚夫愚婦，此造物所深疾者。就令吕仙尚在，億舊遊而憩焉。吾猶恐斯樓之遭霹靂也，而况安在哉！

仙梅堂記代汪御史

嚴首昇

崇禎十二年六月晦，岳陽樓災。其明年冬，余銜天子命至其地，則郡守告成事矣。樓左築掌大室附耳，為仙梅堂。訊之，云："建樓時，掘東南隅數拏，獲石長尺許，濶三之一。石上有墨蹟，斜折一枝，錯落數蕚。墨高於石，可半米，凌凌然具銜霜茹雪之致。觀者詫為神物。此仙梅堂所由與樓伊始也。"今其石固❷在壁間，予熟視之，良然。予聞之，掘土得石，譬則破肉得骨也。石之有畫文，辟天之有雲氣。萬象百怪，無所不可，何獨於梅而異之？天下豈真有神仙出没人間哉？予於此，竊有感也。

當夫赤焰浹日❸，寒燼經年，湖山黯澹，烏鵲棲遲，潸然顧之，大難為懷。一日而役千夫，興百堵，居人過客，慫恿觀成。而瑞呈若此，盈城罷市，相顧動色。人人如有所獲，豈偶然之故乎？自昔禍福同門，其來莫測。是故涸川可以得珠，崩崖可以得玉。亦莫不以其所損為其所益，以其不祥為其所祥。引而伸之，外寧者必内憂，先憂者必後樂，理勢實然。天下事皆應作如是觀也。

且夫以梅之從來久遠也，商周之際，往往言之。然《説命》言味，《召南》言實，而皆略其華。故桃李、舜英，競勝於《國風》；江蘺杜若，齊芳於《楚騷》。獨千百餘年，梅無顯者。崎嶇六朝南北，而梅一日以花聞天下。積漸至唐與宋，然後極盛。今兹之成形於石，埋光於土，遲之又久，達可而後大行。豈養晦待時，天地亦自然與！君子觀一物之所得，一物之失所，莫不有盛衰廢興之感焉！才人嗟遇，勞臣憂國，覩此將無動心歟？予聞之，物之神者，其生

❶ "可"原文爲"何"，據《清史稿・吴三桂傳》改。

❷ "固"原文爲"故"，據《瀨園詩文集》（清順治十四年刻增修本）卷四改。

❸ "日"原文爲"月"，據《瀨園詩文集》（清順治十四年刻增修本）卷四改。

也必有以，其出也必有為。雲門之桃，可以療飢；太原之棗，可以克賊[1]。其往事也。今日者，戎馬生郊，飢饉薦至。登斯樓也，誦杜老“憑軒涕泗”之句，聚麇子國循良之吏與介冑之士。究圖荒政，箸籌牧圉；後樂先憂，梅其與有助焉。吾以是為梅祝，梅果仙矣！若為是區區藏石在土、畫文在石而異之，而神仙之也，天下豈真有神仙在人間哉？

今天子文武，維後太平可俟。老成過計，或以外寧為憂。而好事者，將侈談蓬萊，以廣大帝德。予不佞，斷斷然不敢以仙名梅，以自附於不著封禪之義。即以是記仙梅堂，可矣。

觀岳陽樓記

楊嗣昌

歲在乙丑三月庚子，予觀乎岳陽之樓。岳陽樓，岳州郡城之西樓也。其面正西，臨視洞庭，漭漭滔滔。初未有際，惟若遠天落於湖外，無復尺寸之地而止耳。

夫湖，南有長沙，西有武陵，北有荊蜀，彼豈無一巒片石，傑然高出於湖表者乎？何眼眘精絶，睹湖之狀，若大圓際天，而外無一物也？語占氣者，仰望三四百里；平望在桑榆間，餘二千里；登高而望，下屬地者三千里。然則三千里外，有物皆可見也。而湖之外，遂三千里乎？塗行者之見遠山，若一螺子，一蟻甲，或數日而後至焉。今航湖者，一日亦達，數日亦達，乃其視數日外，若鴻蒙未開，而希一螺甲之觀不可得也，則異甚也。

瞿曇氏謂：“眼未八百功德。”彼以十方言之，方得二百，若一百；今極吾之目，視一方，不數十里外，而遂許以二百功德，不已多乎？俗謂洞庭為八百里湖，以八百里功德視八百里湖，至相等也，而何其不相及大懸殊也？若謂眼不如耳功德，則尤惑焉。今使吾耳洞庭，雖得其風水澎湃，歌呼欸乃之聲，不過里許而已，絶不能遠有所聞，出眼功之所不及也。而又何德以過之？無已，其神遊乎！夫神遊者，不知其遊也。不知其遊而遊，所以神吾目，不知所以視而視；至吾耳，不知所以聞而聞；生吾情，不知所以暢而已。與萬里煙波，相為浩渺，而無終極也。又豈詞喻之所可至哉！

予觀之，是日也，風去雲還，雲馳霧驟。鮫人、龍伯與堯女舜妃，争為恍惚奇詭，以眩人於不可測。憑軒久之，疑將折而入於洪瀾之中焉。念昔秋夜幾半，浮一葉中流，求棲不得，幾不知有性命。迄今而膽為之怵，欲哦詩自慰，未能也。仰視簷端，有押杜韻作詩者。乃嘆曰：“人固不同量若此！酒有別腸，

[1] “克賊”原文爲“充賦”，據《瀨園詩文集》卷四改。

詩又有別膽耶?”因咋指吐舌而去。

仙梅記

［國朝］楊柱朝

岳陽樓之擅名，非[1]僅以其樓也。湖山形勝，秀甲寰區。自回道人往來於酒家，屢顯其靈異，而神仙之説遂與湖山並傳。此後千百餘年，寂無所聞矣。

勝國崇禎辛未歲，樓不戒於火，郡守戴公、司李陶公倡議重修。忽於樓之址，得石一片，上有畫梅一枝，色如紺墨。其枝幹隆然而起，望之高出於石，宛若人工鏤就者。及以手摩之，則潤滑如砥，了無痕迹，梅與石無辨也。咸以“仙梅”呼之。因置諸樓之左畔，而亭以居焉。今樓燬，而此石尚存。

夫荒唐之説，儒者不道，而事之信而可徵者，雖聖人不絶於書。竊嘗思之，莫頑於石，而梅之隆然以起者，似有精氣存乎其中，則頑也而靈矣；莫静於石，而梅之[2]動静之機、靈頑之理皆具焉。予故特為紀之，正不必託言神仙，以掩其信而可徵者也。

七先生祠堂記

李嘗之

湯陰，至性人也。觀其歆享周同，得古人師友之義，君山其用武地也。容城，與物無競，臨事有為，一言而福被蒼生，君山其登臨處也。南城，山陰理學名臣，流連君山而不能去，殆有夙根者與。江袁，矯開元之濫觴，如張楚一呼，豪傑響應。當時待文王而後興者，何其無特操也。雖戲題君山，增綺詩業，然《廣莊》一書，堪與人天為師。至為諸孫留一日於易簀之際，又豈尋常男子耶？

武彝黄冠歸故鄉，襄陽緇服遊名嶽，皆信宿君山，賦詩而去。所謂伊人，於焉嘉客矣。北海連公曰：“是皆可祠於君山者也。”於是，捐金庀材，築室於梵宇之右。背軒轅臺，面朗吟亭。雖四山如玦，不見全湖，而前山斷處，微露烟波一片。祠前踈離曲徑，果樹蔬畦，俱可人意。予因徧觀山中亭臺，雖屬古迹，而經營殊皆草草，不及此祠耳。祠成，置木主，大書“湯陰岳先生鵬舉、容城劉先生時雍、公安袁先生中郎、山陰張先生陽和、南城羅先生近谿、襄陽嚴先生橘園、武夷李先生磊英神主”五十一字。奉祀其中，榜其門曰“七先生

---

[1] “非”，據乾隆《岳州府志》卷二七《藝文志》補。

[2] 據乾隆《岳州府志》卷二七《藝文志》，此處已删除“刻畫畢肖者，似有筆墨點染而成，則静也而動矣。以一石之微，而”數字。

祠”。蓋康熙六年仲春事也。

五視居士曰：“予猶及見嚴襄陽、李武彝兩先生，其餘則予私淑諸人耳。”夫所貴乎天下才者，為其能救時也。容城庶幾已，湯陰非天下才乎？而不克立功於外，非才之罪也，殆有命焉。孔子志在安懷，而或及友信，蓋深見夫口惠之鮮實也。彼徐渭之在井中也，人或下石焉。山陰獨立出之，非信友乎？近谿生沽玉之秋，而作漆雕未信之想。公安片言折獄，而以投幘為解脱，所謂急流勇退者非耶？假使七先生生同時，仕同朝，容城為相，湯陰為將，公安為司寇，襄陽典樞密，山陰、武彝知制誥，南城為諫議大夫，其有益於人國，無足疑者，而惜乎時地之參差也。

孟子曰：“聖人，百世之師也。”百世之下，聞者興起，况於親炙乎？君子之至於斯也，必有聞七先生之風而興起者矣。然不知親炙之為愈。夫天下大矣，賢人至眾，高山大川，廣谷名區間，安知無七先生其人乎！連公諱應鄭，號海崖，山東青州人。由進士仕岳郡推官，建祠時，方攝守事也。

夜宿洞庭記

黄曉

余曾涉海，微有懼心。人謂洞庭之水，浩瀚無涯，與谷王相似。每春漲時，洪濤巨浪，險更莫測。以故興至輒阻，不獲覯者三十餘年。迨湖南告警，戰艘雲集，不敢出遊者又十年。余齒漸長，瀟湘雲夢之懷，久已付之高閣。今自滇中來，春王之四日，舟泊武陵之浦，將欲泛湖而歸。從者素未涉險，懼心十倍於予。急慰之曰：“試觀千檣萬櫓，豈盡不知命者哉？時方水涸，未及三四月，洞庭深處不滿二尺水。余當擊楫中流，天空月皎，把酒臨風，樂胡有極？且爾山谷中人也，得覩巴陵勝槩，歸語人曰：岳陽仙蹟已具胸中。並歷晴川，仰瞻鶴樓，雲霞在目，所得不既多乎！”從者心降，於是買舟直入。因同舟者愆期，而至人日始行六十里。

詰朝狂颷頓作，繼以彤雲四布。岸鮮人跡，隨泊港口，埋頭撥火，跼促三晝夜，從者益懼而不敢言。幸三日後天霽矣，春氣易融，冰雪盡釋。俄而南薰微起，蓬飛鳥集。舟子鼓掌而歌。回視昨日，風景既殊，眉宇大爽，譬之仕宦乘時、閨房遇寵。人生適意之境，寧多覯哉！越翼日，順帆抵傅家磯，謁湖神，薦以牲血。予夙聞禱則必應，薄暮果行二百里許，神之力與？然方過湖之大半，水面烟横，不知前路所在。鄰舟齊聲而呼，約以偕泊，泊則湖之中心也。舉頭明月，照徹停波。同舟之人，俱為欣賞，深語二更，人各就寢。余獨命從者煨薄醪，佐行脯，洗盞盡醉。從者復慰予曰：“此間可以無懼。”余乃倚棹四顧，茫然長思，為賦一絶，以贈陽侯云：“一葉清波夜不驚，湖光常伴月華明。今宵酒醒知何處，但少鄰雞唱五更。”吟罷，忽然開朗，湖中景物，無一不在目前。舟子亦未睡，指余東湖入湘潭處，一線微光，長牽天際。予心已出世外，嘆服鴟夷子扁舟之興，至老不衰，領略者遂無人焉。

嗟乎！少伯功成身退，所載者佳麗傾城，兼得數置，千金散不介意，宜乎徘徊容與，遁跡五湖。余何人斯，食貧娱老，儒官匏繫，下堂之友，久隔塵寰，此行已為難事，尚何言扁舟寄興乎？矧近今十餘年，烽煙未靖，河伯慘悽，一丘一壑，猶難安枕。賴社稷之靈，澄清海内。渺渺湖光，牙檣穩步者，非予所私，惟余不得與洞庭一面。今借清風徐引，皓月為媒，宛在中央，消此永夜。前三十餘年，若飢若渴之忱遂矣，足矣！夫復奚想？葢天下相遇之奇，不可錯過，不必再來。來則故舊之情猶存，不來亦生平之願已契。湖若有知，豈不大暢於此説乎？時復稍憩，東方已漸向明，同舟人踉蹌而起，遂乃掛帆而與湖别。因不禁磨硯提筆，回憶前因而為之記。

按：黄曉，國初蓼州人，一賦一記，俱從《虞淵集》録出。一附賦後，一附記後。

湘水記

王文清

瀟湘、蒸湘、沅湘，三水皆緯流；而經之者，湘水也。湘源出陽朔，至永州，瀟水入焉，曰“瀟湘”。至衡州，蒸水來會，曰“蒸湘”。卒與沅水合於沅江，曰“沅湘”。此三湘之所由名也。顧考之者，往往於三湘則詳，而湘之源則略焉。陽朔山，或以為屬零陵，或以為屬興安，説已不一。甲戌秋，余至粵西，探湘水所自出。呼土人為前導，草笠芒鞵，蹁躚而行，始得探其源而記焉。

湘水發源於海陽山。海陽山者，即《志》所謂陽朔也，屬今桂林郡靈川縣。向以為在零陵或興安者，皆誤。山高七八十丈，廣五六十丈。山下有洞門，廣約二丈餘。洞内逶迤，甚昏墨，因持火炬入，可容十餘人並行。履下作金石響，風凜冽，如在重泉、冰窖中。偶一言欬，輒轟然有山鳴谷應之致。行二十餘丈，遇一潭，廣可三十餘步，深不可測，映以火炬，盎然發清光，間以小石投之，良久鏜鎝有聲。火光閃爍，明滅無定，亦未知其中有魚龍異物否。潭周圍無逕路，有緣不可以渡。土人告余曰：“此即湘、灕二江之源也。”徘徊久之，寒氣不可留，遂出。

洞口有清淺小水，吐入一石澗中，澗廣纔尺許。土人指之曰：“此澗涓滴細流，四時不絶，乃湘、灕二水之咽喉也。”沿澗行半里許，有宋時海陽山神惠濟侯廟址。又里許，見小澗一綫窅深，漸下漸澗，至興安之山東村、太平堡

諸處，其水遂成一大江。蓋小江日夜所注，渟滀既盛。而又别有兩大水自東、西來助之也。東則一水逆來，起於興安之東鄉白水洞，洞下有深塘，名杉木江。逆過車田村，穿龍虎岩，跗岩再上，南折至江東村，約百餘里入大江。西則一水順流，自靈川興安之長岡嶺，順過豪豬田村，至太平堡，約二十里入大江。蓋大江為主，而東西二水為之附庸。至此合流，以成其盛，灣漩至渼潭。潭深且廣，水停積若不流，計程去海陽洞口已九十里矣。潭下半里許，江水洪流中横一州，名鏵嘴，嘴長數里，廣不過二十步，高止數尺，逆大江而踞其中央。江水至此，輒分左右二江。

夫沿江上下二千餘里，兩岸多危岩絶壁，獨此嘴砂石碎礫，無巨石陡岸。乃獨當金江奔騰之衝而力捍之，俾分為二。土人云："此嘴低且薄，往往春夏暴漲，亦不能汩没之。水退如故，終古完固，不見其有潰決崩壞之形，亦一奇也。"江上有伏波廟，意者伏波之靈爽，實為呵護之乎？嘴北有大天平壩一座，南有小天平壩一座。此二壩，即楚、粤二水分界承流之處。南流者為灕水，北流者為湘水，此湘水所由出也。而從此入零陵，達衡陽，過長沙，會沅朗，三湘於是争匯矣。

瀟水，出九疑三分石，經零陵縣西北入於湘。蒸水，《漢志》作"承水"，出邵陵界邪薑山。至重安縣又合界塘水，再經重安之南，又受零陵之武水，至湘東臨蒸縣，今為衡陽之北注於湘，謂之"蒸口"。《志》所稱"水氣如蒸"是也。沅水，出益州牂牁郡，經辰谿，今麻陽諸溪洞水，若漸、辰、漵、潕、西諸水俱附此。過武陵東注龍陽，至沅江與湘水合。此"三湘"之所由稱。

此數水者，一經而三緯，皆出深崖幽邃中，行二千餘里以合於江，而達於海。其淵源有本，其流行有漸，其支派有條，其分合有序，皆余所目擊也。夫三湘既合之後，固極浩蕩之勢矣。究其濫觴，不過三十步之潭，潭外澗不過尺餘細流，而涓涓綿綿，遂至於此。天下事由淺而深，積小成大，下而善受之不窮者，固如斯乎！

登君山記❶

陶澍

海内之水，莫大於洞庭。其峙立湖中者，東則扁山，南則磊石、青山，西則明山、寄山、團山。數山中，明山頗勝，餘皆部婁，不足當登臨之目。獨君山周七里有奇，蒼然貼湖心，為沅、澧、資、湘之砥柱。

予往來洞庭數矣，未及登也。會有事常德，而岳守陳公亦專人相迓，遂買

❶ 據《陶澍集》（清道光刻本）卷三十三改。

舟往，道明山、寄山、團山下。時秋水方[1]平，微風不起，俯仰惟天，浩然無際。遥見君山，髣髴若魋結，可望而不可即。更初，始相近，舟人將逕抵南津港，半渡，因風返，遂泊焉。月色如盤，冉冉出波中，四顧蒼茫，如成連之在海上也。自念此山在十一福地，不可不到。我輩歷碌軟紅，湖山易隔，詰朝解纜，不免覿面失之。遂[2]起，踏月山椒，略識面目。山寺犬聲如豹，露氣襲人，攝衣而返。

翼早，北風大作。望岳陽樓，縹緲雲邊，無能飛越。舟人相咎，惟予幸石尤之見留。飯後，從一僕入二妃廟，階下叢菊盛開，古香沁鼻。老樹蔭廟後，寒翠欲滴。其右為洞庭君祠。稍上百餘步，為二妃墓，有小碣，著茂草中。墓上樠樹一株，亭亭如蓋，相傳犯之有蜂蛇之異。按《山海經》："洞庭之山，帝之二女居之。"郭璞謂天帝之女也。是則上界天仙，豈有玉棺遺蜕，留迹凡間？自祖龍焚書，博士大都不學，隨口應對，傳會虞姚，遂使此山横被髡赭，不知蒼梧南狩，二[3]妃未從，是以《九歌》所賦，不徵釐降之文。昔人謂倦勤耄歲，甥館久虚，乃以白頭老婦，跋涉要荒，蹈濁水以捐軀，望空山而掩涕，殆不其然！昌黎《黄陵廟碑》，亦不言其葬此。而無忌之徒，至有辟陽侯之誚，悖矣！

由墓旁小路迆西，有刹立山奥，榜曰"有緣"，葢言山非有緣者不能至也。蓬萊三島，自在人間，然名利兩航，去來如織，逆風則不能至，風順又不肯至。其有欣然撲被，躡履思游，而塵心未化。見遠山靈，往往阻以風波，或臨岸而引之使返。如今日之遊，不謂之有緣不得也。

崇勝寺，隱然山之南麓，恐佳境易窮，故折而東，迆邐過數岫，則華容諸山皆在目矣。濱湖西上里許，轉入山徑，窈而南，曲折如旋螺。久迺陟軒轅臺，為山之最高處，烟波浩淼，駭目盪胸。志言黄帝鑄鼎於此，鼎成上昇，故旁有飛昇亭。竊謂鑄鼎荊山，未必即此。考史，黄帝南至於江，登熊、湘。解者釋熊、湘為二山。君山舊名洞庭山，又曰湘山，則此地自屬公孫遺蹟，不必借攀髯遺弓事以文之也。

其南為酒香亭，昔漢武遣欒巴求得仙酒於此，春時有聞酒香。山下嶮岈林立，有石方平，可坐數人，謂之漢武射蛟臺。茂陵劉郎，英雄好事，想其抽弓挾矢，威息鯨波，自必把酒登高，臨風四望。不待讀《大人賦》，已飄飄有淩雲之意矣。遂下山麓，東至崇勝寺，群岫環揖，古木蓊然，多[4]秦皇火餘之

---

[1] "方"原文爲"相"，據《陶澍集》(清道光刻本，下同)卷三十三改。

[2] "遂"原文爲"獨"，據《陶澍集》卷三十三改。

[3] "二"原文爲"三"，據《陶澍集》卷三十三改。

[4] 據《陶澍集》卷三十三有"間作赭色，云是"被删。

樹。僧堂下列鐵梢二，各重千斤。按《雜記》：或云[1]孟昶嘗以八寶鼎獻馬希範為壽，馬以賜君山僧，玆豈其遺耶？但細尋梢背，有文曰："淳祐五年，孟府十位造。"淳祐為宋理宗年號，彼時孟珙方鎮襄陽，去此未遠，其為所造無疑。寺壁懸錢南園先生書，蒼勁似魯公《争坐位帖》。柳毅井在其左，水甘洌，四時不竭，山寺皆飲之。旁有刺橘，大數圍，空靈古拙，千年物也，即柳毅為涇陽婦人傳書處，事見小説《虞初志》，流俗遂奰為洞庭之神矣。

出寺，循澗而下，觀龍、虎二洞，石竅嵌空，漲痕初落。相傳昔有虎居之，晝伏夜動。予惟岑鬱之區，靈禽是集，如柳歸舜所見，則有武游郎、花都子之屬。至若毛蟲四足，無從傳翼。故《圖經》言"此山不受穢惡，無猛獸"。况山君水處，説尤不經。按：君山有穴，通吴之包山，郭璞《江賦》所言"巴陵地道"也。又《拾遺記》云"洞庭之山，浮於水上，其下有金堂數百間"，故知山本中空，而二洞則往來之門户。今山之南有響沙，水涸時蹬足有聲，殆中空之驗云。由[2]洞稍東，高阜擄湖濱，舊有朗吟亭，石碣刻"朗吟飛過處"五字。神仙踪跡，初無定在，朗吟飛過可也。實之以處，得不貽回道士笑耶？因小憩石畔，坐數九馬、金鶚諸山，歷歷如畫。西眺明山一帶，昨日所經者，亦[3]微茫若粟，浮沉於輕烟薄霧之中。夕照銜山，落霞千里，但聞漁歌綿邈之音，遠起蘆荻間。舟人以風息來告，遂鼓枻至岳陽城下，沽酒巴陵，登樓記之。

碑記凡十一首

楚三閭大夫昭靈侯廟碑記[4]

［五代］蕭振

噫！楚懷失道，遠君子而近小人；靳尚讒言，興浮雲而蔽白日。大夫含冤靡訴[5]，抱直無歸。叩閽而天且何言，去國而人皆不弔。徘徊澤畔，顦顇江濱，吟貝錦以空悲，佩崇蘭而自喻。雲裝羽駕，東皇[6]君忽尔來遊；斂衽端蓍，鄭[7]詹尹於焉靡説。懷忠履潔，愛國憂君，驚禽而行欲遶枝，棄婦而豈忘

---

[1] 據《陶澍集》卷三十三，"或云"補。

[2] "由"原文爲"有"，據《陶澍集》卷三十三改。

[3] "亦"原文爲"一"，據《陶澍集》卷三十三改。

[4] 據《全唐文》（清嘉慶内府刻本）卷八百六十九改、補、删。

[5] "訴"原文爲"所"，據《全唐文》卷八百六十九改。

[6] "皇"，據《全唐文》卷八百六十九補。

[7] "蓍，鄭"原文爲"巾"，據《全唐文》卷八百六十九改、補。

回首。《離騷》咏盡，不回時主之心；靈璅長辭，竟葬江魚之腹。救溺之蘭橈[1]競逐[2]，招魂之角黍争投。寖為午日之風，播作三閭之事。式瞻遺廟，尚巋崇基[3]。綿歲月以斯多，黯精靈而未歇。

然即金鋪零落，蘭橑摧頹。蝸蜒全染於杏梁，蟲蠹半穿於桂柱[4]。苔生玉座，塵壓珠帘。蓬蒿漸蔽於軒楹，風雨日浸於神像。我大尉中書令楚王，道惟濟物，德必通神，思闕政而咸修，想忠魂而有感。况靈符禱請，事著聰明，能資上相之兵威，克靖二兇之沴氣。遂得上章請疏，秩爵崇封。爰旌感應之功，是錫昭靈之號。相府乃減浄資於厚[5]禄，模大壯於遺祠。規圓矩方，上棟下宇。華欂錦簇，將日曜而月輝；彩檻帶縈[6]，或龍盤而獸走。檐鳥飛企，瑶砌砥平。靈官與鬼將争趨，海若共波臣並侍。陰風暝起，應朝澤國之靈。落月春深，但哭巴山之鳥。前依積水，廻壓高邱。占形勝於一隅，奠馨[7]香於萬古。

其或征人輟棹，歸客憑軒。當洞庭木落之初，是枉[8]渚波生之後。千聲鼓枻，猶傳濯足之歌。一紙沉書，曾弔懷沙之恨[9]。風急[10]始知於草勁，火炎方辨於玉貞。當時之瓦釜雖鳴，異代之桐[11]珪忽及。矧重新廟貌，光被恩綸，固可大慰幽靈，全攄憤氣。想直躬而若在，披遺像以如生。爰終結構之功，欲紀經營之績。豈期嚴命，猥及下寮。誰道談賓，名忝霸府。居惟代舍，歸來敢歎[12]於無魚；地實長沙，日晚誰驚於有鵬？從軍稍暇，訪古多懷。正吟招屈之辭，忽捧受辛之旨。勒他山之翠嶂，序有土之殊功。風聲永播於無窮，追琢便期於不朽。何人讀罷，起三十里[13]之沉思。今日斐然，慙二百年之述作。直書盛跡[14]，用告將來。

將仕郎前守江陵府、功曹將軍柴嘏書并篆額，開平元年十月二十五日建。

---

❶ “蘭橈”原文爲“蒸徒”，據《全唐文》卷八百六十九改。
❷ “逐”原文爲“輯”，據《全唐文》卷八百六十九改。
❸ “基”原文爲“墓”，據《全唐文》卷八百六十九改。
❹ “柱”原文爲“棟”，據《全唐文》卷八百六十九改。
❺ “厚”原文爲“原”，據《全唐文》卷八百六十九改。
❻ “縈”原文爲“榮”，據《全唐文》卷八百六十九改。
❼ “馨”原文爲“聲”，據《全唐文》卷八百六十九改。
❽ “枉”原文爲“汪”，據《全唐文》卷八百六十九改。
❾ “恨”原文爲“賦”，據《全唐文》卷八百六十九改。
❿ “急”原文爲“愆”，據《全唐文》卷八百六十九改。
⓫ “桐”原文爲“同”，據《全唐文》卷八百六十九改。
⓬ “歎”原文爲“憚”，據《全唐文》卷八百六十九改。
⓭ “里”原文爲“年”，據《全唐文》卷八百六十九改。
⓮ “盛跡”原文爲“成事”，據《全唐文》卷八百六十九改。

杜公亭碑記

［宋］潘惟一

湘陰南堤，舊有亭，曰“杜公亭”，世傳為杜工部繫舟之地。元豐乙丑，知縣王君定民重立，有序，第言伯仲舊遊事，他無所聞。其後更名“詩翁”，又曰“清風”，而紀述亦莫之見。獨舍人侯君延年作詩云：“杜老詩中繫畫舡，吟餘物色故依然。臥虹堤影東西水，夾鏡湖光上下天。”至今為絶唱。亭廢久矣。

惟一作吏，數月暇日，訪求故址，荒穢侵廹，犬豕是游，徘徊太息而返。未幾，玉牒趙侯善刑，來視邑事，惟一間道斯亭之興廢，侯喟然嘆曰：“亭固不可無，然邑有社稷，委之荊榛，春秋無祭所，玆又關政之大者。予居以歲月，與百姓相安於無事，當次第而舉，子姑待之。”既而侯以寬臨民，以儉節用。期年，財乃贏，遂鳩工會財，復社壇於縣北，規模恢廣，斯亭亦隨以成。質而不華，因名“杜公”，屬惟一為之記。

嘗考其集，繫舟故多，此則未之明言。葢公晚自蜀浮江，南遊於楚，淹滯三湘。慨慕乎祝融之柴望，九疑之巡幸，湘渚之帝子，汨江之大夫，長沙之太傅，因以發其傷時懷古之意。如過湘夫人祠、南入喬口，皆有留咏。湘陰界乎其中，舟楫之所必至，斯公之憩息於此，信不誣矣。

今亭面江枕湖，神鼎、白鶴從其東，汝州、碧灣遶其南，修峰隱其西，秀水經其北。至若岸花汀草，浦柳皋楓，狎鷗輕燕，落雁躍鱗，此動植之概見者也。日出寒山，星垂平野，朝雲細薄，夜月清圓，此晨昏之概見者也。然則杜工部繫舟之樂，其寓是乎？趙侯名亭之意，其以是乎？杜工部居酸辛憔悴之餘，志不獲用。一飯思君，忠憤感激，具見於詩。今侯憂時雨暘，視民疾痛，舉切諸身，其亦工部之意歟？亭成，而始與民樂之。會李公次對來帥長沙，以嫌引去，邑人借留不可。登斯亭也，即以為茇舍之遺也可。

重修黃陵廟碑記

［明］唐懋淳

邑古蹟首黃陵，而祀典尤重。古蹟者，騷人之所尚，過其地而懷其事，想見其為人而已。祀典者，官司之所守，歲之豐凶在是，民之憂樂在是。況以湘名邑，鼓瑟之湘靈實式憑之。而廟壞不修，淪於幽徑，非所以崇民祀而為民綏福地也。

予幼讀韓子《黃陵碑》，慨然慕之。意廟當湖湘之間，魚龍幻於前，香草馥於後，必有深林古木，乃足稱名盛而表壯觀。謁選適得湘陰，冀寓目而償所願。會有履畝之役，取道入謁。則見山哀浦悲，鳥啼獸號。既而馬躓蹀中，輿人告曰："此即黃陵廟也。"予手披榛蕪，方可展拜。拜訖仰視，中為虞帝，露處蒙塵，無所為山龍火藻、華蟲粉米之象。旁為二妃，莓苔徧體，求所謂紫壇葯房、椒堂荷屋者，渺不可叩矣。嗟呼！誰守土而坐對明祀之湮若是哉？

爰進湘人而謀曰："以秦皇帝之雄，一擊於泰山之風雨，再蕩於湘流之波濤；以韓吏部之豪，能燒佛骨於長安，而不能不修祀於湘南，則湘君、湘夫人之靈彰彰矣。歷千年之祀，忽然中墮，雖皇英宏慈，不以廢祀之故而重棄其民。而數年以來，肓風怪雨，愆伏時作，綏豐罔歌，度亦湘靈之未妥，若或致之也。"余因決意修葺，分薄俸，為鳩工地，閱月廟告成。將塑像以祀，而揆諸祀典，有慎重而未敢決者。

始皇問："湘君何神？"博士對曰："堯二女，舜二妻。"未聞以舜為湘神也。劉表之署曰"二妃祠"，未聞以舜祠為署也。韓碑正王逸之謬，明二妃之為皇、英，而援《楚辭》《湘君》《湘夫人》之説以證之，未嘗為舜勒碑也。其祀舜於黃陵，則自宋王定民始。邑舊有舜庙，密邇學宮。邑民斥學而廣之，併庙於學，遂以黃陵為溈汭而合祀焉。余甚非之。有虞氏平城之德，巍巍奕奕，祀於帝王廟矣。南巡不返，淚迹染林，祀於九疑山矣。生非其地，葬非其鄉，皇皇帝廟，建於下邑，豈義之所安哉？而至以袗衣鼓琴，生而合歡，歿而合祀，尤説之近於鄙也。今專其祀於二妃，顏曰"湘靈廟"，昭其舊也。

湘人復請碑於予，予笑謂："昌黎嘆太康之碑斷裂分散在地，其文剥缺。今韓碑亦復仆矣。安知今之所勒，不為韓碑之續乎？"湘人遂進而請曰："昌黎之修是廟也，假力於王堪，竪是碑也，丐石於張愉。今公官是土修是祀，不假王堪之力而廟已新，不丐張愉之石而碑自永，又何讓焉？其韓子之碑，雖斷裂剥缺，終不與晉碑同沉者，以其文不朽故也。公宜有言，以垂貞珉。"予不能拒，遂紀其始末，以附韓碑之後云。

重修三閭大夫汨羅廟碑記崇禎六年

余自怡

三閭故有祠在汨羅，去湘治七十里。予童子時讀《太史傳》，掩卷久之，曰："安得一遊先生彈冠振衣地耶？"長而讀《騷》，於流放睠顧，所謂一篇之中三致意焉者，未嘗不想見先生之悲憤也。

崇禎二年己巳，吏於下江。考《圖記》，汨羅在治北。念為童子知敬先生，今得祀先生，何幸也！及問先生祠，則云："自吾新安戴黃門前峰先生修葺後，至今缺然矣！"噫！仕於楚，師於楚，先生之忠，固萬世臣子之鵠也。而在楚最著，即楚之忠若子文，若申包胥及倚相白珩之對，賢卿大夫不勝師。而古羅又得以汨羅師先生。牧夫樵豎過祠下者，亦知感慨，是祠安得以無修乎哉？予同士民捐金三百兩，命良民黄一鳳董其工，逾月告成。將享且有日，則集士若民而告之曰：

祀先生，教忠也。忠，天性也。憂讒畏譏，而忠不衰，況吾人遭明盛之世乎？先生傷美人之遲暮，叩帝閽以陳詞，而忠不替，況吾人事神聖之主乎！若夫志潔行廉，佩蘭懷芷，忠固未有不貞白自好者。而吾人潔身靖職，固可哺糟啜醨，隨流揚波乎？則願祀先生者，黍稷非馨，肥腯非碩，求為先生所噱，而毋廼為先生所吐也。悲夫！楚懷入關，而風不競，行吟澤畔，懷石自沉。先生一腔忠憤，見於《哀郢》諸篇。至今讀之，尚潸然出涕也。予謂三户亡秦，實先生激烈先之，則先生忠楚之能存楚也。夫忠楚能存楚，楚之忠不勝師，師先生足矣。況尔羅若士若民，桂酒椒漿，日得親炙先生，而惟先生是師乎？予惟修先生祠畢，而教忠之訓，不敢不申焉。若夫童子時知敬先生，夫亦以忠，天性也，而先生有以教之也。

戴黄門名嘉猷，新安績溪人，以嘉靖辛丑至羅。予亦新安人，祠之成，若有待也。廟之成以辛未，碑之成以癸酉。

獨醒亭碑記

戴嘉猷

余既新三閭祠矣，往訪求遺蹟，廼之門外有橋焉，以“濯纓”名；祠下舊有亭焉，以“獨醒”名。皆後人之想像我公，味其文辭而寓哀焉者也。橋固無恙，於亭何輒為於邑？時好事何端華解[1]余意，欣焉任其事，不日亭告成。於此可以見忠節感人，心所同然。固有曠世相孚，不言而喻者矣。

因思懷王客死於秦，貽千古笑，職思其由，昏瞶為患云尔。使其清心寡欲，必能知蘭輩之皆醉，我公為獨醒；讒謗不行，而謀猷見聽。楚其庶幾矣，何至為秦所執也！襄王嗣立，使其悟昏瞶之為患；悔禍圖新，必能知靳輩之皆醉，我公為獨醒。移其所以信靳尚者而信任之，何至謫江南而懷沙以死哉！

大抵古今人才，自有分數。沉溺富貴之場，依阿鮮恥，惟欲之快而不顧人家國者，十常八九；赤心謀國，慷慨論事，挺拔流俗之中，不以死生禍福攖其慮者，百無一二焉。然往往以讒疎，以直放，則獨醒之難全，豈特一屈原哉！嗚呼！百年旦暮，為日幾何？以有限之榮枯，而無窮芳穢繫之矣。瞻斯亭，能無感也夫？能無懼也夫？

[1] “解”原文爲“醒”，據嘉靖《湘陰縣志·創設》改。

三閭行祠碑記[1]

羅奎

梁侯一，西蜀之江津人。以進士來令湘陰，敦化敷政，振弊舉廢，罔不殫心，勸忠節之念，尤為拳拳。夫忠節之在楚者，惟三閭屈子為最著。其仗節死義，世有定論，載諸史，可考也；其祀事崇報，歲有常典，載諸志，亦可考也。迺湘之邑内罔祀焉，是為缺典。

按：正廟在汨羅，為其死所。行祠三：一在壘石，一在菱子市，一在湘治之廣照寺。謂湘境内之地，為公所常遊也。宋元間遷廢靡常，祠在廣照者，今失其址。二百年來，未有議覆者。自侯之始蒞也，慨然有志，而未得其地。既越月，巡視邑内，得有當毁衙舍一所。遂捐資於俸，借力於民，鳩工庀材，兩月竣事。棟宇巍然，丹書赫然，前對衡岳，後帶洞庭，一時廟貌，與佳山秀水同其高深，公之靈其妥於湘矣。

雖然，公之精神充塞宇宙，固無往而不在，豈獨著於湘而已也，特以公楚産也。湘，楚之衝；而汨羅，又湘屬也。汨羅在湘東隅，去湘治六十餘里，則公之正廟為僻阻。是以天下之人，凡抱忠節而歷楚湘者，往往以不一觀公像為遺憾。則是祠之建，匪公靈之獨妥，而所以對天下，以淑人心，風後世者，胥於此焉寓矣。

祠在縣之東南隅，約三百步，廟一，寢一，廡、門各一，廣深寬五丈，祀儀如汨羅，其所費取諸汨羅之侵地。先是，汨羅祠有隙地，計周圍一千一百三十六丈，為豪右湛明等侵為世業久矣。侯始蒞時，祀汨羅，覈返侵地，募民佃之，歲取其租，以供新廟之祀。因并勒石陰，以告來世。

君山湘君廟碑記

嚴首昇

沙邱太史、虎臣蔣公繼、尊人楚珍先生鳴玉，起為藝林宗，天下楷模。蔣氏一家，言者五十餘年。公及第，以内翰司衡秋春兩闈，督燕畿學政。康熙十年庚戌，近艾旬，引疾請假。抵廣陵，過其門不入。溯洄棲霞、牛首，經九華，至止匡盧者，五閱月。迄辛亥，入八公、九峰，過大、小别，泛洞庭，憩嶽麓，沿湘陟衡嶽，周覽七十二峰，復溯流下。壬子春，上渚宫，遊嶸巔，望峨嵋，投止思南，極洱海，然後旋。

---

[1] 本文較之嘉靖《湘陰縣志・祀典》所録文，多有删節，亦更顯簡潔。删除之文，本文不補，以存其原貌。

公茹蔬布衣，徒步瓶缽。但所至，輒有紀。若詩及地方便宜損益事，咸授梓。維時吴善司農定山、包公元辰，公所得士也。專符天岳往還，皆留岳，因住君山，愛之。募當路，建湘妃庙其上。費不貲，再匝月而成。而公歿於峨嵋寺中，輤南歸。定山使君勒碑廟側，屬予為紀。

予思公轍跡幾半天下，所獲巨川喬嶽凡幾，獨徘徊洞庭君山不能去。亦猶天下名卿大夫士多由公門，而獨依依定山使君，若曰“微斯人，誰與歸也”。公入楚，楚人當如南郡之仲宣、沙渠之青蓮，建樓置亭，用張吾楚。而公為君山，躬自拮据，譬之峴首然。古今人以太傅故傳，當其時，太傅正思藉峴首以自銘也。君山之有虞妃，出祖龍博士，列司馬史，儒生輩謂不經。而公信而好古，若或誠然。亦猶江南大小孤山遂稱“姑”，澎浪磯遂稱“彭郎”，乃至塑像，敕額“聖母”。歐公紀以文，蘇公賦以詩，文人博雅，正喜傳疑若符節也。岳故有黄陵廟廟在湘陰縣北。祀二妃。昌黎維舟拜廟，碑記之，今不可考。而墓存兹山，移廟在墓，何惑焉？公兩入岳，既去，予始知致書余。異同參伍，如朱陸故事，約以三至君山，落成妃廟，思築静空，投老其中，偕定山主人細席，商確千秋事，兹緣觖不克償。而余奉主人命，為公勒石，告成事焉。

嗚呼！天下事惟其意耳。意所至，事與俱至，不必其果然也。吕晦叔為潁守，與歐陽永叔、趙叔平為“三老堂”，堂成而永叔逝，至今以“三老”稱。今且謂太史果落成於此，後日撫碑揮涕，則太史與司農競爽日月，如羊太傅然，而予亦得為鄒子，嘖嘖人間也哉！

萬由橋碑記

嚴首昇

嘗攷《宋史》，咸平盛時，凡道路阨塞，皆宰相幾務事。因思古者，雨畢除道，水涸成梁。王政時時及於征夫，必有以也。秦漢後，冬官瀾疏，聽民間自為之，强半緇流輩好事。未聞有居高臨遠，荒度咸宜，上下同心，遐邇集成，若少保祖之於天岳萬由橋者也。

岳南坰十里為陡頭渡橋，名“通和”。自慶曆滕太守始，久之，失其址。兩建於嘉靖、萬曆間，皆簡略，不匝歲輒墮。迄泰昌，乃創始，題名“萬由”，至今存。葢千百年規畫無虛日，尔頃造舟為梁，居者、行者概苦之。維時邵、湘以南，廸屢未靖，特簡太師洪鎮，星沙中丞林公、袁公，分陝、湖南北。橋則其夷庚也。少保祖公駐節武昌，去岳可六百里，鑒觀要害，屬監司張公、太守高公、司李劉公經營焉。爰是昌江以東，澧水以西，官助廩，民輪力，乃觀厥成也。少保函其狀，屬予言。

予思趙充國治橋七十餘所，諸葛武侯喜飾橋梁於烽燹之頃，皆兵法也。厥後杜元凱亦然，則民事也。今自天岳言，若司李、太守、監司諸公，則民事也。自太師、少保、中丞則為封疆然也，兵法也。是役也，始事於冬初，垂成於春仲。時會其贏，而農乘其隙，民未病涉，而兵利行、師勤劬，表見於在官，賦役不擾於民間，殆一舉而眾美備矣。以千百年築舍，賴今名賢，星集以奏績，豈偶然哉？今楚、蜀間橋梁，多稱杜、稱諸葛者，萬由亦藉諸賢以不朽耳。諸公應列銜於左，凡岳屬在官，下逮緇衣、工匠，有功斯橋者，咸録姓名，附以不朽云。

涵淵匯利洞庭君王廟碑

［國朝］蔡毓榮

向者滇寇竊發，波及楚疆，踞岳陽洞庭，負固抗衡。皇帝赫然震怒，命諸王將軍帥禁旅入湖迅勦。余奉命督官兵，亦當一面。此戊午年四月中事也。

春夏之交，湖水洋溢，連青草，亘赤沙，蒸雲夢，浩淼無地。寇恃水勢，縱巨艦，排火器。我師破浪突至，而賊鋒掃折。嗣是大戰數十，罔有弗勝。己未正月收岳陽，遂由湖南而黔、而滇。天兵所指，聞風歸順。十三年版圖如舊，而其始事則在洞庭也。説者謂洞庭之神，實顯應焉。夫奉聖天子威靈，提十萬之師，殄滅草竊，何險不平！何頑不服！而籍彼神力為然！百靈效順，盛世之事也。我兵在湖數月間，寒暑浸災，水氣浸潤，而兵不疫癘，人鮮死傷。颶風大作，龍鬬蛟争，山飛石走，而我兵出戰斬將，搴旗如履平地。飛運芻粟於驚波駭浪之中，無淹没、腐濕之事。商人賈子、販夫販婦，環市君山，朝夕浮渡，不聞水濡之苦。凡若此者，不可謂無神力也。因為請於朝，下禮臣議封為洞庭之神。帝曰："俞遣某官致祭。"事訖，騂聞甚盛典也。

夫五岳視三公，四瀆視諸侯，禮也。《禹貢》曰"九江孔殷"，即洞庭湖也。沅、漸、無、辰、溆、酉、澧、濱、湘，滙三湘，經四澤，為楚澤雄長，其列於岳瀆也宜哉。《公羊》曰："泰山、河海、山川，有能潤於百里者，天子秩而祭之。"夫湖之潤，非百里也，矧默相軍功，效靈呵護。崇其封祀，太典允洽。豈若秦漢之君，炫功耀武，惑於方術神仙，而僕僕於封禪禱祠者，可同日語乎？

顧吾聞之，古名將用兵之際，雖神靈現顯，俱置不問，恐惑人心、懈人力也。彼獨非與夫謀事而聽命於神，或矯託焉，誠愚夫愚婦之為，君子所不道。若夫事定之後，開功以賞，將士爵賞有差，而兼修祀典。此聖天子治明治幽，天人一理，所謂山川鬼神亦莫不寧，非懋德之至不及此。但神祠湫隘，神像剥蝕，甚非崇祀之意。爰倡所屬，劇金襄之，相度基址，宏廠宫宇。不侵官錢，不漁民物，余之志也。繼余改制滇、黔，頗不忘斯役。適湖南布政司董厥成請余文，以彰其事，以落其成。其門亭、殿廡、僧寮之次第，支費之多寡，歲月之始終，先後捐修及監工、典守之姓氏，董厥成者當備志焉，余不具書，但述水司用命，天子錫封，侑安神居祀告太平者，以遺之如此。

夫洞庭自三苗不共，恃以為險，而七旬來格，其後始皇荒暴，幾以不渡。陽么出没，究以自翦。神之向順背逆也，厥惟舊哉。為之歌曰：

維神正直兮宅炎方，北通巫峽兮南瀟湘。浩浩千里兮靈洋洋，魍魎遁跡兮蛟龍藏。慶安瀾兮邀王章，享封典兮允德芳。水晶閃耀兮飛帆檣，銀波灌注兮肥稻粱。來萬寶兮利農商，報九重兮固金湯。廟巍巍兮山之陽，旗飄飄兮水中央。青螺髻兮十二行，奏清音兮仙酒香。神之來兮白玉堂，神之去兮碧雲鄉。吁嗟乎！神兮山高而水長。

重興吕仙亭碑記

張其蘊

按：《岳陽風土記》：城南白鶴山有吕仙亭，乃宋時松樹老人遇仙之所。此亭之所由作也。

余以康熙己巳秋，奉命自西水移駐岳陽，經理水師。他務未遑，先覽歷形勝，以謹斥堠。公廨之外，前則南湖一片之水，後則東嶺千重之雲。而此亭植立其中，眺城郭而俯洞庭。所謂大觀，誠不虛矣！第滄桑之後，琳宫灰刦，有羽客太羲自檇李來，構一小亭於上，祀吕仙於中。余閒過其處，目空濛瀲灧之狀，與岳陽樓爭勝。惜乎亭僅容膝，不足收納湖山之趣，而高軒戾止，亦無開尊對奕之地。余低徊久之，乃告同城當事，構大殿一座，驅叢榛野草而新之，數載厥功未竟。丙子春，巴陵孫令君共濟同心，撤小亭而擴大之，接衡雲之敷布，砥漢江之波流。於是乎在余因之有感焉。

昔岳忠武王滅李成於襄漢，降么冦於洞庭，功存宋社，聲施至今。余忝辱戎行，職司湖徼。報効之忱，時切夢寐。適楚學政使者岳公藹亭，後裔也，校士岳陽，遊其亭，喜甚，遂捐金飾殿。移城北七里山舊像祀於中，而以吕仙金像祀於亭。仙人好樓居，神道闡精舍，葢謂此也。自今以後，冠葢士大夫，騷人墨客，過殿而覩忠武之威容，有不起忠君愛國之心者乎？登亭而炙華州之丰采，有不動神遊八極之思者乎？而况太羲蕭然一衲，丹房之内自絲桐、楸枰之外，了無長物，惟將一片度世之心，拮据重興，不憚勞瘁，直足以報太清而嗣仙派，宜并書於石，以示羽流之繼述者。是為記。

重建汨羅三閭大夫祠碑記

陳鐘理

余家去汨羅僅千餘里，幼讀三閭大夫《離騷》，及龍門子長《傳》，流涕想見其為人。甲戌春，奉天子命令湘陰，公餘訪三閭大夫故處。舊有祠，為湘水浸嚙，垣瓦僅存，樓角將圮。噫嘻！忠貞之祀，風化之原，何任其蕩柝墮廢，一至於斯乎？

夫古之艱貞蒙難，繫心宗社，寧死不悔者，三人尚矣。三閭於楚為同姓，竭志盡忠，卒遭讒放。其菲萋之蘭尚，與廉來同其君。兵挫地削，入關不返，又與紂之自焚同。而其心之惓顧宗國，微文諷諫之，無可如何而後死，死而猶不忘諫者，又無不與三仁同。昔周道衰微，孔子删書，序《微子》一篇於《商書》之末，使後世君若臣，知讒人高張，賢士仆躓，而國隨以邱墟，為天下笑。余讀《離騷》，掩卷嘆息，亦與《微子》一篇相表裏。帝高陽之苗裔，則我祖底罪陳於上也。恐皇輿之敗績，則今殷其淪喪。將遠近以自疏，則王子弗出，我乃顛隮也。伏清白以死，直則自靖，人自獻於先生也。眷懷君國，呼天呼父母，一出於至誠惻怛之意，其仁一也。三仁去而殷存，三閭沉而楚重。原之忠，全楚之地並宜崇祀勿替。今僅一專祠，顧任其頹敗不振，非所以妥忠魂，亦非所以振人心而厚風俗也。

余咨嗟久之，與諸生登玉笥。山啾啾，猶聞啼嘯聲。多士告余曰："此當年作《九歌》地也。"盍遷廟於此祀之？遂屬周生富榜、黄生齊植、高生竣、楊生懋根等董其役，鳩金一千有奇，飭工庀材，徙三閭祠而新之，宏而甚麗也。其前為騷壇，又其前為獨醒亭、招屈亭，又其前為濯纓橋。經始乾隆甲戌八月竣工，乾隆乙亥九月廟成。諸生丐余言誌其顛末，余以祀先生為教忠之大者，爰刻石而為之記。

卷之十

藝文二

文凡三首

祭湘君湘夫人文[1]

［唐］韓愈

維元和十五年，歲次庚子，十月某日，朝散大夫、守國子祭酒、護軍賜紫金魚袋韓愈，謹使前袁州軍事判官張得一，以清酌之奠，敢昭告予湘君、湘夫人二妃之神：

前歲之春，愈以罪犯黜守潮州，懼以譴死。且虞海山之波霧瘴毒為災，以殞其命。舟次祠下，是用有禱於神。神享其衷，賜以吉卜，曰："如汝志。"蒙神之福，啟帝之心，去潮即袁。今又獲位於朝，復其章綬。追思往昔，實發夢寐，凡三年，於今乃合。夙夜怵惕，敢忘神之大庇！

伏以祠宇毀頓，憑附之質，丹青之飾，暗昧不光，不稱靈明。外無四垣，堂宇頹落，牛羊入室，居民、行商不[2]來祭享，輒敢以私錢十萬修而作之。舊碑斷折，其半仆地，文字缺滅，幾不可讀，謹修而樹之。廟成之後，將求玉石，仍刻舊文，因銘其陰，以大振顯君夫人之威神，以報靈[3]德，俾民承事，萬世不怠，惟神其鑒之。尚饗！

始將既修樹舊碑，仍刻其文於新石，因銘其陰。舊碑石既多破落，文不可盡識，移之於新，或失其真，遂不復刻。

---

[1] 據《韓愈集》（嚴昌點校，長沙：岳麓書社，2000年）卷第二十三改、補。

[2] "不"原文爲"時"，據《柳宗元集·吊屈原文》（尚永亮、洪迎華編，南京：鳳凰出版社，2007年）改。

[3] "靈"原文爲"重"，據《柳宗元集·吊屈原文》改。

弔屈原文[1]

柳宗元

後先生蓋千祀兮，余再逐而浮湘。求先生之汨羅兮，擥蘅若以薦芳。願荒忽之顧懷兮，冀陳詞而有光。

先生之不從世兮，惟道是就。支離搶攘兮，遭世孔疚。華蟲薦壤兮，進御羔褎。牝雞咿嚘兮，孤雄束咮。哇咬環觀兮，蒙耳大吕。堇喙以為羞兮，焚棄稷黍。犴獄之不知避兮，宫庭之不處。陷塗藉穢兮，榮若繡黼。榱折火烈兮，娛娛笑舞。讒巧之嘵嘵兮，惑以為《咸池》。便媚鞠恧兮，美愈西施。謂謨言之怪誕[2]兮，反置瑱而遠違。匿重痼以諱避兮，進俞緩之不可為。何先生之凜凜兮，厲鍼石而從之。但仲尼之去魯兮，曰吾行之遲遲。柳下惠之直道兮，又焉往而可思？

今夫世之議夫子兮，曰胡隱忍而懷斯？惟達人之卓軌兮，固僻陋之所疑。委故都以從利兮，吾知先生之不忍。立而視其覆[3]墜兮，又非先生之所志。窮與達固不渝兮，夫惟服道以守義。矧先生之悃愊兮，慆大故而不貳。沉璜瘞佩兮，孰幽而不光。荃蕙蔽匿兮，胡久而不芳。

先生之貌不可得兮，猶彷彿其文章。託遺編而嘆喟兮，涣予涕之盈眶。呵星辰而驅詭怪兮，夫孰救於崩亡？何揮霍夫雷電兮，苟為是之荒茫。耀姱詞之曭朗兮，世果以是之為狂。哀余[4]衷之坎坎兮，獨藴憤而增傷。諒先生之不言兮，後之人又何望。忠誠之既内激兮，抑銜忍而不長。芈[5]為屈之幾何兮，胡獨焚其中腸。吾哀今之為仕兮，庸有慮時之否臧。食君之禄畏不厚兮，悼得位之不昌。退自服以默默兮，曰吾言之不行。既媮風之不可去兮，懷先生之可忘。

告洞庭君主文

［明］袁宏道

湘流千頃，君山一髻。細刀巨艦，唯風則濟[6]。由江入湘，由湘入澧。犖

---

[1] 據《河東先生集》（宋刻本）卷十九改、補。

[2] “誕”原文爲“誣”，據《河東先生集》（宋刻本，下同）卷十九改。

[3] “覆”原文爲“廢”，據《河東先生集》卷十九改、補。

[4] “余”原文爲“全”，據《河東先生集》（宋刻本）卷十九改。

[5] “芈”原文爲“芊”，據《河東先生集》（宋刻本）卷十九改。

[6] “濟”原文爲“敵”，據《袁宏道集箋校》（錢伯城箋校，上海：上海古籍出版社，2008 年）卷十八改。

犖雙櫬，半千餘里。和風晴日，鏡波止水。一日數程，輕帆如駛。所執者微，所乞者侈。神勿我嗤，念彼羈鬼。

序凡四首

雲母泉詩序❶

［唐］李華

洞庭湖西玄石山，俗謂之墨山。山南有佛寺，寺倚松嶺。松嶺下有雲母泉，泉出石，引流分渠，周遍庭宇。發源如乳湩，湩末派如淳漿，烹茶、淅蒸、灌園、漱齒皆用之。大浸不盈，大旱不耗。自墨山西北至石門，東南至東陵，廣輪二十里，盡生雲母。牆階❷道路，炯炯如列星。井泉溪澗，色皆純白。鄉人多壽考，無癖癘疥搔之疾。華深樂之。穎陳公，天寶中與華同為諫官。公性與道合，忽於權利。方掛冠投簪，顧華以名山之契。乾元初，公貶清江丞，移武陵丞。華貶杭州司功，恩復左補闕。上元中，俱奉詔徵。公自清江至武陵，道路多虞，制書不至，華泝江而西，次於岳陽。江山❸延望，日夕相顧屬。思與高賢共飲雲母之泉，躬耕墨山之下。敢違朝命，以狥私欲？秋風寒露，洞庭微波，一聞猿聲，不覺涕下。況支離多病，年齒甫衰。願餌藥扶壽，以究無生之學。事乖志負，火爇❹予心。寄懷此篇，亦以書公之志也。

見岳陽樓詩序

［明］吴綺

原夫天垂翼軫，長沙獨炳一星；地極衡湘，資水先通九派。考之往代，蔚有大觀。慨自寅、卯之多虞，因於庚、癸而不輟。荊湖半壁，難消鐵馬之塵。鄂渚千村❺，盡没銅駝之草。盈郊瓦礫，嘆歸燕以無巢；徧野干戈，撫哀鴻而何術？

時予江倩，來尹是邦。虞詡才高，其何憂於盤錯；王陽氣壯，曾不避夫艱危。未三年而立起瘡痍，出百計而潛消飢溺。遂使戰場多壘，悉種潘花。雖至比屋無人，皆生召樹。爰於簿書之暇，特為樓櫓之謀。呼父老而告以耰鋤，子

---

❶ 據《全唐詩》(北京：中華書局，1960年）卷一百五十三改、補。

❷ “階”原文爲“背”，據《全唐詩》卷一百五十三改。

❸ “山”原文爲“上”，據《全唐詩》卷一百五十三改。

❹ “爇”原文爲“熱”，據《全唐詩》卷一百五十三改。

❺ “村”原文爲“層”，據《林蕙堂全集》(文淵閣四庫全書本）卷四改。

來忽亟[1]；減餔飧而具夫木石，吾力猶堪。大匠遂踴躍以庀材，孺子亦歡呼而負土。登登競響，咸臨籠首之渠。穰穰來歸，争甓魚鱗之瓦。功成不日，義有取於高深；備繕他時，事永資乎捍禦。

於是環連百雉，無煩天女之勞；並矗雙甍，似有神人之助。丹甍特起，如生赤水之霞；粉蝶週圍，若聚碧臺之雪。珠簾畫棟，看雲雨之去來；疋練蘘花，攬江湖於遠近。至若北斗回看，星文仰燦。南山對聳，嶽氣遥通。西臨鹿阜，裴相國之遺踪；東眺龜臺，王婉妗之古跡。桃花浣筆，得騷賦於靈均；細柳鳴刁，溯英風於漢壽。此則阮步兵登之而起歎，顧長康目之而未能者也。

爾其帆過平林，笛生遠浦。庾公夜嘯，坐明月以一牕；張叟秋漁，泛斜陽於雙槳。雪消郢樹，壓晴色於欄邊；雨挹湘花，繞香風於座上。霞飛碧浪，如韍貴主之旗；星隱黄陵，若鼓靈妃之瑟。時則賓佐清遊，薦紳狎至，咸謂戴星之密畫，用成偃月之壯觀。聞如蔦之清歌，同來倚檻；醉建康之醇酒，頻共飛觴。顧而樂之，洵可志也。

嗟夫！先憂後樂，良符文正之心；和汝倡予，可少子安之賦。隱侯八詠，得此地以同傳；崔顥一篇，在他年而何有？是為短序，以紀勝情爾。

重刻《岳陽風土記》序

徐學謨

昔之人以罪去國，往往不獲善地。其尤甚者，則猩鼯之與群，魑魅之與鄰，必令厭苦而思他徙。而世有拓落之士，達觀宇宙之表，施施漫漫，不以僇人屑意。雖窮荒絶徼，不憚搜剔剪刈之勞，務以發露造化之秘，以娱其耳目。若柳子厚黄溪、鈷鉧諸記，鋪敘山水奇勝，以為酈鎬、鄠杜有所不及。至於樂而忘其故土，及以其所記，徵於今之吏永者，皆稱湮滤不可考覩。乃知當時固有所託，以凝神而釋慮也。假令子厚處善地，其文或不能與山水争奇勝，而耳目之觀無不當意，則又無俟於文以自娱者。然則古今去國之臣，蓋有幸、不幸焉。

岳州自楚通中國之後，其地當文明正位，其形勢甲於天下。余嘗登岳陽樓，以南望衡湘，北窺夢渚，西窮巴峽，東瞰鄂黄，所謂上下天光，一碧萬頃。造化自然之秘，不待摎剔剪刈，自得於湖山千里之外，雖善記者不能益其奇勝。及詢其風土，則有故宋范晦叔氏之《記》，具在大都。州氓勤生而嗇出，閭閻之需不仰給四方得，日厭鮮魚而飫秔秫，縉紳家無華屋文繡之侈，為奇技淫巧者，不輕闖其境。今之稱善地疑無逾此，即敘遷者得之以為幸。矧去國之

[1] “亟”原文爲“至”，據《林蕙堂全集》（文淵閣四庫全書本）卷四改。

臣，有厭苦而思他徙者哉？昔范晦叔氏以直道不容於朝，出監酒税，秩至眇耳。然猶惓惓於風土之記，則公之所自慰藉於岳陽者何如也！

同年許君，曩由水部侍郎陟觀察大夫，嘗以其權專制一道，與方伯連帥等尊榮矣。竟遭讒黜，廻旋一倅。同時去國者，多駸駸進復顯列，而君獨二年不調。然每見君略無厭苦無聊狀，豈是邦風土故，能縻縶遷客？而君之所以凝神而釋慮者，抑自有在耶？君為人拓落，而尤善為子厚之文。然不肯輕吐一語，以別自為記。惟取范本刊正以傳，又知君不欲與山水争奇勝。乃屬余序之。

岳陽四紀序紀事、紀人、紀勝、紀異

［國朝］楊翔鳳

誇勝概者近於諛，述勝概者又近於諂。山水不受諛，更不受諂。然古來盛樓臺者，如五步十步，上可建旆，下可屯守，視此如耳閣、駢拇耳。若驅山鞭石，襟帶百里，甚至引河入汴，植柳環隄，錦繡千鄉，羅綺萬户，視此如盃流勺水耳。然試問昔之繁華者，今何在哉？而岳樓幾興幾廢，文人載色載笑，披圖千古一堂。況余輩日每登躋，與二三知己敲詩酌酒，若胸中自具一八百里氣象，即習矣不察。而考古名流産自吴越者，至此未嘗不若將終身曠然忘倦，推為天下第一。

吾知佳山水不容諛，況張、范、蘇、邵、韓、歐諸公非諂者。余即有吴越之志，姑博涉以為山川廣交遊，倘有得意歸，則舉觴以告於洞庭，想不能舍此以易彼也。境中人物亦稱盛，而余師王澄川公，偶有“地靈慚人傑”一語，至今不滿於時人，但止抹煞余輩一切耳。若已往班班可見，將來又不可量。

至瀟湘雲夢，烟波出没，蛟窟鼉城，神奇猶不可測。鬼神之道，可由不可知，有聞則述，非摻奇以惑人也。若户口錢糧，總自刑名，非學士家耳目所及。況陵谷變遷，人民聚散，莫可臆説。文辭則他所略者必詳之，而明文大有不讓古人者。其最勝一樓，余目擊燬於崇禎，陶侯重新，經亂屹然。復燬於順治，相去不十餘年，總由民室叢雜致之。倘後修舉，須辨此義，疎逖烟火，以壽此靈物，免再飛去，乃可見文章之非具美也。

余適病卧強起，讀“先憂後樂”“老病孤舟”之句，喜而集之。時七月二十有二日，歲在己亥。

書凡一首

與范經略求記書

［宋］滕宗諒

六月十五日，尚書祠部員外郎、天章閣待制、知岳州軍州事滕宗諒，謹馳介致書，恭投郊府四路經略、安撫資政諫議節下：

竊以為天下郡國，非有山水環異者，不為勝；山水非有樓觀登覽者，不為顯；樓觀非有文字稱記者，不為久；文字非出於雄才鉅卿者，不成著。今古東南郡邑，當山水間者比比，而名與天壤同者，則有豫章之滕閣、九江之庾樓、吴興之消暑、宣城之疊嶂，此外無過二三所而已。雖寖歷於歲月，撓剥於風雨，潛消於兵火，圮毁於難患，必須崇復而不使隳圮者，蓋由韓吏部、白宫傅以下，當時名賢輩各有紀述，而取重於千古者也。

巴陵西跨城闉，揭飛觀署之曰“岳陽樓”，不知俶落於何代何人。自有唐以來，文士編集中，無不載其聲詩賦咏，與洞庭君山率相表裏。宗諒初誦其言，而疑且未信，謂作者誇説過矣。去秋以罪得兹郡，入境而疑與信俱釋。及登樓而恨向之作者，所得僅毫末耳。惟有吕衡州詩云：“襟帶三千里，盡在岳陽樓。”此粗標其大致。自是日思以宏大隆顯之，亦欲使久而不可廢，則莫如文字，乃分命僚屬，於韓、柳、劉、白、二張、二杜，逮諸大人集中，摘出登臨寄咏，或古或律，歌咏并賦七十八首，暨本朝大筆如太師吕公、侍郎丁公、尚書夏公之作，榜於梁棟間。又明年春，鳩材僝工，稍增其舊制。古今諸公於篇咏外，卒無文字稱紀。所謂岳陽樓者，徒見夫屹然而踞，岈然而負，軒然而竦，傴然而顧，曾不異人具肢體而精神未見也，寧堪久焉？

恭維執事，文章器業，凜凜然為天下之時望。又雅意在山水之好，每觀送行懷遠之什，未嘗不神遊物外，而心與景接。矧兹君山、洞庭，傑然為天下之最勝，切度風旨，豈不攄遐想於素尚，寄大名於清賞者哉？冀戎務鞅退，經略暇日，少吐金石之論，發揮此景之美，庶漱芳潤於異時，知我朝高位輔臣，有能淡味，而遠托思於湖山數千里外，不其勝歟？謹以《洞庭秋晚圖》一本，隨書贄獻，涉毫之際，或有所助。干冒清嚴，伏惟煌灼。

疏凡一首

請定楚省運漕水次疏

［明］姜性

臣惟當今軍國之需，仰給各省之漕運。而交兑必有水次，水次必有定所。蓋酌於道里之宜，適於軍民之便，權於利害之交，斷然不易，乃可永久遵行。臣生長於楚，目擊楚民為此一役，謀牽築舍，患切剥膚久矣，安得不為皇上請命，定楚南永久無虞之計！

臣查湖省水次，《會典》所載：曰漢口，曰蘄州，曰城陵磯，曰陳公套。謂“原止掛口，而漢口、陳公套其續”者，誤也。青泥灣，即城陵磯地方，亦猶掛口，即蕲州地方，議請在《會典》之後。謂“青泥灣兑糧，而總巡漕院未知之”者，亦誤也。夫掛口各次無論已，惟青泥灣分兑衡、荊、岳、長四府之糧，則原從漢口，議改者實自嘉靖十二年始。漢口果便，何為改哉？乃行之四十載，為萬曆元年仍歸漢口，至十九年便歸泥灣矣。行又十二年，為萬曆二十一年仍歸漢口，至三十二年復歸泥灣矣。行又三年，為萬曆三十五年，仍歸漢口。至三十六年復歸泥灣矣。漢口果便，何為屢改哉？又何為議改以來八十年間，而兑於泥灣者凡六十年，兑於漢口者僅二十年哉？

臣竊以為，議法當順民情，舉事當從民便。以青泥灣兑四府之糧，其便有四：道里適中且近，一也；免涉長江風波之險，二也；鄰壤之民和睦不生事，三也；省減水腳，四也。然而屢告屢改，何也？則亦有故。

臣聞省次之保歇，串同各衙門之吏胥，利兑運為奇貨，而魚肉無所不至。往往假冒糧里之名，誑准上司。輒又百計朦朧，不行查勘。或查勘矣，而地方官慮以水次所駐，夫馬供應為苦，輒又朦朧回覆。於是甲可乙否，朝三暮四，不難聽熒惑之言，拂百姓之欲，蔑欽定之制，作兒戲之舉。臣查漢口幾番改兑，惟萬曆元年題准，而餘皆未奉詔旨也。以如此關係軍儲大事，而可輕率專擅也耶？

夫告改者，不過謂青泥灣淤塞耳，風波不便泊舟，漂没糧石耳，漕軍逆水挽舟為苦耳，官旗以地遠法疎，時有縱横耳。不知架空舡以就兑米，漕軍之苦幾何？即楚舡歲有撥運江省之糧者，獨不挽舟千里遠赴彭蠡乎？苦姑無論，而留心地方者，或未可遂謂人弓，而人失之應否，不為之議處也。青泥灣中段雖淤，而其下為城陵磯，其上為南津港、艑山等處，埠口迂環，沙洲新出，皆在咫尺。一望之中，向來商舟艤集如鱗，而獨不可泊漕艘乎？楚，澤國也，即漢口諸流，湍急尤甚，而獨不虞有風浪乎？萬曆二十年間，陳公套不一夜風起，打破糧舡五十餘隻，漂没米三萬石有奇乎？且泥灣一帶，岸次逼臨岳陽門外，而慮不可問以三尺，將岳郡之防道，所駐府縣衛衙門，皆無資彈壓矣，而專敕臨督之官安在耶？馭眾之法，亦惟恃有威令行，處置當耳。往年旗軍，不於省河毆劉通判以斃乎？安見彼近之易繩，而此遠之難制也？凡兹利害，豈不較然甚明哉？然非臣一人臆説也！

臣查先年撫臣李正之疏，略曰：兑糧到省總部通判，吏書每石勒銀三分，名派舡錢。儻運夫如數與之，則票撥與軍舡，逐一交兑；否則零星撥兑，而民受書吏之害也。總部隨有長行皂快，而江夏又送積年民壯，一人常帶五七人沿河巡邏，通大小歇家，指以開逼為名，向運夫索銀五六兩，少不如意，則大火逼枯。有每石折二三斗，而民受逼米之害也。旗甲於兑米之時，先索運夫綵紅、三牲、酒醴，名曰“祭江”“灑倉”。仍又置酒，請舵公、攔頭、綱司、椽房、府役人等，各有銀兩、米色不等，方與交兑，而又有無籌逼折，出風順風外耗等米，畫會、完倉等銀，而民受旗甲之害也。腳夫營幹硃票，名曰“官腳夫”，立於舡頭見兑。兑完一會，要米一簍；再會，再要。通完，又邀集多人上舡，除正腳錢外，每石勒米二三斗，少則擁眾行兇，往往有毆運夫成篤疾者，而民受腳夫之害也。丐食花子，聚集百十餘人，又有市棍通同腳夫裝成花子，上舡丐米，因而強搶行李，或將一人佯死，尤賴；又或小舡五七隻，夜半挨糧舡，抽幫江中，搬搶一空，無憑告訴，而民受花子之害也。大歇家見運夫掛欠，勒令部運寫約，假稱王府，每百兩九折，連信錢止八十七兩，保頭錢扣四兩，説事錢扣三兩，止得八十兩，與運夫議還二百兩，及至歇家來縣討錢，官派每里每日供給貼錢，而民受借貸之害也。以上諸害，青泥灣不盡有也，即有之，未必若是甚也。

又云：“衡、永、長、岳等府，自弘治間，經洞庭風波之險，由洞庭至漢口，又經長江風波之險，往往有漂流糧船，有滲漏腐爛糧者，因題請於岳州交兑，至今公署現存。至嘉靖末始改漢口，復經洞庭、長江之險，而漂流諸患仍前。隆慶中，岳州知府劉自化具申兩院，題請仍舊城陵磯蛇鱗洲水次，濬通河道數里，以便冬月交兑。後本官去任，而在城商賈、積棍，利此數十州縣之來，得以因緣為利，百計阻撓，是以未及竟行。今試行文各運糧地方，查訪陳公套交兑，比城陵磯孰便，及查先年劉知府建議，或於城陵磯相近地方南津港、青泥灣二處，又或去城陵磯四十里臨湘陰縣地方，即冬月水涸，亦可泊舟交兑，庶有便於民而無損於國矣。”此十九年題准者也。

按臣吴楷疏，略曰：“荊岳所屬北糧，向在城陵磯青泥灣水次交兑。蓋適兩府交會之區，漕艘必由之路，又水勢緩，而民質樸，既免覆溺之患，又無漁獵之弊，以近就近，軍民稱便。迨三十一年改至漢口者，為因武漢假借告改，以肆恣睢，故岳屬糧之完兑者不能十一，而貽累者八九，運官每有掣肘之虞，糧里亦多蹙額之苦。”又云：“青泥灣水次，自三十一年改併漢口，僅一年所而群稱不便，事勢、人情有不得不復舊者。”此三十二年題准者也。

户部疏，略曰：“城陵磯原兑衡、長、荊、岳四府之糧，苦改於陳公套，相距遠甚。緣是荊、岳二府，告改於青泥灣，去城陵磯止五里，就此交兑，即謂還其舊日之城陵可也。且運四府之糧，原定以荊、岳之舡，不獨民便，而軍亦便。特未經移會漕司，全單尚開在陳公套，及今不為移定，恐後來省會之積猾，没利鑽改，更不便於民耳。”此三十七年户部尚書趙世卿據主事洪良範之疏題准者也。

按臣史弼疏，略曰：“交兑之水次，他郡無論矣。若衡、長、荊、岳四府，便於青泥灣，不便於陳公套，明甚。此職巡歷四郡，父老合詞控訴，而職與府、道諸臣勘之至確者，正欲為地方乞命，隨因監兑主事洪良範題請，部臣題覆，仰奉欽依准青泥灣。四郡生靈讙呼，不啻更生。而省會衙奸積棍，欲遂其魚肉之計，輙妄生流言，當事猶惑其説。職誠不知其故矣。”此三十八年題請者。

合而觀之，四郡之水次，果青泥灣便耶？抑漢口陳公套便耶？然就四郡而言，又不無區别者。臣聞衡、長之運夫多係攬户，利於涉遠取事，其舡又多載土產，便於赴省發賣。又岳郡鮮有富姓稱貸者，惟省有之。是以青泥灣之兑，願與不願各半。荊、岳則原係一道，軍民有婚姻之好，兑次在門屏之近，資斧省費，借辨無難。臣稔知之邸居，細詢兩郡士民之寓長安者，罔不以青泥灣為便可，無煩再計者。且查往案，十九年、三十二年遷改泥灣，惟荊與岳耳，衡、長未之改也。三十一年、四十年告歸漢口者，惟耒陽與衡山之民耳，荊、岳未有辭也。據彼二縣一面之情，失此二郡久便之計，當其事者，曷不審思而熟計之耶？

今日楚中又議改矣，且不行道、府通查，而望風懸斷，迄何時而寧哉？臣獨有説焉。兑部既裁，加勑糧道，則糧道一如兑部可也。乃部臣每臨水次，必親督兑完，彌月始按他次。糧道則僅驗烤炕，不數日去，而委之判簿等官。彼其秩卑權輕，自好者固多，而闒茸者亦不少，安能約束軍民？且糧道又多有帶管别道之時責，其專精糧務，不亦難乎？今後宜一申飭，毋委判簿，以滋他弊；毋攝别務，以妨本職。此又不獨楚省為然也。

臣又聞講江西一省漕糧用官兑之法，設倉水次，令民輸於官，官兑於軍。歲省民間費用不貲，而所以優恤軍旗，亦甚悉，其法最善。彼中事規，儻亦可倣而行之乎？臣深計桑梓，謬獻蒭蕘，伏乞勑下户部，採擇臣言，將荊、岳漕糧定於青泥灣水次交兑，永著為令，不得再因别府告改紛更。其衡、長二府，另行彼處再議。至於申飭糧道，奉行官兑之法，一併覆議，以聽聖裁。民生幸甚，國計幸甚！

時萬曆三十六年，疏入，事下户部，移咨楚省巡撫，勘議妥確，俱如性議，遂定青泥灣水次，即於皇華亭建立倉廒，至今永為定制。

啟凡三首

徵修《洞庭湖志》啟

［國朝］沈廷瑛

洞庭一湖，扼吴楚之東南，浮乾坤於日夜，滙雲夢而為壑，合江漢以朝宗。化雨堯天，澤國都歸版宇；仁風禹甸，王程不礙帆檣。遂乃八百里波濤奔來眼底，數千年往事盡到心頭。深廟廊憂樂之懷，得風月江山之助。直欲平鋪湘水，划却君山。白銀盤裡青螺，把酒儘多豪士。蜃母樓頭寶鏡，狂吟大有奇人。至於漁棹長横，青草神仙之嶼；雲和善鼓，黄陵帝子之洲。弄玉笛於秋風，争珠光於夜月。豪情不淺，雅韻欲流。屈指芳踪，難更僕數。然而氣蒸波撼，年年消巴蜀之雪；帆正檣斜，日日航沅湘之浪。有不禁騷人失色、過客驚心者矣。

迨我朝聖聖相承，元元在念。挽狂瀾於既倒，賜金堆柁桿之洲；俾征棹之安流，移石鎮蛟龍之窟。百靈效順，視唐宋而隆封。三楚揚清，於岳常而特滙。由是沙明水碧，重湖之景象如新；月白風清，南國之畫圖再繪。湘中句好，似聞黄老躭吟；江上峰青，不止錢郎擅美。而况闈分南北，文星聯翼軫之光；雪印東西，客路愜畢箕之願。猗歟休哉，何其盛也！

夫索奇珍於火帝之屏，峰巒七二，已有成書；問秘竇於陽侯之宅，氣象萬千，宜成要覽。矧登斯民於衽席，奠安出自聖人。溯百代之源流，摭拾殊多逸士；擬攬全湖之勝概，必徵盖世之鴻文。攷以形圖，核之故實。如聖朝封典，水利隄防，島嶼之所瀠洄，草木之所薈萃；當源窮而派别，復類聚以條分。他如風騷遷謫之所往來，神仙物怪之所栖託，忠臣孝子之所吟咏，黄冠緇衣之所流連，與夫豪俠之奇踪，隱淪之晦迹，令人景慕，使我相思。自能集腋成裘，復恐掛一漏萬。竊惟香草美人之地，鍾靈毓秀之區，八縣廻環，群英雅集。此日芸窗玉戛，他年杏苑金敲，必能展補闕之才，伸拾遺之手，搜羅新句，採訪舊章。昵他桂棹蘭槳，乞證因緣於湖上。自此魚書雁帛，望飛文字於風前。謹啟。

此啟見沈太守原本，不見作者姓名，姑附於此，備其本末，即以為太守自作可也。

與宣城令嚴半農求刻綦鰲柱《洞庭志》啟

萬年淳

書啟半農三兄先生足下：弟於兄未及趣承色笑，俛領風規，亦未嘗以一紙投門下。然素企慕若渴，恨不朝夕見。弟非欲邀榮於足下也。弟性拙，衹知讀書，筆墨外頗留心世故，物色人豪。年自二十外，便聞足下官聲噪甚。尋問其所以然，每苦傳者淺陋，不能悉知委曲。最後聞足下為鰲柱先生刻所著述，弟心甚異之，以為此真非俗吏所能為也。

鰲柱，足下師也。簿書之暇，留心學術，以此倡導，一邑風化不小，且不忘師教厚甚，則一事而三善備焉。數年以來，欲見所刻本，詢諸近習者，而又云未也。弟心又異之，豈傳者之謬與？抑有志而未逮與？將鰲柱之書尚有未釋然者與？弟於鰲柱里居遠甚，即間見其所作，亦未悉其藴蓄何如。近於家叔禹山處，得見鰲柱所著《洞庭湖志》藁本，考据詳覈，採擇精當，雖觖略頗多，

經紀未備，然其規模已次第可觀。又鰲柱為人，詳不可知，以弟所聞，亦甚顛蹶。大抵學有餘而養不足，識過人而才不逮也。然其所著作，亦足以表見於世矣。而足下欲為剞劂而不决，豈所見者鰲柱制藝之文，尚未見有此與？弟心甚怪之。

夫時文一途，在近日誠無可着腳。弟嘗謂本朝作家難於有明，近時作家又難於國初。非胸中别有一山河大地，自具邊圉，雖有所作，亦隨風靡耳，焉能為有無哉！時下居官者，多以刻藁為希世事，駕名號、高聲價、美雕篆、善紙章，以炫耀俗人耳目。弟嘗於遊歷處，見所云"本衙藏板"者不少，弟亦不知作文是何事，然心甚詫異之。豈妙道之行，固多孟浪之言耶？大抵自謂以此出身，知名於世，遂謂文章如是云云。而同官者互相侈靡之，往來遊食者又從而呵之。以為古人不是過，以故信以為實能之而不知媿也。足下出牧十餘年矣，未嘗遽事於此，足以知其所蓄者大、所見者卓，不汲汲欲邀一時之譽也。

夫鰲柱之文，固非時下庸手所及，然其一生精力，大約在洞庭一湖。足下真有志表揚岩穴之藏，弟謂此書其宜首務也。弟於壬子與令弟斗南同榜，風塵倉猝，相見日少，加以未見鰲柱此書，故未曾商此。今既見此，不敢不言。古人謂聞一善若驚，弟差有焉。而弟獨眷眷於足下者，以足下本有此志也，且情不切不能也，識不到不能也，力不贍不能也。如足下俱不慮此，鄙人固陋，竊罄一得之愚，亦足為足下一助官聲也。

書辭冒浪，獲罪良多，如不見遺，當覆一紙，毋使此書遂從此流亡也。

與陶侍御商定沈太守《洞庭湖志》稿啟

萬年淳

前月，僕在大人處，偶言及沈太守《洞庭湖志》一書，屬僕校讎，僕尚不知此書為何書也。次日始得見之，乃歎此書為吾家故物，久失之而復得之也。

僕遥憶敝邑前輩，有綦鰲柱名世基者，博學能文，素留心洞庭故實。每學使臨岳，古學無出其右，自成選貢。後隨葉提學閲視試牘，每到一棚，凡臨近洞庭府州縣志，學使所檄至者，乙夜展閲，一切有關洞庭事蹟，巨細必録。三年之勤，纂集初就，名曰《洞庭湖志》。逮鰲柱物故，其子幼，不能讀父書，此志稿本為僕先叔禹山所收。盖禹山為鰲柱門生，意欲成鰲柱之志，而力有所不能。越數年，禹山病革，以此書囑僕蕆其成。時僕方輯《古禮拾遺》，不暇及此。又屢念此稿為鰲柱草刱，體例未明，挂漏尚多，凡山水、洲港、堤垸、古蹟、廟祠，皆據州縣志書云"在縣某方，去縣幾里、幾十里"。此州縣志體例則爾，若作《洞庭湖志》，宜以湖為主，宜改云"在湖某方，去湖幾里、幾十里"乃是。然如此變例，非買舟沿湖上下，一年半載，訪問明白，不能猝辨。至增補鈌略，猶易為力耳。僕以此故，艱於遊歷，藏此稿於家，將十有餘年，盖有志焉而未逮也。

癸丑秋仲，忽接敝邑侯湯二樓書，索鰲柱志稿。蓋二樓承沈大守命，而太守得聞於夏學博者。學博官岳久，久聞鰲柱有此書，不能得見，故託太守書屬二樓，訪實徵求。適二樓詢於僕同年嚴斗南，而斗南以僕所藏者告。緣僕曾以此稿，懇斗南兄半農為宣城令者，經理剞劂而未能，故斗南知之。僕不欲違邑侯意，冀鰲柱此稿或有能修改以行之者，以故授邑侯使者而轉致之夏學博。今太守此志，原本多出於夏學博，而學博原本，又多出於鰲柱。雖其間增損不一，體例各異，而濫觴之源，實鰲柱導之。夫鰲柱草剏之稿，僕固不甚浹意，而夏學博底本，僕又未見。今觀太守此書，雖規橅、體製，鴻衍周足，而其中不浹意者尚多。竊依其門類，而覼縷陳之。

蓋《志》為洞庭而作，宜以《輿圖》為首。此書列洞庭四圖，分東、西、南、北甚好，但必先立一《總圖》，將沿湖四旁各府州縣地域、疆界、山川、形勢，及各水道入湖之虡，歷歷詳繢，令觀者一目了然，然後以四圖繼之。君山、岳陽樓者，乃湖上絶境，而“洞庭秋月”，又湖南八景之第一景也。此三圖亦不可不補。

今此書以《皇言》為第一，竊謂《皇言》無幾，所録遣官致祭祭文，宜譴入《廟祠》。至修築舵桿洲石臺及修築堤垸等項，宜入《堤垸》。已毁堤垸照稀密蘆稞虡，宜入《賦税》，則此一門宜損。若《星野》，乃作志舊例，宜列《輿圖》之後。而洞度分星，又不比一州一縣，可以大略存之。宜依《水道提綱》分經布度，横斜湖面而詳注之。今此書仍舊，又所引星度，但据晉唐等書舊度，不及《明史·天文志》與本朝《萬年書》新度，豈可謂善言天耶？

僕竊考各省、府、州、縣志，俱有《沿革》一門，而洞庭湖之沿革，則通省之沿革俱係焉。此斷不可損也。如漢晉以來，各州縣之分轄東西南北，歷代異勢，建置、名號，屢有改異。此一大更革事也。本朝雍正二年，湖南北分闈，繼又岳、澧分隸，皆因洞庭險難之故。此又一大更革事也。嘉慶四年，改洞庭協為洞庭營，移駐鼎州。此又一大更革事也。其餘官制、城郭、廟祠、堤垸小小，沿革甚多，俱不可略者。如此大故實，此書皆無之，其何以志為耶？僕竊謂《輿圖》《星野》之後，宜增《沿革》一門，此全書最要之項也。

且此書《湖山》之後，方及《水道》，未免源流倒置。諸湖皆九江之下流，九江即洞庭。須先將九江一一清出，然後次及瀕湖諸小湖、小港，與夫潭、灣、磯、嘴、池、灘、浹、渡，此皆水道血脉所周虡，不可凌亂者。則《輿圖》《分星》後，次《水道》，次《湖港》，方有源委。而此書所載九江，混無頭緒，無主從，分流合流處，不詳里數；而川江之經流、支流全然不明，三江、五渚、雲夢，毫無考證。僕竊謂全書精神在《水道》一門，此處不精不詳，便不可以成志。

又，此書以《湖山》為一類，《洲港》為一類，亦不甚分曉。按：濒湖各小河港，宜次諸湖後，不宜次州後，宜分湖港為一類，山洲為一類。山外皆洲，洲上有堤、有垸，然後次及堤垸，庶次第可觀。而所謂某山、某湖、某洲、某港、某堤、某垸，依然州縣志舊例，宜以湖為主改正者也。況各州、縣志，體例不一，即《堤垸》一門，諸縣皆云在縣某方幾里，周圍幾里，而《益陽縣志》獨載長幾百丈、長幾十丈、某年建置，總由抄寫縣志依樣葫蘆，未經裁改故耳。

再者，《税稞》一門，宜改名《賦税》。此門均照《賦役全書》，分蘆稞、漁稞，額徵銀兩多少，至更改變易之處，全然無之。且既載堤垸，則堤垸之額徵，更大於洲港，奈何略多而詳寡，舍重而言輕耶？

又，《賦税》之後，次以《舟筏》。按：舟有二大項，糧船之制度、數目、水次、歲修工程，宜附入《賦税》之後。而姜侍郎奏定水次之案，此又斷不可略者。戰船之制度、數目、歲修工程、分泊處，宜附入《兵防》之後。而各塘汛兵弁、差船、官私渡船與救生船隻，皆志《兵防》者所必及也。至皇筏但經過而已，無關故典，此一門亦在所可損。

又此書《兵防》之後，又有《戰守》，未免字復。《兵防》所載甚略，一切戰具、戰器俱無。且《戰守》所載，皆述往事，宜改云《事紀》，所以紀實事也。此一門事最多，宜据正史及諸書之不謬者為主。而又以小字詳其所出，若小說、演義，不足為據者悉汰之。分列綱目，一倣《通鑑》之舊，方有可觀。

至《風俗》一門，全無意味。風俗乃州、縣志所必及，志洞庭者可略也。況所載佚事，均宜附入《捃摭》，則此一門亦可損。物產之類，當在《賦税》之後。諸志物產雷同者多，宜詳其大而略其細，詳其獨而略其同。如湖為出魚之藪，不但詳載魚類，凡湖中魚户、船艘俱宜詳登。圍湖蘆葦，為州、縣炊爨所資。君山茶有歲貢，自唐以來為然，名目最多，而東陵濒湖諸山峒所產亦不少，其香色、臭味、採摘、蒸焙之法，俱宜分辨。而肥皂，惟東陵最多、最良。京師所謂“南肥皂”者，皆巴產也。君山後湖，近年淤澱日高，自華容南山至富家磯，至隆陽、沅江縣界，緜亘數百里，水落則居民撒種菜子，不費人力，而收利甚大，蘇杭之舟蟻集而載之，所謂“西湖菜子”是也。此書魚不詳漁户、網幫，蘆筍之美、蘆葦之利俱略；茶不入木而入草，君山茶與肥皂兩者俱無；而益陽之冬筍、竹器，澧陽之蕙蘭，龍陽湖岸之菸葉，皆船載四方，人所珍惜者，此豈可一概抹之耶？

若夫《古蹟》，宜分州、縣，所略尚多。《廟祠》亦宜分州、縣，俱宜云在湖某方、幾里。《仙釋》一門，宜入《雜摭》，况有仙無釋。而所謂仙者，皆回道人事，泛徵謬引，無關輕重，此一門又宜損。

《遊覽》一門，宜分三項。内而人物，外而名宦，次及經過流寓，庶有賓主。今並混而一之，何也？《碑記》皆《藝文》，不可分作兩項，此一門又宜損。

《雜摭》，但分《摭事》《摭地》《摭典》《摭異》四項，太略。事、典二字不分明，何者非事與典也？宜分作《摭人》《摭詩》《摭異》《摭物》《摭仙》《摭釋》。釋一類，尚多可採，不可没也。

《碑記》既入《藝文》，而《藝文》之宜補者尤多。僕嘗謂天下州、縣，莫大於巴陵州縣，志之《藝文》亦莫多於巴陵。蓋巴陵有三絶焉：一洞庭，二君山，三岳陽樓。古今名公鉅卿、賢士大夫之著作，幾可以盈案。而沿湖諸縣之《藝文》，亦復不少，有收之不能盡者。今此書所收不過十之三四，又宜收者未收，不宜收者反收之。九江之説，宜一以曾彦和、朱子所定為是，縱有互異，不過一二小水，其全與曾、朱背者，可勿論也。《岳陽樓别竇司直詩》乃韓昌黎作，今乃誤係李賀，不但陸放翁誤序在歐、黄之前已也，又明人程伊川《洞庭張樂詩》，未知是何人。此人竟是陳驚座，詩亦不佳，不如去之。況《藝文》一門，宜分體製，一則便於檢閲，一則見洞庭佳作，色色俱備，正不減萬千氣象也。且洞庭之勝，全在詩文上發洩其奇，不比州、縣志可以從略，亦不比他州、縣志詩文無多，不能備體也。

僕竊總計此書，共二十門。竊謂《皇言》《舟筏》《風俗》《仙釋》《碑記》五門宜損，《沿革》一門宜增，損五增一，共十六門：一《輿圖》，二《星野》，三《沿革》，四《水道》，五《湖港》，六《山洲》，七《堤垸》，八《賦税》，九《物産》，十《兵防》，十一《事紀》，十二《古蹟》，十三《廟祠》，十四《遊覽》，十五《雜摭》，十六《藝文》。源本該浹，中邊俱備，洞庭大觀，庶無遺憾。竊不自揣，直陳愚戇，惟大人一遊目焉。至於字句之譌謬，為多遍校讎之而已。

僕又嘗謂洞庭一志，乃南楚不可少之書也。西湖麗矣，不及洞庭之奇；南嶽奇矣，不及洞庭之大。西湖、南嶽及凡名勝地皆有志，如何俾洞庭大觀，僅附載郡、縣志中耶？賢哉太守，政餘之暇，留心及此，此不朽之盛舉。惜乎！但見夏學博之底本，不見綦鰲柱鑿空之功，又未得大有識力、學問鴻博者，從而經紀之。如僕所陳管見，太守如肯宏海涵之量，收納眾流，必有能勷成之者。此楚南通省一部大文章，視《岳陽風土記》《荊楚歲時記》等書，相去萬萬矣。

議凡二首

華容縣水利議❶

［國朝］陳仕元

楚東諸郡，水弗可隄，利在疏導。西諸郡，隄斯利焉。及考漢史，河水一石泥六斗，江水一石泥數斗，漢水之泥不啻是。蓋漢最濁，易淤，匪疏滌之，則散漫矣。東諸郡，固漢濱也。雲、夢二澤，後世散為邑居。以《夏書》考之，夢高於雲，西諸郡豈夢澤耶？

《禹貢》："九江孔殷"，"沱、潛既道"。今詳《水經》水道：澧水，近予邑，會赤沙湖。沅水當邑之南，大江繞邑東，河自江出，亦謂之沱。由是觀之，予邑固大江、九江之衝也。江水較漢稍清，不異於澧、沅。夫自杜預開漕以瀉江勢，而東邑之湍悍稍紓，邑西之流澌浸巨。故江水橫截華邑，注之洞庭，弗啻繞其東北耳。唐宋間，邑西寂無民居。范晦叔《岳陽風土記》謂"華民多舟居，常産即湖地"，"建寧南隄決，即被水患"。建寧，今石首；南隄，即今調弦。夏秋必決必溢，故二邑江患相表裏。乃安南港所厄，則湖水也。至和遷縣築隄，僅可障官署。隄之外，皆棄之魚鼈。宣德間，人吏乘舟入縣署。正統知縣陽鐩以為請，天子遣工部王士華、布政蹇賢，奉敕駐邑中，相便宜築隄四十有七，并縣隄為四十八垸。其後土人往往擇少高地築之，垸遂百餘區，最巨者安津、蔡田、官垸，延袤咸十餘里。小者田僅百畝而已。一遇漲潦，隄即衝決。冬月水退，有司乃發粟，集民修之。每垸擇一二人為圩長，十餘人為小甲。厥後，有司視為賂階，圩長借為貲府，而於隄之堅脆弗問也。昔宋熙寧初，遣使察農田水利。蘇軾上疏，以為遣使察農必大繁擾，吏卒所過，雞犬一空。予邑修垸之弊，何以異此？邇來江陵諸隄悉潰，江水散流潛、沔。嘉靖庚申，枝江隄決，水奔黄山鹿河，即漫流邑之西鄙，故邑河勢殺，不然，幾以城市為壑也。

《宋史》："閩越皆有陂湖，湖高於田，田又高於江海。旱則放湖水溉田，澇則決田水入湖，故不為災。"然此可行於浙西耳。予邑垸民，心殊力惰，少旱則決隄引水，坎穴叢楚，甚者以施筌蒙罟。今之計，莫若督民於垸中鑿陂，而嚴禁防，謹蓄洩。乃安津、蔡田、田家諸湖，洪武中，革税弛之民溉田。正德知縣李文泮取課，名為"水面錢"，今漸增幾百金者，一切裁之。正德間，都御史吴廷舉奉勅賑荒，萃民修垸，因而食之，由是諸垸幾復章華之舊。嘉靖

❶ 隆慶《岳州府志·水利考》中，亦録此文。兩相比較，本書多有删節，爲保持此書原貌，所删之文，不補。

間，知府陸埛復發郡粟增修，而知縣趙古亦襲文泮故事，是以訖無成功。

予又見垸民往往於垸外水濱墾田植稻，謂之“湖田”。湖田無稅額，三載一熟，熟則倍獲厚利。此所謂“涸梁山泊可得良田萬頃，而王安石懼無貯水之地”者也。夫隄防起於戰國，圩田、湖田起於宋政和以來，古無有也。使遇賈讓、杜預，則諸垸尚在興廢之間，矧垸外乎？然有洞庭為之瀦，亦不至大害。若紹興所議修圩，明賞罰，則今日之急務矣。至於調弦開塞之議，雖靡成説，以勢觀之，塞固漲而西，開亦漫而東。今開者幾百載，即欲塞之，莫能也。善為水者，因時補葺可耳。

修永濟堤議

萬年淳

九江挾支溪，無慮數百，分流而共派，則洞庭為之壑。當春夏泛漲，湘水北流，荊江南溢，瀰漫溯湃，黏天無壁，濱湖卑窪之地，大半淹没。此隄防所宜急講也！郡城據湖東岸，每當西風撼擊，重湖之浪，雷殷地震，齧石嗽沙，山麓日虚，上從而潰。《舊志》謂“江心皆古闤闠”。以今較前數十年，尚日見促削，知昔之崩頹不可以尋文計矣。

夫近城隄之善者，莫如宋之偃虹。外可障城垣，内可泊舟楫。當事者率以費繁功鉅，閉目搖首而不敢道。明隆慶初，郡守李公時漸修護城隄，亦偃虹遺意。今廢且久，此新城所以不能不徙而棄舊基也。顧偃虹、護城，費不貲而勢較難。以今近城形勢察之，惟九龍隄可不修，而永濟隄宜復，南津隄尚可議也。九龍隄即汴河之岸，業已開墾，又不當衝激，故不必議。

永濟隄建自明成化二十年，上自城北演武亭起，下抵城陵磯。考李文正公《記》，當時所費僅三千餘金耳，墾田可至數百頃。甚者變槎居為市集，化棄地為衍沃，用力少而獲利多，不得以偃虹、護城比。國朝順治十年、康熙五年，兩經修築，此故事之可奉行者乎。

南津隄為明弘治間郡守張金所築，遺址隱約可考，亦當彷永濟舊制，植柳建橋，甃石為閘，以時消息而啟閉之。邇者里民置田設渡，以便行旅，使由此積而復之，則舊隄可完，義渡可不設矣。至城西三村，向惟舊江有隄，穆湖間有亦廢，洞湖淪入巨浸，固無隄也。大約穆、洞二村，其近山諸處地勢高，半面受水，尚可以議土功。自陳家林以東，當九江之下流，萬派之水皆經此出，值秋夏泛漲，此地表裏江湖，背腹受敵，何隄防之能為？即或能之，湖口益狹，則郡城益險，而永濟、南津俱不可圖矣。近日對江洲地漸淤，君山後湖一帶，廣輪數十百里，秋時水落，雖可以藝植，終當聽水之來去，而不可與水爭利。若夫偃虹、護城，其功鉅矣，然難在一時而功在百世。

九江之衝嚙，亘終古而不息，城勢必不能以屢徙。司牧中，將必有滕、李鴻才，獨為其難者。昔武侯治蜀，凡城池、溝渠、橋梁、道路，罔不經理周悉。是皆為政之大務，當為民豫籌者也。

解凡二首

“東迤北，會于滙”解

［國朝］張明先

《傳》之解“東滙澤為彭蠡”也，曰：“滙，迴也，以東迴為彭蠡大澤。”朱子曰：“彭蠡之為澤，實在大江之南，以地勢北高而南下，故其入於江也，反為江所遏而不得遂，因而自豬，以是為瀰漫數十百里之大澤。”可謂精於言“滙”者矣。然《禹貢》“導漾”言“滙”，則明指彭蠡；而“導江”之“滙”，未有明文。作傳者或承上節，仍指為彭蠡，以此句為衍文；或云北會於漢，而滙於彭蠡；或云“滙”，徑當作“漢”。此皆不可深繹《禹貢》本義，且未熟悉洞庭水勢，訛承至今，莫有辯者。

夫彭蠡在江之南，為江所遏而自豬，迴而為澤。九江即洞庭，亦在江之南，其勢相同，豈遂不為江所遏，迴而自豬耶？余往赴試岳、鄂，每見夏秋之交，江水盛滿，逆入洞庭，潆迴湍激處，約廣十餘里。此巴陵《舊志》所以有“洞庭吐納百川，而大江西來，橫亘其口。每歲六七月，岷峨雪消，水暴漲，自荊江逆入洞庭，清流改色”。《北夢瑣言》亦有：“湘江北流至岳陽，達蜀江。夏潦後，蜀江漲勢高❶，遏住湘波，讓而退❷溢為洞庭湖，凡闊❸數百里。”其彰明較著者也。蓋江水從江陵南岸虎渡口，分入澧水，過洞庭，與沅、湘諸水合流。至巴陵縣，皆由西趨東，略轉北。而大江之正派在北者，包公安、石首、華容諸山在中。江、湖二水夾流洞庭之水，至東陵下十五里城陵磯，北會於江之荊河口，所謂“東迤北會”，確乎不爽也。會時洞庭面寬水平，大江勢高，湖水遏而自豬。自古至今，歲歲皆然，何況滔天襄陵時耶？

公安袁宏道《澧遊記》云：“酈道元注《水經》，於江陵枚迴洲下，有南、北江之名，南江即江水由澧入洞庭道也。陵谷變遷，今之大江，始獨專其澎湃，而南江之迹稍煙滅，僅為衣帶細流。然江水會澧故道，猶可考云。”小修，公安人，最為親切。止知近時江水入澧僅一小河，以為變遷，獨不思洪水泛濫，溢岸浮野，豈由地中行者耶？今之河道未嘗改也。又有謂“江水逆流，此

---

❶ “勢高”，據《北夢瑣言》（賈二强點校，北京：中華書局，2002 年）卷七《洞庭湖詩》補。

❷ “讓而退”，據《北夢瑣言》卷七補。

❸ “闊”，據《北夢瑣言》卷七補。

水漲使然”。語其變，非語其常，豈堯時洪水尚可作常論耶？又有謂“江水雖逆流於湖，而瀠廻反覆，仍入於江”。豈彭蠡之水，滙而為澤，竟未入江耶？知彭蠡，則知洞庭矣。

按：《周禮》未載九江，統在藪澤雲夢之中。《爾雅註》指洞庭為雲夢澤，“澤”字之義，似可與“滙”字作明證。猶恐後人附會，姑置不論，即以《禹貢》經義繹之。“導江”則於“滙”之後，曰“東為中江”；“導漾”則於東滙之後，曰“東為北江”。“滙”字，即不厭重複，豈中江漫無一分別耶？故余以《書》之所言，目之所見，合之心之所悟，不揣固陋，竊以為“導江”之“滙”，即指洞庭。不言洞庭者，以上已有“九江”字樣，不再贅。書法又一變，以“導江”之“滙”為洞庭，則中江、北江之地，皆各有段落可指，而三江之説，亦得以互相發明矣。“滙”既訓“廻”字，意甚活，上加一“于”字，則“滙”似有實地。俗本作為“滙”，較“于”字更穩，且又安知俗本之非舊文乎？

《禹貢》“江别為沱，至澧，過九江，至東陵”解[1]

陶澍

大江自枝江縣分流，經松滋，至江陵境。其南一枝入虎渡口，東南流經柳市、彌陀市，至公安縣之黄金口。又南逕[2]港關、塞口、楊家蕩、泗水舖，入湖南澧州界。至三汊腦而分為二枝；一由津市稍東之觀音港入澧，一由安鄉交界之焦溪入澧，皆東注於洞庭。所謂“沱”也，凡水之出於江而復合者謂之沱。梁與荊皆有之。

《禹貢·導江》：“東别為沱，又東至於澧，過九江，至於東陵。”今自虎渡口至澧，南北相距二百餘里，説者遂以《禹貢·至澧》之文為不可解。王晦叔謂：“南[3]江在古時為岷江之正流，從虎渡口注澧，而北江則沱水也。其後北江漸盛，南江漸微，反以南為沱，北為江矣。”此説甚新。然細觀山脉，從澧州至公安楊家蕩，皆有岡脊，惟三汊河無山，是其過脉處。及東逮安鄉、華容，則重起山巒，江本經流，非沱可比，難於穿岡脉而南。果穿岡脉而南，則當如“導岍”逾河之文，曰“逾于[4]澧”，不言“至於澧”也。大抵洪水之時，

---

❶ 本文據《陶澍集》（王子羲、石彦陶、陳蒲清、陶用舒等點校，長沙：岳麓書社，1998 年）卷三十一《〈禹貢〉荊州江沱九江説》改、補。

❷ “逕”原文爲“遥”，據《陶澍集》卷三十一《〈禹貢〉荊州江沱九江説》改。

❸ “南”，據《陶澍集》卷三十一補。

❹ “于”，據《陶澍集》卷三十一補。

江與澧本自相近，中間界脈，惟有楊家蕩等處一綫之隔。今之相距二百餘里❶，皆兩岸堤垸為之耳。澧本水名，因以名地。江行至此，南岸為澧境，故曰“至於澧”，猶言“至於澧州”云爾，非謂“會於澧”“入於澧”也。由此而東，至巴陵之城陵磯，而洞庭之水出焉，故曰“過九江”也。

“至九江”之説不一，有以彭蠡為九江者，劉歆也。王莽緣此，改豫章為九江，而鄭康成之説因之。有以潯陽為九江者，漢潯陽縣在蘄州界内，地名蘭城，南接德化境。孔安國《書傳》與班固《地理志》也。孔穎達緣此，謂江分九派，猶河分為九，而應劭❷之説如之。此皆秦漢時九江，非《禹貢》九江也。

《禹貢》言九江者三，皆在荊州，而彭蠡、潯陽在揚州之域。劉、鄭諸儒皆北人，昧於南方地形，遂併《禹貢》原文而昧之，孔、應之説尤謬。江果分九，則九江即江之正身，豈得言“過”耶？按：《山海經》“洞庭之山，帝之二女居之，常游於江淵。澧沅之風，交瀟湘之浦，是在九江之間”。然則洞庭之稱九江，由來久矣。

又按：屈原《哀郢》云“上洞庭而下江”，又曰“當陵陽之焉至兮，淼南度之焉如”，屈原放逐江南，將泝洞庭，必先由郢下江，道出城陵磯，即東陵也。所言陵陽，自指東陵之陽，猶今巴陵之稱岳陽也。由此南渡洞庭，而浩淼無際，故曰“南渡焉如”也。《水經注》：“江之右岸，有城陵山，其上有城。”蓋後人因城之故，而訛東陵為城陵耳。荊州本治江陵，而城陵與夷陵分踞東西，夷陵為楚西陵，則城陵山之為東陵無疑矣。

自川江而東，除却洞庭，更無九水同滙一處，可以總名之曰九江，亦更無名山在東岸，可以稱東陵者。若林三山謂“廬江郡有東陵鄉”，無論小鄉僻地，不足為證。且江“至東陵，東迤北，會於滙”，果在廬江，則江、漢方朝宗赴海，更從何處迤而北滙耶？

至曾彦和以辰、沅、漸、元、應作“潕”，一作“潕”，又作“巫”，作“元”者，非。酉、澧、資、湘為九江，朱子去无、澧而易以瀟、蒸，後人又謂无、澧不當去，蒸不必入，但當易漸為瀟耳。蔡《傳》亦從曾説。而三山謬謂曾氏之言無所考據，不可從。不知《山海經》非僻書，而沅、湘、辰、漵屢見《楚辭》，資、酉、漸、無注於《水經》，豈得謂之無據？若林氏，可謂盲人道黑白也。因釋江、沱，而備及之。

---

❶ “里”原文爲“者”，據《陶澍集》卷三十一改。

❷ “劭”原文爲“邵”，據《陶澍集》卷三十一改。

辨凡四首

二妃辨[1]

［唐］羅泌

岳之黄陵，癸北氏之墓也。湘之二女，虞帝子也。歷世以為堯女舜妃者，由秦博士之妄對始。癸北氏，虞帝之第三妃，而二女者，癸北氏之出也，一曰宵明，一曰燭光，見諸《汲簡》、皇甫氏之《世紀》。

《山海經》言："洞庭之山，帝之二女居之者也。"若《九歌》之湘君、湘夫人，則又洞庭山之神爾。而羅含、度尚之徒，遽斷以為堯之二女、舜之二妃，而以黄陵為二妃之墓。鄭玄、張華、酈道元輩，且謂夫舜南巡，二妃從征，溺死湘江，神遊洞庭之山，而出入乎瀟湘之浦。為是説者，徒見《堯典》有二女之文，即以為堯之女而舜之妃，不復致考，厥妄甚矣。郭景純云："堯之二女、舜之二妃，豈應降小君而為夫人，當為天帝之女。"斯亦謬者。[2]

且虞帝晚年，亦既退聽而禪禹矣。南巡之舉，總之伯禹。而二妃者，俱過期頤，孰有從狩之事哉？按《帝王世紀》云："虞帝二妃，娥皇無子，女英生商均，封於商。"今女英之冢在商，則此黄陵顯非二妃之窆，而湘祠决非堯女之靈，皆昔人之妄説可知矣。

《山海經》云：舜之二女，處河大澤，光照百里。夫大澤者，洞庭之謂；而光照者，威靈之所暨也。迄今湖神所保，靈正百里。所謂分風送客者，乃正圄一同之間，然則為虞帝之二女，復何疑耶？沈存中云：陟方之時，二妃皆百餘歲。豈得俱存，而且謂之二女？乃復不知位既久禪，匪復陟方之事耶？黄伯思輩雖能以退之辨為非，然猶以為天帝之女與翁養源於湘江。《圖志》述之，斯亦惑矣。紛紛失攎，以為舜女，蓋自今始。

案：《淮南子》："宵明、燭光在河洲，所照方千里。"郭璞贊曰："水有佳人，宵明、燭光。流耀河湄，稟此奇祥。惟舜二女，别處一方。"江淹《遂古篇》："帝之二女游湘沅兮，宵明燭光向焜煌兮。"即《九歌》所稱湘夫人也，當以《山海》《路史》為正。

九江三江辨

［明］張敘

《禹貢》三江、九江之聚訟也久矣。自朱子作《九江彭蠡辨》，而九江之

---

[1] 《四庫全書》收録羅泌《路史》，有此文。本文較之有删節。

[2] 據羅泌《路史》（《四庫全書》本），此處删除："夫使天帝之女，尤不當降小水而為夫人。王逸、韓愈從而辨之，得其情矣。"

為洞庭，已確乎可信，惟三江之名，尚未折衷爾。於是説者群然争勝，三江之名遂有五，而九江之名亦有三。

夫山川名號，古今每多重襲，九江何妨有三。然以豫章與潯陽之水為九江，縱證据紛羅，終是漢人之九江，而非《禹貢》之九江也。九江既非，而欲以是合之江、漢而為三江，或别援他水為三江，雖其數適符，亦是後人之三江，而非《禹貢》之三江也。何也？《禹貢》"九江孔殷"，"九江納錫大龜"，俱在荊州，則是荊州之九江矣。夫荊州之九江，則非洞庭之九水，而有何水足當其名者哉？

若豫章則屬揚州，潯陽雖在揚之極西，亦究是揚而非荊也。或乃恐其説之戾於《經》，因并割此一隅之地，強而委之於荊。即如其説，亦衹荊之末稍下流而已。《禹貢》聖筆，宜覘全勢以立文，豈有方序荊州，置其上流莫大之水不記，反記其末稍下流可荊可揚，幾同甌脱之地，以備數者哉？且其説潯陽之九水也，不過曰"大江至此分而為九"，蓋即是江、漢之水也。夫如是，則"江漢朝宗於海"一語，已足包之矣，何患重累其詞，豈復成聖經之體耶？

夫江、漢之水，跨越三州，綿歷四千餘里，非荊一州之所可擅也。惟洞庭九江，圍周八百餘里，乃一州中權絶大之水，而為荊州之所獨。後世荊湖南北路，由之而分。今之湖廣分省，亦以湖而别。彼震澤、彭蠡之小於洞庭多矣，而揚州尚兩序之，而不一漏，乃序荊州而反遺此水，可乎哉？

顧朱子直以洞庭為九江，則其意雖是，而原流尚未分明耳。洞庭者，九江之委，乃湖也，而非江也。九江應是湘江云爾。湘水發源於桂林之耶薑山，合辰、沅、濱、澧、漵、酉、蒸、郴之八水而為江，會其全部則曰九江，統於一則曰湘江。"導山"云："岷山之陽至於衡山。"夫衡山，去洞庭且八九百里矣。以其在湘江西岸，為湘所隔，故東行者必須渡湘而過，《經》乃直曰"過九江"，而不曰"過湘江"，是九江即湘江之明證也。蓋言湘江不足以包洞庭，言洞庭亦無以見湘江，故《經》惟稱九江。

"導水"云："又東至於澧，過九江。"澧即今澧州之地，以水名地，而非水也。洞庭即在澧之東，故至澧而曰"過九江"，已包洞庭在内，是九江之下流也。則此之衡山九江者，湘江即在衡之麓，故至衡而曰"過九江"，明指湘江而言，是九江之上流也。由此觀之，"至於東陵"之"陵"，或可移至澧而過之，九江不可移也。"至於敷淺原"之"原"，或可移至衡而過之，九江不可移也。苟衡、澧所過之九江不可移，則"孔殷""納錫"之九江，獨可移乎哉？聖人若預知後世必將有迷於九江之源流者，故於此兩條已舉九江之源流，鑿然注明所在以示人，而後來膚學尚欲曲引《山經》《地志》之雜説，以汩亂聖經，不亦舛乎？

且夫九江即失其真，則南江之名先不得其實，而乃别尋《經》外之三江，固臆測而杜撰。即彼自謂以《經》證《經》，而引北江、中江、九江為三江者，亦貌是而神非也。彼亦知乎三江之名，雖總見於揚州之川，而三江之源，實已並列於荊州之域耶？其曰“江漢朝宗於海”，則自西而東，而中江、北江兩源已合。又曰“九江孔殷”，則自南而北，而南江之源亦已來同。下文“沱、潛既道”，是江、漢之别流，俱安瀾矣。“雲土夢作乂”，是九江之餘波不旁溢矣。只四語，而荊之四際已周，三江之源亦已了然在目，此其所以為聖筆也。而或者尚有所疑，則更以“導水”之文證之。

夫“嶓冢導漾”，至於大别，而曰“南入於江”，則已與江同行，而東滙澤為彭蠡矣。然漢自循北岸而東，故為北江以入海耳，不與江混也。“岷山導江”，東至於澧，而曰“過九江”，則九江亦隨之同至於東陵，而“東迆北，會於滙”矣。然江亦不混，故特“東為中江”以入海也。既有北江、中江，又區彭蠡為澤，則九江之為南江，尚何疑哉？其所以不著南江之名者，九江先與岷江合流於巴陵，則江水在北，而九江之為南江舊矣。至漢陽，而漢自北來，尚未名江，故宜别之為北江，而江乃改稱中江，則九江之在南自如而不待言爾。聖經簡括，自可互證而得，故序揚州而曰“彭蠡既豬”，明其豬而為澤，則非江矣。下乃書“三江既入”，則彭蠡之不得雜於其内也，不從可知乎？故五説之中，惟漢人据北江、中江者為近，而配以彭蠡及潯陽，則失之，不知江之可並為三者，必其源遠流長，而大小相敵者耳。

漢源嶓冢，江源岷山，至荊已二三千里。九江源出粵西，亦二千餘里，而與江、漢會于岳、鄂之間，則略定相當。雖岷江勢雄，獨据中流，而二水亦非甚弱，故一南一北，滔滔東注，不為岷江所没，而並為三江以入海也。夫九江既行，南岸則抵揚，後即豫章、潯陽諸水，亦將挾之以行，而同入於海耳。然是乃九江之末流，所會而非江也。以是為九江，已數典而忘其祖，并欲以是為南江而配三江，則大小長短相去遼絶，不且來婢作夫人之誚乎？然則紛紛旁引曲證，以為之説者，辯之蓋不勝辯，實亦不足辯已。

按：自來言三江者，惟此篇最明辨以晳。而以九江為洞庭、為南江，確不可易，實開前人所未發。文亦見《五禮通考》，而尚未暢説，見後《三江考》。而近日張雪書之《三江考》，斷不可從。而文亦載之者，所謂“兼而存之，是在其中”之意也，讀者可以識所從矣。

九江辨

陳楷禮

九江，即今洞庭也。《水經注》謂：“資水入湖，謂之益陽江口；澧水入沅，謂之澧口。”又謂：“二水入沅，滙出洞庭，後來雖有遷徙，總屬支流，於經流實未之有改。”乃齊氏《水道提綱》則謂：“資水入湘，出喬口，又分一支出林子口。”

夫湘水南上，資水北下，相去已百餘里。喬口之水，不過湘水之支流分入資水者耳。今謂資水流出湘水，則是百餘里逆流，未免上下倒置，而益陽江口入湖之水，大於此水幾五六倍，反置而不論，中間小水分合無數，既曰入湘，又曰入沅，亹亹言之，真不啻癡人説夢。

范氏《風土記》，既謂澧水入沅，又復遊移其説，謂澧水自入湖。今北家口之水，為長澧通道，風帆往來，必先入沅，逆溯二十餘里，然後涉赤沙湖入湘。所謂澹澧口者，猶昔稱也。入沅之口，直如漢口之入大江耳。若沅水之經流，大於澧水亦五六倍，又獨行數十里，迄於明山，出布袋口，而後入洞庭。春夏水漲，則沅、澧通流，冬盡水涸，但有沅水一條，無所謂澧水也。是澧水之不能外沅水入湖甚明。

考齊氏《提綱》，於澧水經流入湖之處，亦茫無着落。以二公之博雅，所紀如此，他可知矣。竊意二公未嘗親履其地，覩其情形，所言水道，皆常、澧與長沙相通之支流捷徑，得於舟人、估客之傳聞，遂爾筆之於書耳。

考凡九首

二妃考

［晉］郭璞

二妃者，天帝之二女，而處江為神，即《列仙傳》“江妃，二女也”。《離騷》《九歌》所謂“湘夫人”，稱帝子是也。而《河圖玉版》曰：“湘夫人者，帝堯女也。秦始皇浮江至湘山，逢大風，而問博士：‘湘君何神？’博士曰：‘聞之堯二女，舜二妃也，死而葬此。’”《列女傳》曰：“二女死於湘江之間，俗謂為湘君。”鄭司農亦以“舜妃為湘君”。説者皆以舜陟方而死，二妃從之，俱溺死於湘江，遂號為湘夫人也。

按：《九歌》：湘君、湘夫人，自是二神。江湘之有夫人，猶河洛之有人宓妃也。此之為靈，與天地並矣，安得謂之堯女？安得復總云湘君哉？何以？考之《禮記》曰：“舜葬蒼梧，二妃不從。”明二妃生不從征，死不從葬，義可知矣。即令從之，二女靈達，鑒通無方，尚能以鳥工、龍裳救井廩之難，豈尚不能自免於風波，而有雙淪之患乎？假復如此，《傳》曰：“生為上公，死為貴神。”《禮》：“五嶽比三公，四瀆比諸侯。”今湘川不及四瀆，無秩於命祀，而二女帝者之后，靈配神祇無緣，當復下降小水而為夫人也。

參伍其義，義既混淆；錯綜其理，理無可摅，斯不然矣。原其致謬之由由乎？俱以帝女為名，名實相亂，莫矯其失。習非勝是，終古不悟，可悲矣！

三江考

［國朝］張明先

四瀆、百川之名，莫不昉於《禹貢》。漢唐以下，註水道者，多訛襲後人俗稱，指點現前，疑似形勢，附會牽合，任意解説，迄無定論。《禹貢》記荊州水曰“江、漢朝宗於海”，江之昉也。記揚州水曰“三江既入”，三江本一江也。其於“江、漢朝宗”之後，又曰“九江孔殷”，因江水從今之江陵縣南虎渡口分，入澧水，至洞庭，與沅、湘諸水合，經岳州而仍入江，故九江亦得以江名，所謂“東至於澧，過九江，至於東陵”者是也。

《正義》與曾氏，亦知下流合於大江，故稱九江，而不知江水早入澧水，合沅、湘諸水，而復與大江會，是江水與江水會也，稱之為江，夫復何疑！《禹貢》之導漢水也，既曰“南入於江”，又曰“東為北江，入於海”，非稱漢水為江也。以漢既入江，即為江水，故仍稱江，而勢趨北入海，故稱北江也。

《禹貢》一書，凡言江者，皆指岷山發源，由梁而荊、而揚之江，他無所謂江也。江水源流，古今未改，非若黄河遷徙無常，失其故道，無可指據。自鄭玄註孔安國《三江傳》云：“左合漢為北江，右會彭蠡為南江，岷山居其中，則為中江。”蜀人税安禮《指掌圖》，以為蘇軾作，謂“水出彭蠡者為南江”。蔡沈《外註》亦稱“蘇氏謂岷山之江為中江，嶓冢之江為北江，豫章之江為南江”。二説欲於《禹貢》“東為北江”“東為中江”之外，增出南江，以足三江之數。意以為漢水自北來可稱北江，則彭蠡南來可稱南江矣。殊不知《禹貢》“導水”曰“岷山導江”，是發源處已是一截江。繼之曰“東別為沱”，所以別於江也。“過九江，至於東陵，東迤北，會於滙”，即繼之曰“東為中江”，又是一截江。導漢水，南入於江，東滙澤為彭蠡，即繼之曰“東為北江”，又是一截江。導江、導漢，以江為主，中江、北江，皆原本於岷山之江。文有先後，脉實一貫。漢水南入於江，在未匯彭蠡之先，東為北江；在既滙彭蠡之後，漢統於江，不得於江水合流之中，獨標漢名曰北江。彭蠡為澤，本文已有定名，又安得創立一説，以彭蠡為南江耶？

至蔡傳引庾仲初《吴都賦註》云：“松江下七十里分流，東北入海者為婁江，東南流者為東江，併松江為三江。”韋昭云：“三江，謂吴江、松江、錢塘江。”此皆未悉源流，止從震澤附近着想，大與《禹貢》“三江”之舊不合。又《山海經》云：“三江者，大江、中江、北江也。汶山郡有岷山，大江所出。崍山，中江所出，東注大江。崌山，北江所出，東注大江。”其源皆在蜀地，此又耑指江源。後人臆説，亦與《禹貢》“東為北江入於海”“東為中江入於海”之旨不合，均非確論也。

學者苟循其源，察其流，深會乎《禹貢》中江、北江與“三江既入”之義，知中江在“至東陵，北會於滙”之下，北江在“漢水入江，東滙彭蠡”之下，則知中江、北江之上自有一江，江水一源而三目。岷山之江，在梁為一江，中江在荊，北江在揚，三江位置井然。三江入海，不至泛溢，則震澤易致於定。不但庾、韋、蔡三家之説悖謬，斷不可從，即鄭、蘇“彭蠡南江”之創論，“漢水北江”之特標，亦誤甚矣。

抑又考《漢書・地理志》註云：“岷山為大江，至九江為中江，至徐陵為北江。”《水經》及《荊州記》云：“江出岷山，其源若甕口；在益州，潛行地底數里；至楚都，廣十里，名為南江；自揵為歷澧、沅、湘合諸水，至潯陽，經彭蠡、蕪湖，名為中江；東北至南徐州，名為北江，而入於海。”徐鉉註《説文》，亦主此説。次第不紊，脉絡貫通，斯為近之。然以岷山之江為大江，為南江，加一“大”字、“南”字，與中、北相配，反屬蛇足。以愚見，惟以岷山之江為一江，無“大”與“南”之名，殊覺渾融，猶是從“岷山導江”句鈎斷得來也。至云以潯陽、彭蠡、蕪湖為中江，則以中江、北江混為一處，蓋由誤指潯陽為九江，錯觧東陵之滙為彭蠡，故以蕪湖為中江之界，其實中江在東陵北滙之下起，至東滙彭蠡之上止，彭蠡以下，則東為北江矣。潯陽在中江，蕪湖在北江，界限不可不明。倘謂中江、北江俱在滙彭蠡之下，豈果如蘇氏“味别”之説，嘗水味，而知何者是中，何者是北，不尤可哂之甚者乎？

夏口考

彭維新

夏口之淆其名，譌其地也久矣。昉於三國之吴，承誤於唐，而成於今之沿襲稱説，習而不察者。凡水之流逕其地而出者，謂之口。

《水經》諸所云口者，必實有是水，而後受其名。鄂城左右無他水入江，惟上流入江諸水經其城，西、北、南三面，此大江之南岸也。漢口，則漢水由此入江，溳水附之，大别峙其表，與《禹貢》所紀漢水“南入於江”者，今古不殊，此大江之北岸也。鄂城、漢口，均無夏水入江之口，明矣。

《水經》：“江水東至華容縣西，夏水出焉。”又云：“大江又東，左[1]合子夏口。”《注》：“江水左迤北出，通於夏水[2]。”《水經》又云：“江水又東，左

[1] 據酈道元《水經注》（北京：中華書局，2009年）卷三十五《江水三》補。

[2] “水”原文爲“口”，據酈道元《水經注》卷三十五《江水三》補。

得二夏浦，俗謂西江口，其夏右岸有城陵山。”今曰城陵磯，在巴陵縣二十里。徧稽諸記、志，有曰“中夏水”，曰“子夏水”，其地悉在江陵之上。其經流之處曰“孱陵”，曰“華容”。孱陵，即公安也。今石首、監利皆昔華容境，而《漢書·地理·江[1]夏郡》注云“沔水，自江別至南郡華容為夏水，過郡入江，故曰江夏”，似以沔水即為夏水。而於華容則注云：“夏水首受江，東入沔，行五百里，入江夏境，接秭歸夷道。今夷陵。”徵諸《晉書·杜預傳》云：“舊水惟沔、漢達江”，“預乃闢揚口，起夏水，達巴陵，千餘里。”是夏與沔、漢本非同條，且其入江更在江陵以上，則夏水之在大江北岸，距鄂城、漢口均千里而遥，又明矣。春秋時，鄂渚亦曰夏汭，然水北曰汭，水曲流亦曰汭，猶嬀汭、渭汭之類，非水所由出之口也。

至《詩地理考》謂：“冬竭夏流，故曰夏，其入江處，謂之夏口。”此本應劭《十三州記》，蓋意為之説，故不能實指入江定處。按《爾雅》：“夏，大也。”邢昺疏：“凡物之壯大者，謂之夏。”觀夏浦之稱，疊見《水經》。自南郡至廬江界，水道綿遠，滔滔江漢中，夏水得屢標名目，其非隨時盈縮，涓涓細流，亦明矣。

溯淆譌所自，緣孫權於黄鵠山築城，以對岸有沔津渡，漫以夏口名城，自是而夏口之稱移於南岸矣。至唐人，則竟以鄂渚為夏口。凡紀行贈別見諸詩文者，無不專目南岸矣。江水逕魯山南，酈善長注引《地説》云“漢與江，合於衡北[2]翼際山傍，山上有吴太守陸焕城，蓋取江夏二水之名”，魯山，一名翼際山，即大别山也。是又移夏口於北岸矣。

迄於今，人不知察南岸、北岸，任意泛目為夏口，或以夏水本出北岸，竟確指漢口以當之。既不窮夏水之源，又並不跡入江、入漢、入沔今昔同異、有無之處，則自江陵以下，千數百里間，凡大江之濱，盡可指為夏口之地，加以夏口之名而可乎？

故欲得夏口之實，必確得其入江入漢入沔之口。而逆泝其所自出之源，則自三國至今，名與地淆，譌之夏口，一無游移。是亦生斯土而有志考古者之責也。

九江考

羅典

《禹貢·荊州》稱“九江孔殷”，九江，即巴陵之洞庭。“九”非數目字。

---

[1] “江”，據《漢書》（北京：中華書局，1962年）卷二十八《地理志》補。

[2] “衡北”，據酈道元《水經注》卷三十五《江水三》補。

《莊子·天下篇》:“禹親自操槖耜而九雜[1]天下之川。”九通糾,糾亦音九,與《論語》“桓公九合諸侯”同義。

計湖南九郡四州,湘水繞其東,沅水繞其西,自沅州而下,潰水盼其間。自寶慶而下,澧水横其北。自永定、慈利而下,各因所過諸水,以同入於洞庭,而洞庭受之,故洞庭謂之九江。又江西有九江郡,以彭蠡得名。彭蠡合饒、信、徽、撫、吉、贛、南安、建昌、臨江、袁、筠、隆興、南康之流,與洞庭為對。而《禹貢》不明稱九江者於洞庭,正其名於彭蠡,著其義,恐後之讀者,或執九為數目字。

“導漢”曰“東滙澤為彭蠡”,謂漢自大別入江而東,有滙澤名為彭蠡者在其南。此漢水之所由“東為北江”也,以隔於中江不言“會”。“導江”曰“東迆北,會於滙”,謂江至於東陵而東,則迆而北,以滙澤之為彭蠡者,自南入江,而江會之,以是而東為江中耳。彭蠡言“滙”,其義即為九;洞庭稱江,其實亦為澤也。“會”與“滙”,二字宜辨。

凡水在南者,以江為大,故諸水多從江稱;在北者,以河為大,故諸江多從河稱。攄九江以解九河,亦為糾合眾水之河云爾。但九江、九河,舊皆各有名稱,此不可以無說。按:宋曾彦和謂洞庭之九江,若沅水、漸水、潕水、辰水、溆水、酉水、澧水、資水、湘水,凡九。《蔡傳》遵之《經》,朱子考定,去潕、澧二水,而易以瀟、蒸。究之洞庭諸水,欲於其中定所謂九江者,盖難之。

湘江源自廣西興安縣海陽山,流至分水嶺,北流者謂之湘水,入湖南境,經永州城北,源出九疑之瀟水,流至湘口,會於湘。下經衡州府,源出寶慶邵陽之蒸水,流至府城北當石鼓之合江亭,會於湘。此既當九江之二矣。自蒸水稍北,東岸有來口,名來水,源出郴州之耒山,會於湘。衡山東岸之雷家市,有茶陵水,上合洣、攸二水,為茶陵江,會於湘。及歷長沙府屬之醴陵,有淥水,上流達江西萍鄉,下出淥口,會於湘。湘鄉縣境之漣水,源出邵陽龍山,又源出安化璽漣山,合流至湘河口,會於湘。長沙府城北有瀏陽水,出瀏陽大圍山,源二,曰大溪,曰小溪,經縣前西流,會於湘。湘陰縣有汨羅水,源出江西艾縣,界分為二,一南流曰汨水,一經古羅縣曰羅水,至屈潭復合而西流,會於湘。計自來水、茶陵水、淥水、漣水、瀏陽水、汨羅水,此六江者,其源流皆為瀟之敵,而盛於蒸。若令湘與瀟、蒸共數之,而九江之數已盈,其他水雖會於湘,或不過與差相類者,皆略之。

洞庭九江之名經改定,《蔡傳》而後,湘江並瀟、蒸為三,沅江并辰、酉、

[1] “自”“而”原文爲“以”,“雜”原文爲“離”,皆據陳鼓應注釋《莊子今注今譯》(北京:中華書局,1983年)補、改。

漵、漸為五，所改出者入沅水之潕，其一也。潕水，上自貴州鎮遠入於沅，求之省圖，其流不能别出，以之列入九江其稱乎？但所存沅與辰、酉、漵、漸五水，就中亦仍有辨。沅水出四川播州，經沅州府城西，下歷辰州、常德二府，入洞庭，其列為九江固允。酉水出四川酉陽州東南，流至王村，為辰州府沅陵縣境，其辰水之出自三峿山者合，至辰州府城西南入沅水，皆稱辰河，是名列二江，實為一江矣。漵浦縣屬辰州府，漵水在其縣境，亦入沅水。其流不逮辰河之半，而欲舉以同於沅水之列為一江，不得也。若漸水出武陵縣梁山，亦入於沅，流最小，《明一統志》並闕而不載，舊九江之當改去者，莫漸水若矣。然則沅與辰、酉、漵、漸五江，究之衹二江而止。惟沅、湘之間，資水源出靖州綏寧縣，經寶慶府城北，至新化縣，又東北歷長沙府，屬之安化、益陽二縣，北入洞庭，是足列為九江之一。澧水源出慈利縣西歷山，首受永定縣以上之水，東流經澧州南入於洞庭。“岷山導江，東别為沱，又東至於澧”，其名特見《禹貢》，則尤宜復列九江為一江者。

綜而論之，定九江之名，若但以江之正流稱為一江，則湘、沅與資、澧一例，特四江耳，既不足於九江之内。若即江正流之所會，而亦各稱為一江，則湘、沅二江中，雖盡改去其不得為江者，與潕、酉、漵、漸一例，亦可得十餘江也，又有浮於九江外矣，卒將何以定之？

九江考

夏大觀

九江之名，見於傳記有三。考《寰宇記》：“在杭州者曰浙江，在潤州者曰揚子江，在江州者曰楚江，在潭州者曰湘江，在荊州者曰荊江，在利州者曰漢江，在洪州者曰南江，在蘇州者曰吴江、曰松江。”此其一也。按：《漢志》有曰：“九江在廬江郡之潯陽縣。”考《潯陽記》九江之目：“一曰烏江，二曰蚌江，三曰烏白江，四曰嘉靡江，五曰畎江，六曰沙江，七曰廩江[1]，八曰堤江，九曰菌江。”此又其一也。又考蔡沈《書傳》云：“沅水、无水、漵水、辰水、酉水、漸水、資水、澧水、湘水，皆合於洞庭，是為九江。”此又其一也。

今按：《寰宇記》之九江，總南條之水計之，大約有九，固不得據為九江定名。其列於《潯陽記》者，雖稱名鑿鑿，而孔氏辨之於前，曾氏駁之於後。其於派别形勢，既無可取，而反覆《書》義，亦無所衷。惟宋胡氏以洞庭為九江，則《禹貢》顯有明文，其曰“九江孔殷”，明繫於荊州貢賦之下，此一證

[1] “七曰廩江”，據《小方壺齋輿地叢鈔》（杭州：杭州古籍書店，1985年影印本），隨後“八曰”“九曰”依次改。

也。“導江”之文曰：“過九江，至於東陵。”東陵，今巴陵也。巴陵濱臨洞庭，此又一證也。又《楚地記》曰：“巴陵瀟、湘之淵，在九江之間。”《水經》亦言：“九江在長沙下雋西北。”參互考證，而九江之為洞庭，益明矣。

惟是九江之水，各有其源，其載於《水經》者頗詳，如元、漵、辰、酉、漸五水，先後皆會於沅。沅水出黔中牂牁且蘭縣，為旁溝水，東至鐔城縣，為沅水。又東逕無陽縣，有水從東南入沅，是為無水。無水亦出牂牁且蘭，至無陽縣，經八百九十里，《漢書·地理志》注云：無水首受故且蘭，南入沅，八百九十里。入沅，名曰無。按：《説文》“無，本古‘舞’字”，故“無水”或作“舞水”，又加作“潕”，又作“潕”，後人以“無”省作“无”，又以“无”訛作“元”，究即《水經》所載之無水也。沅既合無，又下合龍谿水、釜水，東與序谿合。按：“序”與“敘”通，加水作“漵”，今之漵浦縣是也，是為漵水。

漵水，一名𣗋水，為五谿之一，源出義陵郡鄜渠山，經龍潭紆折，而流至江口對旗山下，合沅水。沅又合錦衣，再合枉水，東逕辰陽縣南，與辰水合。辰水出辰陽三山谷，獨母水注之，至丹山石，乃與沅滙，所滙之處謂之辰谿口，此亦五谿之一也。水又逕沅陵縣西，滙武谿水，即漢馬援聞笛處，再會施水，下與酉水合。酉水導源益州巴郡臨江縣，故武陵郡充縣西源山，東南流逕故無陽縣南，又東逕故遷陵縣界，逶迤而入沅，闞駰謂之受水，水所决入名曰酉口。沅與酉合，下又會東谿水，謂魚谿水、分嶺谿水、東夷水、夷望谿水，又數拆而歷枉渚，入龍陽縣境，而合漸水焉。

漸水，一名澹水，出漢壽縣西楊山，南流東折，逕其縣南，又東歷諸湖，方南注沅，與沅同入洞庭，水所入處厥名鼎口。澧水，出東別之沱，發源岷山，東流至武陵郡充縣西歷山之東，過其縣南，合茹水；又逕零陽縣北，與温泉水合；又東會零谿水，東又有九渡水注之；又東會婁水，至澧陽，右會渫水，左會黄水，東過作唐縣，今安鄉。左合涔水，右合澹水，折走龍陽傅家磯，入洞庭。

資水，出零陵郡都梁縣東北，歷夫夷、邵陽、新化、安化、益陽，東至湘陰縣臨資口，即《水經》所云水青口，與湘水合，入湖。湘水，發源於粵西興安、靈川二縣界海陽山，至分水嶺，南流為灕水，北流為湘水，其水最清，故號“清湘”，經十餘縣，所合之水亦以十數，至長沙下雋縣，今湘陰、巴陵界。入洞庭中。宋曾彦和考定九江如此。朱子不知元水即無水，輾轉訛錯之，故以為《水經》弗載，古無是水，故置而不録。又據《禹貢》“導江”之文，江先合澧而過九江，以為從九江之外而過，不知實從九江之内而過，故不數澧，於是去元、澧而易以瀟、蒸。

瀟水，發源九疑山舜葬東南陬，南流至三江口，東北與沲水合，一云與瀑瀷漭合流；又東北至永州府城外湘口，會於湘，是為瀟湘。又過祁陽縣至衡郡北郭，蒸水合。蒸水發源寶慶府邵陽縣耶薑山，逶迤入衡陽境，是水其氣如蒸，故名。至衡陽縣北郭草橋河口入湘，是為蒸湘。又歷衡山以下數邑，至湘陰臨資口，會資水入洞庭，合沅水同注長江，是為沅湘。此三湘之所由名也。朱子更定九江又如此，但澧水實合南江以東注洞庭。故《水經注》於江陵枚廻洲下，有南、北江之名。南江，即江水，挾江入洞庭道也。夫安得而不數！曾氏之説，蔡氏遵之，似未可厚非耳。

合而論之，沅、湘二水實為之經，沅以一水貫無、漵、辰、酉、漸而他水不計也，湘以一水貫瀟、蒸而他水不計也；資、澧二水，皆為之緯。聚米畫沙之形，一展卷而瞭然在目矣。後之人或從曾氏，或遵朱子，俱無不可。如必欲於曾、朱二説之間核其實，以符其數，則宜取朱子所去澧，與所定之瀟、蒸，取曾氏之湘、沅、無、辰、酉、資，而去其漵、漸，盖漵與漸，其源流視諸水為短耳。至於諸水所經，古今異同之名，則又在究心水道，如桑欽、酈道元輩之遠覽而周諮焉。

三江考

萬年淳

按：洞庭之支派不明，則九江之名無着；九江之支派不明，則三江之名無着；九江、三江之支派不明，則荊州一州之水俱無着矣。

江自枝江來，岐分為二，故縣名枝江。《水經注》："江陵縣有洲曰枝回洲。"《宋書》作"枝回洲"，江水自此而分為南、北江。《禹貢》《水[1]經注》詳於北，而略於南，故後之言南江者無所依據。《寰宇記》云："江自枝江百里洲首派别，南為外江，北為内江。"考南江，自枝江縣南又東，逕公安縣西又東，南為涔水；歷澧州東北，合澧水；經華容縣南，入赤沙湖；又東南逕安鄉縣西，東南入洞庭，與北江會，所謂外江也。北江自枝江縣北，又東逕松滋縣北，又東逕江陵縣南，又東逕公安縣北，又東逕石首縣北，又東逕監利縣南，夏水出焉；又東至巴陵縣西北，會洞庭，所謂内江也。

禹時，外江為經流，内江為支流。《禹貢》"導江"云："又東至於澧，過九江，至於東陵。"記外江經流也。《水經注》云："江東至長沙下雋縣北，澧水、沅水、資水合，東流注之，湘水從南來注之。"記内江支流也。袁宏道《澧遊記》云："當懷山襄陵之時，雲夢一壑，江身不可復辨。禹之導江，必於高處有山可識者，乃可以施疏淪之功。自彝陵而下，高皐而多山者，莫如澧。

[1] "水"，據文義補。

由澧導之，從九江以至東陵[1]雲夢始出，而江洪之在雲夢間者，始了了可辨，江始分而為二。”此即内外江之别也。《水道提綱》：“古江直從虎渡口東南，會澧水，又東南會洞庭。後以徙流，存虎渡口支津。”此皆可作《禹貢》“導江”注疏。

蓋自漢以來，外江為湖水所壅，江流入外江者十之三，入内江者十之七，故後人反以内江為經流，外江為支流，且以“過九江，至於東陵”之江為内江，而不知實為外江也。《地里今釋》解江流極詳，然以此釋内江之支流則可，以此釋《禹貢》“過九江”之經流則不可也。且《經》明言“東至於澧”，若内江之水，實未嘗至於澧，又當言會九江，不得言過九江矣。内外江流之説明，而三江之名乃有定論矣。

自古説三江者，聚訟不一。而要之，吴有吴之三江，越有越之三江，荊有荊之三江。《禹貢》三江，乃荊之三江也，當以鄭氏之注為是。鄭氏云：“左合漢為北江，右合彭蠡為南江，岷江居其中為中江。”蔡氏《集傳》所引蘇氏之語，盖本於此。《集傳》不攻鄭氏而攻蘇氏，以蘇氏不引鄭故置之也。欽定《書經傳》《説彙纂》一主《集傳》，而又引《地里今釋》謂“鄭氏融洽經文，確不可易”，亦以《集傳》為不然也。《集傳》以“三江既入”為揚州之文，遂以庾仲初《吴都賦注》三江之名實之，不知吴都三江起於近代，非禹時之三江也。禹時三江，皆起於荊州之域，揚州其下流也。

袁氏仁曰：“岷江在梁，漢江在荊，而其入海皆在揚。”故於揚言之，此論是也，玩“既”字之文可見。但鄭氏“右合彭蠡為南江”，此句尚未協，當云“右合九江為南江”。何以言之？九江之為洞庭，前言已詳。《山海經》云：“洞庭之山，帝之二女居之。”洞庭之名，堯時已有。《禹貢》不言“洞庭”而言“九江”，所以備“三江”之一也。

《禹貢》江之名，有中江，有北江，有九江，他無以江名者。孔氏《傳》云：“有中，有北、南。可知其説誠然。”但《禹貢》究不言“南江”而必曰“九江”者，何也？盖北之入江者，惟漢，故以漢為北江而無所混；南之入江者，不止九江，故必曰“九江”而不曰“南江”，不使凡水之南來者得混也。水之南來者，莫大於洞庭，其次惟彭蠡。然彭蠡名澤不名江，洞庭名江不名澤，則南江之為洞庭而非彭蠡也明矣。其泥於《經》者，謂彭蠡既在大江之南，於經宜曰“南滙彭蠡”，不應曰“東滙”，於“導江”宜曰“南會於滙”，不應曰“北會於滙”。既在南，於《經》宜曰“北為北江”，不應曰“東為北江”，遂以

[1] 中間删“九江，今湘九水是也。東陵，今巴陵也。江偕九水入洞庭，以趨潯陽”。據《袁宏道集》之《澧遊記》。

"東滙澤為彭蠡"為多句，或以"東為北江入於海"為羡文。欽定《書經》謂，畢竟以《經》文為主，而朱子之論辨為附録，誠以《經》文未必誤也。

今以經文考之，"東滙澤為彭蠡，東為北江"。所云"東滙"者，謂漢水東流，横截而滙為彭蠡也。所云"東為北江"者，謂此東流之漢水，乃北江也。"東迤北，會於滙，東為中江。"所云"東迤"者，江與九江之水迤行而東也。所云"北會於滙"者，謂彭蠡之水北出也。所云"東為中江"者，謂岷江經流過九江，至於東陵，遂挾九江之水而東去。九江為南江，則岷江之經流為中江也。如此，則三江、九江俱了然矣。

近日，張氏潡《三江辨》，南江力主洞庭，不主彭蠡，所見甚卓。其言曰："三江之名，雖總見於揚州，而三江之源，已並列於荊州。"其曰："江漢朝宗於海，則自西而東，而中江、北江兩源已合。"又曰："九江孔殷，則自南而北，而南江之源亦已同來。"此分水犀語也。但彼專以湘江為南江，不若統以九江為南江，且《禹貢》有九江，無湘江。以《經》證之，中江、北江、九江之為三江，復何疑哉？大抵九江之説，當主宋儒，而潕、澧不宜易，漸、蒸不宜入。三江之説，當主漢儒，而九江不宜棄，彭蠡不宜取也。

又考九江之内，亦有三江之名。《水經注》云："巴陵西對長洲，其洲南瘳湘浦，北對大江，故曰三江。三江所會，亦或謂之三江口。"按：湘浦，謂南來之湘江；大江，謂北來之内江。西對長洲，即西來之外江。西來之水，不止外江。但澧與江合，沅、資與湘合，故西來之水統歸外江。一南一北一西，俱會合於城陵磯下，故曰三江之口。其實岳之三江，亦猶吴之三江、越之三江，均不足以証《禹貢》之三江者。《禹貢》之三江，洞庭特其一耳。

九江考

萬年淳

九江之為洞庭説，不自宋儒始也。《水經》云："九江，在長沙下雋縣西北。"漢之下雋，今之巴陵也。《山海經》云："洞庭之山，帝之二女居之。是常遊於江淵。澧、沅之風，交瀟、湘之浦，是在九江之間。"二書説本分明，而後之説者以潯陽之九江當之，不知潯陽九江之名起於後代，非禹時所云九江也。

宋毛晃《禹貢指南》及胡秘監旦、晁参政説之，皆以九江為洞庭，以巴陵為東陵。又，殷盛也言：諸水所會，其勢壯盛，荊州敘次繼此，而後及沱、潛、雲夢，則非江州之下流明矣。諸家多謂九江即今之江州，殊不知漢九江郡本在江北。今所謂江州者，實武昌之柴桑縣，後以江北之潯陽并柴桑，而立九江郡。又自江北徙治江南，故江南尋陽之名，後又改為江州，實非古九江也。

“尋”亦作“潯”，潯亦江之一名，地在江北，故曰潯陽也。至朱子、蔡九峰更從而發明之，其説已揭日月。凡以他水為九江者，不容辨矣。

近日，張氏敘曰：“洞庭九江，圓周八、九百里，乃一州中權絶大之水，而為荊州之所獨。後世荊湖南北路，由之而分。[1] 彼震澤、彭蠡之小於洞庭多矣，而揚州尚兩序之而不一漏，乃序荊州而反遺此水可乎哉?”此誠通人之論也。其泥於經文者，謂“九江孔殷”，不應在“江漢朝宗”後，不知古人作經，有正文，有補文。其云“江、漢朝宗於海”六字，已盡荊州水勢原委；其曰“九江孔殷”，所以補敘江南之水也；其曰“沱、潛既導”，所以補敘江北之水也；其曰“雲土夢作乂”，所以補敘江南、北之藪澤也。必若所言謂九江為江漢之下流，沱、潛、雲夢不更居其下乎？此可不攻而破矣。

考曾彥和以沅、漸、無、辰、敘、酉、資、湘、澧為九江，朱子去無、澧而易以瀟、蒸，謂既云“東至於澧，過九江”，不應九江復數澧，又疑無水不足數，故去之。然考經文“東至於澧”，《史記》《漢書》俱作“醴”。鄭云：“醴，陵名，今長沙郡有醴陵縣。”鄭以“醴”為“醴陵”，失之太遠。要之，澧為地名非水名，確不可易。蔡氏《集傳》用鄭氏之説，而以澧為山澤之名，甚是。澧既為山澤，則澧水得列於九江之一，不必易也。又，無水雖小，實與辰、敘相伯仲，釋水道者多失考證，《集傳》不用師説，而仍從曾氏，亦卓有見地，但當去漸水而易以瀟耳。

竊考洞庭雖名九江，其實入洞庭者惟澧、沅、湘、資四大水，其中入沅者四，入湘者一，備為九者，以其源流甚遠，足成為江故也。考澧水，有二源，南源出桑植縣，北源出太平鎮，合流而東，有安福縣之王家坪水，有永順府之眉虎溪，有龍爪關之五溪河，即漊水也。有花山埠之鐵水河，有石門縣之九度溪，《水經注》所云九渡水也，有新安市之刻木山水。至澧州，一名蘭江，分二派，一東北流，有西北來之楊潭河，有津市之後河，《水經》所云涔水也。又東，則大江支津北，自江陵西岸之虎渡口，南流合三岡湖，諸水自公安來會，即《禹貢》“導江至澧”之水也。至王家觜與東南派合。東南流者，有西南來之道溪河，其一南流，有田湖、白湖諸水，有武陵縣之從河，經安鄉縣入湖；其一東北流，有白蓮湖，經華容縣入湖。《水經注》所云“澧水流注於洞庭湖[2]，謂之澧江口”者也。源流共一千一百餘里，前後有十數水注之，小水無數，此洞庭西來之一大派也。

沅水，一名洪江，出貴州平越府之金鳳山，有施秉縣之沙坪水，始名鎮陽

---

[1] 據張敘《九江三江辨》(見前文)，中間删“今之湖廣分省，亦以湖而别”。

[2] “湖”，據《水經注》卷三十七補。

江。經鎮遠府，有思州府之思州河，有大魚塘之户溪江，東南流入湖南界。經沅州府，有冷水舖之楊溪，有黔陽縣之清水江，會貴州平越府之豬梁江、卡龍河、麻哈江、東安江，都勻府之馬尾河、龍潭河。有鎮遠府之德明河，即卬水也。有靖州之渠河，有黔陽縣之鎮陽江。有洪江司之竹舟河，即巫水也。有辰谿縣之雙龍江，《水經注》謂之序水，即敘水也。有麻陽縣之麻陽河，《水經注》謂之辰水。武陵有五谿，雄谿、樠谿、無谿、酉谿、辰谿，其一也。又有浦市之舒谿，有瀘谿縣之武谿，亦名瀰水；有喜鵲營之烏巢江，有乾州之麻谿，俗亦名辰河。有沅陵縣之藍谿，《水經》所云施水也。有辰州府之北河，即酉水也。有馬底河，"底"乃"氐"字之誤，《水經注》"馬援征武[1]谿蠻，軍駐胡頭山"，即此。"胡"，《漢書》作"壺"。又有清捷河，大小洑谿，新店、新湘二谿。有桃源縣延溪，《水經注》所云延江也。又有白洋河、漆家河，有武陵縣之德山港水，經龍陽縣入湖。《水經注》："沅水東入龍陽。"有澹水出漢壽縣，東歷諸湖，南入沅，亦曰漸水。沅水源流共二千三百餘里，前後有三十餘水注之，小水無數。此洞庭西來之又一大派也。

湘水，源出廣西桂林府之海陽山，《水經》謂之陽海山，《注》云陽朔山也。羅君章《湘中記》云："湘水之源，出於陽朔，則觴為之舟，至洞庭，日月若出入於其中也。"又東北流，有興安縣之桃花源水；又北，名海陽山；又北，分湘、灃、灑三水，東北流，有九龍巖之龍蟠山水，有光華舖之六洞山水、界牌山水，至此始名湘江。又東有全州之揚子江，其北有羅江，合鈷鉧潭諸水，其南有灌江，合麒麟山諸水，湘流始盛。有灌陽縣之黄沙河，有三角司之洮水。又東北入湖南界，有東安縣之清溪水，有零陵縣之瀟水，一名泥江。有祁陽之廬洪水，有縣南之騰雲嶺水，有常寧縣之舂陵水，有藍山、嘉禾縣之巋水，即舜水也。有衡州府之蒸水，一作"烝"，《水經》謂之承水。又有耒陽縣之郴江，一名耒水，《十三州記》所云日華水，《水經注》所云來水也。又有衡山縣之洣水、攸水，有渌口市之渌江，醴陵縣之泗汾河，有湘潭縣之茶園水，有下攝司之涓水，有湘鄉縣之漣水，瀏陽縣之瀏陽河，《水經》所謂瀏水也。有平江縣之黄泥江，有寧鄉縣之圍河，左合益陽縣之資江，會於林子口入湘，《水經》作陵子口，或作臨資口，至湘陰縣分為支江。又北有湘陰縣之哀江，有平江之汨羅江，《水經注》所云"屈潭、羅淵"也。至磊石洲入湖，一名落桑洲。源流共二千餘里，前後有三十餘水注之，小水無數。此洞庭南來之一大派也。

資水，源出綏寧縣與武岡州交界之路山，一名唐糾山，即都梁山也。都梁

[1] "武"原文爲"五"，據《水經注》卷三十七改。

者，蘭也。《水經注》云：南為都梁山，因以名。東北流，有赤溪橋之龍溪，有羊石橋之蓼溪，有紫陽司之紫陽江。經寶慶府，有邵陽縣之羅江，《水經注》所云夫夷水也。又有府城東之邵水，資未合，邵有五十三灘；既合，邵又有四十八灘。又東北，有申家塘之潮水與思水，石柱寨之連溪，有新化縣之洋溪，《水經注》所云雲泉水也。又有女溪、思豐溪、蘇溪，有安化縣之炭溪、烟溪、瀼溪、株溪、思賢溪、麻溪、坪溪、河曲溪、敷溪；又有善溪，出自善卷子祠前。自新化茱萸灘起，至安化善溪口，皆多險灘，《水經注》所云"資水迸流，山峽變名，為茱萸江"者也。又東經益陽縣，有四里河、占溪，經浮邱山北，為桃花江；至縣西有關侯瀨，吴甘寧拒關羽於此；其南為[illegible]溪，過縣治前，又變名為益水。以下分派，一支南去，為蘭溪，一支東去，為毛家口水，均至臨資口湘水合。惟北經瓦口磯，過沅江縣治前一支為正脉。《水經》謂"資水與沅水合於湖中"，《注》云"所入之處，謂之益陽江口"。其實資水經流不入沅，亦不入湘，直專達於湖。源流共一千七百餘里，前後有十餘水注之，小水無數。此洞庭西南來之一大派也。

無水，《地里今釋》云："無水，出今湖廣辰州府沅陵縣，入沅。"考今之沅陵，無有可的指為無水者。《水道提綱》記：藍溪"自辰州府治沅陵縣東南境，西流曲曲，經新安塘西，注於沅，與《地里今釋》所載無水合"。但藍溪亦無無水之名，即使的為無水，而源流不甚遠大，先儒所以疑之也。《水經》無無水，而《注》有之，《注》云"無水出故且蘭，南流至無陽故縣，對無水，因以氏縣。無水又東南入沅，謂之無口"。考漢之無陽，今之鎮遠府鎮遠縣也。"無""无"通，《蔡傳》誤作"元"，後人加水為"潕"，又别為"㵲"，實此水也。《漢·地理志》："武陵郡有無陽縣。"《注》云："無水，首受故且蘭，南入沅，八百九十里。"考漢時鎮遠，隸於武陵，此水源出鎮遠縣南，故鎮遠謂之無陽，東北曲流，南入沅，其流雖小而源長，此乃曾氏所云無水。《水道提綱》失考，《地里今釋》所云無水，非也。此入沅之第一支也。

敘水，一名雙龍江，南源曰龍潭河，東源曰龍灣河，至漵浦縣南境合，又北有縣東之四都河，有北來之三都河。《水經注》所云"劉備之姊歸城"，即縣城也。縣城而南，與沅水會，源流四百餘里，前後有數水注之。此入沅之第二支也。

辰水，俗名麻陽河。源出貴州銅仁府西北界，曰順溪。經巖山東，《水經注》謂之龍門山，有江口汛之省溪、凱洪溪。有北山之小江，《水經注》所云獨母水也。經黄蜡關，入湖南麻陽縣界，有縣西之小江河，有濫泥村之中和鋪水，至辰谿縣入沅。源流共四百餘里，前後有數水注之。此入沅之第三支也。

酉水，源出四川酉陽州之茶坪，回環石穴中，時隱時現。至州西南之蒲海塲，始通舟楫，過龍潭，至秀山縣之石堤。東入湖南永順府龍山縣界，曰北河。有保靖縣之世溪河，《水經注》所云"遷陵故縣之西鄉溪"也。有永順府之靈溪、榔溪、白水溪、刺濟溪、麥子溪；又東南，有榕溪、明溪、西溪，《水經注》所云"西水"本此。又有北來之蓮花池與詩溪。至辰州府西南，入沅。源流共五百餘里，前後有十餘水注之。此入沅之第四支也。以上四水皆入於沅。

瀟水，源出永州府之九嶷山。《水經注》云："羅巖[1]九舉，各導一谿，岫壑負岨，異嶺同勢，遊者疑焉。"水界於兩廣，合江華、永明二縣之水，東北流，有永安關之營水，故瀟亦名營；又有道州之濂溪，有舂陵山之宜水，《水經》所云宜溪也。又東北，總名泥江，至青口，有寧遠縣水，至永州府，有零陵之永水，至府城西入湘。源流共五百餘里，前後有數水注之。此入湘之一支也。此九江之支派，確不可易者。

若夫漸水，《地里今釋》云："出今湖廣常德府武陵縣東，入沅。"今求之武陵，實無此水。《水經注》云："龍陽縣之澹水，亦曰漸水。所入之處，謂之鼎口。"此水甚小，不足以當九江之一，且亦不出武陵也。《水道提綱》云："古所謂辰、酉、敘、漸五水，俱沅所并，惟漸水未明。"竊謂不如去曾氏之漸水，收朱子之瀟水為得耳。至蒸水更不如，澹不足數也。又嘗考之水之入澧者，若鐵水河、從河、白蓮湖水，皆行二三百里；入沅者，若思州河、竹舟江，皆行二百餘里；若印水，若武溪，皆行四百餘里；入湘者，若灌水、淥水，皆行四百餘里，漣水五百餘里，歸水六百餘里，郴水七百餘里；入資者，若羅江，亦行三百餘里。凡此皆非小水，而不列於九江者，以非往來通津耶？抑或者古時苗疆未開，未能悉數耶？其外直達於湖、不附諸水者，若新牆市之新牆河，龍陽縣之五洋港，華容縣之華容河，不得列於九江者，以華容河特江水之支，夏水之尾也。餘俱不足與澧、沅、資、湘埒，故不數也。

又考九江入湖之口，澧水所入，《水經注》則有澹口、決口、澧口；沅水所入，《水經注》則有鼎口；湘水所入，《水經注》則有陵子口、錫口、玉池口、門逕口、三谿口、黃陵口、東町口、決湖口、汨羅口、縣城口、青草湖口、苟逕北口、勞口、同拌口、水青口、横房口、麋湖口、翁湖口；資水所入，《水經注》則有益陽江口。其出湖之口，《水經注》則有三江口、養口；三江口謂之江會，既與江會，則有西江口、隱口、良父口、彭城口、白馬口。以今考之，澧水有二口：西口，南對長坡口，徑百五十里；東北口，東對岳州，徑百六十餘里。沅水口：在正西，去東南湘江口徑二百餘里。資江有三口：資

[1] "巖"原文爲"峰"，據《水經注》卷三十八改。

江口，至北岸墨山舖，徑二百餘里；長坡口，去資江口四十里；李家蓬口，去長坡口六十餘里。湘江口：正西，對湖中之石录山，又經鹿角司，至岳州府治，六十里，北出則為三江口矣。《水經注》所云諸口，有求之不能悉合者。

其瀕湖之別以湖名者，《水經注》：澧水東，則有赤沙湖；湘北則有青草湖，又北有微湖，或謂之麋湖；又北則有翁湖，又謂之滃湖，又謂之南湖。趙冬曦詩云："滃湖者，沅、湘、澧、汨之餘波，[1]夏潦奔注，則溢為此湖。冬霜既零，則涸為平野。"以今考之，澧水之下，則有赤沙湖；沅水之下，則有天心湖；資水之下，則有青草湖；湘水之下，則有萬石湖、角子湖、銅盤湖，《水經》所云同拌口之譌也。合洞庭、青草，謂之重湖，以其水為海内藪澤之冠，謂之太湖。《水經注》："東承太湖，西通湘浦。"韓子"避風太湖，七日鹿角"是也，統名之，則曰洞庭。《禹貢》所謂"九江孔殷"者也。

且洞庭之險，萑苻易聚。水中可居之處，古皆設戍，若今之龍陽協，及沿湖諸塘汛也。《水經注》：洞庭上流則有三石戍、瀏口戍、溈口戍、高口戍、錫口戍、白沙戍、汨羅戍、壘石戍、謹亭戍、金浦戍，共十一戍，皆瀕湖地。此亦王公設險之義。考九江者，所必及也。

雲夢考

萬年淳

《書》曰："雲夢土作乂。"唐太宗得古本《尚書》，改作"雲土夢作乂"。雲夢之分稱、合稱，《經》已然矣。《周禮》："荊州藪澤"曰"雲夢"。《爾雅》"十藪"云"楚有雲夢"。《戰國策》："楚王遊於雲夢，結駟千乘。"此合稱雲夢者也。

《左傳》定四年："楚子涉睢，濟江，入於雲中。"宣四年："邧夫人使棄諸夢中。"昭三年："楚子以鄭伯田於江南之夢。"宋玉《招魂》云："與王[illegible]夢兮課後先。"此分稱雲夢者也。

又有專稱者，有互稱者。杜注"夢中"云："夢，澤名，江夏安陸縣東南有雲夢城。"注"雲中"云："入雲夢澤中。"《禹貢錐指》云："單稱特省文，雲可該夢，夢亦可該雲。"此互稱者也。杜注又云："枝江縣、安陸縣，有雲夢。"《水經注》云："雲杜縣東北有雲夢城。"雲杜，今京山縣也。《元和志》云："雲夢澤，在雲夢縣四十里。"此專稱於江北者。《漢書·地里志》云："南郡華容縣，雲夢澤在南。"南郡華容，今之監利。云"在南"，在江南也。郭璞《爾雅注》云："雲夢澤，今之巴邱湖是也。"《後漢書·郡國志》："巴邱湖，江南之雲夢也。"此又專稱於江南者。

---

[1] 據《全唐詩》卷九十八，中間刪除"焉，茲水也，淪匯洞庭，澹澹千里"。

然考南北之分，並見《左傳》，而語有矛盾。其云“濟江入於雲中”，則雲在江南可知，又云“田於江南之夢”，則夢明在江南矣。杜注“夢在江北，雲在江南。”宋沈括、羅泌、鄭樵、洪邁等為之辨，云“江北為雲，江南為夢”，而古注始不用矣。以地勢考之，南高北卑，故《書》言“雲但土見”，而夢已可作乂也，宋儒更正古注為是。《地里今釋》云：“東抵蘄州，西抵枝江、京山以南，青草以北，皆為古之雲夢。”《正義》所云“雲夢一澤，每處有名”者，此誠通論也。雖然考雲夢者，當以洞庭為主，郭氏之注不為無見，所云“巴邱湖即今之洞庭”。司馬相如《子虛賦》云：“雲夢者，方八九百里。”今洞庭之大，實如之；又云“其中有山焉”，其山即今石首、華容一帶諸山也。唐人作詩，用“氣蒸雲夢澤”，蓋本諸此。

總而論之，謂雲夢不止於洞庭則可，謂洞庭無與於雲夢則不可。蓋《禹貢》紀土田，故合江南北言之；《爾雅》主藪澤，則非洞庭不足以當之也。

五渚考

萬年淳

《戰國策》：秦與荊戰，大破之，取洞庭五渚。按：水所蓄，謂之渚。五渚者，五水所蓄也。《水經注》：湘水左會水青口資水也。又左，則沅水注之，右屬微水；又左，則澧水注之，世謂之武陵江；凡此四水同注洞庭，北會大江，名曰五渚。考九江，惟澧、沅、資、湘四水直注洞庭；西則虎渡口之支江，由澧州入湖，五大水同渚洞庭，故謂之五渚。《水經注》有湘、資、沅、微、澧五水，下文云“凡此四水”者，不數微水也。其曰“北會大江”，數江水也。然江水當以虎渡口之外江為是，不應及内江，内江實未渚於湖，當云大江西北會，名曰五渚也。

抑又考之，渚曰五渚，必有五渚之名，如五溪有五溪之名也。楚詞云：“朝發枉渚，夕宿辰陽。”《水經注》：“沅水又東歴小灣，謂之枉渚。”又云：“湘水左合決湖口水，出西陂，東通湘渚。”渚之名，見於《水經注》者有二焉。枉渚為沅水之下流，湘渚為湘水之下流。以此推之，江有江渚，澧、資亦必有渚之名，而《水經注》遺之。或曰：鄂渚即江渚，所謂鄂州之青草也。他無以渚名者。

書後凡一首

書岳陽樓圖詩後

［明］李東陽

江漢間多層樓傑閣，而岳陽為最。洪都之滕王，西山在眺。武昌之黃鶴，漢陽川樹可俯而數也。滄海，吾不得而見之，天下之大觀於此焉盡[1]。

蓋自唐以後數百年，玆樓之興廢屢矣。予過岳時，吴都憲與璧、吴太守行驗實修之。為簷三疊，棟宇新構，而階級不具，未可登眺。洞庭之波濤，浸乾坤，浴日月，含括萬象者，第得之舟中。顧望之餘，不能無憾。比北歸，聞樓成而雷火碎其上，太守懼，稍損其高，而重覆之。今存者僅二疊，然其雄偉固在也。

每觀世所傳畫圖，而不得再至其地，未嘗不悵然感之。河間太守謝君道顯得此圖，寓至京師，學士大夫之能詩者，多賦其上。予欲效之，而情興荒落，才力弗稱，竟不能就也。姑述其所見如此。

---

[1] “盡”，據《李東陽集》（周寅兵點校，長沙：岳麓書社，1984 年）補。

卷之十一

藝文三

五言古

始安郡還都，與張湘州登巴陵城樓作一首

［宋］顏延年

江漢分楚望，衡巫奠南服。三湘淪洞庭，七澤藹荊牧。經途延舊軌，登闉訪川陸。水國周地險，河山信重複。却倚雲夢林，前瞻京臺囿。清氛霽岳陽，層暉薄瀾澳。悽矣自遠風，傷哉千里目。萬古陳往還，百代勞起伏。存没竟何人，炯介在明淑。請從上世人，歸來藝桑竹。

行經巴陵部伍一作“赴荊州泊三江口”

梁元帝

涉江望行旅，金鉦間綵斿。水際含天色，紅光入浪浮。柳條恒掃岸，花氣盡薰舟。叢林多故社，單戍有危樓。疊鼓隨朱鷺，長簫應紫騮。蓮舟夾鶴艖，畫舸覆緹油。榜歌殊未息，於此泛安流。

湘夫人

［梁］沈約

瀟湘風已息，沅澧復安流。揚娥一含睇，嫚娟好且修。捐玦置澧浦，解珮寄中洲。

別范内史

謝眺

洞庭張樂地，瀟湘帝子遊。雲去蒼梧野，水還江漢流。停驂我悃悵，輟棹子夷猶。廣平聽方藉，茂陵將見求。心事俱已矣，江上徒離憂。

侍宴餞湘州刺史張纘

庾肩吾

洞庭資善政，層城送遠離。九歌揚妙曲，八桂動芳枝。雨足飛春殿，雲峰入夏池。郢路方遼遠，湘山轉蔽虧。何當好風日，極望長沙陲。

渡青草湖一作陰鏗詩

吴均

洞庭春溜滿，平湖錦帆張。沅[1]水桃花色，湘流杜若香。穴去茅山近，江連巫峽長，帶天澄廻碧，映日動浮光。行舟逗遠樹，度鳥息危檣。滔滔不可測，一葦詎能航？

登二妃廟見《古詩紀》補入

吴均

朝雲亂入目，帝女湘川宿。折菡巫山下，莱荇洞庭腹。故以輕薄好，千里命艫舳。何事非相思？江上葳蕤竹。

夜泊巴陵

朱超

月夜三江静，雲霧四邊收。淤泥不通挽，寒浦劣容舟。廻風折長草，輕冰斷細流。古村空列樹，荒戍久無樓。

湘夫人

王僧孺

桂棟承薜帷，眇眇川之湄。白蘋徒可望，緑芷竟空滋。日暮思公子，銜意默無辭。

遊巴陵空寺一作陳後主詩

［陳］陰鏗

日宫朝絶磬，月殿夕無扉。網交雙樹葉，輪斷七燈輝。香盡奩猶馥，幡塵畫漸微。借問將何見，風氣動天衣。

---

[1] “沅”原文爲“源”，據《湖南通志》(清光緒十一年刻本) 卷二十一改。

洞庭湖

［唐］宋之問

地盡天水合，朝及洞庭湖。初日當中涌，莫辨東西隅。晶耀目何在，瀅滎心欲無。靈光晏海若，游氣耿天吴。張樂軒皇至，征苗夏禹徂。楚臣悲落葉，堯女泣蒼梧。野積九江潤，山通五嶽圖。風恬魚自躍，雲夕雁相呼。獨此臨泛漾，浩將人代殊。永言洗氛濁，卒歲為清娱。要使功成退，徒勞越大夫。

謁二妃廟

宋之問

還以金屋貴，留兹寶席尊。江鳧嘯風雨，山鬼泣朝昏。

岳州作

張説

夜夢雲闕間，從容簪履列。朝遊洞庭上，緬望京華絶。潦收江未清，火退山更熱。重欷視欲醉，憤懣氣如噎。器留魚鼈腥，衣點蚊[1]寅血。髪白思益壯，心玄用[2]彌拙。冠劒拂苔蘚，琴書坐廢撤。惟有報恩字，刻意長不滅。

遊洞庭湖

張説

緬邈洞庭岫，葱蒙水霧色。宛在太湖中，可望不可即。剖竹守窮渚，開門對奇域。城池自縈籠，纓綬為徽纆。靡日不思往，經時始願克。飛棹越溟波，維舟恣攀陟。窈窱入雲步，崎嶇倚松息。巖檀有鶴過，壁字無人識。滴石香乳溜，垂崖露草植。玩幽輕霧阻，討異忘曛逼。寒沙際水平，霜樹籠煙直。空宫聞莫覩，地道窺難測。此處學金丹，何人生羽翼。誰傳九光要，幾拜三仙職。紫氣徒想像，清潭長渺默。霓裳若有來，覿我雲峰側。

早霽南樓

張説

山水佳新霽，南樓翫初旭。夜來枝半紅，雨後洲全緑。四運相終始，萬形

❶ “蚊”原文爲“蛟”，據《張燕公集》（《四部叢刊》景明嘉靖本）卷六改。

❷ “用”原文爲“開”，據《張燕公集》卷六改。

紛代續。適臨青草湖，再變黃鶯曲。地穴穿東吴，江流下西蜀。歌聞湘渚邅，舞見長沙促。心阻意徒馳，神和生自足。白髮悲上春，知常謝先欲。

過㴩湖山寺

張説

楚老遊山寺，提攜觀畫壁。揚袂指辟支，睩眄相鬬閲。險哉透撞兒，千金賭一擲。成敗身自受，傍人那嘆息。

出湖寄趙冬曦

張説

西泛平湖盡，參差入亂山。東瞻岳陽郡，汗漫太虚間。宭步同行樂，遒文互屢看。山戍上雲桂，江亭臨水闕。川途倏忽間，風景依如昨。湘浦未賜環，荊門猶主諾。何時與美人，載酒遊宛洛。

和尹懋秋夜遊㴩湖

張説

坐嘯人事閑，佳遊野情發。山門送落照，湖口昇微月。林尋猿狖居，水戲黿鼉穴，朔風吹飛雁，芳草亦云歇。

岳州别梁六入朝

張説

遠泣長沙渚，欣逢賈誼才。江山疲應接，風日復晴開。江樹雲間斷，湘山水上來。近洲朝鷺集，古戍夜猿哀。岸芷含蒼蒨，汀蒲秀紫臺。月餘偏地賞，心盡故人杯。自我違京洛，嗟君此泝洄。容華因别老，交舊與年頽。夢見長安[1]陌，朝宗實盛哉！

遊洞庭湖

張説

平湖曉望分，仙橋氣氛氲。鼓枻乘清渚，尋峰弄白雲。江寒天一色，日静水重紋。樹坐參猿嘯，沙行入鷺群。緣源斑篠密，冒徑緑蘿紛。洞穴傳虚應，楓林覺自薰。雙童有靈藥，願取獻明君。

---

[1] “安”原文爲“沙”，據《張燕公集》卷六改。

岳州西城

張説

水國何遼曠，風波遂極天。西江三紀合，南浦二湖連。危堞臨清境，煩憂暫豁然。九圍觀掌内，萬象閲眸前。日去長沙渚，山横雲夢田。汀葭[1]變秋色，津樹入寒烟。潛穴探靈詭，浮生揖聖仙。至今人不見，跡滅事空傳。初唐五古，承六朝之風，多用俳句，并有粘連不失者，其實皆古體，盛唐後乃分五俳。

巴邱春作

張説

日出洞庭水，春山掛斷霞。江涔相映發，卉木共紛華。湘戍南浮澗，荊關北望賒。陰湖窺魍魎，邱勢辨巴蛇。島户巢為館，漁人艇作家。自憐心問景，三歲客長沙。

岳州夜坐

張説

炎洲苦三伏，永日臥孤城。賴此閑庭夜，蕭條夜月明。獨歌還太息，幽感見餘聲。江近鶴時叫，山深猿屢鳴。息心觀有欲，棄智返無名。五十知天命，吾其達此生。

别灉湖

張説

念别灉湖去，浮舟更一臨。千峰出浪險，萬木抱煙深。南郡延恩渥，東山戀宿心。露花香欲醉，時鳥囀餘音。涉趣皆留賞，無奇不徧尋。莫言山水間，幽意在鳴琴。

對酒行巴陵作

張説

留侯封萬户，園令壽千金。本為成王業，初由賦上林。繁榮安足恃，霜露遽相尋。鳥哭楚山外，猿啼湘水陰。夢中城闕近，天畔海雲深。空對忘憂酌，離憂不去心。

---

[1] “葭”原文爲“霞”，據《張燕公集》卷八改。

湘江水中作

張九齡

湘流繞南嶽，絶目轉青青。懷禄未云已，瞻途❶屢所經。煙嶼宜春望，林猿莫夜聽。永路日多緒，孤舟天復冥。浮波從此去，嗟嗟勞我形。

將至岳陽有懷趙二

張九齡

湘岸多深林，青冥晝結陰。獨無謝客賞，況復賈生心。草色雖云發，天光或未臨。江潭非所遇，為爾白頭吟。

岳州九日宴道觀西閣

張説❷

揺落長年歎，蹉跎遠宦心。北風嘶代馬，南浦宿陽禽。佳此黄花酌，酣餘白首吟。涼雲霾楚望，濛雨蔽荊岑。登眺思清景，誰將眷濁陰。釣歌出江霧，樵唱入山林。魚以嘉名採，木為美材侵。大道由中悟，逍遥匪外尋。參佐多君子，詞華妙賞音。留題洞庭觀，望古意何深。

奉陪張丞相登南樓

尹懋

君子每垂眷，江山共流眄。水遠林外明，巖近霧中見。終日西北望，何處是京縣。屢登高春臺，徒使淚如霰。

陪張燕公登南樓

趙冬曦

抑鬱何以歡，陰氛亦登望。孤島輕霧裹，行舟白波上。目勞西北雲，心醉東南嶂。昔日青谿子，胡然此無狀。

和燕公《别㴩湖》

趙冬曦

南湖美泉石，君子翫幽奇。灣澳陪臨泛，巖峿共踐窺。秋風槙桂竦，春景

---

❶ "途"原文爲"圖"，據《曲江集》（《四部叢刊》景明成化本）卷四改。

❷ 原文作者誤爲"張九齡"，實張説，據《張燕公集》改。

緑楊垂。郢路委分竹，湘濱擁去麾。枉帆懷勝賞，留景惜差池。水木且不棄，情由良可知。

南樓詩[1]

趙冬曦

方曙躋南樓，憑軒肆遐矚。物華蕩暄氣，春景媚晴旭。川霽湘山孤，林芳楚雲縟。列巘重疊翠，遠岸逶迤緑。風帆摩天垠，漁艇散灣曲。鴻歸鶴舞送，猿叫鶯聲續。群動皆熙熙，噫予獨羈束。常欽才子意，忌鵬傷蹉跼。雅尚騷人文，懷沙何迫促。未知二賢意，去矣從所欲。

陪張丞相行郡竹籬[2]

趙冬曦

良臣乃國寶，麾守去承明。外户人無閉，浮江獸已行。隨來晉盜逸，民化蜀風清。郛郭從彝典，州閭荷德聲。小人投天涯，流落巴邱城。所賴中和作，優游鑿與耕。

奉别張岳州説二首一作《答張燕公岳州宴别》

王熊

長沙辭舊國，洞庭逢故人。薫蘭敦久要，披霧轉相親。歲月空嗟老，江山不惜春。忽聞黄鶴曲，更作白頭新。

其二

平生共風月，倏忽間山川。不期交淡水，暫得欵忘年。興逸方罷釣，帆開欲解船。離心宛危旆，朝夕為君懸。

入朝别張燕公

梁知微

華容佳山水，之子厭承明。符竹紆小郡，江湖被德聲。三年計吏入，路指巴邱城。舺舟纔結纜，騶駕已相迎。别離他鄉酒，委曲故人情。孤嶼早煙薄，長波晚氣清。辛勤方遠騖，勝賞屢難并。廻瞻洞庭浦，日暮愁雲生。

---

[1] 《全唐詩》卷九十八作“奉和張燕公早霽南樓”。

[2] 《全唐詩》卷九十八作“陪張燕公行郡竹籬”。

奉和張岳州、王潭州別詩二首并序

韋嗣立

予昔忝省闥，與岳州張使君説、潭州王都督熊同官聯事。後承朝譴，各自東西。張公與王都督別詩二首，情頗殷切。余覽以嘆，因遥申和云。

茂先王佐才，作牧楚江隈。登樓正欲賦，復遇仲宣來。黄鵠飛將遠，雕龍文為開。寧知昔聯事，聽曲有餘哀。

其二

昔時陪二賢，纓冕會神仙。一去馳江海，相逢共播遷。無因千里駕，忽覩《四愁》篇。覽諷歡何已，歡終徒愴然。

和尹懋《登南樓》

張均

客來已兩春，更瞻韶光早。花鳥既環合，江山復駢抱。樓形寫北潭，堞勢凌青島。白雲謝歸雁，馳懷洛陽道。

和尹懋《秋夜遊㴩湖》二首

張均

遠水沈西日，寒沙聚夜鷗。平湖乘月滿，飛棹接星流。黄葉鳴淒吹，蒼葭掃暗洲。願移滄浦賞，歸待穎川遊。

其二

潭灣幽意深，杳靄涌寒岑。石痕秋水落，風氣夕陽沈。澄徹天為底，淵玄月作心。青溪非大隱，歸弄白雲潯。

二妃廟送裴侍御使桂陽

李頎

江上秋霜晚，蒼蒼堯女祠。無人見精魄，萬古寒猿悲。桂水身没後，椒漿神降時。回雲迎赤豹，驟雨颯文貍。受命出炎海，焚香徵楚詞。乘驄感遺跡，一弔清川湄。

湘夫人

李頎

九疑日已暮，三湘雲復愁。窅靄羅袂色，潺湲江水流。佳期來北渚，捐玦在芳洲。

巴陵别劉處士

王昌齡

劉生隱岳陽，心遠洞庭水。偃帆入山郭，一宿楚雲裏。竹映秋館深，月寒江風起。烟波桂陽接，日夕數千里。嫋嫋清夜猿，孤舟坐如此。湘中有來鴈，雨雪❶候音旨。

岳陽别李十七越賓

王昌齡

相逢楚水寒，舟在洞庭驛。具陳江波事，不異淪棄跡。杉上秋雨聲，悲切蒹葭夕。彈琴收餘響，來送千里客。平明孤帆心，歲晚濟代策。時在身未充，瀟湘不盈晝。湖小洲渚聯，澹淡煙景碧。魚鼈自有性，龜龍無能易。譴黜同所安，風土任所適。閉門觀元化，攜手遺損益。

巴陵早秋寄荊州崔司馬、吏部閻功曹舍人

賈至

謫居瀟湘渚，再見洞庭秋。極目連江漢，西南浸斗牛。滔滔盪雲夢，淡淡摇巴邱。曠如臨渤澥，窅疑造瀛洲。君山麗中波，蒼翠長夜浮。帝子去永久，楚詞尚悲愁。我同長沙行，時事加百憂。登高望舊國，戎馬滿東周。宛葉遍蓬蒿，樊鄧無良疇。獨攀青楓樹，淚灑滄江流。故人西掖寮，同扈岐陽蒐。差池盡三黜，蹭蹬各南州。相去雖地近，不得從之遊。耿耿雲陽臺，迢迢王粲樓。跂予暮霞裏，誰謂無輕舟。

荊州賊平，臨洞庭言懷

李白

修蛇横洞庭，吞象臨海島。積骨成巴陵，遺言聞楚老。水窮三苗國，地窄三湘道。歲晏天崢嶸，時危人枯槁。思歸阻喪亂，去國傷懷抱。郢路方邱墟，章華亦顛倒。風悲猿嘯苦，木落鴻飛早。日隱西赤沙，月明東城草。關河望已絶，氛霧行當掃。長叫天可聞，吾將問蒼昊。

---

❶ “雪”原文爲“雲”，據《全唐詩》卷一百四十一改。

秋望洞庭[1]

李白

清晨登巴陵，周覽無不極。明湖映天光，徹底見秋色。秋色何蒼然，際海俱澄鮮。山青滅遠樹，水緑無寒烟。來帆出江中，去鳥向日邊。風清長沙浦，霜空雲夢田。瞻光惜頽髮，閲水悲徂年。北渚既蕩漾，東流自潺湲。郢人唱白雪，越女歌采蓮。聽此更腸斷，憑崖淚如泉。

洞庭湖[2]

李白

日晚湘水緑，孤舟無端倪。明湖漲秋月，獨泛巴陵西。偶憩裴逸人，巖居凌丹梯。抱琴出深竹，為我彈《鵾雞》。曲盡酒亦傾，北牕醉如泥。人生且行樂，何必組與圭。

九日登巴陵望洞庭[3]

李白

九日天氣清，登高無秋雲。造化闢山嶽，了然楚漢分。長風鼓橫波，合沓蹙龍文。憶昔傳遊豫，樓舡壯橫汾。今兹討鯨鯢，旌旆何繽紛。白羽落酒樽，洞庭羅三[4]軍。黄花不掇手，戰鼓遥相聞。劍舞轉頽陽，當時日停曛。酣歌激壯士，可以摧妖氛。齷齪東籬下，淵明不足群。

登巴陵開元寺西閣，贈衡嶽僧方外

李白

衡嶽有闢士，五峰秀真骨。見君萬里心，海水照秋月。大臣南溟去，問道皆請謁。灑以甘露言，清涼潤肌髪。明湖落天鏡，香閣凌銀闕。登眺餐惠風，新花期啟發。

答裴侍御，先行至石頭驛，以書見招，期月滿泛洞庭

李白

君至石頭驛，寄書黄鶴樓。開緘識遠意，速此南行舟。風水無定準，湍波

[1] 《李白集校注》（瞿蜕園、朱金城整理，上海：上海古籍出版社，2016 年）卷二十一作“秋登巴陵望洞庭”。

[2] 《李白集校注》卷二十一作“夜泛洞庭尋裴侍御清酌”。

[3] 《李白集校注》卷二十一作“九日登巴陵置酒望洞庭水軍”。

[4] “三”原文爲“二”，據《李白集校注》卷二十一改。

或滯留。憶昨新月生，西簷若瓊鈎。今來何所似[1]，破鏡懸清秋。恨不三五明，平湖泛澄流。此歡竟莫遂，狂殺王子猷。巴陵定遥遠，持贈解人憂。

洞庭醉後送絳州吕使君果流澧州

李白

昔别若夢中，天涯忽相逢。洞庭破秋月，縱酒開愁容。贈劒刻玉字，延平兩蛟龍。送君不盡意，書及鴈迴峰。

與賈舍人於龍興寺望滗湖[2]

李白

翦落青梧枝，滗湖坐可窺。雨洗秋山净，林光淡碧滋。水開明鏡轉，雲繞畫屏移。千古風流事，名賢共此時。

初至洞庭懷灞陵别業

劉長卿

長安邈千里，日[3]夕懷雙闕。已是洞庭人，猶看灞陵月。誰堪去鄉意，親戚想天末。昨夜夢中歸，烟波覺來濶。江皋見芳草，孤客心欲絶。豈訝青春來，但傷經時别。長天不可望，鳥與浮雲没。

九日岳陽待黄遂、張涣

劉長卿

别君頗已久，離念與時積。楚水空浮烟，江樓望歸客。徘徊正佇想，髣髴如暫覿。心目徒自親，風波尚相隔。青林泊舟處，猿鳥愁孤驛。遥見郭外山，蒼然雨中夕。季鷹久疎曠，叔度早疇昔。反櫂來何遲，黄花候君摘。

湘夫人

鄒紹先

楓葉下秋渚，二妃愁渡湘。疑山空杳藹，何處望君王。日落水雲裏，悠悠心自傷。

---

[1] “似”原文爲“事”，據《李白集校注》卷十九改。

[2] 《李白集校注》卷二十一作“與賈至舍人於龍興寺翦落梧桐枝望湖”。

[3] “日”原文爲“月”，據《刘长卿集编年校注》（楊世明校注，北京：人民文學出版社，1999年）改。

韓十八侍御見示《岳陽樓别竇司直詩》，因令屬和，重以自述，故足成六十二韻

劉禹錫

楚望何蒼然，曾瀾七百里。孤城寄遠目，一寫無窮已。蕩漾浮天蓋，四環宣地理。積漲在三秋，混成非一水。冬遊見清淺，春望多洲沚。雲錦遠沙明，風烟青草靡。火星忽南見，月硤方東迤。雪波西山來，隱若長城起。獨專朝宗路，駛悍不可止。支川讓其威，蓄縮至南委。熊武走蠻落，瀟湘來奥鄙。炎蒸動泉源，積潦搒山趾。歸往無旦夕，包含通遠邇。行當白露時。眇視秋光裏。曙色未昭晰，露華遥斐亹。浩爾神骨清，如觀混元始。北風忽震盪，驚浪迷津涘。怒激鼓鏗訇，蹙成山巋硊。鵾鵬疑變化，罔象何恢詭。嘘吸寫樓臺，騰驤露鬐尾。景移群動息，波静繁音弭❶。明月出中央，青天絶纖滓。素光淡無際，緑静平如砥。空影渡鵷鴻，秋聲思蘆葦。鮫人弄機杼，貝闕騈紅紫。珠蛤吐玲瓏，大鰩翔旖旎。水鄉吴蜀限，地勢東南庳。翼軫粲垂精，衡巫屹環峙。名雄七澤藪，國辨三苗氏。唐羿斷修虵，荊王憚青兕。秦狩蹟猶在，虞巡路從此。軒後奏❷宫商，騷人詠蘭芷。茅嶺潛相應，橘洲傍可指。郭璞驗幽徑，羅含著前紀。觀津戚里族，按道侯家子。聯袂登高樓，臨軒笑相視。假守亦高卧，墨曹正垂耳。契濶話涼温，壺觴慰遷徙。地偏山水秀，客重杯盤侈。紅袖花欲然，銀燈晝相似。興酣更抵掌，樂極同啟齒。筆鋒不能休，藻思一何綺。伊余負微尚，夙昔慙知己。出入金馬門，交結青雲士。襲芳踐蘭室，學古遊槐市。策慕宋前軍，文師漢中壘。陋容昧俯仰，孤志無依倚。衛足不如葵，漏川空歎蟻。幸逢萬物泰，獨處窮途否。鍛翮重疊傷，兢魂再三褫。蘧瑗亦屢化，左邱猶有恥。桃源訪仙宫，薜服祠山鬼。故人南臺舊，一别如弦矢。今朝會荊蠻，斗酒相宴喜。為余出新什，笑抃隨伸紙。曄若觀五色，歡然臻四美。委曲風濤事，分明窮達旨。洪韻發華鐘，淒音激清徵。羊濬要共和，江淹多雜擬。徒欲仰高山，焉能追逸軌。湘洲路四達，巴陵城百雉。何必顔光禄，留詩張内史。

自蜀江至洞庭湖口有感而作

白居易

江從西南來，浩浩無旦夕。長波逐若瀉，連山鑿如劈。千年不壅潰，萬姓

❶ “弭”原文爲“彌”，據《刘禹锡集笺证》（瞿蜕園笺證，上海：上海古籍出版社，1989 年）改。
❷ “奏”原文爲“秦”，據《刘禹锡集笺证》改。

無墊溺。不爾民為魚，大哉禹之績。導岷既艱遠，距海無咫尺。胡為不訖功，湖水斯委積。洞庭與青草，大小兩相敵。混合萬丈深，淼茫千里白。每歲秋夏時，浩大吞七澤。水族窟穴多，農人土地窄。我今尚嗟歎，禹豈不愛惜。邈未究其由，想古觀遺蹟。疑此苗人頑，恃險不終役。帝亦無奈何，留患與今昔。水流天地内，如身有血脈。滯則為疽疣，治之在鍼石。安得禹復生，為唐水官伯？手提倚天劍，重來親指畫。疏河似剪紙，決壅如裂帛。滲作膏腴田，蹋平魚鼈宅。龍宮變閭里，水府生禾麥。坐添百萬户，書我司徒籍。

岳陽樓别竇司直

韓愈

洞庭九州間，厥大誰與讓。南滙群崖水，北注何奔放。瀦為七百里，吞納各殊狀。自古澄不清，環混無歸向。炎風日搜攪，幽怪多冗長。軒然大波起，宇宙隘而妨。巍峩拔嵩華，騰踔較健壯。聲音一何宏，轟輵車萬輛。猶疑帝軒轅，張樂就空曠。蛟螭露筍簴，縞練吹組帳。鬼神非人世，節奏頗跌踼。陽施見誇麗，陰閉感悽愴。朝過宜春口，極北缺隄障。夜纜巴陵洲，叢芮纔可傍。星河盡涵泳，俯仰迷下上。餘瀾怒不已，喧聒鳴甕盎。明登岳陽樓，輝焕朝日亮。飛廉戢其威，清宴息纖纊。泓澄湛凝緑，物影巧相况。江豚時出戲，驚波忽蕩瀁。當時冬之孟，隙竅縮寒漲。前臨指近岸，側坐眇難望。滌濯神魂醒，幽懷舒以暢。主人孩童舊，握手作忻悵。憐我竄逐歸，相見得無恙。開筵交履舄，爛漫倒家釀。盃行無留停，高柱送清唱。中盤進橙栗，投擲傾脯醬。歡窮悲心生，婉孌不能忘。念昔始讀書，志欲干霸王。屠龍破千金，為藝亦云亢。愛才不擇行，觸事得讒謗。前年出官由，此禍最無妄。公卿採虚名，擢拜識天仗。姦猜畏彈射，斥逐恣欺誑。新恩移府庭，逼側廁諸將。吁嗟苦駑緩，但懼失宜當。追思南渡時，魚腹甘所葬。嚴程迫風帆，劈箭入高浪。顛沉在須臾，忠鯁誰復諒。生還真可喜，克己自懲創。庶從今日後，粗識得與喪。事多改前好，趣有獲新尚。誓耕十畝田，不取萬乘相。細君知蠶織，穉子已能餉。行當掛其冠，生死君一訪。

洞庭湖阻風贈張十一署

韓愈

十月陰氣盛，北風無時休。蒼茫洞庭岸，與子維雙舟。霧雨晦爭泄，波濤怒相投。雞犬斷四聽，糧絶誰與謀。相去不容步，險如礙山邱。清談可以飽，夢想接無由。男女喧左右，啼饑但啾啾。非懷北歸興，何用勝羈愁。雲外有白日，寒光自悠悠。能令暫開霽，過是吾無求。

湘妃怨

孟郊

南巡竟不返，二妃怨愈積。萬里喪蛾眉，瀟湘水空碧。冥冥荔山下，古廟收貞魄。喬木深青春，清光滿瑶席。搴芳徒自薦，靈意殊脉脉。玉珮不可親，徘徊烟波夕。

遊韋七洞庭别業

孟郊

洞庭如瀟湘，疊翠蕩浮碧。松桂無赤日，風物饒清激。逍遥展幽韻，參差逗良覿。道勝不知疲，冥搜自無斁。曠然青霞抱，永矣白雲適。崆峒非凡鄉，蓬瀛在仙籍。無言從遠尚，還思君子識。波濤漱古岸，鏗鏘辨奇石。靈響非外求，殊音自中積。人皆走煩濁，君能至虚寂。何以袪擾擾，叩調清淅淅。既懼豪華損，誓從詩書益。一舉獨往姿，再摇飛遁跡。山深有變異，意愜無驚惕。采翠奪日月，照耀迷晝夕。松齋何用掃，蘿院自然滌。業峻謝煩蕪，文高追古昔。暫遥朱門戀，終立青史績。物表易淹留，人間重離析。難追洞庭酌，且醉横塘席。

岳州[1]

杜牧

城高倚絶巘，地勝足樓臺。朔漠煖鴻去，瀟湘春水來。縈盈幾多思，掩抑若為裁。返照三聲角，寒香一樹梅。烏林芳草遠，赤壁健帆開。往事空遺恨，東流豈不廻。分符潁川政，弔屈洛陽才。拂匣調朱柱，磨鉛勘[2]玉杯。棋翻小窟勢，壚潑凍醪醅。此興子非薄，何時得奉陪？

湘夫人二首《樂府詩》作一百首

郎士元

蛾眉對湘水，遥哭蒼梧山。萬乘既已殁，孤舟誰忍還。至今楚竹上，猶有淚痕斑。

南有涔陽路，渺渺多新愁。桂酒神降時，廻風江上秋。彩雲忽無處，碧水空安流。

---

❶ 《杜牧集系年校注》(吴在慶校注，北京：中華書局，2008年) 作“早春寄岳州李使君，李善棋愛酒，情地閒雅”。

❷ “勘”原文爲“湛”，據《杜牧集系年校注》改。

自澧浦東遊江表，途出巴邱，投員外從公虞

李群玉

短翮後飛者，前攀鸞鶴翔。力微應萬里，矯首空蒼蒼。誰昔探花源，考槃西岳陽。高風動商洛，綺皓無馨香。一朝下蒲輪，清輝照巖廊。孤醒立眾醉，古道何由昌？經術震浮盪，國風掃齊梁。文襟即元圃，筆下成琳琊。霞水散吟嘯，松筠奉琴觴。冰壺避皎潔，武庫羞鋒鋩。小子書代耕，束髮頗自強。艱哉水投石，壯志空摧藏。十年侶黿魚，垂頭在沅湘。巴歌掙白雪，鮑肆埋蘭芳。騷雅道未喪，何憂名不彰。饑寒束困厄，默塞飛星霜。百志不成一，東波擲年光。塵生脱粟甑，萬里違高堂。中夜恨火來，焚燒九回腸。平明梁山淚，緣枕霑匡床。依泊洞庭波，木葉忽已黃。哀碪擣秋色，曉月啼寒螿。復此櫂孤舟，雲濤浩茫茫。朱門待媒勢，裋褐誰揄揚。仰羨野陂鳧，無心憂稻粱。不如天邊雁，南北皆成行。男兒白日間，變化未可量。所希困辱地，翦拂成騰驤。咋筆話肝肺，永兹枯魚章。何由首西路，目斷白雲鄉。

洞庭驛樓雪夜宴集奉贈前湘州張員外

李群玉

昔與張湘州，閒登岳陽樓。目窮衡巫表，興盡荊吴秋。擲筆落郢曲，巴人不能酬。是時簪裾會，景物窮冥搜。誤忝玳筵秀，得陪文苑遊。幾年雲楣上，風雨沉銀鉤。

洞庭遇秋

李群玉

塵愁老朱顏，久與江山隔。逍遥澄湖上，洗眼見秋色。涼波弄輕櫂，湘月生遠碧。未減遥客情，西望杳何極。

湖中古愁三首

李群玉

涼風西海來，直渡洞庭水。翛翛木葉下，白浪連天起。蘅蘭委皓雪，百草一時死。摧殘負志人，感歎何窮已。

其二

昔我觀雲夢，窮秋經汨羅。靈均竟不返，怨氣成微波。奠桂開古祠，朦朧入幽蘿。落日瀟湘上，淒涼吟《九歌》。

其三

南雲哭重華，水死悲二女。天邊九點黛，白骨迷處所。朦朧波上瑟，清夜降北渚。萬古一雙魂，飄飄在烟雨。

岳陽春晚

李群玉

不覺春物老，瑰然湖上樓。雲沙鷓鴣啼，風日沅湘愁。去翼滅雲夢，來帆指昭邱。所嗟芳杜晚，寂寞對汀洲。

悲湘靈

鮑溶

山上涼雲收，日斜川風止。娥皇五十弦，秋深漢江水。初因無象外，牽感百憂裏。霜露結瑶華，烟波勞玉指。將隨落葉去，又繞疏蘋起。哀響雲合來，清餘桐半死。女顔萬歲後，豈復嬋娟子。不道神無悲，那能久如此。魂魄無不之，九山徒相似。没没竟不從，唯傷遠人耳。斑斑淚篁下，恐有學瑟鬼。

岳陽懷古

吕温

晨飇發荊州，落日到巴邱。方知刳剡利，可接鬼神遊。二湖豁南寝，九派駛東流。襟帶三千里，盡在岳陽樓。憶昔鬬群雄，此焉争上游。吴昌屯虎旅，晉盛鶩龍舟。宋齊紛禍難，梁陳成冦讐。鐘鼓長震耀，魚龍不得休。風雪一蕭散，功業忽如浮。今日時無事，空江滿白鷗。

湘妃廟

郎士元❶

蛾眉對湘水，遥哭蒼梧山。萬乘既已没，孤舟誰忍還。至今楚邱上，猶有淚痕斑。

登岳陽樓有懷寄座主相公

曹鄴

南登岳陽樓，北眺長安道。不見昇平里，千門樹如草。骨肉在南楚，沉憂

❶ 原文作“吕温”，查《全唐詩》，作者系郎士元，故改。乃《湘夫人二首》之一。

起常早。白社愁成空，秋蕪待誰掃。常聞詩人語[1]，西子不宜老。賴識丹元君，時來語蓬島。

古別離

方干[2]

其一

水國葉黄時，洞庭霜落後。行舟問商賈，宿在楓樹下。此地送君還，茫茫似夢間。後期知幾日，前路轉多艱。巫峽通湘浦，迢迢隔雲雨。天晴見海檣，日落聞[3]鐘鼓。人老自多愁，水深難急流。青霄歌一曲，白首對汀洲。

其二

與君桂陽別[4]，令[5]君岳陽待。後事忽差池，前期日空在。木落雁嗷嗷，洞庭波浪高。遠山雲似蓋，極浦樹如毫。朝發能幾里，暮來風又起。如何兩處愁，皆在孤舟裹。昨夜天月明，長川寒且清。菊花開欲盡，薺菜[6]泊來生。下江帆勢速，五兩遥相逐。欲問去時人，知投何處宿。空令猿嘯時，泣對湘潭竹。

杪秋洞庭中懷王道士

謝太虚羽士

漂泊日復日，洞庭今更秋。清楓亦何意，此夜催人愁。惆悵客中月，徘徊江上樓。心知楚天遠，目送滄波流。謝客久已歿，微言無處求。空餘白雲在，容與隨孤舟。千里杳難望，一身常獨遊。故園復何許，江海徒淹留。

湘竹

［宋］梅堯臣

劈竹兩分開，情知無合理。織作湘紋簟，依然淚花紫。淚花雖復合，疑岫幾千里。欲識舜娥悲，無窮似湘水。

---

[1] “語”原文爲“詩”字，據《曹祠部集》（清文淵閣四庫全書本）卷一改。

[2] 原文作“方干”，查《全唐詩》，作者系李端，故改，乃《古別離二首》，下面之“其一”“其二”皆注者根據《全唐詩》所加。

[3] “聞”原文爲“間”，據《全唐詩》卷二百八十四改。

[4] “别”原文爲“時”，據《全唐詩》卷二百八十四改。

[5] “令”原文爲“今”，據《全唐詩》卷二百八十四改。

[6] “菜”原文爲“萊”，據《全唐詩》卷二百八十四改。

過洞庭青草湖

黄庭堅

乙丑越洞庭，丙寅渡青草。似為神所憐，雪上日杲杲。我雖貧至骨，猶勝杜陵老。憶昔上岳陽，一飯從人討，行矣勿遲留，焦林追獨獠。

過洞庭

張栻

城頭雞一號，浩蕩風腳回。篙師起相呼，牽帆上高桅。我亦推枕聽，波浪聲轟豗。窻間試一觀，萬頃銀山開。附火且安坐，念此亦快哉。良久天平明，已見金沙堆。泊舟古廟底，喜色動輿臺。我行正長憂，及此歲律摧。通籍恨亾補，敢賦歸去來。所至有何忙，妙處姑徘徊。險阻元自平，鷗鳥亦不猜，萬事有定理，渠謾費安排。明朝上湘水，雪意正栽培。行矣一樽酒，好在故園梅。

昔遊詩

姜夔

洞庭八百里，玉盤盛水銀。長虹忽照影，大哉五色輪。我舟渡其中，晃晃驚我神。朝發黄陵祠，暮至赤沙曲。借問此何處，滄灣三十六。青蘆望不盡，明月耿如燭。灣灣無人家，只就蘆邊宿。

過君山不獲登❶覽

陳與義

我愛君山好，萬里來南州。青眉横玉鏡，色照城中樓。勝日空倚眺，經年未成遊。今朝過山下，賊急不敢留。嵌空浪吞吐，蒼蔚風颼颼。龍吟雜虎嘯，九夏含三秋。了與❷遥賞異，况乃行岩幽。蚍蜉何當掃，延佇回我舟。擲去九節笻，搴裳走林邱。會逢湘君降，翠氣衣上浮。山椒望蒼梧，寄恨虛冥摎。

曉登燕公樓

陳與義

闌干納清曉，杖杖追黄鵠。燕公不相待，使我立於獨。霧收天落川，日動春浮木。舉手謝時人，微風吹野服。

---

❶ “登”字，據《陳與義集》（吴書蔭、金德厚點校，北京：中華書局，2007年）卷二十一補。

❷ “與”原文作“無”，據《陳與義集》卷二十一改。

晚步湖邊

陳與義

客問無勝日，世故可暫逃。杖藜迎落照，寒彩徧平皋。夕湖光景麗，晴鸖聲音豪。天長蒹葭響，水落城堞高。萬象各摇動，慰此老不遭。楚纍徑行地，處處餘《離騒》。幸無大夫貴，得伴諸子遨。終然動懷抱，白髪狂中搔。

泊宋田遇厲風作

陳與義

逐隊避狂寇，湖中可盤嬉。泊舟宋田港，俯仰看雲移。造物猶不惜，顛風忽横吹。洞庭何其大，浪挾雲車馳。可憐岸上竹，翻倒不自持。老夫元耐事，淹速本無期。會有大風定，見汝亭亭時。五月念貂裘，竟生薄暮悲。蕭蕭不自暢，耿耿獨題詩。

别岳州

陳與義

朝食三斗葱，暮飲三斗醋。寧受此酸辛，莫行歲晚路。丈夫少壯日，忍窮不自恕。乘除冀晚泰，乃復逢變故。經年岳陽樓，不見南宫樹。辭巢已萬里，兩脚未遑住。水落君山高，洞庭秋已素。浮雲易歸岫，遠客難回顧。飄然一瓶[1]錫，未知所掛處。寂寞短歌行，蕭條遠遊賦。學道始恨晚，為儒孰非腐。乾坤杳茫茫，三歎出門去。

乘大風發巴陵

陸游

雪濺浪方作，翠颭山欲浮。奇哉萬頃湖，著我十丈舟。三老請避風，叱去非汝憂。神物識忠信，壯士憎滯留。擊鼓催挂帆，揮手别岳州。仰視群鵠翔，下闖百怪囚。衡湘清絶地，恨不從此遊。聊須百斛酒，往醉庾公樓。

廟下俟風呈同行

孔武仲

楚水千百源，洞庭為壯觀。勢居七澤右，地裂荊吴半。而我泛扁舟，飄然一歸鴈。來之豈為益，去亦未足算。胡不吹清波，縱發如飛翰。朝辭廟山曲，

[1] “瓶”原文爲“餅”，據《陳與義集》卷二十三改。

午泊巴陵岸。况有三面風，迎送俱無間。定非偏薄厚，以掇行旅訕。奈何苦流滯，兀兀晨復旰。采芹朝當蔬，伐竹暮供爨。舟師三十人，餓虎奔芻豢。使之裹糧絶，慮有探囊患。二王東南望，貌像頗輝煥。歌鼓歲無休，香燈夜侵旦。我為江湖士，乞靈從弱冠。四到祠宫下，霜髯今已粲。王其故舊邮，勿以塗人看。尊師况慈忍，善道陰有贊。王心或未同，師頰固宜緩。杯珓似見許，歸來整檣幔。

洞庭秋月

［元］陳孚

月明水無痕，冷光泫清露。微風一披拂，金影散無數。天地青茫茫，白者獨有鷺。鷺去月不摇，一鏡湛如故。

道經巴陵送客洞庭西❶用孟襄陽韻

楊維楨

送客洞庭西，龍堆青兩兩。陳殿出空明，吴城連蒼莽。春隨湖色深，風將潮聲長。楊柳讀書堂，芙蓉采菱槳。懷人故未休，望望欲成往。

寄岳陽劉從事

韓丕

秋來憶故人，寓目臨大野。遠近聞清商，依稀奏幽雅。經霜樹半紅，無風葉自下。一片洞庭心，聊憑塞鴻寫。

書衣帛詩氏嫁賈尚書子瓊，時為元兵所俘，赴水死

韓氏希孟

宋未有天下，堅正臣禮秉。開國百戰功，每陣惟雄整。及侍周幼主，臣心常炯炯。帝曰卿北伐，山戎今有警。死狗莫擊尾，此行當繫頸。即日辭陛下，盡敵心欲逞。陳橋忽兵變，不得守箕潁。禪讓法堯舜，民物頗安静。有國三百年，仁義道馳騁。未改祖宗法，天明肆大眚。細思天地理，中有幸不幸。天果喪中原，大似裂冠裋。君誠不獨活，臣實無愧丙。失人焉得人，垂戒嘗耿耿。江南無謝安，塞北有王猛。所以戎馬來，飛渡巴❷陵境。大江限南北，今此一

❶ “送客洞庭西”數字，原來系“登岳陽樓”，據《楊維楨詩集》（杭州：浙江古籍出版社，2010年）改。

❷ “巴”原文爲“以”，據陶宗儀《南村輟耕録》（北京：中華書局，1959年）卷三改。

舴艋。本期固封疆，誰謂如畫餅。烈火燎昆間，不辨金玉礦。妾本良家子，性僻守孤梗。嫁與尚書兒，銜署紫蘭省。直以才德合，不棄宿瘤瘦。初結合歡帶，誓比日月昺。鴛鴦會雙飛，比目願常並。豈期金石堅，化作桑榆景。旄頭勢正然，蚩[1]尤氣先屏。不意風馬牛，復及此燕郢。一方遭刼虜，六族死俄頃。退鷁落迅風，孤鸞弔空影。簪強折白玉，缾沉斷青綆。一死空冥冥，憂心長炳炳。意堅志不移，改邑不改井。我本瑚璉質，安肯作溺皿。志節匪轉石，氣噎如吞鯁。不作爝火燃，願為死灰冷。貪生念麴蛾，乞憐羞虎穽。借此清江水，葬我全首領。皇天如有知，定作血面情。願魂化精衛，填海使成嶺。

按：湖志原不志人物與節烈，而韓希孟詩得入志，以死在岳陽江也。此水中之節烈，與屈子同堪不朽，而詩亦饒有《離騷》之風，故凡為韓氏作者，皆録之。

洞庭秋月

［明］楊基

湘水秋更清，湘月秋更白。光輝一相蕩，水月不辨色。何處洞簫聲，巴陵夜歸客。

湘竹

楊基

朝行湘竹下，暮宿湘竹中。雲情與雨態，萬態俄不同。密密深翳日，疎疎細含風。新梢露裊裊，老節烟濛濛。紛如千里妃，從以萬青童。旛幢列縹緲，環佩摇丁東。來從蔚藍天，步入東華宫。悵然不可即，翩然若驚鴻。夭矯喜而笑，低徊俯乃躬。質堅本外直，性潔緑中空。籊爾中紘矢，揉之可彤弓。冰雪誓不易，肯與時污隆。今朝揭春晴，更覺翠色濃。戢戢琅玕叢，忽見桃花紅。直疑路不遠，便與桃源通。我欲捐輕舟，褰衣入崆峒。春禽迎我啼，音響諧絲桐。終當聽山雨，自號箬笠翁。

湘女

楊基

湘水緑瀰瀰，湘山碧峨峨。空明影上下，但覺禽鳥多。我方住輕橈，聽彼湘女歌。湘女淡掃眉，素頰垂兩螺。幽蘭結短佩，徐行拂青莎。春風吹衣裙，芳香動微波。淑質自妍麗，不待綺與羅。真修慎所適，窈窕山之阿。盈盈青樓歸，日暮將如何。

---

[1] “蚩”原文爲“雖”，據陶宗儀《南村輟耕録》卷三改。

洞庭秋月

薛瑄

西風浄晚烟，天水遥相接。瓊樓玉宇❶深，炯炯涵虚白。夜久風露寒，一鼓湘靈瑟。

洞庭遇雨

薛瑄

孤舟行何遲，歲晚洞庭雨。跳波亂明珠，隨風颺細縷。雲霧失君山，波浪連吴楚。誰唱《斑竹枝》，别思盈南浦。

登岳陽樓

郭永清

危樓插天起，形勢沉江底。浪聲午後風，山色夜來雨。詩成錦霧中，人在青霄裏。拍手倚闌干，恨殺鱘魚鮆。

湘夫人用唐人韻

邵寶

灑淚向楚岫，白雲生遠愁。重華不復返，江水日夜流。美人美如玉，春草滿汀洲。

夜過洞庭

張治

曉發吴閶❷門，夕渡黄陵沚❸。日磬❹江❺帆遲，洞庭三百里。微風淡無波，明月照天水。隱隱見君山，鐘聲翠微❻裏。樓舡坐中流，長歌白浪起。

岳陽渡江望君山有懷

林大輅

弱齡談烟霞，披圖見幽事。流光四十過，斑髪躭榮利。楚甸舟車遊，巴陵

❶ “宇”原文爲“女”，據《湖南通志》（清光緒十一年刻本）卷三十二改。

❷ “閶”原文爲“昌”，據《湖南通志》卷二百五十四改。

❸ “沚”原文爲“址”，據《湖南通志》卷二百五十四改。

❹ “磬”原文爲“暮”，據《湖南通志》卷二百五十四改。

❺ “江”原文爲“將”，據《湖南通志》卷二百五十四改。

❻ “微”原文爲“雲”，據《湖南通志》卷二百五十四改。

已三至。暮春阻華容，瀟湘多靈異。中流望君山，徙倚勤雙視。所媿非仙才，所思在夢寐。陰崖猿猱馴，迴瀾蛟龍避。采芳襲我襟，攀蘿協絃思。怡哉無雙翼，婉孌誰能致。武陵桃源深，玆遊偶然遂。南風吹歸舟，仙翁或相值。鳴簫洞庭野，逍遥忘作吏。

集岳陽樓用顔延年韻

廖道南

繫予錫嘉名，自幼好奇服。興懷慨鬻熊，馳情追力牧。改歲辭朔易，玆晨趨南陸。崇樓俯江險，傑搆屯雲複。張樂臨夢野，開筵敞靈囿。鉅浸日月瞑，層濤天地澳。飛雨從塵氛，奔景蕩心目。淵龍倏隱見，沙鳥時廻復。恍疑玉華宫，良覿金蛾淑。贈我屈子蘭，貽之湘妃竹。

過洞庭

王孫蔚

洞庭森無涯，欲濟俟風力。我來蟬聲噪，楓葉初蕭瑟。涼飈會人意，飄然送帆席。解纜過岳陽，凌波似奮翮。君山一片雲，迎面忽相逼。雪浪翻日車，赭崖裂地脉。中流舞神鴉，噪飛自索食。一似恃水伯，飽飈古祠側。湘靈瑟已杳，祖龍樹還碧。萬象迥廼合，變化誰能測？憶昨下瞿塘，驚魂尚未息。浩蕩復能征，長作舟中客。開窻見南嶽，七十辨峰色。遥揖魏夫人，逸興飛青壁。江湖蒸白濫，蒼莽迷咫尺。向暝風更緊，粘天潮影黑。撥棹破盤渦，恐撼蛟龍宅。正襟語波濤，忠信諒無失。

登朗吟亭

張呈

挽舟登危亭，江風墮輕幘。空明入遠眺，天水如不隔。青青蒼梧山，森森雲夢澤。憑欄不敢唾，下有龍窟宅。帆歸雲外秋，鳥下烟光夕。欲試君山茶，待月出湖白。喚起朗吟翁，閒中弄鐵笛。

岳陽樓

孫宜

行客滯修軫，擊舸眺危城。城高已足展，樓古復斯名。曠達豁紫霄，天矯凌太清。崇闌互環接，曲磴裊崢嶸。旁睇既洞徹，俯矚亦虚明。湖風洒檻側，山影到城陰。邅廻閲吴艇，欸乃聆楚聲。簷樹晚墮葉，牆菊秋敷榮。塵車謝既遠，俗抱渺以澄。停觴慨餘興，高咏慰平生。

洞庭

孫宜

洞庭控南服，浩渺若滄海。緒風激廻濤，冥雨散孤靄。七澤勢互淪，萬古流不改。島嶼既嵂嶪，江漢復瀠滙。圓波濺石齒，高浪蹴山富。暾囘眾象出，魄墮頹瀾委。艤楫隨混茫，經湍怯崔嵬。阽危賈客疑，次夕行人悔。目險廼足嘆，際平亦堪待。搴芷懷昔遊，採蘭愴誰在。

君山

孫宜

高山峙平湖，巨澤淪廣陸。峥嶸島嶼環，逶邐岩嶂續。石壁鑑澄流，烟蘿蔭廻洑。沙寒吞浪接，水落祟崖縮。攢樹浮遠空，鳴山答虛谷。飄飖梵宇嚴，敞赫湘靈伏。雨葉洒叢蘭，風篁振修竹。秦灰慨燒存，楚望瞻形肅。夷猶帝降遲，杳漠君行速。寧當滯遠蹤，暫此探元窟。

登樓望君山

謝祖悌

荊土折堯壤，巴湖奠禹服。名勝藉英流，創制需賢牧。樓殿枕沅湘，舟車焦河陸。梯鴻飛閣逈，蔽日重檐複。江華燦石瀨，山果炫林麓。極目眺君山，青螺水中沐。

諸葛郡公送予登舟自岳陽樓趨君山

孫斯億

紆阻枉維縶，被褐樂逍遥。携尊感相送，艤棹春渚潮。巴邱含雨意，岳樓出霞標。盪槳邁城郭，轉帆過山椒。鴈陣下南浦，漁罾纓桂橈。杳靄吕亭盼，虛無燕閣超。南津鬱沆漭，西埠示祟高。艑山眺嶇嶔，洞庭冒烟濤。稍焉違廣隰，倏爾泊近皋。莫迓黄昏候，著屣詣招邀。

岳陽樓

高敞初

來登岳陽樓，朗誦范公記。形勝一覽收，心神皆妙思。達觀萬物情，洞識無我意。廊廟與汀湖，常懷憂樂志。

哀鴈 響山側有石洞三，捕鴈者夜匿其中

王啟茂

沙路絶行蹤，旅鴈于茲託。虞人機智深，忍冷藏幽壑。藴火巖洞中，矰網密成幕。夜半鳥夢濃，掩取如郭索。失群者驚飛，哀鳴入寥廓。湖月照孤影，廻繞舊叢薄。此時洞中人，紛灑以為樂。誰語鴈兒知，莫向平沙落。

冬日同顧憲使冲吾、張憲使懷瑟遊君山

王泮

始聞君山勝，寤寐恒在茲。岳陽一以睇，所聞未半之。金山立瓠子，落星浮彭蠡。卷石不足多，畔岸亦有涯。洞庭環千里，浩森漾玻璃。一山翠黛横，澹抹長蛾眉。自顧無羽翰，望洋興遐思。鼓勇命蘭橈，風掀浪如摧。恠底嬴秦者，赭山快所私。霜降水痕落，五瀦如盤匜。亟邀二三朋，肩輿陟其陂。先登軒轅臺，次謁湘君祠。欲覔酒香處，安得泉如酏。噫山滙巨浸，所以天下奇。水落等平原，全奇得非虧。我以向來見，會此登山時。水落兩在目，大觀夫何遺。乃知天地理，虧盈亦難齊。一有與一無，人生安足咨。試觀《齊物論》，莊子是吾師。同遊契予言，浩然發長嘻。歸來興未闌，醉能述以詩。

君山

譚紹琬

湖霧暗山頭，湖光照山腳。山日湖西沉，山月湖東豁。龍虎渾吟嘯，魚鳥錯飛躍。妙於參差間，見聞雙沿泝。憶予壯遊時，帆停群鳥聒。驚怖挫遊懷，幽奇何暇掇。後聞湘僧言，師廬結木末。物産饒笋茶，飲食隨手抹。柳井當庵前，泉源到盂鉢。汲之以煮茶，色香迴以越。聞君負茶癖，願言泛寥濶。惠陶將締盟，素磁可對酌。愧余苦俗羈，遊期動而括。念此湖山奇，退尋更遥攝。賦詩作臥遊，如赴湘僧約。

泛洞庭湖

〔國朝〕陸次雲

大浸數五湖，莫大乎湖庭。時當春夏交，雪融水氣蒸。仰視但有天，與波同一青。茫茫六合中，不見大塊形。三老弄洪濤，澎湃意所輕。至此乃敬慎，風正始揚舲。同舟色俱静，半帆容與行。此中有楠木，千載成英靈。出没每不時，異響令人驚。舟婦散紙錢，徐徐乃就平。死生呼吸間，宴坐猶兢兢。吁嗟縹緲中，難測鬼神情。或問傳書事，心知不敢應。

君山寺

孫祺鼎

來尋湘妃廟，遂憩君山寺。仄徑既宛委，陰崖亦殊異。龍宫遶萬壑，瑶殿圍雙髻。空朦梵日臨，掩映祇林蔽。欹字半頽落，廻廊莽閴閟。憑虚佛榻幽，倚石禪堂邃。臺瞰軒帝遺，甕留孟公識。地遠興故饒，情高迹仍繫。落日含水曲，回雲度湖際。停橈傍漁舟，張筵分友位。暮景垂星河，晨曦靄蒼翠。蕭然一宿餘，解纜非吾意。

登岳陽樓望湖

李愫

灝雲捲天際，遥望失其岸。東瞻極郢水，北眺廻燕甸。情懸漢上魚，目送衡陽鴈。飄飄仙何去？捫碑徒漫漶。

遊君山

胡士璘

長江鋪白練，分走荊吴派。具區納群流，襟帶三湘界。太虚裏鴻濛，元氣溢沆瀣。隱隱鴈飛遲，颯颯帆度快。風來豚拜浪，兩過鷗鷺絓。神龍作淵都，豈復數鱗介。珠光照水府，不受白日晒。有時湛明鏡，君山青一塊。烟中樹若莎，波上舟如芥。勝概足留人，遊客偶相邂。赭樹驕夏焰，緑橘待秋賣。我性好遊覽，夙負雲水債。人生亦何為，世故自拘械。捫蘿出斜徑，酒香亭未壞。

君山紀遊

李卷

洞庭水所歸，豁達萬物覩。風霆任斥麾，日月供吞吐。浮址猶蕩平，横濤亦震怒。九溪屬附庸，七澤推盟主。有山屹然尊，中流獨砥柱。更無峰作隣，欲與天為伍。朝霽黿鼉擎，夕晦蛟龍輔。遂稱之曰君，國人莫不與。勝蹟可欝奇，紹聞軼往古。霧宿軒轅臺，霜侵堯女墓。柳毅傳淚緘，欒巴挹香醑。又云吕仙翁，荷衣及草履。大醉岳陽樓，朗吟倏飛渡。在昔多遊人，屈指安可數。自非抱夙緣，山靈輒見拒。唯予躭林泉，名勝鐫肺腑。嘗謂未徧遊，有如聾若瞽。策蹇入羅浮，扶筇歷天姥。始擇於武夷，築室岩頭住。君山久繫思，庶幾旦暮遇。因之有遠行，脂轄而適楚。篤言應其招，良與山有素。急欲陟彼巔，勃勃孰能禦。時維秋氣驟，涼飈驅炎暑。廼挈雨前茶，復邀雲外侶。買舟涉烟波，臨眺廓眉宇。曠景娱知音，浩懷忘逆旅。亭際坐未休，低徊不忍去。捫摹讀舊碑，嘯咏琢新句。繪出洞庭圖，什珍入遊譜。

新秋登岳陽樓

楊柱朝

天水互為根，雲氣歸一樸。何人鑿混沌，元始受雕琢。烟雲任吐吞，日月共浣濯。即此一卷多，氣已葢五嶽。落落曠士衷，眾山不能學。庶幾筆墨功，可以資商榷。

酒香山

余天相

漢武好仙術，天下趨若騖。今日獻醴泉，明日獻甘露。君山傳美酒，濃香若嬌乳。烟霧為麴蘖，風雷頻蒸煦。欒巴馳騎來，數斗珍同護。滑稽曼倩生，竊飲酣睡去。君威甚嚴重，能不畏震怒。臣死酒非仙，仙酒臣不懼。千載付一笑，玩弄等孩孺。豈知諧謔中，片言生主悟。古人重諷諫，東方乃其庶。

洞庭秋月

楊枝建

平湖印秋月，秋月臨湖浦。浦泛有長消，月明無今古。射破蛟龍窟，照徹神仙府。況後時八月，嬋娟正二五。微飈蹙金鱗，乾坤一氣聚。纖芥浮君山，秋毫見夢渚。我登岳陽樓，目極九江滸。何處仙籟幽，湘靈瑶瑟鼓。

湘江竹

伊秉綬

洞庭渺無際，天來見修竹。風聲動微波，秋氣生寒玉。一聽水龍吟，何處仙鸞宿。不傍堯女祠，為誰娟娟緑？

游君山一日，不見斑竹，惟崇勝寺後寥寥數叢而已。問之，寺僧云：“竹班者，往往為游人伐取去，是以日少。”旁有小沙彌曰：“聞斑竹是湘妃血淚所染，不知當日何為洒淚貽竹害也。”為之粲然，天下名之所在，害亦隨之。感沙彌言，因成此詩

陶澍

二妃昔南來，淚洒湖上竹。至今風雨梢，空山聞夜哭。似訴往來人，何苦肆荼毒。根荄雖自守，零落不成簇。雖有修竦資，難勝斧斤斸。誰知小沙彌，

一語發其覆。貽害由淚痕，虚名徒召辱。此理古同然，世事棋變局。鷲以能鳴生，豈異不才木！安能苟取容，改易真面目。猶勝方竹枝，生來被桎梏。山有方竹，乃笋籜時用板束之，非生而能方也。

甲子二月，量移閩臬，得旨入覲，汪容川攝篆岳州，偕僚屬餞於岳陽樓，用昌黎《别竇司直》韻見贈，依韻奉答

韓崶

脱身掃填委，洗耳謝譙讓。置酒最上頭，高會天所放。自我來湘中，跼蹐不可狀。齟齬兩大間，承接失背向。况復綰雙符，官聯畏冗長。跋胡尾又疐，牽髮頭為妨。廻思官白雲，意氣亦雲壯。六州鑄一錯，嫌疑成兼兩。一朝忽捨去，内媿職司曠。何當集群賢，漫勞設祖帳。碧香酒清冷，白紵歌趺蹋。情深感汪倫，送我尤惻愴。先生本經師，説經無理障。獨闡宣聖旨，一空諸家傍。昔簪史臣筆，磚影視天上。清廟陳瑚璉，不數盆與盎。餘事作詩人，體物極瀏亮。雄堅峙長城，細膩出纖纊。要當鬪韓豪，未足王孟况。謂宜草中和，文彩四海滃。黄鐘撤細響，巨海廻狂漲。胡為事奔走，頗失中朝望。大才可小試，吏事復曉暢。浦珠久寂寥，君到獨惆悵。歲發芃萑兵，豈曰癬疥恙。交南逋逃藪，此禍誰實釀。但抱蒲鞭慚，漸聞襦袴唱。三年報最成，鯨鯢半醢醬。我時持簜節，隱憂豈敢忘。與君立談頃，精悍覺神王。峩峩冠頭巔，高興龍尾亢。羌無陸賈金，差免馬援謗。沅湘復同舟，天假理非妄。數奇操持堅，獄繁忠信仗。即今攝劇郡，摘伏杜欺誑。親民在賢令，練軍得儒將。固宜相佐理，庶政期了當。潮平柳毅祠，淚洒湘娥葬。滯子北去舟，一葉駕高浪。庸懦悮國是，屢荷聖明諒。景移指海邦，猛省自懲創。碁枰錯黑白，楚弓均得喪。詔許對闕廷，天意覷所尚。爾我一臭味，共此寒乞相。試與問津梁，還將經義餉。他年閩楚間，治行互一訪。

送韓桂舲廉訪入覲用昌黎《岳陽樓别竇司直》韻

汪浩

部婁附泰岱，成高自不讓。河海收細流，千里滙雄放。觀卦得澤山，虚受真其狀。銀漢使星輝，疇昔奉清向。觀察徧高廉，按部圖書長。滄瀛水不波，碧落雲寧妨。觀山旌旆揚，銅柱摩挲壯。泛海掣長鯨，檻車不計兩。薅鋤苗乃植，民熙地無曠。畫角寒金風，郡僚簇玉帳。清樂追坡仙，吟情更趺蹋。五月瘴雨愁，獨為天涯愴。自公攝外臺，百川由之障。暨公赴京華，官民失依傍。鶗蚗幾换聲，計吏復北上。痴燕認舊巢，坐與春風盎。燕山一片雲，朝暾照逾亮。匪直飲醇醪，匪直挾綿纊。鴻爪印雪泥，每懷難自况。九天用作霖，文鷁

湘中瀼。南楚沛恩波，洋溢同春漲。繡衣指螺江，又慰閭人望。帝念九州同，肯予一隅暢。極知去來因，下走獨惆悵。吏事老霜髯，鳩掘恒自恙。義爻手一編，擷菁等蜜釀。心摹十翼旨，説引百家唱。蠡測洵堪嗤，終不計覆醬。墨炙與筆針，結習殊未忘。不朽感叔孫，念之神猶王。至哉四聖言，乾坤為批亢。易雖重一觔，無咎從疑謗。豈無憂患情，反身消諸妄。理定數亦隨，悠悠安足仗。辱公知最深，信我語無誑。昌黎百代型，寧僅騷壇將。德立言與立，遇合蘄攸當。草没屈原宅，鬣封魯肅塟。湖水泛桃花，瞬息翻巨浪。君山點青螺，黄陵跡誰諒。希文未記前，此樓屬誰創。浩然起長歎，都與齊得喪。宦海不繫舟，仁者無以尚。即今趨螭坳，已卜天心相。綺陌飄赤幢，綴詞效芹餉。長此葵藿心，矢將經義訪。

與友人登岳陽樓看月遣興三首

萬年淳

秋色從西來，洞庭劃如洗。火中暑欲退，月似蚌吐水。遊子自去來，過帆見表裏。美人坐雲端，欲往遺芳芷。知心苟不存，拔劒為誰起。

其二

自昔與君交，毛髓共發洗。開襟抒素懷，清淡瀟湘水。世途自嶽嶽，見表不見裏。齊心同所欲，氣味薄蘭芷。登樓一躊躇，滄浪漁歌起。

其三

洞庭炎氣消，君山浄如洗。我來岳陽樓，秋意淡如水。賈客挂帆來，飄飄雲水裏。浩然一長歡，何處覔岸芷？明月露一線，秋光縱横起。

七言古詩上[1]

㴩湖作

［唐］趙冬曦

三湖返入兩山間，畜作㴩湖彎復彎。暑雨奔流潭正滿，微霜及潦水初還。水還波卷谿潭涸，緑草芊芊岸嶄岩。適來飛櫂共廻旋，已復場鞭恣行樂。道旁耆老步躚躚，楚言兹事不知年。試就湖邊披草徑，莫疑東海變桑田。君訝今時盡陵陸，我看明歲更淪漣。來今自昔無終始，人事迴環常若是。應思闕下聲華

[1] 原書此處尚有“洞庭湖志卷之十一”“藝文三”，今刪。

日，誰謂江潭旅遊子。初貞正喜固當然，往蹇來譽宜可俟。盈虛用舍輪輿旋，勿學靈均遠問天。

巴陵寄李二户部、張十四禮部

賈至

江南芳草初冪冪，愁殺江南獨愁客。秦中楊柳也應春，轉憶秦中相憶人，萬里鶯花不相見，登高一望淚沾巾。

寄韓諫議注

杜甫

今我不樂思岳陽，身欲奮飛病在牀。美人娟娟[1]隔秋水，濯足洞庭望八荒。鴻飛冥冥日月白，青楓葉赤天雨霜。玉京群帝集北斗，或騎麒麟翳鳳凰。芙蓉旌旗煙霧樂，影動倒景摇瀟湘。星官之君醉瓊漿，羽人稀少不在旁。似聞昨者赤松子，恐是漢代韓張良。昔隨劉氏定長安，帷幄未改神慘傷。國家成敗吾豈敢，色難腥腐餐[2]楓香。周南留滯古所惜，南極老人應壽昌。美人胡為隔秋水，焉得置之貢玉堂。

諒公洞庭孤橘歌

顧況

不種自生一株橘，誰教渠向堦前出，不羨江陵千木奴。下生白蟻子，上生青雀雛。飛花簷葡旃檀香，結實如綴摩尼珠。洞庭橘樹籠煙碧，洞庭波月連沙白。待取天公放恩赦，儂家定作湖中客。

洞庭秋月行

劉禹錫

洞庭秋月生湖心，層波萬頃如鎔金。孤輪徐轉光不定，遊氣濛濛隔寒鏡。是時白露三秋中，平湖月上天地空。岳陽城頭暮角絶，蕩漾已過君山東。山城蒼蒼夜寂寂，水月逶迤繞城白。蕩槳巴童歌《竹枝》，連檣沽客吹羌笛。勢高夜久陰力全，爽氣肅肅開星躔。浮雲夜鳥啼四裔，首冠星斗當中天。天雞相呼曙霞出，斂影含光讓朝日。日出喧喧人不聞，夜來清景非人間。

---

[1] “娟娟”原文爲“涓涓”，據《杜甫集校注》（謝思煒校注，上海：上海古籍出版社，2016年）改。

[2] “餐”原文爲“粲”，據《杜詩鏡銓》（清乾隆五十七年陽湖九柏山房刻本）卷十六改。

黄陵[1]

李賀

筠竹千年[2]老不死，常[3]伴秦娥蓋湘水。蠻娘吟弄满寒空，九山静绿淚花紅。離鸞别鳳煙梧中，巫雲蜀道遥相通。幽愁秋氣上青楓，涼夜波間吟古[4]龍。

帝子歌

李賀

洞庭明月[5]一千里，涼風雁啼天在水。九節菖蒲石上死，湘神彈琴迎帝子。山頭老桂吹古香，雌龍怨吟寒水光。沙浦步魚白石郎，閒取真珠擲龍堂。

瀟湘神・斑竹枝

劉禹錫[6]

斑竹枝，斑竹枝，淚痕點點寄相思。楚客欲聽瑶琴怨，瀟湘深[7]夜月明時。

岳陽别張祜

李涉

十年蹭蹬為逐臣，鬢毛白盡巴江春。鹿鳴猿嘯雖寂寞，水蛟山魅多精神。山瘧困中聞有赦，死灰不望光陰借。半夜州符唤牧童，虚教衰病生驚怕。巫峽洞庭千里餘，蠻陬水國何親疏。由來真宰不宰我，徒勞歎者懷吹噓。霸橋昔與張生别，萬變桑田何處説。龍蛟縱在没塗泥，長衢却為駑駘設。愛君氣堅風骨峭，文章真把江淹笑。洛下諸生懼刺先，鳥鳶不得齊鷹鷂。岳陽西南湖上寺，水閣松房遍文字。新訂張生一首詩，自餘吟著皆無味。策馬前途須努力，莫學龍鐘虚歎息。

---

❶ “黄陵”亦作“湘妃”，參見《李賀詩集》（叶葱奇校注，北京：人民文學出版社，1959年）。

❷ “年”原文爲“竿”，據《李賀詩集》改。

❸ “常”原文爲“長”，據《李賀詩集》改。

❹ “古”原文爲“老”，據《李賀詩集》改。

❺ “明月”原文爲“帝子”，據《李賀詩集》改。

❻ 原文作“李賀”，實“劉禹錫”；原題爲“湘竹歌”改爲“瀟湘神・斑竹枝”。據《劉禹錫集箋證》改。

❼ “深”原文爲“清”，據《劉禹錫集箋證》改。

周先生畫洞庭歌

鮑溶

江南客，水為鄉，舟為宅，能以筆鋒知地脉。閒分楚水入丹青，不下此堂臨洞庭。水紋不浪烟不動，木末稜稜山碧重。帝子應哀窈窕雲，客人似得嬋娟夢。六月火光衣上生，齋心寂聽潺湲聲。林冰摇鏡水拂簟，盡日獨卧秋風清。因遊洞庭不出户，疑君知有長生路，玉壺先生在何處？

湘妃列女操

鮑溶

有虞美人哭虞后，淑女何事又傷離，竹上淚跡生不盡。寄哀雲和五十絲，雲和終奏鈞天曲。乍聽寶琴遥嗣續，三湘測測流急緑。秋夜露寒蜀帝飛，楓林月斜楚臣宿。更疑川宫日黄昏，闇攜女手殷勤言。環珮玲瓏有無間，終疑既遠雙悄悄。蒼梧舊雲豈難召，老猿心寒不可嘯。目眄眄兮意蹉跎，魂騰騰兮驚秋波。曲一盡兮憶再奏，眾弦不聲且如何。

秋日登岳陽樓望晴

張碧

三秋倚練飛金盞，洞庭波定平如剗。天高雲捲緑蘿低，一點君山礙人眼。漫漫萬頃鋪琉璃，烟波闊遠無鳥飛。西南東北競無際，直疑浸斷青天涯。屈原回日牽愁吟，龍宫感激致應沉。賈生憔悴説不得，茫茫烟靄堆湖心。

遊洞庭湖

裴説

楚雲團翠八百里，澧蘭吹香墮春水。白頭漁子摇蒼煙，鸂鶒眠沙曉驚起。沙頭龍叟夜歎憂，鐵笛未響春風羞。露寒紫藟結新愁，城角泣斷關河秋。謫仙欲識雷斧手，剗却古今愁共醜。鯨遊碧落杳無踪，作詩三歎君知否？瀛洲一棹何時還，滿江宫錦看湖山。

斑竹

無名氏

濃緑疏莖遶湘水，春風抽出蛟龍尾。色抱霜花粉黛光，枝撑蜀錦紅霞起。交戛敲欹無俗聲，滿林風曳刀槍横。殷痕苦雨洗不落，猶帶湘娥淚血腥。嫋娜梢頭掃秋月，影穿林下疑殘雪。我今慚愧子猷心，解愛此君名不滅。

洞庭山維諒上人院阶前孤生橘樹

釋皎然

洞庭仙山但生橘，不比凡木與梨栗。真子無松自不栽，感得一株堦下出。細葉繁枝委露新，四時常緑不關春。若言此物無道性，何意孤生來就人。二月三月山初暖，最愛低簷數枝短。白花不用鳥銜來，自有風吹手中滿。九月十月争破顔，金實離離顔色殷。一夜天晴香滿山，天生珍木異於俗，俗士來逢不敢觸。清陰獨步禪起時，徙倚枝前看不足。

湘妃廟

釋齊己

湘烟濛濛湘水急，汀露凝紅裛蓮濕。蒼梧雲疊九疑深，二妃魂飛江上立。相攜泣，鳳蓋龍輿追不及。廟荒杉朽啼飛鼪，笋鞭迸出阶基傾。黄昏一片陰雲起，新月如眉生澗水。

晚泊岳陽樓

［宋］歐陽修

臥聞岳陽城裏鐘，繫舟岳陽城下樹。正見江空明月時，雲水蒼蒼失江路。夜深明月弄清輝，水上人歌月下歸。一闋聲長聽不盡，輕舟短棹去如飛。

岳陽書事

楊時

洞庭水落洲渚出，疊翠疏峰遠烟没。重樓百尺壓高城，畫棟沉沉倚天闕。湖光上下天水融，中以日月分西東。氣凌雲夢吞八九，欲與勃海争雌雄。澄瀾無風雨新霽，一日萬頃磨青銅。琉璃夜影貯星漢，騎鯨已在銀河中。湘妃帝子昔何許，但有林壑浮青空。蒼梧雲深不可見，遺恨千古嗟何窮。須臾晦冥忽異色，風怒濤翻際天黑。乘陵瀨壑走魑魅，渟滀百怪誰能測。忽看舟子玩行險，更欲飛帆借風力。安得晴雲萬里開，依舊寒光浸虚碧。

送王因叔赴試

陳與義

楓落南紀明，秋高洞庭白。自是天涯人，更送湖上客。人生險易乘除裏，富貴功名從此起。不須惜别作酸然，滿路新詩付吾子。

陰風

陳與義

陰風三日吹南極，二月巴陵寒裂石。長林巨木受軒輊，洞庭倒流瀟湘黑。君不見，古廬竹扉聲策策，中有竛竮落南客。曾經破膽向炎官，敢不修容待風伯。

居夷行

陳與義

遭亂始知承平樂，居夷更覺中原好。巴陵十月江不平，萬里北風吹客到。洞庭葉稀秋聲歇，黄帝樂罷川杲杲。君山偃蹇横歲暮，天映湖南白如埽。人世多違壯志悲，干戈未定書生老。揚州雲氣鬱不動，白首頻回費私禱。后勝誤齊已莫追，范蠡圖越當若為。皇天豈無悔過意，君子慎惜經綸時。願聞群公張王室，臣也安眠送餘日。

再登岳陽樓感賦詩❶

陳與義

岳陽壯觀天下傳，樓陰背日緹綿綿。草木相連南服内，江湖異態闌干前。乾坤萬事集雙鬢，臣子一謫今五年。欲題文字弔古昔，風壯浪湧心茫然。

岳陽樓

陸游

身如病鶴短翅翎，雨雪飄灑號沙汀。天風忽吹不得住，東下巴峽泛洞庭。軒皇張樂雖已矣，此地至今朝百靈。雄樓岌業鎮吴楚，我來舉手捫天星。帆檣纔放已隱隱，雲氣亂入何冥冥。黿鼉出没蛟鰐横，浪花遮盡君山青。黄山仙翁喜無恙，袖劍近到城南亭。眼前俗子敗人意，安得與翁同醉醒。

祠二廟之明日未得順風呈同行

孔武仲

岳州西祠從古有，控帶洞庭湖之口。前對隱顯明滅之湘山，下接淵淪洶湧之長川。茫茫白沙連絶嶼，淡淡古木蟠蒼烟。昭❷靈王，左安流，右翠帳，朱

❶《陳與義集》（吴書蔭、金德厚點校本）卷十九作“感慨賦詩”。

❷“昭”原文爲“照”，據《宋詩鈔》（清文淵閣四庫全書本）卷十五改。

幡擁前後。鋸牙虎視森兩廂，氣骨生獰欲奔走。我來纜舟日已昏，袍韡跪聽祠官言。伏興進退如法式，四顧詭譎驚心魂。平明結束舟將解，叱吸曾聞北風大。焚香奏酒殊無計，伏渚藏汀姑有待。二王威神世所傳，鈐攝鬼怪賓靈仙。好風相送勢不難，舒卷造化須臾間。波回草動似有意，舉棹開帆即千里。吟詩賞月岳陽樓，買魚沽酒巴陵市。

富貴篇答李令

徐績

我有一筒詩，寫出千年意。將令後世觀，不是前言戲。感君再唱洞庭謡，我亦重歌酬子惠。古人達者嘗有[1]異姓王，一門五侯三將軍，弟兄同入中書堂。對開大第連幾坊，私門列戟森鋒鋩。十二簾捲珠瑩煌，雙姬扶起坐牙牀。緑鬟紅袖花成行，左盼右顧生春陽。高車食客劍佩鏘，堂上已滿坐兩廊。巨鑊大鼎烹牛羊，玉壺把酒金缸長。美人拜客求盡觴，歌姬一誤已絶肮。纏頭彩幣堆如岡，酬歌買笑金鴛鴦。奴袍火浣直兩廂，三千廄馬紅錦障。廁幃文繡爐薰香，更衣侍妾如閨房。主人意氣秋鷹揚，其心端如彩鳳凰。一言合意青雲翔，須臾睚眦磨刀鎗。門前臘月可烘裳，一日失勢成冰隍。小者腰領屍道旁，大者連頸宗族亡。犬雞散盡空遺墻，野鳥入室山魈藏。嗚呼哀哉可歎傷，至死不悟猶陸梁。古來如此有多少，豈似洞庭湖上老！無租無税一生閒，有飯有魚一杯飽。日落波間烟正昏，雲開湖口山光曉。棹翁適自巴陵迴，掛帆直指瀟湘道。有言不問俗窮通，何憂可入翁懷抱。修竿短棹已自足，更有村前一茅屋。賣魚沽酒任醉醒，繡户朱門自歌哭。嗟余未往心先慕，更謝棹翁詢去住。風前月下有誰知，醉魄吟魂自來去。堂前畫作荊南圖，夢中記得巴陵路。

巴陵女子行并序

［元］郝經

己未秋九月，王師渡江，大帥拔都及萬户解成等自鄂渚，以一軍覘上流，遂圍岳。岳潰，入於洞庭，俘其遺民以歸。節婦巴陵女子韓希孟誓不辱於兵，書詩衣帛以見意，赴江流以死。[2] 今并其詩，録於左方。嗚呼！宋有天下，文治三百年，其德澤厖厚，青於肌膚，藏於骨髓。民知以義為守，不為偷生一時計。其培植也厚，故其持藉也堅。乃知以義為國者，人必以義歸之，故希孟一

---

[1] 據《四庫全書》之《節孝集》，中間省略字爲“云富不如貧賤勝貴；君不見古之富貴郎，父祖俱封”。

[2] 據顧嗣立編《元詩選》（北京：中華書局，1987 年），中間删除數字曰“其詩悲婉激切，辭意壯烈，有古義士未到者”。

女子，而義烈如是。彼振纓束髮，曳裾峩冠，名曰丈夫，而誦書學道，以天下自任。一旦臨死生之際，操履云為，必大有以異於希孟矣。余既高希孟之節，且悲其志，作《巴陵女子行》以申其志云。序照顧俠君選本，與坊刻異。

北來諸君飛渡江，突騎一夜滿岳陽。樓頭火起入閭巷，曹逃偶走如牛羊。巴陵女子尚書婦，生平不識門前路。亂兵驅出勢蒼黄，夫壻翁姑在何處？吞聲掩淚行且啼，啼痕沾濕越羅衣。此身忍使人再辱，裂帛暗寫臨終詩。上言社稷安危事，下説投江誓天志。一回宛轉一悲辛，心折魂飛不成字。詩成淚盡赴江流，蛾眉蕭颯天為愁。芙蓉零亂入秋水，玉骨直墜青海頭。古來烈婦纔一二，誰似巴陵更文理！名與長江萬里流，丞相魏公還不死。按：《兩山墨談》以希孟為韓魏公之後，亦本此詩云耳。

歸舟阻風

傅若金

洞庭十日風勢號，沙頭客舟如繫匏。沅湘九道白波立，衡霍千峰元霧交。神龍欲蟄無定窟，黄鶴將歸愁故巢。咫尺城樓不得上，何因一望楚江郊。

吕仙亭

陳孚

昔日吕公遊洞庭，玉簫吹裂蘆花汀。秋空一劒忽飛去，夜月千山烟冥冥。天地茫茫鳥兔急，波濤洶洶蛟螭腥。起呼老樹欲與語，濕露亂灑苔痕青。

岳陽樓

陳孚

洞庭木葉風颼颼，雪浪萬頃飛白鷗。氣浸中天日月濕❶，影摇大地山河浮。數聲裂玉洞賓魄，一點殘黛湘娥愁。安得天瓢酌仙酒，跨鯨直上扶桑洲。

君山行

貫小雲石海涯

北溟魚背幾千里，負我大夢遊弱水。蓬萊隔眼不盈拳，碧落香銷吹不起。茜裙女兒懷遠遊，遠人不歸明月羞。寶釵綰髻翠欲流，鳳鬟十二照暮秋。女媧煉石補天手，手掘石開露天醜。瓊樓玉宇亦人間，直指示君君見不？斯須魚去夢亦還，白雲與我遊君山。

❶ “濕”原文爲“沉”，據《陳剛中詩集·交州藁》（明鈔本）改。

岳陽樓

貫小雲石海涯

西風吹我登斯樓，劒光影動乾坤浮。青山對客有餘瘦，遊子思君無恨愁。昨夜漁歌動湖月，一分天地十分秋。

湘夫人祠

元好問

木蘭芙蓉滿芳洲，白雲飛來北渚遊。千秋萬歲帝鄉遠，雲來雲去空悠悠。秋風秋月湘江渡，波上寒烟引輕素。九疑山高猿夜啼，竹枝無聲墮殘露。

題呂仙亭

房皞

岳陽城南呂公洞，道人見客無迎送。事少方知日月長，身閒未覺功名重。竹影松陰生午凉，山色湖光設朝供。高吟下視世間人，幾人不在黃粱夢。

黄陵曲

王廓

黄陵磯頭煙樹簇，黄陵廟前煙草緑。來朝時接洞庭君，驚浪掀空駕銀屋。西風吹散魚龍腥，天空落日波冥冥。君王龍馭夜臺冷，雲晚蒼梧山更青。月華二十五絃秋，聲斷白蘋江自流。竹花遍棲野林血，地老天荒娥黛愁。嬪虞雙笄虞已老，雲鏡芙蓉怨秋槁。天子巡遊后不從，祗益神明《楚辭》好。千帆萬櫓香火足，古木蒼藤鴉鷺宿。夜寒星斗滿晴川，漁郎時唱湘靈曲。

黄陵廟

胡天游

黄陵祠前春草齊，黄陵廟下春波肥。鷓鴣飛飛宫樹緑，日落未落湘雲低。祠中帝子重華妃，明粧窈窕雙芙渠。哀絃五十淚如雨，此恨只有江山知。飛龍之車無定棲，乘風倏忽蒼梧西。吹簫酌酒心自苦，雲屏霞帳歸何時。茜裙嬌小誰家兒，未識人間生別離。輕舟相呼採蓮女，來看祠前斑竹枝。

過黄陵廟

李材

黄陵廟前湘水緑，天寒漁郎唱巴曲。沙棠舟上月蒼蒼，翠蛟白蜃江茫茫。

似聞清愁五十柱，萬里鴻飛楓葉暮。神雅翻舞祠門開，珠裳玉袖霑莓苔。玄猿晝啼薜蘿影，赤鱗夜去芙蓉冷。北渚淚痕斑竹紋，南風哀思蒼梧雲。山頭古桂秋露碧，山下江流豈終極。荒涼揭車雜杜衡，靈風自吹煙霧旌。輕帆晚向芳草泊，聊薦蘋羞奠蘭酌。沅有氾兮湘有沱，洞庭水落生層波，徘徊獨詠騷人歌。

湘淚竹管

錢惟善

黄陵廟前捐珮玦，龍影摇文織湘血。翠帷塵滴不乾雲，湘水無聲楚魂咽。蠻娘弄作吴娥吟，五音嘹亮生枯節。一聲直向天上聞，手挾飛仙挽秋月。嗚嗚似向煙中語，十二螺鬟排律吕。黄鶴樓空人不還，斷腸聲裏招神女。

酬段御史登岳陽樓之作時分理盜賊至海康

范槨

誰能手鏟湘水平，剗却君山看洞庭。昔人已騎黄鶴去，樓前亂芷春蘭青。豈知繡衣後千載，遠違鳳闕來江城。憑高弔古落日紫，領客置酒開雲屏。酒酣點筆賦新句，薄海傳誦令人驚。憶我初遊白玉京，與君聯步趨承明。手宣皇猷敷帝績，濟濟學士如登瀛。一行竟墮萬里外，回首滄浪思濯纓。守官區區事無補，惟有白髮欺人生。牂牁水外萬竹底，四時鳥語煙邊鳴。忽忽此地復相見，恍如幽夢求仙靈。中宵秣馬不遑暇，君又北鄉予南征。如此後會復何日，念之使我雙涕零。宫中聖人總四溟，所過海岳須澄清。鐵冠峨峨望天下，青雲快展皆修程。由來豺虎伏仁獸，況有鷹隼當秋横。明夜相思隔雲島，月落高臺聞笛聲。

洞庭秋月

［明］宣帝

洞庭秋水清徹底，岳陽樓頭月初起。巴山落影半湖陰，金波倒浸芙蓉翠。須臾素景當瑶空，寒光下燭馮夷宫。雲夢微茫冰鑑裏，沅湘浩蕩玉壺中。霜華初飛風浪息，萬籟無聲夜方寂。彷彿湘靈汗漫遊，虹橋直跨天南北。但見鷗汀與鷺洲，折葦寒沙帶淺流。縞衣綸巾湘中老，高臥取醉岳陽樓。回看月下西山去，湖水悠悠自東注。洞庭咫尺西南陬，赤岸銀河萬里秋。

登岳陽樓望君山

楊基

洞庭無煙晚風定，春水平鋪如鍊浄。君山一點望中青，湘女梳頭對明鏡。

鏡裏芙蓉夜不收，水光山色兩悠悠。直教流下春江[1]去，消得巴陵萬古愁。

汨羅懷古

夏元吉

五月五日天氣清，古羅士庶思屈平。聲金伐鼓集畫艦，競唱渡歌招沉靈。沉靈不返如何往，楚國蕭蕭空草莽。聊將一滴菖蒲漿，灑向清波寄遐想。

偕謝寶慶《洞庭》湖中作[2]

李東陽

湖南鉅郡稱岳陽，樓前大湖春水長。周回九江帶七澤，顛倒萬象隨三光。洪濤巨浪拍山動，風雨却灑炎天凉。君山遠在湖中央，蒼梧不來斷人腸。南尋汨羅不知處，屈子隨地魂茫茫。謝公弔古心慷慨，予亦從之渡沅湘。平生壯遊天地間，老大不覺鬢眉蒼。商飈南來振南嶽，孤櫂未許還滄浪。畫圖髣髴今皆是[3]，江海風期殊未忘。揮毫賦者誰最強，前有應[4]魁後孔暘[5]。二子之名滿天下，豪氣直欲隘八荒。嗟予有辭不敢吐，人今盡笑二子狂。眼中同調似公少，且復盡醉君山傍。

泛洞庭湖作

藍明之

昔歌杜甫洞庭作，壯思高秋動寥廓。天風吹夢岳陽樓，九月揚帆湖水落。中流四望波泠泠，遥天倒浸涵滄溟。龍堆千尺雲濤白，鼇背一點君山青。茫茫元氣浩無外，巨澤方知百川會。錦浪愁翻灩澦深，黃流怒擘君山碎。漂吴蕩楚注海門，吞雲吸夢移山根。東南但見日月出，咫尺常愁雲雨昏。輕舟破浪疾如箭，辨香走謁龍王殿。琴高赤鯉有時逢，温嶠燃犀那可辨。偶然風静波不喧，青銅一鏡磨蒼雲。舟人漁子雙雙過，斷鴈殘鴉個個聞。汨羅欲弔懷沙客，芳洲誰鼓湘靈瑟。清淚空餘野竹斑，忠魂何許楓林黑。古今萬事共悠悠，人生有酒且澆愁。喜探禹蹟得奇觀，濯足愴浪歌遠遊。

---

[1] “江”原文爲“流”，據《明詩别裁集》（清乾隆刻本）卷二改。

[2] 《李東陽集》（周寅賓點校，岳麓書社，1984年）作“謝寶慶《洞庭圖》，湖中作”。

[3] “是”原文爲“足”，據《李東陽集》改。

[4] “應”原文爲“胤”，據《李東陽集》改。

[5] “暘”原文爲“暢”，據《李東陽集》改。

泊岳陽城下

李冕

湘江蜀江春水來，洞庭八百如天開。颶風嗚嗚半空吼，怒濤捲雪聲如雷。官船夜半樓前泊，臥聽篷窗風轉惡。何如罄我憂樂懷，歸向滄溟把纓濯。

過洞庭

馮世雍

楚客驅車過洞庭，天風颯颯吹湘靈。斜陽欲盡亂山碧，別浦遠望飛煙青。南荒征旆倚明月，東郭草堂虛翠屏。浮槎萬里泛牛斗，劍光白日空秋冥。

望君山

馮世雍

遠客倚棹且東歸，登樓望山魂欲飛。仙人高聞渺煙霧，江浦洞簫吹夕暉。樹色倒涵日月影，波光下照星辰輝。拏舟直泛水雲窟，遥峰冥浪情依依。

洞庭冬夜聞笛

李義壯

湖水茫茫冬月白，三年夜半孤舟客。一回見月一沾襟，湖上何人復吹笛。横笛能令孤客悲，況復天空歲晏時。羽音剽疾商音切，湖波瀲灩湖雲遲。凄斷湘娥擘斑竹，嚴霜瀝瀝飛寒玉。巴童折柳更竛竮，無數飄花滿洞庭。魚龍寂寞鴻鴈杳，惟餘一點君山青。明日別離向何許，渡口一聲淚如雨。

湘中吟

胡承諾

楚客多悲音，更為湘浦吟。湘浦蕭條空延佇，日暮停舟懷沙渚。狂風震盪洞庭湖，屈氏忠魂無處所。吁嗟乎！君無輔兮車軸折，臣失主兮菁華絶。所以申狄蹈河、萇宏化血！纍臣一去不可攀，含悲飲泣愬天關。乍凝神思若有見，倏爾孤帆没雲山。

湘竹簫歌

王汝玉

君家洞簫天下奇，碎紅亂點香淋漓。濃如丹砂泌冰肌，淡似猩血封瓊枝。持來世人莫能識，疑是秦女來相貽。幾回吹向霜江曉，皎月不明風悄悄。一聲捲入碧雲中，驚散飛鴻落天表。君不見，重華去兮歸路遥，二妃泣向湘江皋。江皋之竹竹間淚，萬古千年長不消。我將挾君攜此同上黄鶴樓，醉弄一曲《離鸞秋》。曲終飛渡洞庭去，試聽蒼梧猿夜愁。

洞庭棹歌

龔朝典

一葉浮湘風雪暄，遊人争上洞庭船。平湖八百添新漲，野艇如萍坐入天。煙波渺渺蕩青草，回視君山若蓬島。醉吟仙子不可呼，鼓瑟湘靈但微討。翠黛雲鬟明磊落，欸乃青風過鹿角。千山招雨蔽江來，夾岸連雲似烏合。湘陰酒美尚堪沽，江魚换得趁新鋪。篷底靠窗歌八詠，嗔無筆寫雨煙圖。危亭隱隱藏湖曲，雨打風横灣六六。閒看漁父哺鸕鷀，上下船頭任飛宿。和雨和煙泊喬口，登樓一望飛帆走。少陵詩句在其中，岸樹江風為弔古。

秋杪同疊之遊君山

馬鎮

余生天台萬峰中，忽乘長江破浪風。岳陽秋高寓蕭寺，日望洞庭君山東。君山名勝隔江水，多少負奇未及此。拍浪風帆並海濤，狂喜同遊有李子。駕得扁舟濤上行，須臾直上山之堂。門前悄立者誰氏？林君李君真激昂。丈夫會合豈云偶，仙水朋情逐電走。楚越東南萬里身，今日突如左右手。且飲且奕軒與亭，四顧雲瞑更波渟。晚來高臥共一榻，夢對余鄉山色青。

過洞庭

倪子敬

長帆百里乘風舉，巨浪茫茫灑荊楚。自從混沌剖裂時，勢與乾坤互吞吐。孤城遥見是巴陵，城上危樓猶數層。江山都在闌干角，懷古情深不忍登。昔賢五色如杠筆，倒捲銀河翻几席。先憂後樂此時心，萬古中天懸白日。我亦江湖作遠遊，寸心常繫百年憂。三湘南去叫虞舜，蒼梧日落雲悠悠。平洲芳草齊如翦，長吟不作騷人怨。一聲風笛鴈茫茫，回首君山天際遠。

將遊君山阻風

江盈科

君山劃破洞庭水，修蛾隱隱鏡中起。岳陽樓頭一望見，秀色落入眉睫裹。十年夢想希一登，風帆來去如飛騰。譬猶走馬見美女，欲與握臂其安能？此番艤棹巴陽道，咫尺君山容易造。無奈顛風日夜吹，雪浪横拖天浩浩。英皇祠，柳毅廟，百舌啼殘春欲老。軒轅鑄鼎然未然，龍女遺書或浪傳。擬向山僧訪端的，檣傾檝折那能前。况好披雲斲方竹，茶觜兼收雨前緑。倦時坐臥酒香亭，鼻醉陶然如枕麯。惜哉欲遊不得遊，境與心拂徒夷猶。名山躋陟亦有分，何况通津與要途！興酣且酌酒一斗，醉後攬山山在手。臥遊之言至理存，堪與拘士脱枷杻。秦皇枉號[1]英雄人，伐樹赭山留惡名。李白但言剗却好，一語便足垂千春。嗚呼！文章富貴誰屈伸。

大兵南征官司掠船過洞庭

孟登

天雨獵獵黄塵起，南征傳檄若飛矢。我行出湖棹且還，聞道前旌臨我里。先聲赫赫動江沱，舳艫絡繹翻鯨波。步兵十萬半乘馬，特架浮梁馳渡河。渡河直指岳陽城，氣吞雲夢陣雲横。蒼兕總衆具舟楫，無具焉能假木罌。官司惶懼下軍牒，搒索江湖如弋獵。獸窮猶藉解網仁，舟藏力負等胠篋。伍員入楚教船軍，當車大小翼攸分。更賴公輸鉤拒法，倉皇驅率可能聞。洞庭風濤不可測，江漢篙師應失色。武穆曾此破楊么，盍持敬戒惠南國。嗚呼！率土悉臣無所逃，一隅墨守衹徒勞。談笑兵銷民樂業，樊湖鄂渚縱輕舠。

軒轅臺放歌

王啟茂

巖頭草樹號悲風，軒轅臺邊落日紅。湖波四際接銀漢，千里萬里雙眸空。神人鑄鼎壓妖魅，若非此地難施工。洞庭八百平如掌，螺髻十二蟠其中。鼎澧在西荊巫北，九嶷南峙彭蠡東。雞犬無聲猛獸絶，不耕不鑿隨豐凶。二儀開闢散真氣，獨此寸膚留洪濛。一拳蕩漾浮水面，珠宫路與吴門通。静專虚靈孰比擬，天荒地老山猶童。丹還鼎成帝仙去，下界啾啾徒泣弓。只今臺上土花赤，凡夫欲舐蒼苔封。我來懷古思汗漫，呼吸帝座攀蒼龍。古今聖賢誰不死，黄陵淚竹斑紋重。高臺名自軒轅始，吁嗟，此臺兮後何所終！

方竹枝歌

王啟茂

龍孫有異種，聚族君山阿。遊人入山問方竹，老僧為指西南坡。秋冬抽笋春隕籜，觚稜削就無偏頗。一枝斫得衆驚絶，靈物間出誰云多。我持此竹裁作杖，勒銘鏤字琅玕上。葛陂靈壽如等閒，筇竹鳩形氣彫喪。世人貴圓不貴方，

---

[1] “號”原文爲“在”，據《江盈科集》（黄仁生輯校，長沙：岳麓書社，2008年）改。

我生與爾毋相忘。廉隅猶存真可倚，五岳三山從此始。

君山歌

王應斗

洞庭八月秋風吼，鯨波十丈高於阜。扁舟初發岳陽城，飛篷已過三江口。君山一點大如拳，遥矚在前忽在後。破浪中流且放歌，幾時得住山之右。湖光八百静風煙，青螺十二營半畝。不愛方竹裁為笻，不羡明珠大如斗。但願一上軒轅臺，春日焚香尋美酒。相傳美酒佐遐齡，一啜令人天地久。却笑不獻君王前，酩酊竊飲東方叟。

過洞庭賦得湖南清絶地[1]

譚元春

岸青點點浮沮洳，直看天入[2]菰蒲去。隨波流出山不知，鷗與前帆落何處？輕舟二月桃源間，有此奇奔無此閒。雲中湘娥不斷魂，踈雨如秋凉萬山。山水照耀晨復昏，南方自有湖岳尊。人來其間亦如此，孤懷落落千餘里。

短歌行約元璞子鍊藥君山

田宗文

我問元璞子，家在會稽山。觀日滄海上，餐霞天姆間。尋仙興不盡，忽到洞庭灣。洞庭瀟湘多白雲，君山之上氣氤氲。鼎湖丹竈雲邊古，瑶瑟哀音月下聞。元璞子與爾為期，行吟竹杖相追隨。君山老人實可師，有身不就黄金藥，寂寞空為世所悲。

秋晚偕新安宋不疑登岳陽眺飲

花之蘭

岳陽樓壓江城西，俯仰塵寰塵亦離。十二螺鬟留粉黛，八百洞庭開玻璃。夜闌箕斗插椽檐，湖天一色自尊奇。城下水齧石頭鳴，恰似湘君泣九疑。又如仙笛鐵中聲，嗚嗚起奏三醉詩。把酒臨空興復豪，吴賓楚主眺馮夷。溟涬夜昏水氣合，惟有江鷗得細知。只此湖山在几筵，却辭珪組豈成痴。

---

[1] 《譚元春集》（陳杏珍點校，上海：上海古籍出版社，1998年）作“湖南清絶地”。

[2] “人”原文爲“日”，據《譚元春集》改。

中秋夜洞庭湖對月

［國朝］查慎行

長風驅雲幾千里，雲氣蓬蓬天冒水。風收雲散波忽平，倒轉青天作湖底。初看落日沉波紅，素月欲升天斂容。舟人回首盡東望，吞吐故在馮夷宫。須臾忽自波心上，鏡面横開十餘丈。月光射水水射天，一派空明互迴盪。此時驪龍潛已深，目眩不敢銜珠吟。巨魚無知作騰踔，鱗甲閃爍翻黄金。人間此境知難❶必，快意翻從偶然得。遥聞漁父唱歌來，始覺中秋是今夕。

遊君山徧覽諸勝戲效長吉體書壁

花湛露

錢塘一怒捲千尺，雲夢片時傾八百。横展龍宫水晶簟，直通碧落鬱蕭宅。赤沙繪錦都梁香，銀浦浴日雲母射。帝子哭老蒼梧秋，仙人吹湧洞庭澤。肥汀緑影成花洞，古井陰雲出草隙。弔古書懷擬殺青，讀《騷》灑酒呼芳魄。滿岑羊角飽山僧，數畝紫茸供過客。隔水樓摇蜃拍浪，倚山亭寂螺分碧。巫山蜀雨看沉沉，吴頭楚尾長漠漠。雨工牽車走何方，木奴猶帶釵痕色。

書仙梅亭

花湛露

堅貞一片不可轉，梅傲而寒兩相善。不共林間鬬雪霜，疎蕊斜枝自微顯。何人濡墨漬雲根，空爾色香成白戰。衆梅馥馥供春王，元精璀璨紅玉輭。此獨含姿發石理，鐵骨支撑湘水面。楊州别有法曹春，灞橋徒策雪中蹇。飄飄者仙樓亦去，樓去梅存猶共闈，莫向人間問開落，年年孤卧隨亭鍵。夜月瀟湘水淺清，美人光影自懷卷。石亦不頑花不隕，空教百卉争姑洗。此是江南第一枝，看花沽酒將裘典。

過洞庭

夏立中

天地形如卵，就中誰開斲。倚棹登鴻蒙，勢若生空殼。當空白日浮，又疑玉在璞。八柱何窮窿，二儀啟帝幄。世人每笑張騫幻，安得乘槎到河漢！今日冥茫接太虚，仰視河漢猶有岸。天蕩蕩，水悠悠，鄉關目斷不勝愁。我來漢江

❶ “難”原文爲“誰”，據《查慎行集》（張玉亮、辜艷紅校注，杭州：浙江古籍出版社，2014年）改。

溯流六百里，萬山到此忽然止。回顧君山數點青，飄飄出没如萍芷。淼然西望更無窮，不識坤輿凡有幾。野霧天涯近，悲風日暮催。猋馳飛驟雨，騰踏走驚雷。巨靈怒遂千峰滚，河伯奔鳴萬馬來。我欲上觀開闢運。更欲下搜劫灰燼。長歎百年中，擾擾勞方寸。誰知竟日裏，忽已窺絪緼。窺絪緼，在須臾，致身縹緲入雲衢。此去更登衡岳頂，堪嗟牖下書生，終日觀天如在井。

岳陽樓觀馬元戎家樂

楊翔鳳

岳陽舊酒醉仙翁，不識今朝誰作主。年來頂突衣衫裂，那知長袖堪歌舞。岳陽城下錦如簇，歷落風塵破鼙鼓。秦筑楚語越箜篌，種種傷心何足數。將軍肘印壓臂斜，狂來短笛引胡笳。一曲長歌問湘水，莫教憔悴東園花。貔虎千群壯聲施，嗶嚦城頭排午衙。山川浩渺鳥飛絶，流離賤子更無家。

晚泊洞庭

游雲移

扁舟夜泊洞庭裏，為應相知書一紙。岸上酒帘捲幕風，秋燈漁火照江水。湘君環珮冷空山，青螺堆處浪花起。白蘋鷗鷺宿沙汀，伴我飄蓬人起止。

古岳篇

古通今

著世誰堪稱不朽，神仙山水與文章。物華原為造物寶，人傑常增輿地光。幕阜之嶺横雲表，乾坤仍自闢昏曉。杳冥洪波晝夜浮，浩蕩方知天地小。中有至人發奇葩，擷咀菁英吐筆花。詞賦燄芒争日月，詩章芳潤鬬春華。更有羽流凌空度，樓頭時復瓊島路。翩翩常視銷子身，頃刻能迴既枯樹。度樹飛身不計秋，悠悠白雲任去留。天邊鶴住空流水，鐵笛縹緲何處收。新生洲、龍沙渚，彷彿無從識舊所。寒暑代謝幾消盈，湖上年年易遠浦。文正記，燕公詩，千載依希走筆時。君不見，江山改舊金丹冷，石壁猶懸得意辭。

澤畔吟弔屈左徒

龔仲文

君山黯碧愁雲濕，鳴陽群笑猩猩泣。靈風神雨横江來，楚纍游魂亭亭立。貝宫骨冷魂不死，芳根迸斷湘蘭蕊。夢澤白茅與天齊，荃蕙菉葹辨誰是。肓瑩淚乾斑竹老，土花漠漠埋芳草。血痕淪地黦劫灰，何處青燐凝瑪瑙。雲和澀調不忍彈，江月有聲瘦蛟寒。嬋媛慘澹遲北渚，怨魄空聞為余歎。冰夷傲睨不可訴，冤咸號咷靈胥怒。幽憤抗訶動紫皇，鬼鏁翻傾元精鑄。九章懊儂復惱公，南國哀響中古風。輶軒折軸素王萎，來者矜能注魚蟲。我願洞庭水，化為巴陵酒。長虹為舌，南箕為口，噏吸曨胡虬龍吼，澖澤紛拏黿鼉走。讀《騷》不須更問天，玉棺纍纍甃神仙。

題君山

李卷

我聞洞庭五湖長，雀入為蛤水泱漭。氣蔚瓊樓十二重，浪掀貝闕三千丈。君山湧出勢崚嶒，砥柱中流屹不崩。夜静月明天籟發，書陰雲黑神物憑。湖山待我開生面，清波沐浴和風扇。一幅漣漪翦作裳，千層鬟髻簪為弁。古來遺蹟數如星，只有湘妃淚尚熒。題壁姓名隨隱顯，敢將遊記託山靈。

洞庭蜃樓歌有序

楊柱朝

《月令》："雉入大水為蜃，蜃即大蚌也。"《墨子》云："楚之明月生於蚌，蜃其胎，謂之珠胎。"《淮南子》云："珠胎與月盈虧，月死而螺蚌焦。"又云："蚌聞雷聲則瘢。"《兵書》云："東海出氣如鼇，渭水出氣如蜃，蜃形似蛇而大。"升庵云："今寺門金剛，風調雨潤，手執劍者，風也。彈琵琶者，調也。執傘者，雨也。手拏蛇者，蜃也。蜃、潤同音。"《風土記》云："洞庭湖中有巨蚌，深夜展一殼如帆，吞吐明珠，與月争色。"洞庭之蜃樓宜矣。今登州海市，每歲於四月出見，刻期不爽。比者湖心時見蜃樓，歲以為常。余適在郡城見之，出没高下，變幻殊狀，自申至酉，移時乃散。郡人驚為怪事。予思湖海一氣，况湖中巨蚌自古誌之。理氣所召，無足怪者，爰作歌以紀其事。時康熙甲子四月二十五日也。

我聞東海出氣如鼇吐，渭水出氣如蜃布。湖海由來一氣同，川嶽精神不自固。洞庭八百浩淼中，一片奇光相與遇。青螺十二掩其峰，幻作闉都與煙樹。中有浮屠勢臨空，大山小山疊無數。碧紺蒼青無端倪，觀者如堵色驚怖。迠歲所見更絶奇，冠蓋車馬咸趨赴。湖心巨蚌明月珠，風土所記似非誤。蚌之大者厥惟蜃，山川自昔為呵護。天人理氣本無殊，庸愚那得知其故。從此湖光奪海光，東牟未許稱獨步。

過洞庭湖阻風

楊敬儒

昔聞洞庭之水八百里，一船過渡十斗米。巨浪時時能覆舟，多少白骨堆湖底。我來三月上長沙，岳陽樓下興方奢。江豚突吹山輝嘯，千舸萬艘盡停櫂。壯年豪氣挽天河，揮袂欲與波臣傲。纔入洪濤日色冥，飛帆瞬息到湖心。湖心浩瀚無涯際，水色天光連一氣。四觀煙封不見人，翻疑世上更無地。倏驚西北起風雷，勁如萬馬奔騰來。層峰雪浪兼天湧，一葉孤舟指顧摧。長年老丈飛魂魄，哀籲聲聲叫水伯。平生忠義膽不輸，開弓一箭波間坼。挂帆無恙狂風止，倔強書生竟不死。落船乍覺笑顏開，回頭一想愁翻起。寄語柳將軍、湘夫人，湖上千秋號水神，胡為悶坐君山裏，水怪妖氛不一巡。旌暢山人去雖久，斬蛟化蟒豈無倫。不然精衛之鳥能填海，一盃勺水刻可改。秦皇之威能驅石，鞭策荊衡在咫尺。奠將白浪任縱橫，歸來好看湖山碧。

湖上看月作長句

顧奎光

落霞絢紅湖轉緑，七十二峰青簇簇。薄霧遊氛盡掃除，波心月出如新沐。湖光貯月湛不流，清輝還滿空中樓。涼風吹香沚蘋冷，憑闌六月成高秋。銀河下飲三千丈，倒吸洪濤疾飛上。白雲約約邊空明，繁星炯炯争摇蕩。蟹舍漁村俱渺然，菰蒲汎緑浩無邊。葉葉歸帆投岸火，翻翻水鳥宿潭煙。昔年觸熱青徐路，霪潦漸車不能度。風雷陡駭兩龍争，汶濟横流百川怒。掛風乘月過黃河，灘口沄沄濁浪怒。白屋平沉見孤樹，宣房夜築聽勞歌。蕭蕭此夕竟何夕，山静湖明露華白。三五方邀玉鏡升，八九欲吞雲夢澤。食魚未曾到武昌，高棟層軒似岳陽。五湖作長良不惡，底事聽雨眠瀟湘。越樹吴雲不知處，欸乃數聲聞隔浦。月下寧無詠史人，小舟試泛黿頭渚。

打冰行

王祚對

玄陰水減洞庭色，黯淡湖神情脈脈。春容雅佩錢塘君，怒生鱗角髯如戟。咄咤雷電出深蟄，鞭走雨工併風伯。天公玉戲醉繽紛，風生舞殿總墜白。龍女機絲不可量，鮫綃展盡湖入百。湖神莞爾一笑生，如此方可當大澤。洞集舊是走集所，舴艋舳艫沿沽客。帆檣不靈篙櫓死，隊住黑子宛鷗集。望遠岸嶼如蓬壺，斷絶米薪已今昔。無可奈何倡打冰，龜裂指踝又焉惜。力盡堅硜凡幾朝，活水纔通未十尺。凌晨群艘後先開，尾啣踵接聲促迫。詎意前船忽觸冰，轉眼檣傾柁隨折。幸扶眾力人未魚，麥粟一事盡浪籍。一船經阻萬船遲，滯塞通津正關隔。後不可前前不行，船船相擁如列柵。平時波瀾厭洞庭，此偏局蹐慳一隙。合沓有聲何自來，震如雷鼓空中擊。戎戎戈劍相磨戛，冰復擊冰齊一割。大冰負戴小冰行，珠串晶羅為絶壁。順流直下向舟傾，勢等濤崩更山裂。童叟千群哭向天，呼號情狀何悽惻。今年禾黍盡陽侯，糠粃曾不充釜鬲。典衣質器得金錢，買穀他鄉活朝夕。於今在此冰為難，齏粉何但一身歿。兒女忍饑懸眼望，望久成空終溝瘠。一家老少婦與男，共此舟船同一擲。載訴載呼洞庭神，真堪土木亦飲泣。誰謂湖神冥不靈，似亦聞之心慘疾。冰亦西傾忽東回，群舟幸得無沉没。

登磊石山望洞庭歌

劉兆鵬

三楚之國雄南紀，形勝直翻地軸起。上有衡麓盤紆七十峰，下有洞庭周回八百里。洞庭水匯九派澄，南首湘陰北巴陵。孤舟四望無涯涘，磊石一柱獨崚嶒。山根下插無終極，山徑上與紫虛凌。林木杳冥寺門迴，高叫群仙同坐頂。秋風蕭蕭秋色蒼，巨浸泱漭與天長。洪濤撼日日欲落，明霞片片漾奇光。奇光倒入寒空底，蛟室龍宮宛可指。誰探龍珠觸龍怒，馮夷擲鼓緑雲徙。鴈去影寂寂，雲夢不可即。一點君山青，漂浮何處立。我聞軒轅昔南巡，樂奏鈞天漢水濱。又聞帝子常鼓瑟，淚灑湘竹風景新。懷往哲，思遺跡，不見澤畔行吟時，惟有漁人代相易。漁人盪槳疾若風，迢迢銀漢去何窮。須臾月出回群棹，舉網巨鼇載滿筵。烹鮮酌酒清歌發，歌聲直向雲端徹。欲詢滄浪一老翁，星辰燦爛煙波濶。

過洞庭湖甚小

袁枚

我昔舟泛洞庭煙，萬頃琉璃浪拍天。我今舟行洞庭雪，四面平沙浪影絶。昔何其盛今何衰？洞庭君笑來致詞。請君將身作水想，消息盈虛君自知。君昔來遊可有胸吞雲夢意，君今來遊可是心波不動時？春自生，冬自槁，須知湖亦如人老。

岳州黄使君《洞庭全圖》歌

盧鵬

誰翦洞庭一片水，移來張挂畫堂裏。排山倒海天地摇，開眼頃刻八百里。岳陽一樓插湖邊，萬家烟火相毘連。嵯峨十二青螺小，屹立湖心何縹緲。其餘峰巒不記名，出没煙波次第呈。往來湖中估客艘，乘風破浪片帆輕。我來湖上頻搜討，岳陽名勝時傾倒。回首襄陽與少陵，能將邱壑歸懷抱。今披此圖作臥遊，髣髴置身岳陽樓。畫中有詩更奇絶，千態萬狀開素秋。新安黄公守斯土，三年岳郡歌召杜。特將餘事寄丹青，雲夢能吞亦能吐。乃知畫家結構精，衡陽許子稱神明。波濤洶湧生筆底，匹練如聞風浪聲。

懷湘曲

陶必銓

斑竹千條蓋湘水，長共湘雲依帝子。不令海若舞馮夷，為和薰曲吹參差。蠻娘愔愔調楚弄，君山縹緲風為送。幽情遥寄洞簫中，春花秋月蒼梧濃。

遣懷有作

陶必銓

岳陽之勝在洞庭，吞吐岷湘勢浩浩。有時朝氣漾晴波，倏爾天風掀若倒。層陰四集駁車旋，黿鼉出没石尤暴。浪合千波萬仞騰，舟人震慴落帆早。南津有港曲迴濤，連檣堆纜咸諠禱。遥睇君山不見青，九馬九龜横絶島。後船銜颷舵難迴，咫尺天涯憑大造。我生數數過重湖，幾回涉險迷前導。篷窗悶坐計歸程，黄陵廟古連青草。岸上酒家覆甕空，酒香山隱誰搜討。攜童散步入郡城，太守公興交有道。坐間有令賢而貧，近釋墨綬衣素縞。相偕遣興岳陽樓，涵虚一氣歸懷抱，坐攬湖天天水連，杜詩范記登清藻。

洞庭湖歌

吴鴻

大湖何茫茫，乃在巴陵之西、瀟湘之東。奔流會九水，積氣涵鴻濛。汪洋演溣八百里，日月沐浴經其中。上有湛湛虚廓之青天，下有百怪詭譎之靈宫。黄河東走不敢敵，直與滄海分玄工。朝開遠煙碧，夕射流霞紅。老蛟鼓鐵笛，軒帝磨青銅。陰暗明晦各異狀，但見雲濤滉漾點點飛征篷。曉發湘浦，暮臨巴峰。遠洲滅没，高樓巃嵸。湘君之山藐獨立，翠鬟十二青朦朧。九嶷雲氣望不極，至今清淚留斑叢。何况涇水妹霧鬢，傷丰容，錢塘一怒萬霆發，柳生座上真豪雄。咄哉書生作水伯，毋乃别有精靈通。古今荒怪類如此，奚論樓上恍惚餘仙踪。高振雲中衣，俯納萬里風。生不願明璫綃穀笑語逢，亦不願白雲黄鶴凌虚空。江湖天遠百端集，懷古忽復心忡忡。范公作記元氣融，高壓詩筆張燕公。風煙千態入豪素，憂樂萬古蟠心胸。我心何為不古同，長安極北雲山重。便欲呼吸一氣訴真宰，長與湖水吐納無終窮。

熊明府傅巖贈君山茶賦答

吴鴻

龍團鳳餅隨所遭，岳州舊説黄翎毛。武陵七縣誰最好，㴩湖風味誇含膏。

君山縹緲洞庭上，片石吹落崑崙高。雙丸吞吐百寶出，秀茁靈荈蒸雲濤。山僧穛茶如穛粟，露芽春蕊手自挑。筒之以紙代箬裹，時候使節飛輕舠。我昨登樓作茗飲，别來清夢盈江皋。巴陵才人庾嶺宰，分我鄉味如投桃。開嘗一碗潤喉吻，已覺兩腋風飀飀。綠蘋吹香斑竹怨，彷彿帝子和雲璈。更聞此山出仙醞，我渴不學東方饕。品泉一勺近可吸，撐腸千卷聊自豪。瀟湘遠思長在目，望而不見心忉忉。從君更為乞湘管，細註香草添《離騷》。

北風大作，連日不得渡湖，長歌排悶

張九鐔

辭家高著遠遊冠，劍光欲拔森嚴寒。朔方萬里始發軔，誰敢抵節行路難。是時冬晴湖水涸，洲渚湧露餘沙灘。舟人貪利意躑躅，童僕習慣行嫛婗。南風五日不得渡，信有人厄非天殘。乾坤慘澹忽變色，欲雪不雪愁雲繁。波濤噴起斷舟楫，港口信宿誰為歡。座間楚客最豪舉，開絃為我一再彈。烹鮮剝筍且行樂，湘醹醇酎顔如丹。終朝便作終歲計，雖有險阻無由干。因思此地古離别，雙娥泣血蒼筤竿。騷人遷客繼憑弔，前有屈宋後杜韓。吹笙鼓瑟發高唱，至今諷者徒眉攢。從來賢達盡留滯，造物豈獨為余寬。洞庭廣樂已縹緲，魚龍寂寞嗟泥蟠。美人未置玉堂上，今我不樂非無端。漢陽阻絶鴈門杳，此際合使平子歎。人生往復皆至理，但令出處求心安。雞鳴起舞莫惆悵，會見白日凌風翰。

磊石易舟

張九鐔

移舟壘石眠沙渚，軋軋鳴鴉伴漁鼓。千帆都背岳陽歸，煙霧空濛獨東去。狂風駭浪思沉冥，疑是當年帝子靈。雲旗寶馬向何處，髣髴君山一抹青。

朝發榮田驛，經岳陽，望荊江有作

張九鐔

前不見青草湖，後不見三湘浦。黄陵廟邊瑟欲移，送盡靈旗過北渚。潮來斷續兩腳垂，南風作浪行逶迤。火輪擁出赤雲亂，照破萬頃紅琉璃。酒酣穩扣船舷下，十幅蒲帆捷於馬。君山孤影忽飛來，岳陽城郭臨殘赭。我行萬里阻關河，炎精入府消詩魔。毬門遺唱那足繼，一盃相屬寧辭歌。歌成萬象皆賓客，細斟北斗延今夕。用張于湖《念奴嬌》詞。平生三渡復誰知，卻訝神靈真咫尺。巴陵自古是東陵，禹蹟當年記未曾？九川浩蕩連巨浸，日月出没競奔騰。岷江西接雲如墨，一條界斷清流色。忌置洲前草樹稀，城陵山下波濤直。山川蒼茫有時同，圖畫由來歎未工。直登黄鵠磯頭望，天地方圓在眼中。

峥嵘洲阻風歌

蔡時田

四山盡失如山浪，竟日鄰舟相繫撞。渡頭江岸集渡人，亭午無光日不放。兩岸不復辨牛馬，蘆洲一抹皆西向。渡聲拍岸來薄人，排激危江猶逆上。渚昏沙起鳥飛還，江豚起拜驚折檣。劉毅英風想此時，破走桓元真豪宕。

泛舟經岳陽、長沙，效西崑體

陶澂

春江北流日西匿，繫景割波留不得。道旁赤岸今為墟，霸業何人更相憶。昨宵峽雨來自東，巴陵遠樹煙空濛。湘娥染黛幾千歲，朝暮只臨明鏡中。柳生井邊没芳草，依然昔日相逢道。音沉響逝天茫茫，愁見白波吹浩淼。船旗不定南風旋，寂寞一聲聞杜鵑。

黄蘆岸側黄陵下，雨濕天低水交瀉。靈旗暗逐往來風，人間那識蒼梧野。傾心奉君無二心，撫絃斷絶悲人琴。相望不盡淚中血，零落何如湘水深。湘東更有蒙讒客，憔悴千年滯冤魄。

寒星摇摇天上明，廻環下應十二城。洞陽石浮皆雲英，有人餌之蹈日行。日邊淵旋城下水，可憐蕩景春山底。嶽靈南去千餘里，青霞一片飛初起。舊寺巴山。消亡今幾年，螺書秘記鴻濛篇。陰蟲古苔蝕不盡，六丁夜護蛟龍纏。篬筤谷口雲氣鮮，此中歲月容高眠。

君山遊覽歌

方應和

洞庭天下稱名勝，十二青螺銀盤定。浮生塵海日奔忙，老大未遂登臨興。有客招邀訪山靈，盈盈一水盪空舲。赤沙西連渾無際，波濤瀰湃喧雷霆。東風帆飽疾如矢，頃刻飛渡三十里。雲煙縹緲樹扶疎，瞥見蓬島眼前峙。艤舟龍口踏莎行，瘦僧如鶴走逢迎。丈室風翻松濤冷，半甌香泛茶煙輕。閒從山隈尋古蹟，井畔石欄圍老橘。精藍崇刹榜有緣，福地曾傳第十一。捫蘿彳亍步崔嵬，白雲靉靆拱高臺。鑄鼎乘龍不可見，殘碑繡蝕封莓苔。石磴斜穿嵐風繞，朗吟亭邊舒遠眺。忽聞欸乃發湖中，疑是飛仙起長嘯。日暮牆頭棲鳥亂，攲枕無眠魂夢斷。鐘聲梵唱振耳旁，起視殘星天欲旦。凌晨浥露拜湘妃，竹淚斑斑翠染衣。蒼梧鑾輿不復返，衹今遺像生歔欷。竹塢雲深日停午，酒香遺事傳漢武。可是春來花氣妍，好掬山泉當仙醽。更聞石穴通吴山，欲聘遊屐意盤桓。窈窕幽岫傳虛響，蒼茫更覺洞庭寬。辭僧下山放棹轉，回首壺嶠青一片。雪鴻認爪知何時，離情脉脉相眷戀。

宿岳陽樓題壁

吴樹萱

江帆不動湖冥冥，曉樓坐對君山青。雙眼睇人雲水界，鷺拳一足殊伶仃。篷鳥頭前齒齒石，鹿角峰尖沙尾赤。天風吹我西南行，恨不一舸掉湖月。巴陵城西客醉眠，朗吟何處尋神仙。早晚時有南風船，一葉萬頃凌茫然。

典試粵西，重題岳陽樓

吴樹萱

兹樓擅奇勝，曠遠接天長。一覽八百里，資沅微澧湘。曉來跋馬雲松嶺，模糊一片浮嵐影。稍聞遠籟作濤聲，疑雨疑風路旁引。湖山到此忽開晴，睞眼一霎浮空明。君觸遥對盪明鏡，綰結雙鬟殊有情。西風沙洲點白鷺，破煙漠漠飛空去。憑欄一碧俯江光，要眇帆檣落雲樹。停軺猶記昔年曾，歲月龍梭感不勝。相逢重揖餐霞客，笑我吟髭似雪增。

洞庭阻風

李紱

錢塘一怒五湖裂，洞庭君怒尤雄豪。駕空高浪潑時雪，青天忽低君山高。茫茫千里失涯涘，東沉吴越西庸髳。大塊噫氣不可測，土囊之口誰為號。我舟一葉困掀簸，如當萬弩攢千矛。湖靈有廟不敢祀，敬天之怒安可逃。我聞天心本仁愛，疾風驟雨無終朝。平生微尚恃忠信，省愆安得疑訾謷。一日科頭三晏起，幼安浮海逢驚濤。况乃疎狂不自戢，敢從彭咸稱離騷。風浪戒我出良鑒，臨深惴惴毋吴敖。坐看日出風亦軟，澧蘭岸芷青連皋。

書澧州分棚紀略後并序

陶澍

澧州六屬，舊隸岳州，生童應試，跋涉重湖，往往覆溺。“康熙癸巳”[1]，諸生劉芳躅上其事於學使薄公有德，奔走數年，乃得入告，有旨分棚於澧州。其孫正誼從余游，將梓其祖所為紀略，求余賦之。

洞庭之險誰與比？盪地浮天八百里。昏晨出没浴雙丸，萬古蒼茫作南紀。

---

[1] “康熙癸巳”，據《陶澍集》（清道光刻本）卷五十五補。

蛟龍穴處人魚號，其中怪物如牛毛。偶然乘風作狡獪，吹出雪浪山峰高。濱湖西上古澧州，六縣嚴疆阻且修。奚為輶軒采風日，直教冒險來巴邱。每當府檄一朝下，横空莫遣黿鼉駕。衝波一葉凌長風，頃刻性命空悲咤。卓哉劉君真仁人，但能奮義不顧身。數載奔波忘艱苦，欲呼閶闔排紫宸。觀風使者瀛洲客，惻念輿情弊思革。一封入告荷綸恩，咫尺山川路不隔。至今履坦餘百年，舊德猶在人心鐫。遺編一册蝕古墨，想見迴瀾有全力。大書深刻古來兹，億載長歌聖朝德。

洞庭曲

陶澍

洞庭波兮月初起，老蟾嬉風光齒齒，寒星摇動樗蒲子。蒼然煙霧連空生，中有一枝柔櫓聲，隔水鳧鴨俱飛鳴，露氣上時衫影白。蘆花兩岸秋如雪，美人不來腸斷絶。

登岳陽樓醉歌

韓葑

洞庭春色為誰至？昨日晦冥今日霽。不見朱軒繡栱照城頭，而我不登殊負仙靈意。憑欄曠望何所見？萬里微茫但一氣。層層高浪駕長空，葉葉征帆亂天際。九疑雲接蒼梧烟，白蘋緑芷空芊綿。重瞳一去迷歸年，英皇血淚何時乾？不如醉倒樓之巔，浣花無人謫仙死。衮衮群公孰繼起，我欲手拔鯨牙，脚踏龍尾，飄飄凌紫霞，捕逐大荒裹。玉樓金闕可望不可攀，二公精靈竟何是。手持一盃酒，醉呼回道人。世間萬事殊恍惚，不若酒中之味旨且真。安得湖波盡變為玉醇，一日滿斟三百巡。登樓爛醉忘其身，笑殺邯鄲枕上真苦辛。

巴陵長湖村謁南、雷二將軍廟

韓葑

雷將軍，披六矢；南將軍，斷一指。城頭屹立身若山，座上淋漓血盈几。睢陽門下兩男兒，毅魄忠肝汗青史。巴子國據東南夷，洞庭連天接九疑。地去睢陽奚啻千餘里，姓氏爵邑非所私。云何建廟傍湖渚，歲時伏臘走村兒。乃知死忠死孝至性在天壤，頑廉懦立不以遐荒遺。我來瞻拜獨憑弔，饑鼯竄空山鬼嘯。循牆剔蘚讀殘碑，紹聖年間曾奉詔，迄明末造基僅存村落，險遭賊火燎！豈知精爽千秋，實式憑鐵馬雲車儼來到。重新廟貌垂至今，不斷鼎爐香火耀。嗚呼！將軍生落豬龍魄，死後宜令狐兔奔。年年撃鼓烹雞豚，神兮福我永保千家村！

君山行

汪泩

龍飛甲子月孟陬，龍節洞庭君山遊。是時水壑陸可進，飛車倏過巴陵洲。君山山以湘君顯，黄陵古廟山之幽。漢碑晉碣渺不見，昌黎篆刻難尋求。緬昔重華憫昏墊，九江殷使伯禹謀。南條已合雲夢澤，東陵逕下岳陽樓。觀型帝子早釐降，脱厄成聖稱有由。此邦自應思德澤，南征不反語謬悠。古蹟傳久多傅會，韓公所論誠獨優。我欲再刻黄陵石，斯文至德昭千秋。山中寺廟三五處，攬勝皆争天際流。惟有二妃廟代古，遡始虞夏輳商周。芙蓉倒地開如畫，斑竹緑山涙未收。水光望去與天遠，蛟蜃帖服魚鼃浮。嗚呼！明湖開玉鏡，頃刻能生萬古愁。不見荊襄三尺冢，波翻風怒聲啾啾。

和陳雲樵郡伯《同汪稼門制軍，登岳陽樓簡閲水師》原韻

陳圭

八百湖光天一碧，包納三湘吞七澤。制府黄堂同登樓，踏盡梯階雙舄赤。水關分營排戰艟，大翼小翼飛如風。鴻雁衝開魚麗陣，虎豹突出黿鼉宫。王濬樓船吕蒙艭，撇淀乘濤水師熟。尋常鼓椎黄頭郎，倉卒指揮空張目。欻然烟起轟雷霆，戈戟聲駢暗中逐。驚破老蛟難遁藏，水府何處勞隸僕。當年柵壘賊所都，數十萬眾如輕鳧。天兵飛來岳家將，似拾纖芥夷途趨。昇平海宇清風灑，江漢安瀾洗兵馬。按部隨時武備修，五十六珠落筆下。我公見之還解頤，大放瓊琚王佩詞。赤沙青草肅秋氣，丹楓黄橘回春姿。僚吏雲從五馬立，紅旆前驅風習習。神鴉亦解送歸艎，飛過戎亭始歸戢。

卷之十二

藝文四

五言律

夜遊㴩湖

［唐］張説

㴩湖佳可遊，既近復能幽。林裏棲精舍，山間轉去舟。雁飛江月冷，猿嘯野風吹。不是迷鄉客，尋奇處處留。

與趙冬曦、尹懋、子均登南樓

張説

危樓瀉洞湖，積水照城隅。命駕邀漁火，通家引鳳雛。山晴紅蘂匝，洲曉緑苗鋪。舉目思鄉縣，春光定不殊。

岳州守歲

張説

除夜清樽滿，塞庭燎火多。舞衣連臂佛，醉坐合聲歌。至樂都忘我，冥心自委和。今年只如此，來歲更如何。

岳州山城

張説

山城豐日暇，閉户見天心。東矌迎朝色，西樓引夕陰。書觀千載近，學静二毛深。忽有南風至，吹君堂上琴。

岳州宴别潭州王熊二首

張説

絲管清且哀，一曲傾一杯。氣將浩諾重，心向友朋開。古木無生意，寒雲若死灰。贈君芳杜草，為植建章臺。

其二

緡雲連省閣，溝水遽西東。然諾心猶在，榮華歲不同。孤城臨楚塞，遠樹入秦宫。誰念三千里，江潭一老翁。

廣州蕭都督入朝過岳州宴餞得冬字

張説

孤城抱大江，節使往朝宗。果是臺中舊，依然水上逢。京華遥北日，疲老颯如冬。竊羡能言鳥，銜恩向九重。

送岳州李十從軍桂州

張説

送客之江上，其人美且才。風波萬里濶，故舊十年來。劍拔蛟隨斷，弓張鳥自摧。陽橋書落落，驛馬定先回。

岳州别姚司馬紹之制許歸侍

張説

和玉悲無已，長沙宦不成。天從扇枕愿，人遂倚門情。方外懷司馬，江東憶步兵。問君棲泊處，空嶺夜猿驚。

岳州别趙國公王十一琚入朝

張説

昔濫貂蟬長，同承雨露霏。今参魚鼈守，望美洞庭歸。浦樹懸秋影，江雲燒落輝。離魂似征雁，恒往帝鄉飛。

岳州贈廣平公宋大夫

張説

亞相本時英，歸來復國楨。朝推長孺直，野慕隱之清。傳節還閩嶂，皇華入漢京。寧思江上老，歲晏獨無成。

岳州别子均

張説

離筵非燕喜，别酒正銷魂。念汝猶童孺，嗟子隔遠藩。津亭拔心草，江路斷腸猿。他日將何見，愁來獨倚門。

岳州有贈

張九齡

極浦三春草，高樓萬里心。楚山晴靄碧，湘水暮流深。忽與朝中舊，同為澤畔吟。停杯試北望，還欲淚沾襟。

遊㴩湖上寺

王琚

春山臨遠壑，水木自幽清。夙昔懷微尚，兹焉一放情。雲間聽弄鳥，烟上摘初英。地僻方無悶，逾知道思清。

自荊湖入朝至岳陽奉別張燕公

王琚

五載朝天子，三湘逢舊僚。扁舟方輟櫂，清論遂終朝。遠樹煙間没，長江地際遥。帝城馳夢想，歸帆滿風飈。

秋夜陪張丞相、趙侍御遊㴩湖二首并序

尹懋

燕公以司馬初到，趙侍御客焉。聿理方舟，嬉遊㴩壑。覽山川之異，探泉石之奇，騁望崇朝，留尊待月。一時之樂，豈不盛歟！賦詩者列之於左。

熊軾巴陵地，鷁舟湘水潯。江山與勢遠，泉石自幽深。杳靄入天壑，冥茫見道心。超然無俗事，清冥有空林。

其二

江上饒奇山，巑羅雲水間。風和樹色雜，苔古石文斑。巴俗將千㳂，㴩湖凡幾灣。嬉遊竟不盡，乘月泛舟還。

和燕公岳州山城

趙冬曦

為吏恩猶舊，投沙惠此蒙。江邊悠爾處，泗上宛然同。訪道精言合，論經大義通。鳴琴有真氣，況已沐清風。

和尹懋《秋夜遊㴩湖》二首

趙冬曦

政理常多暇，方舟此泝洄。吹笙虛洞答，舉檝便風催。山暗雲猶辨，潭幽

月稍來。清谿無數曲，未盡莫先回。

其二

煙靄夕微蒙，幽灣賞未窮。艤舟待初月，褰幌招遠風。鶴聲聒前浦，漁火明暗叢。東山雲壑意，不謂爾來同。

九日巴邱登高

張均

客心驚暮序，賓雁下滄州。共賞重陽節，言尋戲馬遊。湖光扶戍柳，江雨暗山樓。且酌東籬酒，聊祛南國憂。

岳陽晚景一作張説詩，誤

張均

晚景寒鴉集，秋風旅雁歸。水光浮日出，霞彩映江飛。洲白蘆花吐，園紅柿葉稀。長沙卑濕地，九月未成衣。

奉和《岳州山城》

郡館臨清賞，開扃坐白雲。訟虛棠户曙，觀静竹簷曛。懸榻迎賓下，趨庭學禮聞。風傳琴上意，遥向日華紛。

洞庭湖奇閻九

孟浩然

洞庭秋正濶，予欲泛歸船。莫辨荊吴地，惟餘水共天。渺瀰江樹没，合沓海潮連。遲爾為舟楫，相將濟巨川。

望洞庭上張丞相

孟浩然

八月湖水平，涵虛混太清。氣蒸雲夢澤，波撼岳陽城。欲濟無舟楫，端居耻聖明。坐觀垂釣者，徒有羡魚情。

送王員外赴長沙

賈至

携手登臨處，巴陵天一隅。春生雲夢澤，水溢洞庭湖。共歎虞翻任，同悲阮籍途。長沙舊卑濕，今古不應殊。

與夏十二登岳陽樓

李白

樓觀岳陽盡，川迴洞庭開。雁引歸心去，山銜好月來。雲間逢下榻，天上接行杯。醉後涼風起，吹人舞袖迴。

泊岳陽城下

杜甫

江國踰千里，山城僅百層。岸風翻夕浪，舟雪灑寒燈。留滯才難盡，艱危氣益增。圖南未可料，變化有鯤鵬。

登岳陽樓

杜甫

昔聞洞庭水，今上岳陽樓。吴楚東南坼，乾坤日夜浮。親朋無一字，老病有孤舟。戎馬關山北，憑軒涕泗流。

陪裴使君登岳陽樓

杜甫

湖濶兼雲霧，樓孤屬晚晴。禮加徐孺子，詩接謝宣城。雪岸叢梅發，春泥百草生。敢違漁父問，從此更南征。

過洞庭

杜甫

蛟室圍青草，龍堆擁白沙。護隄盤古木，迎棹舞神鴉。破浪南風正，回檣畏日斜。湖光與天遠，直欲泛靈槎。

宿青草湖

杜甫

洞庭猶在目，青草續為名。宿槳依農事，郵籤報水程。寒冰争倚薄，雲月遞微明。湖雁雙雙起，人來故北征。

宿白沙驛

杜甫

水宿仍餘照，人烟復北亭。驛邊沙舊白，湖外草新青。萬象皆春氣，孤槎自客星。隨波無限月，的的近南溟。

湘夫人祠

杜甫

肅肅湘妃廟，空牆碧水春。蟲書玉佩蘚，燕舞翠帷塵。晚泊登汀樹，微聲借渚蘋。蒼梧恨不盡，染淚在叢筠。

祠南夕望

杜甫

百丈牽江色，孤舟泛日斜。興來猶杖履，目斷更雲沙。山鬼迷春竹，湘娥倚暮花。湖南清絕地，萬古一長嗟。

湘中有懷

張謂

八月洞庭秋，瀟湘水北流。還家萬里夢，為客五更愁。不用開書帙，偏宜上酒樓。故人京洛滿，何日復同遊。

雨中過袁稷巴陵山居贈別

劉長卿

憐君洞庭上，白髮向人垂。積雨悲幽獨，長江對別離。牛羊歸故道，鳥雀聚寒枝。明發遥相望，雲山不可知。

岳陽館中望洞庭湖

劉長卿

萬古巴邱戍，平湖此望長。問人何淼淼，愁暮更蒼蒼。疊浪浮元氣，中流没太陽。孤舟有歸客，早晚達瀟湘。

巡去岳陽却歸鄂州使院，留别鄭洵侍御，侍御先曾謫此州

劉長卿

何事長沙謫，相逢楚水秋。暮帆歸夏口，寒雨對巴邱。帝子椒漿奠，騷人木葉愁。誰憐萬里外，離别洞庭頭。

湘妃廟

劉長卿

荒祠古木暗，寂寂此江濆。未作湘南雨，知為何處雲。苔痕斷珠履，草色

帶羅裙。莫唱迎仙曲，空山不可聞。

酬李侍御登岳陽樓見寄

劉長卿

想見孤舟去，無由此路尋。暮帆遥在眼，春色獨何心。緑水瀟湘濶，青山鄠杜深。誰當北風至，為爾一開襟。

赤沙湖

劉長卿

茫茫葭菼外，一望一霑衣。秋水連天濶，涔陽何處歸。沙鷗積暮雪，川日動寒暉。楚客來相問，孤舟泊釣磯。

晚次巴陵

李端

雪後柳條新，巴陵城下人。烹魚招水客，載酒奠山神。雲去低斑竹，風來動白蘋。不堪逢楚老，曰暮芷江春。

宿洞庭

李端

白水連天暮，洪波帶日流。風高雲夢夕，月滿洞庭秋。沙上漁人火，煙中賈客舟。西園與南浦，萬里共悠悠。

杪秋登江樓

李賀

平楚超寒色，長沙猶未還。世情何處淡，湘水向人間。空翠隱高鳥，夕陽歸遠山。孤雲萬餘里，惆悵洞庭間。

鹿角鎮

元稹

去年湖水滿，此地覆行舟。萬怪吹高浪，千人死亂流。誰能問帝子，何事寵陽侯？漸恐鯨鯢大，波濤及九州。

洞庭湖

元稹

人生除泛海，便到洞庭波。駕浪沉西日，吞空接曙河。虞巡竟安在，軒樂詎曾過？唯有君山下，狂風萬古多。

過顧秘書獻書後歸岳州

盧綸

黃葉落不盡，蒼苔隨雨生。當軒置樽酒，送客歸江城。竹裏聞機杼，舟中見弟兄。岳陽賢太守，應為改鄉名。

送岳州司馬弟之任

李嘉祐

嶽陽天水外，念爾一帆過。野墅人烟逈，山城雁影多。有時巫峽色，終日洞庭波。丞相今為郡，應無勞者歌。

洞庭南館

張祜

一逕逗霜林，朱欄遶碧岑。地盤雲夢角，山鎮洞庭心。樹白看烟起，沙紅見日沉。還因此悲屈，惆悵又[1]行吟。

洞庭魚

李商隱

洞庭魚可拾，不假更垂罾。鬧若雨前蟻，多於秋後蠅。豈思鱗作簟，仍計腹為燈。浩蕩天地路，翱翔欲化鵬。

過洞庭

朱慶餘

帆挂狂風起，茫茫大猛時。波濤如未息，舟楫亦堪疑。遠鴈投孤島，長天下四維。前程有平處，誰敢與心期。

夏末留別洞庭知己

朱慶餘

清[2]秋時節近，分袂獨淒然。此地折高柳，何門聽暮蟬。浪搖湖外日，山

---

[1] “又”原文爲“一”，據《全唐詩》（清文淵閣四庫全書本）卷五百一十改。

[2] “清”原文爲“春”，據《朱慶餘詩集》（四部叢刊續編景宋本）改。

背楚南天。空感迢迢事，榮歸在幾[1]年。

題娥皇廟

朱慶餘

娥皇揮涕處，東望九嶷天。往事難重問，孤峰尚慘然。夜深寒峒響，秋近碧蘿鮮。未省明君意，遺踪萬古傳。

送客楚南[2]

馬戴

擬卜何山隱，高秋指岳陽。葦乾雲夢色，橘熟洞庭香。蔬雨殘虹影，回雲背鳥行。靈均如可問，一為哭清湘。

楚江懷古

馬戴

露氣寒光集，微陽下楚邱。猿啼洞庭樹，人在木蘭舟。廣澤生明月，蒼葭夾亂流。雲中君不降，竟夕自悲愁。

夜入湘中[3]

馬戴

洞庭人夜到，孤棹入湖中。露洗寒山遍，波摇楚月空。密林飛暗狖，廣澤發鳴鴻。行旅揚帆者，江分又不同。

送劉山人歸洞庭

李頻

却共孤雲去，高眠最上峰。半湖乘早月，中路入疏鐘。秋盡蟲聲急，夜深山雨重。當時同隱者，分得幾株松。

岳陽[4]

張喬

遠色岳陽樓，湘帆輸片愁。竹風山上路，沙月水中洲。力學桑田廢，思歸

---

[1] “幾”原文爲“半”，據《朱慶餘詩集》（四部叢刊續編景宋本）改。

[2] 《全唐詩》卷五五五作“送客南游”。

[3] 《全唐詩》卷五五五作“夜下湘中”。

[4] 《全唐詩》卷六三八作“岳陽即事”。

鬢髮秋。功名如未立，豈易狎汀鷗。

岳陽僧舍

張喬[1]

喜到重湖地，孤舟横晚烟。鷺銜魚入寺，鴉接飯隨船。松檜君山迴，菰蒲夢澤連。與師吟論處，秋水浸遥天。

湖澗

李群玉

汗漫鋪澄碧，朦朧吐玉盤。雨師清滓穢，川伯埽波瀾。氣射繁星滅，光籠八表寒。從來雲漲逈，路上碧霄寬。

中秋維舟君山看月二首

李群玉

楚色籠青[2]草，秋風洗洞庭。夕霏生水寺，初月盡[3]雲汀。棹響來空澗，漁歌發[4]杳冥。欲浮闌[5]下艇，一到斗牛皋。

其二

熠燿遊何處，蟾蜍食漸殘。棹翻銀浪急，林映白虹攢。練彩[6]連河曉，冰暉壓樹乾。夜深高不動，天下[7]仰頭看。

洞庭入澧江寄巴邱故人

李群玉

四月桑半枝，吴蠶初弄絲。江行好風日，燕舞輕波時。去事旋成夢，來歡難預期。唯憑東流水，日夜寄相思。

中秋夜南樓寄友人

李群玉

海月出銀浪，湖光射高樓。朗吟無緑酒，賤價買清秋。氣冷魚龍寂，輪高

---

[1] 《全唐詩》卷七二〇，題作“題岳州僧舍”，作者爲“裴説”。

[2] “青”原文爲“秋”，據《李群玉詩集》（四部叢刊景宋本）卷下改。

[3] “盡”原文爲“落”，據《李群玉詩集》卷下改。

[4] “發”原文爲“去”，據《李群玉詩集》卷下改。

[5] “闌”原文爲“東”，據《李群玉詩集》卷下改。

[6] “彩”原文爲“影”，據《李群玉詩集》卷下改。

[7] “下”原文爲“上”，據《李群玉詩集》卷下改。

星漢幽。他鄉此夜客，對景餞多愁。

移居洞庭

麴信陵

重林將疊嶂，此處可逃秦。水隔人間世，花開洞裏春。荷鋤分地利，縱酒樂天真。萬事更何有，吾今已外身。

春日寄岳州從事李員外二首

温庭筠

苒弱樓前柳，輕空花外牕。蝶高飛有伴，鶯早語無雙。翦勝裁春字，開屏見曉江。從來其情戰，今日欲歸降。

其二

從小識賓卿，恩深若弟兄。相逢在何日，此别不勝情。紅粉座中客，彩遊江上城。尚平婚嫁累，無路逐雙旌。

秋宿洞庭

周賀

洞庭初下葉，旅客不勝愁。明月天涯夜，青山江上秋。一官成白首，萬里寄滄洲。只被浮名繫，寧無愧海鷗？

巴陵秋思

周賀

楊柳已秋思，楚田仍刈禾。歸心病起切，敗葉夜來多。細雨城蟬噪，殘陽嶠客過。舊山餘業在，杳隔洞庭波。

送陽嶽歸巴陵

周賀

何處得鄉信，告行當雨天。人離京口日，潮入岳陽船。孤鳥背林色，遠帆開浦煙。悲君惟此别，不肯話迴年。

岳陽晚泊

曹松

輕帆下澗流，便泊此沙洲。湖影撼山朵，日陽燒野愁。白波争起倒，青嶼或沉浮。是際船中望，東南已泛秋。

岳陽樓

江為

倚樓高望極，展轉念前途。晚葉紅殘楚，秋江碧入吴。雲中來鴈急，天末去帆孤。明月誰同我，悠悠上帝都。

早發洞庭

方干

長天接廣澤，二氣共含秋。舉目無平地，何心戀直鉤。孤鐘鳴大岸，片月落中流。却憶鴟夷子，當時此泛州。

洞庭❶

許棠

驚波常不定，半日鬢堪斑。四顧疑無地，中流忽有山。鳥高恒畏墮，帆遠卻如閒。漁父前相引，時歌浩渺間。

巴陵

歐陽玭

孤城向夕原，春入景初暄。綠樹低官舍，青山在縣門。樓臺疑結蜃，枕席更聞猨。客路何曾定，棲遲欲斷魂。

巴陵村行❷

姚揆

天澹雨初晴，遊人憾不勝。亂山啼蜀魄，孤棹宿巴陵。影射村橋柳，光寒水寺燈。能吟思故國，窗外有魚罾。

巴陵逢洛陽鄰舍

耿湋

因君知北事，流浪已忘機。久客多人識，高年衆病歸。連雲湖色遠，度雪鴈聲稀。又説家林盡，悽傷淚滿衣。

---

❶ 《全唐詩》卷六〇三作“過洞庭湖”。

❷ 《全唐詩》卷七七四作“村行”。

湘妃怨

王貞白

舜欲省蠻陬，南巡非逸遊。九江沉白日，二女泣滄洲。目極楚雲斷，恨深湘水流。至今聞鼓瑟，咽絕不勝愁。

過洞庭湖

裴説

浪高風力大，挂席亦言遲。及到堪憂處，争如未濟時。魚龍侵莫測，雷雨動須疑。此際情無賴，何門寄所思。

夜泊湘江

于武陵

北風吹楚樹，此地獨先秋。何事屈原恨，不隨湘水流。凉天生半月，竟夕伴孤舟。一作南行客，無成空白頭。

送鄒尊師歸洞庭

楊逵

眾島在波心，曾居舊隱林。近聞飛檄急，轉憶卧雲深。賣藥唯供酒，歸舟只載琴。遥知明月夜，坐石自開襟。

懷洞庭

釋齊己

憶過巴陵歲，無人問去留。中宵滿湖月，獨自在僧樓。漁父真閒唱，靈均是謾愁。今來欲長往，誰借木蘭舟。

送中觀進公歸巴陵

釋齊己

一論破雙空，特行大國中。不知從此去，何處挫耶宗？晝雨懸帆黑，殘陽泊島紅。應游到溪岸，相憶遶茶叢。

懷巴陵舊遊

釋齊己

洞庭雲夢秋，空碧共悠悠。孟子狂題後，何人更倚樓。日西來遠棹，風外見平流。終欲重尋去，僧窗古岸頭。

岳陽道中作

釋齊已

客思尋常動，未如今斷魂。路岐經亂後，風雪少人村。大澤鳴寒鴈，千峰啼晝猿。争教此時白，不上鬢鬚根。

謝灉湖茶

釋齊已

灉湖唯上貢，何以惠尋常？還是詩心苦，堪消蠟面香。碾聲通一室，烹色帶殘陽。若有新春者，西來信勿忘。

湖西逸人

釋齊已

老隱洞庭西，漁樵共一溪。琴前孤鶴影，石上遠僧題。橘柚園林熟，蒹葭徑路迷。君能許鄰並，分樂斸春畦。

酬洞庭陳秀才

釋齊已

何必要識面，見詩驚苦心。此門從自古，難學至如今。青草湖云濶，黄陵廟木深。精搜當好景，得即動知音。

酬岳陽李主簿卷

釋齊已

把卷思高興，瀟湘闊浸門。無雲生翠浪，有月動清魂。倚檻應窮底，疑情合到源。為君吟所寄，難甚至忘筌。

宿岳陽開元寺

釋修睦

竟夕凭虚檻，何當興歎頻。往來人自老，今古月長新。風送沉魚唱，松疏露鶴身。無眠鐘又動，幾客在迷津。

岳陽對柳

釋修睦

誰此種秋色，令人看莫窮。正垂雲夢雨，不奈洞庭風。昔出長安道，獨遊隋苑東。當時今日思，須信苦相同。

泊洞庭

釋虛中

槐柳未知秋，依依館驛頭。客心俱念遠，時雨自相留。浪没貨魚市，帆高賣酒樓。夜來思展轉，故里在南州。

早春送人歸岳陽

釋尚顔

久食主人魚，春來復舊居。遠無千里浪，輕有半船書。過片晴雲淡，消殘暮雪虚。岳陽多異境，撏思勿令疏。

賦洞庭

釋可朋

周極八百里，凝眸望則勞。水涵天影闊，山拔地形高。賈客停非久，漁翁轉幾遭。颯然風起處，又是鼓波濤。

送韓瀆殿院出守岳陽

［宋］范仲淹

仕宦自飄然，君恩豈欲偏。纔歸劍門道，忽上洞庭舡。墜絮傷春目，春濤廢夜眠。岳陽樓上月，清賞浩無邊。

重湖

蘇軾

八月渡重湖，蕭條萬象疏。秋風片帆急，暮靄一山孤。許國心猶在，康時術已虚。岷蛾千萬里，投老得歸無。

巴陵書事

寇準

鄉思終日有，孤淡壓琴樽。衆木侵山徑，寒山逼縣門。浪沉灘見春，雨過壁生痕。憔悴悲蘭蕙，因思楚屈原。

題巴陵寺

寇準

寺在啼猿外，門開古洞涯。山深微有徑，樹老半無枝。望遠雲常暝，談空日漸移。明朝走馬去，還失白蓮期。

湘君祠

楊時

鳥鼠荒庭暮，秋花覆短牆。蒼梧雲不斷，湘水意何長。澤岸蒹葭緑，籬根草樹黄。蕭蕭竹間淚，千古一悲傷。

岳陽樓

張天啟

天入平湖遠，樓深納霽華。青山藏福地，碧樹記人家。水落魚龍蟄，風高鴈鷺斜。古來形勝地，何事憶長沙？

雨

陳與義

霏霏三日雨，靄靄一園春。霧澤含元氣，風花過洞庭。地偏寒浩蕩，春半客竛竮。多少人間事，天涯醒又醒。

黄陵廟

陶弼

溪上龍蛇屋，蕭條帝子祠。竹痕當日淚，山色後人疑。仙服霞留綺，新妝月印眉。楚民無水旱，簫鼓謝神禧。

二妃廟

楊傑

黄陵二妃廟，客過動愁顏。湘水有時盡，帝車何日還？淚斑千畝竹，魂斷九疑山。欲問蒼梧事，白雲生動間。

黄陵廟

張孝祥

百世黄陵廟，淒凉屋數間。只憐斑楚竹，那憶赭湘山。訪古韓碑在，微歌楚水間。虞嬪更堯女，莫作水仙班。

登岳陽樓

［元］高克恭

九水匯荊楚，一樓名古今。地連衡岳勝，山壓洞庭深。宿鴈落前浦，曉猿啼遠林。倚闌搔白首，空抱致君心。

至岳州宿岳陽樓

陳秀民

蕩槳逆流光，登樓望八荒。江山出圖畫，天地入舟航。夜静星文動，秋高月色凉。題詩懷李白，搔首鬢滄浪。

岳陽樓

千巖

不作蒼茫去，真成汗漫遊。三年❶夜郎客，一枕洞庭秋。覓句鴻飛處，看山天盡❷頭。猶嫌未奇絶，更上岳陽樓。

晚過巴陵

高思恭

楚水凝千里，湘雲隔萬層。城高秋浦月，星雜夜舡燈。旅況天誰管，年光雁可憑。殷勤淡山色，相送過巴陵。

過洞庭

李綱

重湖望不極，秋色靄殘陽。洲渚雲沙白，菰蒲霜葉黄。飛帆適沅澧，迴雁過瀟湘。楚客經行處，依然蘭芷香。

岳陽樓

［明］楊基

春色醉巴陵，闌干落洞庭。水呑三楚白，山接九疑青。空濶魚龍舞，娉婷帝子靈。何人夜吹笛，風急雨冥冥。

湘妃怨

李夢陽

采蘭湘北址，搴木澧南潯。渌水舍瑶彩，微風託玉音。雲起蒼梧夕，日落洞庭陰。不知篁竹苦，惟見淚斑深。

---

❶ “年”原文爲“千”，據《湖南通志》（清光緒十一年刻本）卷三十四改。

❷ “盡”原文爲“際”，據《湖南通志》卷三十四改。

偶題岳陽樓壁

蕭一中

飛閣凌空起，孤城水面開。大江流日夜，層棟接奎台。往事懷先哲，時艱屬異才。登臨不盡意，對景且銜桮。

鄂渚

邊貢

鄂渚維舟楫，登高覽洞庭。地連秋水白，天入暮山青。望闕瞻星斗，懷人感鶺鴒。漁歌向夕起，嗚咽不堪聽。

望君山

田登

渺渺洞庭波，君山翠擁螺。江空含月小，地剩得天多。寒色征鴻陣，秋風返棹歌。湘靈不可問，落日下煙莎。

登岳陽樓

許宗魯

澤水含秋盛，樓光向晚孤。倚欄聞白鴈，把酒對蒼梧。楚客悲今昔，湘靈怨有無。興來留賞地，落日下平湖。

遊君山

鄧儲

適意尋幽境，登山且聽泉。蒼苔人影寂，竹徑鳥聲喧。到此忘塵世，依稀恍醉仙。得來真趣味，清韻兩悠然。

湖中風雨偶作

方啟參

愁眼看南極，驚心恨北風。浪花翻白雪，霜葉擁丹楓。漠漠秋天外，冥冥暮雨中。浮生何所似，天地一飄蓬。

湖岸

方啟參

何處身非客，悠悠大夢中。江連秋氣合，山接海雲通。隙過陰晴變，蓬飄去住同。忘心天地外，閑步蓼花叢。

登岳陽樓

李徵

梓里三年客，蘭江八月舟。遥因洞庭雨，還上岳陽樓。補衮慙無術，乘槎豈壯遊！浮雲勞悵望，天北是神州。

登岳陽樓

周洪謨

楚地無邊水，江南第一樓。君山波底出，大塊鏡中浮。魚聽軒轅樂，龍迎夏后舟。憑高懷往跡，更欲弔湘流。

岳陽樓

翁溥

樓閣俯三湘，登臨見八荒。地分雲夢勝，天帶洞庭長。孤野浮寒水，遥山送夕陽。屈平何處弔，詞賦在滄浪。

巴邱泛月

周聖楷

看月湖中好，憐人不在明。賞因稀愈快，遊以幻為程。漁火隨星出，山光與樹平。棹邊天下上，何處岳陽城？

岳陽樓

葉泰

樓閣空中迥，乾坤鏡里看。天光低綺席，大色上雕闌。大地三湖盡，清風五月寒。登臨歎文藻，何處笛聲殘？

岳陽樓二首

徐文華

景勝詩難就，樓高風送寒。水涵荊楚半，天放洞庭寬。欸乃歌回浦，蒼茫立倚闌。君山烟霧裏，何處覓三韓。

其二

弭節倚巴陵，初登近水樓。晴風高白浪，秋漲失滄洲。目送雲帆杳，心驚塞鴈愁。回仙如不死，騎鶴定來遊。

岳陽樓

金皋

巴陵冬日霽，四望野雲開。水色涵空盡，猿聲入楚哀。蓬瀛天地外，棟宇晉唐來。倚檻留情久，懷人首重回。

岳陽樓

胡松

淼淼湖波闊，巍巍樓觀崇。餘霞團樹紫，返照射江紅。故國浮雲外，新詩細雨中。先憂吾有志，長自仰高風。

雨中登鹿角山宿趙荊石宅

王象艮

厓古憑空閣，岐嶒石徑斑。龍原花外水，鹿角雨中山。幸有心知共，兼逢地主閒。登臨無限意，信宿不知還。

岳陽樓集飲

姜性

秋氣揺江白，魚龍半隱淪。遠山青入骨，霜樹醉如人。岸芷依沙浄，汀蘭冒露新。同群增敬勉，笑語引情真。

洞庭酒樓

酈露

落日洞庭霽，霞邊賣酒家。晚虹橋外市，秋水月中槎。江白魚吹浪，灘黄鴈踏沙。相將楚漁父，招手入蘆花。

岳陽舟中同諸上人語

袁宏道

榜子碧絲繩，官程亦伴僧。每聞静者語，似飲熱時[1]冰。隙月銜簾幌，高雲謝繳矰。七番經過地，話盡一牕燈。

---

[1] “時”原文爲“中”，據《袁宏道集箋校》（錢伯城箋校，上海：上海古籍出版社，1981 年）卷三十五改。

中秋偕諸衲泛舟洞庭

袁宏道

匝地雲銷盡，平湖絶點青。琉璃天子月，香水海王城。怒蛤排帆立，神魚掣練行。山僧精觀忍，一倍發光明。

移居巴陵

陳昂

此即巴邱戍，相傳魯肅城。古今餘往事，兵火剩殘生。楚水為漁便，湘山結室平。地靈如獲托，亦足寄遐情。

登岳陽樓

胡鵬舉

名樓甲天下，今古獨争雄。地缺天光補，窻虚眼界空。君山當砥柱，川水遠朝宗。登眺頻呼酒，沉吟憂樂中。

酒香亭

帥登

荒徑無松菊，頹垣漏水鄉。談空倚倦鳥，坐久畏斜陽。不羨劉伶醉，應容阮籍狂。有情會盻望，千載憶寒香。

由鴨欄至巴邱登岳陽樓

曹學佺

欲問巴蛇冢，先過鬬鴨欄。山名天岳固，湖取洞庭寬。郡邑如沙聚，帆檣若樹攢。平生懷曠達，今日遂遊觀。

將之君山前一日喜雨

楊一鵬

輕雷動六月，好雨豁雙眸。當暑凉生户，逢年樂滿疇。石池應蕩漾，竹逕轉清幽。一洗君山浄，凌晨可泛舟。

君山夜望

楊一鵬

湘山奇絶處，夜色静娟娟。老蚌含明月，青螺吐暮烟。難分星與火，莫辨水連天。欸乃歌何樂，遥知是剌舡。

同邱毛伯御史登岳陽樓次韻

楊一鵬

三江貯春水，九畹滋芳蘭。望盡渾無際，浮來賸有山。肅瞻飛翥像，猶是醉時顔。紫氣潛相引，為君一啟關。

君山即事

王啟茂

望裏一痕碧，到來無數峰。鷗波白淼淼，螺髻翠重重。過嶺尋烟寺，隔溪聞夜鐘。隱心生此夕，邱壑幾人從。

城陵磯訪虞逸人故居

王啟茂

何處無風雅，虞翻昔在斯。生前混屠釣，死後少妻兒。過客尋遺宅，居人記舊時。碧沙黄葉岸，佇憶苦吟詩。

冬月晦日岳陽書懷

王啟茂

一年餘一月，孤嶼滯孤舟。歲時看人面，霜華上客頭。夕陽湖外寺，寒氣水邊樓。久旅多鄉夢，何時即故邱。

青草湖

俞安期

秋霜枯洞庭，秋草入湖青。漁屋遷卑壤，風帆就遠汀。鴈凫沙不整，魚鼈塹多腥。回想波濤日，陰沉託水靈。

其二

南北占星日，相隨任遠飄。輿圖輪浩蕩，舟楫變昏朝。鴈力翻風盡，蛟宫隱浪遥。最憐無定處，雷雨失青霄。

過洞庭西湖

郭都賢

澤國胡為號，全身汗漫遊。高天無立地，老客有行舟。今古浮沉裏，雲山出没頭。朗吟如在目，吾道復何求。

其二

風力雄如許，帆開不自由。戒心頻轉腳，習膽強蒙頭。子午南車僨，參商肉食差。長年矜破浪，指顧尚優游。

其三

雨暴雷如怒，風狂浪遂顛。危疑倉卒事，遷次杳茫天。漏重從添纜，裝輕早壓磚。渡湖容易好，留滯也忻然。

其四

不識湖西路，同舟結伴當。汉因多口誤，心著兩頭忙。惡浪摧奔岸，罡風落下場。急流謀勇退，此意戒垂堂。

過洞庭湖

郭都賢

片片飛飄影，涌空一鏡平。魚龍成霸國，江漢託狂名。滅没歸鴻倦，欹斜使馬輕。由來張樂地，不分聽鐃鉦。

登岳陽樓

王應斗

破浪初寧魄，憑高一送眸。江聲淒獨況，天氣老深秋。未必純陽酒，能消范氏憂。且隨風雨過，去去付沙鷗。

君山

譚元春

白環無際水，青逼有窮山。客到風波小，僧耕烟草閒。端倪高處覓，混沌井邊還。日照岳陽動，孤亭飛素鷳。

洞庭

譚元春

憂浸湖心伏，不分天水非。新帆隨數點，好鳥擇邊飛。日月光難遍，江湖氣盡歸。客舟來此泛，孤似嶽僧扉。

管郡侯之岳陽奉上四韻

田宗文

訟堂無吏事，選勝漫經過。僕馭穿蘆葦，旌旗拂芰荷。路臨雲夢澤，天接洞庭波。騁望登樓日，應知逸興多。

楊林晚渡

張明儒

暝色下湘浦，歸舟隔渡喧。孤城臨水閉，隻鳥背人翻。駟轍經過少，漁燈輻輳繁。何當清興發，邀月瀉芳罇。

雨渡洞庭

馮之圖

洞庭天水合，霧雨雜空青。帆葉遲雲影，星槎寄梗萍。魚龍秋氣落，劍佩夜光冥。帝子居何在，漁蓑悵獨醒。

同黎耳監司登樓望君山

孟應衡

天遠山浮處，蒼茫是洞庭。湘陵隨霧黯，緜水看雲停。濤以風聲壯，樓從氣象形。臨風共欲嘯，飛觥問仙靈。

過洞庭

釋溥良

洞庭烟曉霽，雲夢氣初晴。水際疑天盡，舟前看日生。城危驚墮影，鳥駭過無聲。恨有君山在，湖光稍未平。

長沙郡中西樓

鄒統魯

覽勝登高嶺，乘危俯大川。泉聲懸夜月，石氣散朝烟。好日遊人履，長風估客船。故人詩句滿，流水應朱絃。

夜入桃源縣月中

袁宏道❶

深村杞菊香，壁影拂舡涼。和月和烟市，全山全水鄉。高雲排鶴路，怒沫

❶ 原書未附作者姓名，今查實出自袁宏道。參見《袁宏道集》。

罾魚梁。若箇垂綸客，溪頭舊姓黄。

湖泛二首

劉在朝

層折入澄湖，河身共我癯。鴨隨舟作隊，草與岸為浮。蒲柳低堪折，漁罾近可呼。茅茨泄烟處，雞犬未能無。

瀲灩鷲湖目，蓮子名湖目。亭亭近小蓬。采乘晨露爽，摘亂渚花紅。湖碧時疑雨，林秋每易風。那堪菱唱裏，著此白頭翁。

湘夫人祠

［國朝］唐朝柱

為探黄陵蹟，停舟湘浦湄。明煙祟廟食，幽怨繞靈旗。雲水蒼梧斷，風霜碧漢知。淒涼憑四顧，何處覔韓碑？

臨洞庭

林植

浩蕩深無際，蒼茫望不窮。山川何處辨，舟檝若浮空。浪捲秋風白，波涵夕照紅。迢迢武陵路，遠在暮雲中。

湘夫人祠

施閏章

帝子蒼梧望，荒祠楚水湄。湘雲摇珮帶，嶽雨送旌旗。夜静魚龍入，情深草木知。維舟尋往跡，春蘚没殘碑。

城陵磯

劉肇國“國”一作“周”

為問湘陰道，行行定隔年。黿鼉吹白浪，蘆葦亂青天。纜曳危磯岸，風隨下水船。祇應沽濁酒，愁坐岳陽邊。

湘妃祠

唐懋淳

殿圮龍蛇臥，碑殘蝌蚪斜。山雲常渡水，谷鳥半迷沙。牧笛吹香草，漁歌唱落花。行吟何復憾，鼓瑟慰咨嗟。

夜渡洞庭

楊州彥

湖濶含風廣，輕帆斜可張。客心摇暮樹，魚浪駭孤檣。月上臨波破，星低入水長。夜寒秋蛟老，遥憶芰荷裳。

宿洞庭

趙良槥

日暮征帆歇，孤舟雜鴈群。湖平湘水盡，雲斷楚天分。江霧迷芳戍，漁燈映夕曛。浮生飄萬里，尚泊在江濱。

登岳陽樓

楊翔鳳

岳陽春正曉，萬里一江平。天到湖頭盡，山從水面生。遠帆摇日落，短几摘星明。醉後休狂叫，蛟龍恐自驚。

秋夜泛舟

楊翔鳳

落日滿長蕪，乘舟到五湖。家隨流水住，帆向晚風扶。浩氣平吞楚，江聲半入吴。瀟瀟楓樹裡，秋色泛酴酥。

望洞庭湖

李卷

湖水淼無際，君山一葉浮。渡雲疲欲歇，載月濕將流。浩曠為胸設，空清與目謀。悠然生静悟，恍是縱虚舟。

洞庭舟次

李卷

遨遊非挾策，搜訪在遺文。扇影摇湘瀫，衣痕帶楚雲。禹碑孤嶂見，妃瑟半江聞。毋曰舟中寂，微吟至夜分。

岳陽中秋夜集飲達旦

龔仲文

薄暮停殘雨，筵開月正明。花香分酒氣，鴈陣遠秋聲。不覺添衣冷，難忘永夜清。那知杯在手，簷下出雞鳴。

春日郡城郊行九首録二

張春穀

把酒西亭望，湖光落酒巵。天低青入水，柳倒緑平池。已悟真中幻，何分妍與媸。人生行樂耳，不醉得毋痴。

其二

向蒲摎幽蕙，沿溪擷野蔬。杜蘅藏睡鴨，花影戲遊魚。風緩波聲細，烟消岫色舒。此中多逸趣，我欲買山居。

秋過洞庭

劉定基

洞庭秋思滿，帆影自東西。水濶烟光迥，天高日色低。蘆花千澗雪，菰米一丸泥。何處砧聲起，湘雲怯鼓鼙。

九江舟中遇雪

李以寧

春半寒猶重，城頭積暮烟。雲低三楚樹，雪壓九江船。遠岸連林動，輕帆趁浪偏。不聞商婦曲，客興亦悽然。

夜登君山

吕潛

日與山相對，追凉上晚磯。月沉江樹暗，風急浦燈微。舊壘逢僧指，荒祠到客稀。登臨期更盡，徐趁野螢歸。

洞庭

李專

試倚滄波望，楚天如此長。九嶷皆化水，三峽竟何鄉。但覺濶無際，誰能測所藏。魚龍莫驕怒，柳毅在中央。

洞庭湖

程祜

湖水瀰淪碧，晴雲貼岸飛。但看波影蕩，何處雁聲微。日落千帆息，月明孤棹歸。岳城頻擊柝，鄉思正依依。

洞庭阻風

蕭瑄

一夜水揚舲，千帆阻洞庭。潮來山墮白，風去竹摇青。斗酒湖天濶，孤舟日月冥。淒淒江上笛，愁共暮猿聽。

舟泊洞庭二首

黄曉

虛濶天垂幕，日光摇水簾。微紋展夏簟，匹練曳晴縑。風細吹魚沫，雲高入羽纖。櫓聲無定着，回顧没山尖。

何處稱千頃，波臣未有涯。中流蹲古貌，血食犒神鴉。氣静平如紙，春明夜放華。浮空懸皓魄，坐對久忘家。

過洞庭湖

高文泲

萬頃空無際，波光欲到天。山川帆外盡，日月鏡中懸。急浪如奔馬，孤舟欲跕鳶。一身勞百慮，對此正茫然。

岳陽樓覽古

胡蘇

衝濤八百里，雷電失精明。匝地看今古，全湖落戰争。雨昏麇子國，潮打白公城。中有魚燈亂，還疑動甲兵。

遊玉笥山

蔣常泰

玉笥春山路，沿溪訪薜羅。寒林昏霧合，窄徑懶雲多。寺隱人聲閟，碑殘篆迹磨。《九歌》騷意在，憑弔意如何?

題洞庭湖

鄧士錦

湖天臨大野，一抹洞庭烟。風笛斜陽後，春帆細雨前。美人思易滿，芳草憶經年。别有中流趣，君山青洒然。

題洞庭圖次韵

周承勃

地連吴楚濶，天接日星浮。鯨鼓風成浪，蜃吹雪作樓。波吞湘水小，臥當錦帆遊。宕漾乾坤裏，披圖縱遠眸。

雨過黄陵廟

宋俊

寂寞黄陵廟，湘流兩岸分。雨迷歸鴈影，風颭狎鷗群。斑竹千年淚，蒼梧一片雲。洞庭猶在望，天樂其誰聞。

過洞庭

袁枚

秋老一峰晴，巴船過洞庭。水摇天地白，山入混茫青。雲氣飛蓬背，霜花落鴈翎。今朝吟不得，牕外有龍聽。

渡洞庭

歐陽暹

萬水湖光碧，晨烟乍有無。鷗同青嶂小，舟與白雲孤。天地開名勝，魚龍宅巨區。凭窻時一笑，直擬到蓬壺。

秋夜岳陽贈友

傅大綬

讀罷吟秋句，蕭蕭問夜闌。草衰群露白，秋老碧天寒。有興樓同上，敲詩月未殘。忘年君似孟，愧我不如韓。

過洞庭

徐象婁

孤棹巴陵路，茫茫白浪吞。江湖分楚蜀，雲夢接湘沅。水與長天合，山隨落照昏。泬漻空悵望，慷慨欲無言。

岳陽懷古

羅文綱

半榻蓬牕静，三江暮景懸。秋高塞北鴈，雲斷嶺南船。落日登樓興，含情去國年。平湖烟水在，悵望楚山前。

再渡洞庭

郭遠

洞庭秋水濶，浪汲白於銀。憂樂江湖客，浮沉名利身。懷歸荒稼圃，欲濟老風塵。閒看汀洲鶴，飛鳴過巨津。

乾明寺訪歸源上人

費元傑

直透重關入，禪房春草榮。此間空五蘊，何處覓三生。坐久茶烟細，談深麈尾輕。遠公能愛客，獨我愧淵明。

洞庭二首

金德嘉

空濛疑太古，溟涬入虛無。漠漠黄陵廟，茫茫青草湖。星躔從水濶，鳥影際天孤。一夕安能賦，瀟湘渾畫圖。

其二

雲夢為襟帶，君山一羽毛。五行偏積水，二氣漭生濤。烟雨湘靈瑟，風雷楚國騷。涼秋應潮濶，臨眺尚滔滔。

江岸鉄械

盧鵬

洞庭稱澤國，鉄械鎮湖濱。浪齧形難化，沙沉跡未湮。以刑齊水族，懸象儆波臣。却怪龍宮閟，傳疑悟後人。

萬石湖守風

費應泰

微雨連朝暮，風高不放晴。吹殘五夜夢，吼動一湖聲。路近書難達，更深酒易傾。詰朝新霽水，支枕曉窻明。

登岳陽樓故址

費應泰

猶有大觀在，何須百尺樓。乾坤仍吐納，氣象自春秋。波冷名山外，帆迷古渡頭。向南多少鴈，叫破一天愁。

洞庭湖

謝濟世

淼淼洞庭波，扁舟幾度過。未知身是蟻，焉識郡為柯。四面天連水，中心鼃戴螺。兒童莫驚駭，大塊一微渦。

沅江舟中望洞庭

陶必銓

小艇乘流駛，桃花水上行。湖連墺岸濶，天遠一峰晴。歲月風塵老，江潭性命輕。空嗟髀肉滿，況近蜀王城。《常德志》："沅江有昭烈古城，與吴人争益陽時所築也。"

渡洞庭湖

張九鉞

船如天上坐，淼淼太湖開。打鼓黄陵廟，招儛白鶴臺。九江争雪入，萬木踏風來。休上高樓望，吾非杜甫才。

望君山

二妃愁欲出，湘水一何深。日上數峰色，風吹斑竹林。明霞天鏡外，青草墓門陰。更莫聽山鵬，蒼梧不可尋。

晚登岳陽樓

張九鐔

不盡登樓興，臨流一浩歌。乾坤洞庭大，憂樂岳陽多。落照懸金鏡，孤峰接翠螺。持觴酹神禹，今日定風波。

二

極目從天岸，真成汗漫遊。寒光吹萬頃，瞑色上孤舟。夢逐關河迥，心依江漢流。行藏意中事，莫更倚闌愁。

月下自君山泛歸

黄文理

咫尺分山水，游心盡入舟。亭空江樹冷，帆動浪花浮。鉄笛收雲霧，寒汀集鷺鷗。夜闌清籟發，歌管最高樓。

東湖訪友

秦偉士

湖上停橈客，聞香到桂叢。人烟三徑外，山色一亭中。夾岸蒹葭雨，長橋杞柳風。當前多自得，覓句寄詞筒。

岳陽樓望洞庭

陳公禄

縱目真寥濶，樓高近日邊。下臨猶有地，空外恐無天。雲夢餘蒸氣，瀟湘見古烟。置身縹緲際，萬頃總茫然。

月夜泛洞庭

費志學

皓月生殘夜，輕舟下洞庭。波澄逼星漢，天濶小滄溟。沙見龍堆白，山分岳麓青。湘流似瑶瑟，清響玉玎玲。

宿青岡駟

吴樹萱

行到青岡駟，平田忽砑然。犁勻烏犉雨，水泛白蘋烟。木末看飛鳥，溪均欲放船。湘鄉清絶處，長傍水雲眠。

南望洞庭二首

吴俊升

洞庭南入望，千里浪翻銀。渺渺巴陵道，沉沉夢澤春。江山雄霸國，草木怨騷人。挂席斜陽外，乘風欲問津。

沅澧西南滙，瀠湘東北流。一篇《齊物論》，千古洞庭秋。澤畔青惟草，沙邊白是鷗。飛仙不可見，空上岳陽樓。

阻雨湘妃祠下作

查禮

祠古瀟湘岸，征帆信宿留。雲山非故國，風雨逼孤舟。氣凈南天瘴，涼生眾壑秋。客懷何寂寞，未及事冥搜。

月夜再渡洞庭，將曉，風狂，幾不得近岸

查禮

三年經兩渡，一葉去如梭。月小光無際，湖寬水自波。不知天遠近，數問夜如何。破曉驚風驟，披襟且放歌。

岳州

秦瀛

一水包南紀，濤聲撼岳州。星辰翻地濕，漢沔接天流。跨鶴誰橫笛，懷人獨倚樓。巴陵昨夜酒，應醉洞庭秋。

岳陽樓晤周静山夫子即席次《題壁》元韵

陶澍

又對今朝酒，天寒氣尚秋[1]。江山容醉客，風雨此登樓。歸思懸霜艇，浮踪感雪漚。巴陵一湖水，流不盡離愁。

夜泊君山

陶澍

十二青螺髻，君山境不凡。船疑天上近，山在水心嵌。雲偃龍歸洞，風高蚌擁帆。何人鼓湘瑟，夜氣温秋衫。

夜泊雞山

陶澍

湖傍華容迴，停舟夜杳冥。岸欹惟上月，山小不分星。楝樹鴉聲亂，掀濤蜃氣腥。岳陽舊游處，仙笛尚遥聽。

舟過安鄉

陶澍

幾日輕帆颺，城臨古作唐。江聲疏九澧，湖勢劃三湘。水淺魚驚棹，風迴鳥避檣。濯纓吾有意，隨處是滄浪。

---

❶ “秋”原文爲“愁”，據《陶澍集》（清道光刻本）卷五十七改。

曉發南津

陶澍

今日癡雲歛，檣帆頓覺安。影懸楓葉瘦，秋剩蓼花寒。小髻猶浮浦，修眉遠畫巒。應緣山識我，留得數朝看。

洞庭守風二首

陶澍

昏黑舟難辨，風狂雨又交。靈旗趨鬼怪，大響發笙匏。野氣警蒼鶻，江聲泣老蛟。臥吟輸五兩，竟夜和推敲。

但覺濤聲壯，不聞人語喧。勢驅群馬過，力掣六鰲掀。氣象萬千迥，胸懷八九吞。平生文字癖，始悟大波軒。

甲子正月十有一日，岳州署守汪容川司馬招同别駕丁薌溪、大令申佩雅遊君山

查淳

神地稱十一，良辰數與侔。連年嗟負約，此日喜同遊。水落波光静，烟開雨氣收。春移空翠逼，遥映岳陽樓。

其二

君山作砥柱，澧浦繞湘陰。三楚天荒處，千秋帝子心。人間花甲改，竹上淚痕深。青眼留相顧，何愁白髪侵。

其三

頻年居泛宅，宦海接長沙。聽鼓湘靈瑟，言停星漢槎。湖光含杜句，月色吐梅花。玩此無邊景，憑添望眼賒。

其四

余年今七一，甲子又逢春。司馬青衫舊，同人白社新。偶憐消遣地，不作苦吟身。八月歸期迫，還來此問津。

渡洞庭

韓葑

劈箭挾長風，茫茫萬頃中。波摇大地轉，氣混九江空。屈賈魂何在，英皇恨不窮。故教排雪浪，嘘吸古今同。

陪查觀察遊君山

丁鈺

帝子歸何處，螺鬟望裏收。漁蓑青草渡，牧笛赤沙洲。杜若香為國，箖簇影上樓。斯游逢異數，略分共尋幽。

陪查觀察遊君山三首

申同祐

策杖尋山麓，招提几處經。疏鐘僧院静，叢竹古祠扃。細雨融沙徑，輕寒逼洞庭。莫言城市遠，遥指郡樓青。

清讌張林杪，湖光到酒巵。山靈如有待，履屐此追隨。花氣巡簷久，茶烟入座遲。諸君盡仙骨，宜續朗吟詩。

筍輿歸路晚，詩思望中收。月暗平沙濶，烟昏遠樹稠。人聲喧隔岸，燈火亂中流。忽動江南想，寒潮載野鷗。

岳陽樓晚眺

陳文煜

波落洞庭秋，秋光上客樓。帆檣三面轉，星月一湖收。想像仙人迹，依稀帝子遊。君山何處是，隱隱翠螺浮。

立冬前一日宿岳陽樓醉後題壁

周寧遠

北風連日勁，作意送殘秋。月色初沉水，波聲正撼樓。湖山遺醉夢，天地寄浮漚。快唱飛仙句，能消萬古愁。

岳陽樓月夜聽韓小舟彈琴

周寧遠

清絶西城夜，煙雲一望收。琴彈洞庭月，人倚岳陽樓。應有潛魚聽，能消客子愁。曲終群籟寂，檻外颯寒流。

岳陽樓二首

李于培

何必更觀海，此間為水難。江湖萬頃碧，雲夢一杯看。月下湘靈瑟，風前屈子蘭。登樓頻極目，直北是長安。

其二

葉落洞庭秋，停驂人倚樓。數峰青不斷，兩水碧交流。荊楚空中盡，衡湘杯底收。仙人憂愛此，一醉一勾留。

泛洞庭

顧言行

似欲淩雲去，重湖放艇游。只疑天在水，真乃芥為舟。滄海幾同量，瀟湘盡合流。滔滔東逝者，不洗旅人愁。

舟發洞庭暴風卒至

顧言行

泛艇忘湖險，陰風突怒號。水連雲腳近，山遜浪頭高。四顧無天地，中流一羽毛。恃余忠信在，憑此陟波濤。

登岳陽樓

宮去矜

昨夢登黃鶴，今朝檥岳陽。樓頭坐超忽，日脚下青蒼。可以窮三楚，因之望八荒。誰能便飛渡，振褒嘯雷硠。

臨洞庭

陳圭

一粒浮湘水，微波起岳陽。南來疑地盡，北望覺天長。混沌誰開闢，蛟龍自遁藏。酒香山不見，烟月逈蒼蒼。

岳陽樓聽恒峰上人撫琴

萬年焞

少識琴中趣，登高得此聲。人凭樓檻坐，調褉水仙鳴。林木登飛雉，浪花舞巨鯨。莫疑無智慧，揮手説平生。

岳陽樓感懷

釋智安

欲淹名勝地，驚失故山期。千里湖天渺，孤舟客夢遲。昔人不可見，芳躅尚堪追。無限登臨感，寒風落日時。

七律上[1]

灉湖山寺

［唐］張説

空山寂歷道心生，虚谷迢遥野鳥聲。禪室從來塵外賞，香臺豈是世中情？雲間東嶺千重出，樹裏南湖一片明。若使巢由同此意，不將蘿薜易簪纓。

同趙侍御巴陵早春作

張説

江上春來早可觀，巧將春物妬餘寒。水苔共繞留鳥石，花鳥争開鬬鴨欄。佩勝芳辰日漸暖，然燈美夜月初團。意隨北雁雲飛去，莫待南州蕙草殘。

岳陽樓

劉長卿

行盡清溪日已蹉，雲容山影雨嵯峨。樓前歸客怨秋夢，江上美人疑夜歌。獨坐高高風勢急，平湖渺渺月明多。終期一艇隨樵去，來往片帆愁白波。

青谿友人歸岳陽

劉長卿

洞庭何處雁南飛，江菼蒼蒼客去稀。帆帶夕陽千里没，天連秋水一人歸。黄花裛露開沙岸，白鳥銜魚上釣磯。歧路相逢無可贈，老來空有淚沾衣。

自夏口至鸚鵡洲夕望岳陽寄阮中丞

劉長卿

汀洲無浪復無煙，楚客相思益渺然。漢口夕陽斜度鳥，洞庭秋水遠連天。孤城背嶺寒吹角，獨樹臨江夜泊船。賈誼上書憂漢室，長沙謫去古今憐。

岳陽樓晚眺

崔珏

乾坤千里水雲間，釣艇如萍去復還。樓上北風斜捲席，湖中西日倒銜山。懷沙有恨騷人往，鼓瑟無聲帝子間。何事黄昏尚凝睇，數行煙樹接荊蠻。

---

[1] 原書此處尚有“洞庭湖志卷之十二”和“藝文四”字樣，因屬於同一卷，故删。

登岳陽樓

麻温其

湖邊景物屬秋天，樓上風光似去年。仙侶絲生留福地，湘娥帝子寄哀絃。雲門自繞軒臺外，木葉偏飛楚客前。極目江山何處是，一帆萬里信歸船。

題岳陽樓

白居易

岳陽樓下水漫漫，獨上危樓凭曲欄。春岸緑時連夢澤，夕波紅處近長安。猿攀樹立啼何苦，雁點湖飛渡亦難。此地唯堪畫圖障，華堂張與貴人看。

送張員外出牧岳州

錢起

鳳凰銜詔與何人，善政多才寵冠恂。臺上鴛鸞争送遠，岳陽雲樹待行春。自憐黄閣知音在，不厭彤幨出守頻。應笑馮唐衰且拙，世情相見白頭新。

湖口送友人

李頻

中流欲暮見湘烟，葦岸無窮接楚天。去雁遠衝雲夢雪，離人獨上洞庭船。風波盡日依山轉，星漢通霄向水連。零落梅花過殘臘，故園歸去又新年。

送張尊師歸洞庭

許渾

能琴道士洞庭西，風滿歸帆路不迷。對岸水花霜後淺，傍簷山果雨來低。杉松近晚移茶竈，巖谷初寒蓋藥畦。他日相思兩行字，無人知處武陵谿。

和王昭符進士贈洞庭趙先生

高騈

為愛君山景最靈，角冠秋禮一壇星。藥將雞犬雲間試，琴許魚龍月下聽。自要乘風隨羽客，誰同種玉驗仙經。烟霞寂寞無人到，唯有魚翁過洞庭。

與龐復言擕酒望洞庭

朱慶餘

南湖春色通平遠，貪記詩情忘酒杯。帆自巴陵山下過，雨從神女峡邊來。青浦映水疎還密，白鳥飜空去復回。盡日與君同看望，了然勝見畫屏開。

寄岳州李員外遠

温庭筠

含嚬不語坐持頤，天遠樓高宋玉悲。湖上殘棊人散後，岳陽微雨鳥歸遲。早梅猶得回歌扇，春水還應理釣絲。獨有袁宏正顦顇，一尊惆悵落花時。

汨羅

李德裕

遠謫南方一病身，停舟暫弔汨羅人。都緣靳尚圖專國，豈是懷王厭直臣❶。萬里碧潭秋景静，四時愁絶野花新。不勞漁父重相問，自有招魂拭淚巾。

九日巴邱楊公臺上宴集

張泌

烟郭遥聞向曉雞，水平舟静浪聲齊。高林帶雨楊梅熟，曲岸籠雲謝豹啼。二女廟荒宫樹老，九疑山碧楚天低。湘南自古多離怨，莫動哀吟易慘悽。

重經巴邱追感，開成初，陪故員外從翁詩酒遊泛作

李群玉

昔年高接李膺歡，日泛仙舟醉碧瀾。詩句亂隨春草發，酒腸俱逐洞庭寬。浮生聚散雲相似，往事微茫夢一般。今日片帆城下過，秋風回首淚闌干。

湖寺清明夜遣懷

李群玉

柳暗花香愁不眠，獨凭危檻思悽然。野雲將雨度微月，沙鳥帶聲飛遠天。久向飢寒抛弟妹，每因時節憶團圓。餳餐冷酒明年在，未定萍逢何處邊。

黄陵廟

李群玉

小孤洲北浦雲邊，二女啼粧共儼然。野廟向江春寂寂，古碑無字草芊芊。東風日暮吹香芷，落日山深哭杜鵑。猶似含顰望巡狩，九嶷如黛隔湘川。

---

❶ “臣”原文爲“人”，據《全唐詩》（清文淵閣四庫全書本）卷四百七十五改。

洞庭阻風

張泌

空江浩蕩景蕭然，盡日菰蒲泊釣船。青草浪高三月渡，綠楊花撲一溪烟。情多莫舉傷春目，愁極兼無買酒錢。猶有漁人數家住，不成村落夕陽邊。

秋晚過洞庭

張泌

征帆高挂酒初酣，暮景離景兩不堪。千里晚霞雲夢北，一洲霜橘洞庭南。溪風送雨過秋寺，磵石驚泉落夜潭。漫把羈魂弔湘魄，九疑愁絶鎖烟嵐。

九日巴邱楊公臺上宴集一作李群玉詩

張繼

淒淒霜日上高臺，水國秋涼客思哀。萬疊銀山寒浪起，一行斜字早鴻來。誰家搗練孤城暮，何處題衣遠信回。江漢路長身不定，菊花三笑旅懷開。

洞庭言懷

譚用之

江上陰雲鎖夢魂，江邊深夜舞劉琨。秋風萬里芙蓉國，暮雨千家薜荔村。鄉思不堪悲橘柚，旅途誰肯念王孫。漁人相見不相問，長笛一聲歸島門。

春晚岳陽樓言懷二首

崔魯

烟花零落過清明，異國光陰老客情。雲夢夕陽愁裏色，洞庭春浪坐來聲。天涯一與舊山別，江上幾看芳草生。獨倚闌杆意難寫，暮笳嗚咽調孤城。

翠烟如鈿柳如環，晴倚南樓獨看山。江國草花三月暮，帝城塵夢一年間。虛舟尚歎縈難解，飛鳥空慚倦未還。何似不羈滄父伴，睡烟歌月老潺潺。

岳陽雲夢亭看蓮花

崔魯

似醉如慵一水心，斜陽欲暝彩雲深。清明月照羞無語，涼冷風吹勢不禁。曾向楚臺和雨看，只於吴苑弄船尋。當時為汝題詩徧，此地依前泥苦吟。

旅次岳陽寄京中親故

曹鄴

君山南面浪連天，一客愁心兩處縣。身逐片帆歸楚澤，魂隨流水向秦川。月回浦北千尋雪，樹出湖東幾點煙。更欲登樓向西望，北風催上洞庭船。

和友人憶洞庭舊居

劉滄

客舍經時益苦吟，洞庭猶憶在前林。青山殘月有歸夢，碧落片雲生遠心。谿路煙開江月出，草堂門掩海濤深。因君話舊起愁思，隔水數聲何處砧。

洞庭寄所思

趙嘏

日斷蘭臺空望歸，錦衾香冷夢來稀。書中自報刀頭約，天上頻看破鏡飛。孤浪謾疑紅臉笑，輕雲忽似舞羅衣。遥知不語坐相憶，寂寞洞房寒燭微。

洞庭湖

曹松

東西南北各連空，波上唯留小垛峰。長與岳陽翻鼓角，不離雲夢轉魚龍。吸廻日月過千頃，鋪盡星河剩一重。真到刼餘還作陸，是時應有羽人逢。

寄岳陽嚴使君

袁皓

得意東歸過岳陽，桂枝香惹蘂珠香。也知暮雨生巫峽，争柰朝雲屬楚王。萬恨只憑期尅手，寸心唯繫别離腸。南亭宴罷笙歌散，回首煙波路渺茫。

送楊郎中、唐員外奉使湖南

徐鉉

江邊微雨柳條新，握節含香二使臣。兩綬對懸雲夢日，方舟齊泛洞庭春。今朝草木逢新律，昨日山川滿戰塵。同是多情懷古客，不妨為賦弔靈均。

洞庭玩月

韓渥

洞庭湖上清秋月，月皎湖寬萬頃霜。玉椀深沉潭底白，金杯細碎浪頭光。

寒驚烏鵲離巢噪，冷射蛟螭换窟藏。更憶瑶臺逢此夜，水晶宫殿挹瓊漿。

岳州端午送人游郴連

徐夤

五月巴陵值積陰，送君千里客於郴。北風吹雨黄梅落，西日過湖青草深。競渡岸傍人挂錦，採芳城上女遺簪。九嶷雲濶蒼梧暗，與説重華舊德音。

秋晚自洞庭湖别業寄穆秀才

皮日休

破村寥落過重陽，獨自攖寧葺草房。風撟紅蕉仍换葉，雨淋[1]黄菊不成香。野猿偷栗重窺户，落雁疑人更繞塘。他日若修《耆舊傳》，為予添取此書堂。

湘妃廟

羅隱

劉表荒碑斷水濱，廟前幽草閉殘春。已將怨淚流斑竹，又感悲風入白蘋。八族未來誰北拱，四兇猶在莫南巡。九峰相似堪疑處，望見蒼梧不見人。

早春巴陵道中

羅隱

遠雪亭亭望未銷，岳陽春淺似相饒。短蘆冒土初生筍，高柳偷風已弄條。波汎洞庭猨獺健，谷連荊楚鬼神妖。中流菱唱泊何處，一隻畫船蘭作橈。

留詩與巴陵太守[2]

吕巖

暫别蓬萊海上遊，偶逢太守問根由。身居北斗星杓下，劍掛南宫月角頭。道我醉來真箇醉，不知愁是怎生愁。相逢何事不相認，却駕白雲歸云休。真人行巴陵市，太守怒其不能避。真人曰："須酒醒。"頃，忽失之，但留詩云。

南樓

唐樸

徙倚高樓夜色殘，故人聊得罄交歡。千林日落晴偏雨，五月深雲暑亦寒。

---

1. "淋"原文爲"霖"，據《全唐詩》（清文淵閣四庫全書本）卷六百一十三改。
2. 此詩與前"和王昭符進士贈洞庭趙先生"重，應是原書錯誤，據國家圖書館藏刻本改。

詰曲斷巖飛鳥渡，參差倒影過江看。慚子浪著登山屐，酒罷豪吟興未闌。

君山祠

周岳秀

萬頃湖渡浸碧天，旌封香火幾千年。風濤澎湃魚龍舞，棟宇峥嶸燕雀遷。遠岫光中濃淡樹，斜陽影裹往來船。江河願借吹嘘便，應有神功在目前。

謝橘洲人寄橘

釋齊己

洞庭栽種似瀟湘，緑遶人家帶夕陽。霜裹露蒸千樹熟，浪圍風撼一洲香。洪崖遺後名何美，陸續懷來事更長。藏貯待供賓客好，石榴亦稱映舟光。

懷巴陵

釋齊己

垂白堪思大亂前，薄遊曾駐洞庭邊。尋僧古寺沿沙岸，倚杖殘陽落水天。蘭蘗蔫菸騷客廟，烟波晴濶釣師船。此時欲買君山住，嬾就商人乞箇錢。

岳陽樓

［宋］王十朋

後樂先憂記飽觀，兹樓今始得憑闌。吐呑九水波濤濶，出納三光境界寬。黄帝樂聲喧廣漠，湘君山影浸晴瀾。江山何獨助張説，收拾清暉上筆端。

登岳陽樓

吕蒙正

百尺危樓倚窅寘，凭闌回首不勝情。風吹楚水光摇漢，浪颭君山翠入城。遠岫雨餘群樹冷，曉江風定片帆輕。正嗟飄蕩無歸着，日暮橋邊一笛横。

己酉中秋，任才仲、陳去非會飲岳陽樓上。酒半酣，高談大笑，行草間出，誠一時後遊也。為賦之

姜光彦

岳陽樓高幾千尺，俯視洞庭方酒酣。萬頃波光天上下，兩山秋色月東南。興來鸞鵠隨行草，夜永魚龍駭笑談。我欲煩公釣鼇手，盡移雲水到松庵。

黄陵廟

畢田

玉輦南廵去不還，翠娥[1]望斷楚雲間。波寒剩寫哀絃怨，露冷偏滋淚篠斑。一水盈盈傷遠目，九峰屹屹慘愁顔。荒州千古淒涼地，半掩空祠向[2]暮山。

望燕公樓下李花

陳與義

燕公樓下繁華樹，一日遥看一百廻。羽盖夢餘當晝立，縞衣風急過牆來。洛陽路不容春到，南國花應為客開。今日豈堪簪短髪，感時傷舊意難裁。

雨中對酒庭下海棠經雨不謝

陳與義

巴陵二月客添衣，草草杯觴恨醉遲。燕子不禁連夜雨，海棠猶待老夫詩。天翻地覆傷春色，齒豁頭童祝[3]聖時。白竹籬前湖海濶，茫茫身世兩堪悲。

登岳陽樓二首

陳與義

洞庭之東江水西，簾旌不動夕陽遲。登臨吴蜀横分地，徙倚湖山欲暮時。萬里來遊還望遠，三年多難更凭危。白頭弔古霜風裏，老木蒼波無限悲。

天入平湖晴不風，夕帆和鴈正浮空。樓頭客子杪秋後，日落君山元氣中。北望可堪回白首，南遊聊得看丹楓。翰林物色分留少，詩到巴陵還未工。

巴邱書事

陳與義

三分書裏識巴邱，臨老避兵初一遊。晚木聲酣洞庭野，晴天影抱岳陽樓。四年風露侵遊子，十月江湖吐亂洲。未必上流須魯肅，腐儒空白九分頭。

巴陵除夕

陳與義

城中爆竹已殘更，朔吹翻江意未平。多事鬢毛隨節换，盡情燈火向人明。

---

[1] “娥”原文爲“雲”，據《全五代詩》（清函海本）卷六十四改。

[2] “向”原文爲“上”，據《全五代詩》（清函海本）卷六十四改。

[3] “祝”原文爲“視”，據《宋詩鈔》（清文淵閣四庫全書本）卷四十三改。

比量舊歲聊堪喜，流轉殊方又可驚。明日岳陽樓上去，島烟湖霧看春生。

重修岳陽樓寫懷

鄭民瞻

遍歷江山只此樓，名傳自古又今修。却觀湘水浮新景，重對君山記舊遊。風月依然如故友，軒窻今復冠南州。遠追張相滕侯迹，幸躡前規壯勝遊。

鮮官到郡，諸丈置酒岳陽樓，招炎為客，鄧巴陵索詩

王炎

重上危樓覽洞庭，故人一笑對飛觥。君山只似鯿山綠，江水不如湘水清。一日勝遊成樂事，三年俗狀奪詩情。天涯邂逅還離別，莫惜尊前底裏傾。

過洞庭

孔武仲

朝來四境宿雲披，漸放扁舟入渺瀰。漠漠衣襟凌水霧，悠悠簾幕掛天絲。波平自喜看書穩，風軟翻愁出險遲。今夜君山興不淺，登臨應及月明時。

登涵暉亭

孔武仲

常時洲島隔波瀾，故覔君山直上看。罨畫園林春減色，水晶宮闕晝添寒。州城斜引群峰小，湖面平吞數驛寬。坐久西風響喬木，扁舟思到武林灘。

辭二妃廟

孔武仲

盤空鳥鵲噪叢祠，舡上行人半起時。殘月濛濛傾島嶼，南風嫋嫋透旌旗。開帆便欲日千里，別廟仍澆酒一巵。岸芷洲蘭均可薦，新聲翻入《九歌》詩。

湖山亭

孔武仲

縣山峻絶有新亭，公退時來看洞庭。天外微茫二湖合，波心縹緲一峰青。非時爽氣生雲雨，永夜寒光浸斗星。千古登臨增健筆，投文猶可弔湘靈。

五鼓乘風過洞庭湖日高已至廟下

孔武仲

南津纔濶夜風微，投曉湖靈更發機。想像虛空聞帝樂，逡巡波浪匝天圍。三湘路指平蕪轉，兩舸帆争白鳥飛。却上叢祠薦牲酒，荊雲隱隱尚朝暉。

巴陵

汪元量

重到巴陵秋正清，岳陽城下繫孤舲。江湖萬里水雲濶，天地一涼河漢明。月出洞庭魚婢舞，氣蒸夢澤鴈奴腥。篙工又鼓瀟湘柁，漁笛漁榔上下鳴。

洞庭晚望七首録二

高善濂

擊汰涼風水面廻，偃虹隄上夕陽開。含漿老蚌浮光起，迎棹神鴉舞翅回。醉唱難尋漁笛樂，羈懷易動暮笳哀。何能雪鷺銀鷗侶，盡日無愁曲岸隈。

其二

西塞烟痕向晚横，登臨聊復上重城。湖中滙澤流千派，望裏長巒翠一桁。歸櫂江皋頻錯認，懷人天末最關情。散愁商隱還乘興，只恐風波愁轉生。

岳陽樓晚眺，即事疊韻四首録二

高善濂

危樓縹緲倚闌斜，無數殘陽噪亂鴉。過客揚帆衝雪浪，漁人舉網出銀花。子聲落紙閒聽弈，舌本留香為別茶。巫峽瀟湘恣極覽，誰言遠望當歸家。

無聊憑眺日西斜，替恨成啼集暮鴉。遠樹雲中浮墨障，游魚鏡裏動菱花。臨高每憶登樓賦，遣興還嘗覓句茶。到處羈愁多瑟縮，何如烟浦釣人家。

觀洞庭

甄龍友

風定澄空氣渾然，恍疑太極未分前。祇因有浪知為水，若遇無風即是天。舊説君山張帝樂，新聞老木識飛仙。而今大洞黄庭客，又看題詩紀歲年。

洞庭湖

劉清之

天孫歲晚會湘靈，倒瀉銀河合洞庭。上下天光唯一白，中間山色不多青。荊潭萬里收塵滓，宇宙連宵失晦明。莫道人間少仙境，詩思酒魄一時醒。

岳陽樓

劉仙倫

八月書空鴈字聯，岳陽樓上俯晴川。水聲軒帝鈞天樂，山色玉皇香案煙。大舶駕風來島外，孤雲銜日落吟邊。東南無此登臨地，遣我飄飄意欲仙。

洞庭連天樓

［元］傅若金

崔嵬古廟壓危沙，縹緲飛樓入斷霞。南極千峰迷楚越，西江眾水混渝巴。鮫人夜出風低草，龍女春還雨濕花。北倚闌干望京國，故人何處認星槎。

岳陽中秋值安南貢使因懷舊遊

傅若金

洞庭秋氣滿龍堆，為客偏驚節序催。鐵笛乍聞雲外過，瓊樓應傍月中開。越裳重譯三年至，溟海浮槎八月來。忽憶舊遊今萬里，天涯重見鴈飛回。

過洞庭二首

歐陽玄

白沙隱隱見金鼇，殿閣憑虛結構牢。天水渾融浮太極，神人幽顯隔秋毫。龍堂深閟靈栖冷，象緯低垂客枕高。欲作廟中迎送曲，杜紅蘅碧盡《離騷》。

媧皇摶土擲虛空，屹立君山面勢雄。一畫犧圖天地骨，九江鯨觀鬼神功。裙飄帝子蒼茫外，樂奏鈞天澒洞中。頗恨當年鄒魯客，觀瀾未到楚諸熊。

登岳陽樓

歐陽玄

江山夷陵西復西，東陵城上倚天梯。月生巫峽尋常見，雪壓君山一字低。岩客朗吟歸鶴遠，巴童清夢繞猿啼。如何偉絕東南觀，不遣謫仙蘇二題。

登岳陽樓寫懷

許有壬

半空輪奐壯巴邱，消得騷人一繫舟。雲氣遠攜湘雨至，湖光寒入蜀川流。江山信美非吾土，天地無窮有此樓。三十四年如夢過，可憐黄髮賦重遊。

岳陽樓二首

梁曾

樓前秋水健帆開，樓上涼風舞袖廻。萬里舟航通鳥道，四時風景護龍堆。江山如此不一醉，歲月幾何能再來？欲問老髯求鐵笛，夜深吹上紫荊臺。

岳陽樓觀倚晴空，樓外君山指顧中。地勢平吞三楚遠，城闉高壓九江雄。乾坤好句唐工部，廊廟雄文宋范公。秋晚登臨正奇絶，只疑身在水晶宫。

岳陽樓

伯顔九成

鄂渚天開出畫圖，君山螺立洞庭湖。登樓西望江分楚，倚檻東臨水坼吴。浩浩春潮趨赤壁，悠悠雲氣隱蒼梧。人生擾攘成何事，却羨沙邊釣艇孤。

登岳陽樓

張孔孫

城上元龍百尺樓，樓前范蠡五湖舟。江吞巨野偏宜夏，月度晴宵便是秋。天下江山無此觀，古來西北是神州。自憐身屬官倉米，負我同盟萬里鷗。

登岳陽樓

趙景猷

蓬萊仙景玉為闌，地位清高隔世間。日落暮雲生峽雨，雪消春水漲巴山。繡衣使者添新句，鐵笛仙人老大還。我亦朗吟回首處，海風吹鴈楚天寒。

登岳陽樓

鞠志元

城邊清江醉眼醒，夕陽返照過松亭。烟生岸芷浮空碧，雲過蒼松削亂青。鶴已有田隨澗水，鷗能無侶伴寒汀。已將小隱容疏放，日對湖山問蝘蜓。

登岳陽樓

冠元德

城頭雲氣壓層樓，城下江聲送客舟。天岳一峰青卓玉，洞庭千頃遠涵秋。繁華今古饒中土，形勢東南有此州。我欲浮家淩浩渺，不妨吟釣伴沙鷗。

登岳陽樓

安宗説

何處能消萬斛愁，洞庭湖上岳陽樓。連天巨浪湘江曉，拂面狂風楚甸秋。天際斷雲來隱隱，空中孤鴈去悠悠。君山一點青如黛，知是滄溟第幾洲？

岳陽樓

李泰來

勝概東陵天下無，樓高背岳面重湖。風波來往幾千里，雲夢并吞八九區。東望武昌懷赤壁，南巡湘水弔蒼梧。鼎成龍去今何在？惟有君山似畫圖。

岳陽樓

張翔

楊慎《丹鉛録》:“余昔過岳陽樓，見一詩云云。視其姓名，則元人張翔，字雄飛作，不知何地人。”

樓上元龍氣不除，湖中范蠡意何如。西風萬里一黄鵠，秋水半江雙白魚。鼓瑟至今悲二女，沉沙何處弔三閭？朗吟仙子無人識，跨鶴吹簫上碧虚。

登岳陽樓

梁承大

樓前白浪擊城廻，山色湖光入酒桮。賈客帆檣來鳥道，漁村烟火隔龍堆。天晴漢女擬拾翠，日暮巴童歌落梅。自惜凭闌倍惆悵，幾人懷抱得重開？此詩又載梁承大作，故兩存之。

登岳陽樓

陳公舉

風送扁舟過洞庭，危樓招我一登臨。水聲東去有消長，山色西來無古今。勝概盡歸文正記，高情空向吕翁吟。倚闌把酒聊成醉，足慰南遊萬里心。

岳陽樓

周慕溪

乘風來叩洞庭君，送我樓心慰素聞。水匯荊襄江欲合，天連吴楚地曾分。千帆過雨紅揺日，一島撐空翠擁雲。歲月悠悠闌獨倚，若為憂樂語希文。

岳陽樓

姚子徵

岳陽樓上獨凭闌，萬里乾坤指顧間。賈客帆檣輕似葉，騷人詩句重如山。波濤洶湧無今古，日月浮沉幾往還。欲聽老髯吹鐵笛，一天風露不勝寒。

送徐方舟之岳陽

高明

布帆高挂發吴歌，巴陵到時秋思多。凉風漸落君山木，明月正滿洞庭波。丈夫壯遊有如此，人生清事能幾何？想見題詩搜景物，夜深風雨泣湘娥。

送鄭同夫歸豫章分題得洞庭湖

顧瑛

五湖秋水洞庭煙，七十二峰青插天。神禹書藏林屋裏，仙人詩刻石屏前。温温玉氣穿靈洞，白白銀河瀉瀑泉。鴻鴈來時木葉下，送君晨發楚江船。

卷之十三

藝文五

七律下

過洞庭

［明］楊基

雨後春江似潑醅，洞庭猶更緑於苔。碧湘樓閣千花繞，紫府旌旗十殿開。春色不隨流水去，暮❶雲長帶客愁來。閒身也是滄浪客，鷗鷺匆匆莫浪猜。

岳陽樓

林鴻

湖水平流夔子國，岳陽絶勝濯龍宫。樓臺迥出丹霄上，島嶼浮來玉鏡中。墨客琴樽猶對月，榜人舟楫若乘空。青蘋風起還能賦，不獨蘭臺宋玉工。

宿巴陵聞笛

王偁

玉笛飄殘月下聲，空江秋入思冥冥。怪來楊柳移關塞，可是梅花落洞庭。半夜旅魂隨調切，誰家少婦倚樓聽。曉來更覔龍吟處，一點君山水面青。

次蔡元禮過洞庭韻二首

劉三吾

翠瀾渺渺共天寬，過客登臨足解顔。兵後已非前殿閣，望中猶是舊江山。白雲隱映波光裏，畫棟參差樹杪間。欲向黄陵懷帝子，鷓鴣啼處雨斑斑。

---

❶ “暮”原文爲“夢”，據《眉庵集》（四部叢刊三編景明成化刻本）卷九改。

其二

樓宇年深已不堅，尚餘神物至今傳。波濤洶湧豚吹浪，雲樹模糊鴈呌煙。無復翠華來帝子，空餘廣樂奏鈞天。夜深環珮淒清處，半是乘風閬苑仙。

奉使安南過岳州

任亨泰

十二危樓架泬寥，楚雲巴樹隱周遭。洞庭春濶烟浮海，巫峽天低雪漲濤。杜甫有懷詩思苦，回仙無影月輪高。登臨已極江湖量，未許元龍氣獨豪。

登岳陽樓

夏瑄

月梯飛上岳陽樓，簾捲君山宿霧收。仙去石砰虛夜月，龍移雷雨暗靈湫。風濤夜吼黿鼉窟，煙草秋迷鴈鶩洲。北望長安何處是，心隨流水去悠悠。

登岳陽樓

包聖

春城携伴共躋攀，極目風煙慘澹間。桂嶺北來還春瘴，洞庭南上却無山。江通巴峽三千里，雲鎖湘娥十二鬟。為語遊人莫吹笛，潛龍淵在月波灣。

岳陽樓

黄宗戴

危樓高構近湖邊，幾度登臨意豁然。梁棟凌空餘百仞，棋枰刻石已千年。夜深風静波摇月，春盡雲開水接天。漫説吕仙三醉後，青蛇曾向壁間懸。

予三渡君山，皆為風雨所阻。今夏渡湖北上，忽南風大作，將予舟竟送君山，泊而登覽，喜賦

劉大夏

青螺十二出没間，幾度來遊空往還。風雨昔年皆偶爾，亭泉今日應躋攀。勝遊纔了生平願，浮世欣逢一日閒。看徧江南花共柳，何如福地聽潺潺。

《湖山雅趣圖》為太倉張瑜題

劉大夏

青山隱隱水悠悠，此日披圖障裏遊。遠樹雲開湘浦晚，孤帆月落洞庭秋。

萍踪自昔隨流轉，華髮誰今為國憂。却嘆薄才終戀闕，湖山雅趣自君收。

吴郡守約遊君山不果歸途奉寄

劉大夏

携酒春山千載盟，偶逢❶風雨竟無成。皇天似惜我遊玩，此❷地還因君重輕。志定肯違❸仙子約，興闌空負故人情。洞庭不隔雲林遠，留待他年自在行。

登岳陽樓

黎淳

獨立烟波萬頃間，信知勝景隔塵寰。天當盡處疑無地，水到中心却有山。孤櫂風雲來遠浦，高城鼓角壯雄關。諸侯事業今如古，不見仙人跨鶴還。

登岳陽新樓

李東陽

突兀高樓正倚城，洞庭春水坐來生。三江到海風濤杜，萬水浮空島嶼輕。吴楚乾坤天下句，江湖廊廟古人情。中流或有蛟龍窟，臥聽君山笛裏聲。

岳陽樓

吴政

層樓高出白雲間，吟倚東風十二欄。銀屋湧邊迷夢澤，青螺浮處指君山。半枰棋局乾坤老，一篴梅花日月閒。憂樂何由效先哲，驅馳贏得鬢毛斑。

泊岳陽樓

彭澤

平湖空濶水浮煙，孤嶼依微樹接天。歲月有期陵谷變，神仙多事古今傳。城樓吹笛風回市，沙浦鳴榔月滿舡。細讀屈騷並賈賦，淒涼遺恨使人憐。

謁洞庭君廟

郭登

停舟一拜洞庭君，古廟荒涼對夕曛。鳥跡下庭書作字，蝸涎浸壁篆成文。

❶ “逢”原文爲“遭”，據《劉忠宣公遺集》（清光緒元年劉乙燃刻本）卷三改。

❷ “此”原文爲“福”，據《劉忠宣公遺集》卷三改。

❸ “違”原文爲“迷”，據《劉忠宣公遺集》卷三改。

江通巴峽風濤壯，山過寧陵楚蜀分。簫鼓不來鴉陣散，滿階黃葉自紛紛。

岳陽樓

熊概

岳陽城上岳陽樓，樓外長江日夜流。簾捲斷雲衡嶽曉，牕含殘雨洞庭秋。東南勝概留清賞，唐宋衣冠想昔遊。倚遍闌干重弔古，蒹葭楊柳不勝愁。

登岳陽樓

吴廷舉

廊廟江湖憂樂兼，岳陽形勝范公添。客逢好酒休辭醉，人取虛名忌過廉。澤國遺風思郢士，家宗事業愧吴潛。渚蘭汀芷吟邊滿，欲嗅幽香信手拈。

泊舟岳陽城下時樓燬於火

周敘

岳陽不復舊時樓，獨有山川豁遠眸。天接湖光明似鏡，風收暑氣爽如秋。鈞天帝樂乘龍奏，飛劍仙人跨鶴遊。千古洞庭形勝地，登臨何幸一維舟。

岳陽樓三首

楊一清

樓頭仙子坐當牕，樓外風飛擁客艭。今古勝遊誰第一，乾坤偉觀此無雙。山形南去連衡嶽，水勢西來接大江。極目浮光殊未已，題詩安得筆如扛。

百尺高樓倚碧空，乾坤登眺幾人同。眼前憂樂誰無意，天下江山此最雄。孤棹影衝煙浦外，浩歌聲在水雲中。東流萬里終歸海，不盡狂瀾砥柱功。

月色風光此夜兼，洞庭春水坐來添。十年作宦身如繫，一日看山興未廉。江海波濤驚變化，乾坤魚鳥自飛潛。太平關塞無戎馬，彩筆逢時次第拈。

風雨憶君山

楊昌朝

洞庭風雨暗漁燈，一點君山數箇僧。拋却青巒勞夢思，何時尊酒願携藤。千求名禄都無味，販買松雲我不能。新笋而今掘欲了，歸湖一棹及秋乘。

登岳陽樓和魏嘉州韻

顔公輔

家近高樓日每登，望中常見五雲層。欲凌縹緲三秋漢，敢借扶搖萬里鵬。

吟倚紫簫追换酒，飲邀明月不須燈。茫茫俯仰情何限，忠孝深慚兩未能。

秋日登岳陽樓書所見

李鏡

秋晏登臨倍愴神，茫茫湖水四無垠。高低隴畝還為壑，鉅細農家總恨貧。召患有由難恕我，征徭依舊可憐民。先憂范相遺文在，載讀寧無愧此身。

沅江晚泊

王宇仁

去時烟雨沅江暮，此日沅江暮雨歸。水漫遠沙村市改，泊依舊店主人非。草深廨宇無官住，花落僧房鳥自啼。處處春光蕭索甚，正愁荊棘掩岩扉。

巴陵[1]

何景明

楚水滇池萬里遊，使車重喜過巴邱。千家樹色浮山郭，七月清聲入郡樓。寺裏亭臺多舊主，城中冠蓋半同遊。明朝又下章華路，江月湖煙綰别愁。

岳陽樓中聞笛

何景明

何處笛聲三四弄，坐聽疑隔楚江濆。落梅折柳怨清夜，激羽流商哀白雲。月上山樓人獨倚，風高秋院客先聞。洞庭空濶瀟湘冷，縹緲餘音送鴈群。

岳陽樓

劉績

飛樓縹緲枕城陴，俯檻湖山便覺奇。龍女出宫纔露髻，鯨魚聽樂久揚鬐。周遭作準平千里，上下含光合兩儀。荊楚衆流成吐納，古今似欠禹王祠。

題岳陽樓

顔頤壽

吴楚樓臺此大觀，丹梯百尺入雲端。乾坤俯仰俱陳迹，今古江山一倚闌。柳樹和風黄鳥語，蘭汀細雨白鷗寒。捲簾更覺塵氛遠，身世渾疑跨紫鸞。

---

[1] 此詩題名一作“岳陽”，參見《四庫全書》本《大復集》。

岳陽樓

陳洪謨

城頭飛構自何年，作鎮南州勢不偏。日暮巴陵雲滿地，春深夢澤水連天。江山自古多晴晦，憂樂憑誰許後先。短櫂秋風聊竚望，幾行征鴈去翩翩。

岳陽樓

胥文相

徙倚闌干望眼娱，杪秋風景未應殊。半空雲捧樓臺出，四面天開水墨圖。夢澤有時吞别渚，君山終古壓重湖。方輿不復長江限，莫更登臨問楚吴。

登岳陽樓二首

何喬新

闌干十二碧玲瓏，千里湖山入望中。雲影淒迷涵遠岫，波光滉漾浴晴空。登臨誰識希文意，俯仰深懷大禹功。江草江花紛在目，凭闌脉脉看冥鴻。

雲牕月牖俯清流，萬象森森鏡裏浮。誰在江湖懷北闕，漫誇樓閣冠南州。朱絃夜鼓湘靈瑟，錦纜春回楚客舟。欲起靈均歌《九辨》，澧蘭沅芷不勝愁。

登岳陽樓步朱陵豁韻

周廷用

獨坐高樓望洞庭，樓前波浪晝冥冥。雨來湘漢兼天黑，雲去衡巫擁地青。僊子傳書孤鶴下，山人吹笛老龍聽。蒹葭零落芙蓉冷，誰采香蘭弔屈靈。

夜泊岳陽樓

周廷用

水動沙虚月色浮，孤舟夜傍岳陽樓。天空避繳鴈來度，浪静抱珠龍出遊。湖海放歌聊對酒，鄉關聞笛易生愁。君山縹緲虚無裏，欲躡飛雲到上頭。

洞庭舟中聞鴈

周廷用

瀟湘鴈來今幾時，洞庭雲水鎮相宜。傳書列字征心急，殘葦折荷歸思遲。度月關山應獨苦，銜蘆矰繳已先知。呼雲政爾聲聲切，吹笛高樓何處思。

大江晚渡

周廷用

洞庭湖邊吹晚風，孤雲殘日隱長空。一群鴻鴈菰蒲裏，無數人家蘆葦中。傍水酒漿那可覓，隔溪魚蟹孰能供。茫茫江海關舟楫，何處滄浪有釣翁？

登岳陽樓步朱陵豁韻

汪必東

洞庭波撼岳陽樓，樓上驚波地欲浮。倒浸乾坤渠窟穴，渾吞巴漢此襟喉。浪花細雨來千里，木葉輕風下九秋。廊廟近聞方有喜，江湖那得獨無憂。

登岳陽樓

顧佐

危樓百尺倚江陬，勢冠南州孰與侔。萬頃浮光天宇霽，八牕虚彩月輪秋。祇疑鼇極從兹折，信是龍宫自古浮。前輩風流還可繼，於今豈乏謫仙流。

登岳陽樓

李冕

栢府沉沉簡獄書，賞懷樓下暫回車。謾看雲水相連處，渾似乾坤未判初。量合華夷通九貢，勢銜荊楚列三閭。倚闌翻念江湖遠，一寸丹心繞帝居。

屈原像

沈周

逐迹遑遑楚水長，重華雖遠未能忘。魯無君子斯當[1]取，殷有仁人莫[2]救亡。魚腹何勝載憂怨，鳳筬終不[3]蔽文章。忠貞那得消磨盡，蘭芷千年只自[4]芳。

晚春過洞庭

張禄

汪洋千里接巴吴，一葉居然履畏途。日暖魚龍吹曉沫，水深洲嶼没菰蒲。

---

[1] “當”原文爲“焉”，據《石田詩選》（清文淵閣四庫全書本）卷八改。

[2] “莫”原文爲“不”，據《石田詩選》卷八改。

[3] “終不”原文爲“豈肯”，據《石田詩選》卷八改。

[4] “自”原文爲“有”，據《石田詩選》卷八改。

雲山咫尺瞻桑梓，沅澧紆徐引舳艫。十二青螺看未足，東風飄過洞庭湖。

岳陽樓

徐傭

跨鶴仙人不復來，彩雲猶自護樓臺。煙迷沙岸漁歌起，月照江城客棹廻。湖水遠涵天鏡浄，君山遥列畫屏開。宦遊幾度閒吟賞，風景無邊豁壯懷。

登岳陽樓

薛佐

南城粉堞背層山，城上危樓俯瀋湍。湖勢欲包天壤外，棹歌只在水雲間。湘靈鼓瑟今何處，仙子凌風去未還。倚遍闌干閱今古，白雲渺渺白鷗閒。

舟至城陵磯與楚百户言别

曾烜

江到荊湘兩泒分，客情無奈况離群。爾從三峽迎春水，我過重湖望楚雲。白帝至今啼蜀魄，蒼梧何處弔湘君？孤舟夜向巴陵泊，一曲商歌不忍聞。

岳陽樓

毛伯温

湖邊樓閣欲凌空，春日登臨有客同。漫説滕王遥擬勝，回看黄鶴近争雄。一聲鐵笛風簾外，幾葉漁舟烟渚中。巨浪洪濤撼天地，屹然砥柱是誰功。

黄陵廟

謝瑾

黄陵帝子昔嬪虞，絃斷南薰鳳影孤。紅盡淚痕傳翠竹，青來魂氣隔蒼梧。秋風衡岳沉鴻鴈，暮雨湘江怨鷓鴣。明月三千年後夜，九疑雲冷夢應無。

登岳陽樓

王來

巴陵勝概岳陽樓，此日登臨最上頭。萬頃湖光秋色静，一天晴景曉煙收。征帆度影参差去，飛棟凌空迤邐留。不盡江山懷古意，憑闌呼酒看吴鈎。

岳陽樓

馮世雍

澤國雲蒸水滿湖，茫茫烟浪混虚無。波心明月撼將墮，海上浮邱閒可呼。

巴客錦帆飛鳥盡，湘靈瑶瑟暮峰孤。蘭汀蕙沚空相戀，恐有魚龍夜泣珠。

洞庭春興

楊慎

帝里朝辭供奉班，客程宵濟洞庭灣。湘君鼓瑟清泠外，鮫女鳴機縹緲間。青草波光連夢澤，蒼梧雲物隔疑山。故園亦有岷江水，垂老生涯釣艇閒。

秋日思歸湖上草堂

方啟參

湖上群山舊草堂，苔含風牖迥蒼蒼。荀星虚擬當年聚，屈佩空憐此日香。門外蓬深秋自翳，案頭螢死夜偏長。追思往事真成夢，回首迷途老欲狂。

登岳陽樓

方啟參

南紀危樓擅岳名，遠涵湖水俯山城。湖疑泒遣銀河見，山似飛來鳥嶼明。萬古波流常晝夜，四時雲氣遞陰晴。登臨盱目憑闌眺，笑倚青蛇紫氣生。

岳陽樓次孫仲可韻

謝上箴

洞庭春濶水雲都，天地西南列畫圖。千仞樓臺凌縹緲，三湘景物入虚無。神遊帝子蒼梧遠，淚洒湘靈翠竹枯。憂樂關懷無定著，十年飄泊混漁夫。

岳陽謁岳忠武祠

唐萬陽

忠武祠堂楚水涯，短牆疎竹映殘花。奸諛何代無秦相，忠孝誰人是岳家。風静魚龍吹細浪，月明鷗鷺宿平沙。遥憐古墓西湖上，萬樹南枝日欲斜。

岳陽樓

張山

自是湖南第一樓，綺牕雕檻彩雲浮。仙人已去留陳迹，詞客重來賦勝遊。雨過捲簾湘浦晚，月明吹笛洞庭秋。凭闌不盡登臨興，獨對君山豁醉眸。

岳陽樓

周洪謨

雕梁畫棟隱霏虹，天影波光總是空。四壁濃陰三峽雨，八窻涼氣五湖風。

廣寒宮闕丹霄上，萬丈樓臺碧海中。借問登臨豪傑客，先憂後樂幾人同？

登岳陽樓

卞榮

荊楚南來第一樓，白雲明月落簷頭。數聲長笛昔曾聽，半局殘棋誰為收？去國有懷成感慨，維舟無計免淹留。湖光浩浩如東海，欲學任公試巨鈎。

岳陽樓

汪如壁

岳陽樓上望湘君，風雨憑闌酒半醺。雀舫暮連青草瘴，釣竿朝拂洞庭雲。思迷錦瑟孤峰小，目眇秋波落葉紛。慚愧江湖尚牢落，登高空憶范希文。

自巴陵至大荊驛

沈鐘

巴陵東度萬重山，冒雨衝泥路轉艱。插地新秧争碩茂，走渠流水弄潺湲。但留知己孤琴在，甘為憂時兩鬢班。薄暮觧裝棲此驛，庭蕉相對且怡顔。

九日滿擬登君山未蒙主人道及然時則可而興已到矣，賦此

施堯臣

艤舟幾度阻回風，秋水無波喜路通。隔岸樓臺呈海市，鏡中車馬入蟾宫。幸逢佳節登高勝，況有良朋作賦雄。飛渡朗吟今日事，何須更覓吕仙翁。

岳陽樓

高瀫

巴陵城上岳陽樓，樓外長江日夜流。殘雨數峰衡嶽曉，暮雲孤樹洞庭秋。仙人夜奏沙邊笛，沽客春移樹杪舟。十二危欄閒極目，滿汀楊柳不勝愁。

岳陽樓

吴國倫

高閣層城四望開，洞庭秋色正徘徊。湖吞九水浮天濶，地擁三巴入鏡來。赤甲雲生神女過，黄陵日落帝妃哀。尋源不必乘槎去，直取君山作渡杯。

登岳陽樓

劉崇文

湖上高樓倚碧空，樓中客子嘯秋風。水消水長山常在，帆去帆來江自東。

暝暝蒼梧横一劍，蕭蕭斑竹泣重瞳。凭欄不盡悲歌意，欲拂綸竿釣臥龍。

過洞庭

管時敏

湖上東風水似天，渚花紅白共春妍。蒼梧二女墳前路，青草三閭廟下船。鮫室綃機聲軋軋，龍宫珠珮影娟娟。官閒更遂南遊興，借榻君山寺裏眠。

岳陽秋望時予以景藩奏逮將赴武昌

徐學謨

仙人吹篴度蒼梧，天畔樓高自楚都。南去帆檣凌浩淼，中流日月盪虚無。雲開睥睨丹崖迥，露冷蒹葭碧嶼孤。欲賦遠征愁更遠，可堪摇落向江湖。

送客遊洞庭湖

謝榛

相逢楚客問巴州，此去揚帆湖上遊。天漢長連洞庭水，雲霞半入岳陽樓。低空白鴈投寒渚，隔浦丹楓照暮秋。莫向湘君聽鼓瑟，黄陵月冷不勝愁。

重登岳陽樓

李奎

宦遊曾上岳陽樓，别後蒼茫四十秋。陵谷不隨桑海變，湖天常逐水雲浮。勢吞巴蜀三千里，雄冠荊吴百二州。一統無如今日盛，勝遊直欲繼前修。

岳陽樓

徐中行

天敞平湖萬里臺，秋高霞色照行杯。三湘白日波間動，七澤青山鏡裏開。風静仙人吹篴去，月明神女弄珠來。裴徊便擬休餐住，潦倒原非濟世才。

夏日登岳陽樓懷歸

孫夢豸

有客狂歌入楚來，一樽獨對洞庭開。身依廊廟纔三月，心向江湖又幾回。登眺共傳仙跡異，留連誰念楚騷哀。先憂後樂當年記，千載空談范老才。

望洞庭

孫夢豸

泛濫江湖水接天，家家沉竈已生烟。洞庭空自淹遷客，滄海無緣泛釣船。

矯節獨懷垂漢史，發棠誰復勸齊宣。憂時未竟平生志，樽酒孤舟一惘然。

秋日馮憲使拉遊君山

艾穆

波光野景混虛無，乘興雲帆落畫圖。幾載風神淮海月，一尊秋色洞庭湖。青山有幸來知己，白社何妨入酒徒。欲挾飛仙問三島，此中原不説蓬壺。

遊洞庭君山

艾穆

王公期我湖山頭，山與湖光日共浮。乍聚三星疑是酒，飛來萬木不勝秋。扣船漁父頻停棹，吹笛仙人欲下樓。宦海采真應爾識，野心吾已狎汀鷗。

岳陽樓

陳察

幾年夢寐岳陽樓，萬里歸來此夕遊。范老風情如往日，楚天物色似新秋。山連鄂渚添詩興，路近鄉關破客愁。憶昔久觀滄海上，乾坤日夜渺然浮。

岳陽樓望君山

聞人銓

湖上青山城上樓，無邊風月四時秋。湖翻落照看宜遠，山擁歸雲去復流。點點浪痕憐野竹，悠悠客思逐沙鷗。何時載酒山中去，十二峰頭醒宿愁。

岳陽樓

黄仲芳

十二闌杆百尺樓，高標南極俯滄洲。碧牕風度廻鸞鶴，畫棟雲開接斗牛。樹色捲簾巫峽曉，浪花飛雪洞庭秋。登臨莫問當年事，不盡長江滚滚流。

重登岳陽樓

陳輝

湖南樓閣屬東陵，二十年來復一登。滿目江山如舊識，半空闌檻自秋凭。雲移遠岫千屏出，日落平湖一鏡澄。北望蓬萊雲五色，凌風幾度欲騫騰。

岳陽樓懷古

郭崇嗣

層樓高磴步空冥，百尺闌干俯洞庭。赤壁東風吹漢燼，蒼梧細雨泣湘靈。

四方冠蓋長年過，六代干戈此地經。人事天時幾更換，君山依舊樹青青。

春日偕張墨山遊君山風起不果遂飲於岳陽樓

郭崇嗣

洞庭春霧晝濛濛，孤島浮沉白浪中。風急鳥行廻草樹，日高花氣散簾櫳。名樓此日人同醉，福地何年路始通？狂倚危欄仍悵望，短篷長笛過漁翁。

夏日岳陽閒眺

郭崇嗣

長夏清和閒上樓，渚蘭汀芷逈生愁。千峰雨過層陰散，一水天廻倒影流。黄帝鼎成無樂奏，湘君祠在有神遊。臨風屈指端陽近，浪説靈均為競舟。

岳陽樓

朱應登

樓枕巴陵控楚都，高名今與洞庭俱。四時雲氣窺簷際，六月涼風灑座隅。豈有神仙來縹緲，即看文字壯規模。乘流欲上君山頂，飽玩滄溟納五湖。

岳陽樓

曾鼎

洞庭倒浸楚天寬，一點君山鏡裏看。二女廟荒春寂寂，三湘地隔水漫漫。岷江雪浪愁移棹，巫峽雲屏醉倚闌。惆悵無心重弔古，但從日下望長安。

秋晚登君山

張琦

十年兩醉君山酒，山下民風似昔年。青帕茜裙穟麥女，銀鱸紫蟹入村舡。霜焦葉破猶藏寺，江浦沙高未作田。病骨登臨尚強健，坐聽湘瑟弄湘烟。

登岳陽樓

劉敷

屈指岳陽今十過，民生未遂欲何如。楚江踈柳空啼鳥，宋代蒼松自碧蘿。兩過君山春有脚，月明湖水夜無波。古來憂國心常切，莫怪風前兩鬢皤。

岳陽樓

薛綱

聞説洞庭湖水濶，凭高一望渺無窮。東西樹影微茫外，上下天光混沌中。

夢澤雨來龍井黑。扶桑日出蜃樓紅。恨身不插雙飛翼，追附南鵬萬里風。

岳陽樓

劉汝南

洞庭木落楚城陰，寒雨蕭蕭暮靄沉。平浦四臨堪極目，高樓一上欲沾襟。湘君祠古烟波迥，黄帝臺空歲月深。不見臨流濯纓者，空聞漁父扣舷吟。

登岳陽樓

宋儀望

岳陽樓俯大江陰，雪裏來登見客心。山入九疑湘沔遠，波連七澤洞庭深。乘風鸛鶴時高下，破浪帆檣自古今。借問當年吹笛客，何能長嘯聽孤琴。

岳陽樓

楊祜

曉上巴陵望洞庭，平川如練遠山青。聞韶不盡重華感，鼓瑟猶傳帝子靈。龍送斷雲歸極浦，鴈銜宿霧起寒汀。翻思風雨連宵惡，轉覺江湖兩鬢星。

岳陽樓

胡汝霖

岳陽樓觀倚天開，漢沔風濤湧日來。雲盡東南兼水白，路迷鄉國使人哀。沙邊鴻鴈参差起，窟底魚龍寂寞回。欲弔楚纍漁父恨，獨憐漢室賈生才。

過洞庭

唐紹堯

浪湧波寬水勢雄，指南全恃一篙工。占風午夜先晨起，記日楊帆晚宿同。望遠不分雲水白，欹檣難辨野花紅。大觀在目思無限，嶮巇驚心興亦窮。

洞庭遇雨

帥機

洞庭烟雨倍傷心，水宿淹時嘆滯淫。苗地難逢中土便，漁舟滿聽故鄉音。荒烟百里腥臊聚，野戍三洲草莔深。極目蠻陬猶阻逖，武陵風物自蕭森。

曉發洞庭

李雲階

颯颯西風入夜凉，褰帷瞑色隱朝陽。遥看宿霧波千頃，近見青汀鷺一行。

小艇却殘秋月色，寒雞還唱五更霜。尋常簪笏餘生事，一度江湘一夢長。

洞庭秋

陶之采

留得淩花點碧波，洞庭秋色讓秋多。三千世界幻樓閣，十二峰巒見翠螺。擊楫有心憐漢水，洗兵無力挽銀河。盪舟吟過蘆花岸，早有寒光鑒汨羅。

三閭祠

婁銹

靈旗晝捲掩雲璈，雨暗華燈夜擊鼛。魚腹長埋千古恨，蠅頭虛寫幾行騷。彭咸結伴江濤泣，宋玉招魂意興豪。木落洞庭空悵望，迢迢江漢長蓬蒿。

汨羅謁三閭大夫

易先

纏綿宗社孑身扶，豈作當年小丈夫。蔓草猶牽亡國憾，清流堪洗譖臣誣。志同微比風偏古，身近彭咸影不孤。尊酒招魂江渚上，愁看杜宇對人呼。

岳陽樓

陳珂

獨上危樓思不勝，倚闌何處弔湘靈？風生遠浪江舟白，雨過奇峰石髮青。極浦啞啞廻棹槳，平沙點點亂鵁鶄。興來不向壚頭醉，欲逐飛仙過洞庭。

登軒轅臺，秦樹半赭，仙酒餘香，上下千古，神與同遊

楊一鵬

憶昔攀髯盡聖臣，只今空有石磷磷。已來風月無邊地，自謂羲皇以上人。亭接酒香猶頌漢，樹雖灰冷不歸秦。何須更説人間世，戴髮為僧亦道民。

岳陽樓

吴廷用

城上高樓瞰洞庭，朱闌四面薄滄溟。遠涵湘水千尋碧，中峙君山一點青。極浦生風飛巨艦，微波漾日晃疎欞。晚來猶愛漁歌起，星蘸寒川月滿汀。

登岳陽樓

杍義壯

岳城千堞擁雕闌，縹緲高樓霄漢間。巴甸俯吞雲夢澤，湘江長抱洞庭山。

賈生作賦才難並，范老憂時鬢易斑。極目秦關千萬里，不知戎馬幾時閒。

岳陽樓

蔡復賞

楚殿吴宫草色秋，三湘形勝只斯樓。乾坤逆旅還仍舊，蓬島仙人去莫留。晴日照開殘雨恨，好風吹破暮雲愁。倚闌聊拭塵氛眼，看盡東南最盡頭。

洞庭謁湘君廟

徐成

帝輦南巡竟不還，亂雲愁絶九疑山。空憐湘水通三楚，遥想蒼梧近百蠻。墮淚有痕留竹上，落花無夢返人間。千秋哀怨存遺廟，悵望蘭旌不可攀。

岳陽同魯空磬十四夜看月

江有溶

難逢繫纜岳樓邊，南國煙波在眼前。天入洞庭加倍潤，月如湘女未成圓。荷香入酒輕沾露，官舫看山已隔年。吴楚一江消息斷，快談永夜不須眠。

巴陵即事

王啟茂

樓頭日夜聽潺湲，邑在烟波翠壑間。堪入畫圖湖上市，不關塵世水中山。江留禹蹟沙沉檝，地接湘祠竹染斑。試過城南問松鶴，仙人何處御風還?

岳陽樓

陳公聯

洞庭五月水初平，萬頃湖光接太清。極浦歸帆斜帶日，芳洲遠樹暗連城。龍舟急鼓酧佳節，江閣悲笳動旅情。良會百年真不易，樓頭莫惜酒頻傾。

岳陽樓

蘇章

高棟稜層插畫梁，百年遺搆倚蒼茫。光明日月雙螢火，許大乾坤一卵黄。雲水不迷飛鵲路，夕陽長送釣魚航。東西不滿蛟龍窟，今古詞人費胃腸。

岳陽樓

陳觀

郡列巴陵屬五陵，玲瓏樓閣倚空冥。天涯楚樹千行緑，水面君山一點青。

白日不知仙客過，清風猶想逐臣醒。使君昨夜登臨處，揮手銀河可摘星。

岳陽樓二首

李克嗣

百尺危樓枕洞庭，古今遷客屢曾經。衡湘兩過千山碧，蒲柳春深兩岸青。孤棹寂寥横野渡，宦途漂泊笑浮萍。清時仕版多英俊，敢向人間説獨醒。

閒上高樓望帝庭，一官流落愧明經。百年世路頭將白，萬里湖山眼共青。憂樂有情天外客，浮沉無計水中萍。醉吟倚就闌干卧，鶴唳驚回午夢醒。

岳陽樓

張志淳

仄徑遥通縹緲樓，偶停雙屐即仙遊。東溟不信潮來迴，南極渾疑水上浮。夢想楚騷悲落葉，坐成莊叟泛虚舟。乾坤忽盡闌干外，何謝君山送遠眸。

洞庭秋三十首録十五首

郭都賢

風流淘盡大江東，南國滔滔五渚通。青草破荒紅樹外，黄陵濡沫赤沙中。蔚藍天净收浮蜃，閶闔風高憶斷鴻。萬里素秋何處接，微波一葉下新桐。

金沙没盡目愁湖，野潦寒潭見大巫。風雨晦明千幻態，乾坤日夜一身孤。雪消決口高峩巔，吟到無髭笑押都。蟀蟋草嶺兒女語，寥天清怨着他無。

烟霧蒼蒼合看山，秋波容與若為顔。雲中有待乘黄鶴，月下何時放白鷴。禹服三千荒楚錫，峰青十二冷湘鬟。過松亭上驚摇落，一棹西風客未還。

何處扁舟别有天，眸光奪却失中邊。孤雲萬里誰禁此，長笛一聲人悄然。叢桂小山隨地得，蓼花隔浦漫情牽。冥鴻野鳥真寥濶，不向谿深嘆站鳶。

鐵幙横霜驚孟勞，洞庭波湧赴秋高。盡飜漢代廻風曲，傾倒蠻天八月濤。星影動摇催海曙，鴈聲激楚下鞲絛。釣筒收去空雲水，明月蘆花老二毛。

冰神玉骨宛湘靈，蜕出君山一點青。霜落有柑分笠澤，霞飛無鶩到官亭。朝宗江漢流承沫，風雨沅湘屋建瓴。夜漏漸浸天亦夢，魚龍睡穩莫教醒。

不緑衰草動離憂，叫絶湖光幾换眸。天上兎烏成水族，方中鴻雁作邊愁。秦關明月黄花戍，晉代烏衣紫塞裘。低却洞庭天一角，白雲猶是漢時秋。

蒼茫無人暗入占，虞淵漠漠已沉崦。河山再造湖千古，天水相涵鏡一奩。自有没人如戲海，由來澤國不教炎。茂陵幾度秋風客，欲濟無舟未教嚴。

一泓如澈洗秋容，南紀湖天翰大宗。夢後玉書堙息壤，鏡前金甲冷芙蓉。杳無帝子雲中鼓，恐有仙人閣上逢。好掇清光遊汗浸，莫遲風雨暗斜封。

霞湧高城風送淙，舊時長水儼稱洚。涸鷗主守成翁老，寒雁孤森帶影雙。日下蝃蝀纏雨脚，浪中漁火繫雲樁。蕭蕭極目秋生感，倚薄呼尊倒玉缸。

茱萸灘下碧如環，接氣承流一壑閒。萬里風烟澋覍雁，三苗土姓錫漁蠻。蕭條有數門惟水，澎湃無時浪已山。記得廣陵濤八月，銀飛玉噴也潺潺。

合江波湧暗亭皋，蹴踏虛空脚未牢。爛煮白雲僊鼎沸，蕩磨青鏡玉臺高。君山淚盡湖方竭，羅水魂遊死亦騷。萬古洞庭如此日，悠悠誰問首頻搔。

畫勾風月與陰晴，只此虛無寫不成。岳色一樓雲盡去，湘流千古水初平。人從盡處窺寧澹，水到收時見性情。百谷有王河有伯，赤沙青草枉争名。

湖山各踞小滄溟，吴楚平分飛洞庭。暘谷淵深争浴日，長沙秋遠占分星。舳艫出霧辭谿瘴，鱗甲成雲帶雨腥。廣樂不聞人不見，曲終猶記數峰青。

折脚鐺邊老一龕，撅頭船子意何躭。水看白處波如熨，樹到紅時日已酣。遵渚幾聞歸塞北，觀濤倘有下江南。楚天不少乘槎路，耐可稽公懶不堪。

岳陽樓

吴綬

萬頃湖光古洞庭，君山空外一拳青。仙歸碧海何須問，樓近丹霄最好凭。時有錦帆迷楚樹，誰聞瑶瑟奏湘靈。古今此水浮南紀，雲氣常遮翼軫星。

岳陽樓

陳浩

房櫳隱隱俯清流，六月寒風似早秋。野迥遠天垂草際，湖空明月起波頭。多情樽酒袁宏渚，適意詩歌庾亮樓。應是平生有仙骨，此身今日到瀛洲。

岳陽樓

何舜賓

十月飛霜水欲枯，層樓千尺瞰平湖。登臨且復舒幽抱，俯仰空嗟負壯圖。霄漢心懸紅日近，家山目送白雲孤。重來暗與春風約，乘興題詩盡百壺。

洞庭秋泛

陶汝鼐

秋半看湖湖始全，空青涵映混中邊。水無盡藏難為海，日有容光乃辨天。檣似馬來時出隊，雲隨鴉懶共投舡。快風過眼迷前後，何處君山翠一拳。

酒香亭放歌

陶汝鼐

有湖如海山如島，此處堪舒界外瞪。漢武數升勞使者，秦皇六合笑書生。春來谷口人皆醉，老去糟邱吾欲營。莫望蒼梧望巫峽，西南豹虎正關情。

卜居洞庭西汊四首録二

唐訪

北水東流不到海，中横大澤受汪洋。有如五霸分王運，獨向諸州割一方。何可無人當此際，後先為烈跡同荒。湖人白首傳遺事，要説當年漢與唐。

編蘆為壁茅為蓋，鹽蚌作調魚作羹。群鶩乍鳴凫入伴，老牛片白犢無騂。缺薪細束青蕃草，數夜時支鼻息更。敢謂官租如髮密，征徭重處且逃輕。

登岳陽樓秋興

曹應昌

樓接西城瞰洞庭，東南勝概壓滄溟。劉巴冢上深春草，屈子祠邊冷隰苓。萬里玻璃嵌世界，三江繪穀糯沙汀。蕭蕭極目秋全集，長嘯天風倒醁醽。

湘山楓行

蔡道憲

曉雲不為此山開，楓竹離披静可栽。碧玉愁多難着酒，胭脂誤染不裝梅。山中尚有眠初起，歲暮僅容春薄來。欲剪湖東波一片，故園雪後印莓苔。

讀書君山柬劉菉斐

夏雲鼎

洞庭春望雨瀟瀟，無限離愁上柳條。閣下文章君尚少，社中兄弟我常遥。歸來一篋傷龍領，别去孤帆夢板橋。黄鶴秋光看已近，相將同建赤城標。

晚登岳陽樓

嚴首昇

崩溪沿岸望中聞，不斷行人似結群。暮雨偶沾到岸客，遠帆時續過江雲。水天看盡從來合，憂喜登來遇物分。廿載關山皆涕泗，一城歌舞獨紛紛。

岳陽旅次

嚴首昇

同客故人逐日去，獨予信信欲如何。入簾霜色平明滿，隔嶺江聲徹夜過。湘水百篇人易得，巴陵近日酒無多。歸舟更問荊州路，聞道荊州尚枕戈。

洞庭秋二首

袁準

八月湖光正在西，驚回夢客唱天雞。漁翁蓑笠方沉網，水族衣冠忍照犀。夜月静宜吹短笛，秋風動即帶征鼙。老龍不作堯年怒，試聽珠宮奏羽霓。

欲將塊壘和天澆，白髪秋來苦易消。帝子不飄巫峡雨，屈原豈作浙江潮。銜蘆海鴈休回首，拜浪江豚自折腰。多少山川留勝概，登臨心事向誰描！

洞庭秋和郭些庵三十首録五

熊之臣

湖水東流斗柄西，瀟湘一鴂應時啼。烟霞古廟寒鐘發，夕照江村魚網栖。逐客驚心悲白髪，山僧待月點青藜。英雄失路多如此，七澤荒荒草色萋。

家住湘南黄葉村，藤蘿竟日掩青門。霜催芳草虞陵暮，風送白雲喬冢存。筆放漫題鸚鵡賦，秋深惟聽草蟲言。商山猶出安劉策，莫説沉湘弔屈原。

湖水青光入草茅，楓紅橘緑點林梢。雲浮七澤連天起，淚戛三湘帶竹敲。凉月猶懸京燕墓，朔風忽落鳳凰巢。長江寂寞芙蓉冷，應有寒波可泣鮫。

湖上淒其三兩家，凌虚惟見荻蘆花。鷗翻落日汀汀白，鴈舞西風陣陣斜。霜降漸摧元亮柳，寒生久熟邵平瓜。岳陽日暮添蕭瑟，結伴携尊待月華。

遠看天際蜃成樓，鶩逐霞飛水自流。千里岷江歸下隽，一城紅樹擁巴邱。鏡臺羅月光清旦，墨巔含烟染素秋。遷客已難舒望眼，鷓鴣聲裏更添愁。

岳陽樓

梅江

郡城西北倚層樓，極目天光無盡頭。夢澤波寒春水濶，君山樹瞑曉烟浮。仙人棋局乾坤老，輔相文章社稷憂。身在江湖心在國，欲移軒鼎奠神州。

洞庭秋和詩三十首録三

［國朝］石鯨

長安人有持些庵此詩，問余洞庭之氣何如。余曰："洞庭有伯氣而無王氣，有仙氣而無富貴氣。”人謂知言，一夜引燭和此，郤寄洞庭人。

久憶洞庭湖水東，五年不見老文通。此時秋水正無賴，當日扁舟宛在中。亦既倦遊悲夕鳥，何堪舉目送歸鴻。軒轅樂器淪忘盡，尚有湘妃一解桐。

我原即是古元彝，玉簡金書付與誰？若問魚龍安有夜，請看鴻鴈到何時。三千世界有如水，十五國風無此詩。汨没左徒及太傅，可憐半黠半為痴。

湖中大水賈生痕，天上孤雲屈子魂。愁苦備嘗徒骨立，聰明用盡失胚渾。上林漫有二三賦，雲夢安能八九吞。我實胸中無芥蔕，車前不輊後難軒。

洞庭秋和郭些庵時名方外病僧頑石

郭金臺

蒼梧帝子障湘東，南國盈盈一水通。九面望衡秋浦上，數聲吹笛月明中。長天遠影雲流鶴，碧海騫飛夜渡鴻。何處青蓮同騁望，往來無用翦新桐。

初夏登岳陽樓次韻

花湛露

樓倚西城宅倚樓，青螺雪浪眼前收。玻璃全裹天無地，溟涬常蒸夏欲秋。平展鮫綃供海藏，雄皴水墨壓丹邱。凭闌模索尋高韻，吴楚東南句未酬。

洞庭秋三十首録三

駱化麟

水石天山未有違，主人何事幾番非。樂張僅有青蓑笛，血戰惟存赤樹旂。玻碗碧痕隨鶩睡，冰壺晶日照魚肥。秋聲處處雖堪賦，偏到湖空思不饑。

葵紫柑黄草欲玄，空明擊楫小山川。兩丸出没皆於内，四郡横袤各附邊。風静一平觀斗鏡，雨來千里種魚田。華州道士常遊此，好贈南華《秋水篇》。

火墜明夷氣不蒸，蕭蕭億丈可眸凝。冰除垢膩開妃鏡，日射琉璃作佛燈。澤畔秭歸因弟放，蒼梧人杳怨天崩。授衣但有長蓑在，好向林磯一下罾。

憶君山

李訔之

百年榛莽憶重開，妝點纔施我到來。棚下葡萄撑夜雨，爐中豆粒爆寒灰。饑時贈縞兼遺粟，亂後分金屢寄梅。一會靈山今散去，法王何日再登臺。

重登七賢祠懷連使君

李訔之

君山開後使君行，未了祠堂一額横。過客誰能三不朽，聞風興起七先生。

異時梁國存員札，斯際嚴灘憶甲兵。别去雙魚莫予寄，浮沉大抵付殷卿。

過洞庭湖

高其倬

囊括西南水百川，緑雲横捲岳樓前。平浮日月懸雙壁，别為魚龍闢一天。夜月不彈湘女瑟，秋風還送楚人船。誰云九馬稱奇險，我欲臨流起扣舷。

洞庭秋有引

劉宏勛

南詔犯順，洞庭久為賊藪。康熙庚申，王師恢復。時予年二十矣。初至岳陽，和同里諸前輩作。

小艇輕橈蹙淺瀾，西風欲動夕陽寒。不聞水府書敲橘，尚憶江潭客佩蘭。三嘯哀猿天似洗，一聲野鶴夜方闌。不知醉去成千古，消受巴陵酒若干。

滄浪釣叟發清歌，世事乘除爾若何。雲帶野心知己少，山如傳舍閲人多。驚波忍遣斑雙鬢，玉露長凝黛一螺。西望楚江情不盡，欲捐珮玦弔湘娥。

洞庭春漲

張明先

湖濱蕞壤一丸泥，春漲浮楂望欲迷。蘭葉查生盈繡浦，桃花浪湧入漁溪。徒傳龍窟依青草，錯認蜃樓遶白堤。不為枌榆饑溺苦，壯觀應讓洞庭西。

登岳陽樓望洞庭

嚴有禧

岑樓高插洞庭隈，今日登臨懷抱開。一自忽飛仙子去，更無從覓酒香來。雄風跌宕軒轅樂，斑竹蕭踈帝女哀。舟楫未如明盛濟，汪洋相對幾徘徊。

感秋次彭何稱韻

尹士潮

魚龍影落洞庭秋，天際空涼鴈字酬。湘雨夜添雲夢澤，嵐暉朝映岳陽樓。幾家帶月砧猶急，萬里餘烟筆未投。回首蓼花紅瀶處，不堪惆悵滿孤舟。

洞庭阻風

張世謙

朦朧烟雨洞庭湖，一藐江東大小孤。雲氣亂流山自遠，封姨作惡客多虞，全空秋樹悲荒落，高掠冥鴻聽有無。已近長沙清絶地，不須重憶《輞川圖》。

洞庭秋

楊升

讀郭些庵先生《洞庭秋》，若烟波在我几席。湖白秋深，愁縷百結，非有心人不能作，亦不能讀。固知先生有先生之《洞庭秋》，猥云續貂耶！追索原咏，寄懷先生，敢步韵三十首，録二。

湖滿空翠着無痕，浪鼓巒奔攪半渾。始信岳陽波易撼，已知雲夢氣能吞。寒砧幾動騷人賦，野哭空憐月夜魂。回首瀟湘歌舞地，朱纓大纛占高軒。

黍離悲後益殷憂，虛白湖光送遠眸。已老蟬聲鳴舊憾，半黄梧葉下新愁。風高天際眠雲客，塵敝崖根釣月裘。眼底素交零落盡，不堪桂楫破清秋。

登岳陽樓望君山

胡士璘

大國洋洋見楚風，倚闌搔首話朝宗。雲間翠點湘靈出，象外冥涵禹甸封。天地畫圖摩詰筆，東南氣概子京胸。何時一棹君山上，數徧亭臺十二峰。

壬申中秋，登雞鳴山，憶先仲兄次篪，戊午同宿寺中

鄧堅

巖桂秋中歲歲芳，撫時感舊意難忘。重登鷲嶺賒明月，徐入花宫禮梵王。不定煙雲隨聚散，迭更寒暑任炎凉。鴈行久斷無消息，廻數聯床十五霜。

讀《水經注》懷洞庭

李敬

坐倚巴邱俯洞庭，君山一十二峰青。不聞修竹來仙吹，但有孤鴻送客舲。欲辨水天惟北斗，若當風雨即南溟。舊遊浩渺如春夢，兀看酈元注《水經》。

和李退翁侍郎《讀〈水經注〉憶洞庭》之作

汪琬

曾持使節遠揚舲，落木層波共杳冥。澤畔有人哀郢客，雲中[1]何處降湘靈。雨過斑竹千叢緑，潮落芳蘭兩岸青。回首舊遊今阻絶，不堪寂寞對遺經。

---

[1] 原書順序出錯，將本注後内容插在楊岱《廣陵廟》與王士祜《和李退翁侍郎〈讀《水經注》憶洞庭〉之作》之間，現更正。

過洞庭登岳陽樓

楊芾清

西風颯颯滿湖秋，繫纜來登城上樓。一角斜陽將送客，幾時好夢到封侯。不懷憂樂才何用，長傲煙波志未休。拚醉蒼茫暝色裏，笛聲依約起滄洲。

乘風過岳陽樓

黄曉

城臨湖口接江流，擊柝鳴笳隔幾秋。教戰有年争背水，懷鄉孤客願登樓。無邊煙景勞空望，多少英雄此盡頭。今夜月明宜縱酒，帆飛如鳥不停留。

得路安鄉洞庭書却寄

盧元昌

登樓西眺洞庭煙，湖上雙鴻隱暮天。畫裏人家紅樹外，望中漁艇白雲邊。鵜鴂岐路鄉心醉，橘柚驚秋客夢懸。愁絶茂陵多病後，題書七十二峰前。

鐵山送陸仲安還洞庭

釋讀徹

一片晴湖直射窗，看君行色未能降。溪聲隔樹還疑雨，山勢隨人欲渡江。久客不開囚鶴籠，歸裝便趁打魚艭。重過記得臨分處，流水桃花白石幢。

黄陵廟

楊岱

岧嶤古廟到今垂，夏后乘輿駐蹕時。江過岷山千里白，雲連湘曲九嶷卑。空潭日落馮夷出，古木春寒杜宇悲。斷壁秖留遺跡在，滿天殘雨濕靈旗。

和李退翁侍郎《讀〈水經注〉憶洞庭》之作

王士祜

相思何處折芳馨，望斷黄陵舊日亭。秋水依稀聞落葉，楚天彷彿見揚靈。洲邊子戍三春緑，樓外君山一帶青。太息雲中君在否？不堪重問道元《經》。

和李退庵侍郎《讀〈水經注〉憶洞庭》之作

王士正

楚望經時入窅冥，岳陽樓上數峰青。曾臨南極浮湘水，坐對西風憶洞庭。斑竹想從春後長，落梅猶向笛中聽。新詩吟罷愁多少，腸斷當年帝子靈。

同阮亭先生遥和李侍郎《讀〈水經注〉憶洞庭》韻

盛符升

聞説巴陵倚洞庭，君山如畫見圖經。岷峨雪盡寒潭碧，雲夢波連湖草青。九泒微茫看楚澤，數峰彷彿擁湘靈。知君回首曾遊處，遠思瀟然入杳冥。

洞庭月泛

張文炳

平湖七月儼涼秋，不夜帆檣穩趁流。萬里太清涵巨浸，百年青草落扁舟。樓臺隱見蛟龍語，環珮從容帝子遊。便擬巴陵澆斗酒，君山飛看一螺浮。

九月獨登岳陽樓

袁奂

洞庭湖畔水連天，四望秋聲更渺然。斷石荒碑今姓字，空林落葉舊山川。青帘斜動征帆外，黄菊雙開淚眼邊。廊廟江湖無限意，憑闌不獨為秋憐。

洞庭秋二首

王為壤

吴楚東南一葉通，寒光晶晶畫圖中。百川烟島神仙氣，千里雲帆海國風。草泛遠香分杜芷，水多丁户載魚蟲。釣鈎江上清秋月，輸與滄浪八十翁。

千里湘帆一艇孤，幾番風雨憶勾吴。秋連星斗波明滅，水簇峰巒翠有無。三户人烟皆楚望，《九歌》心事半蒼梧。烟光極目誰相對，惟有生涯舊酒徒。

登岳陽樓

趙申喬

洞庭八百水悠悠，浩渺連天一色秋。作楫西來悲有溺，登樓南望慶安流。湖平更覺晴光遠，霧净今看灝氣收。赢得楚天無點綴，長留冰鑑照芳洲。

岳陽樓舊址賦贈蘇太守

楊兆傑

岳陽樓已委荒芊，太守風流玉局傳。乍掃荊榛羅鼓吹，定招雲鶴下神仙。千鍾酒注三江水，一葉舟浮萬里天。眼底湖光書不盡，君山倒影入前川。

過洞庭

涂天相

萬頃烟濤飛渡難，輕舟初試意閒閒。天垂四面如粘樹，波湧孤飄欲駕山。何必桃源絶塵世，始知衡嶽隔玄關。五湖君長横南北，擊檝乘風破客顔。

舟過君山

汪煜

日月中流任蕩摩，君山一點擁青螺。啜其泣矣啼湘竹，若有人兮帶女蘿。極浦波濤驚雁鶩，陰崖風雨嘯鼋鼍。遠遊笑我徒虚賦，來往蓬窗正數過。

登岳陽樓

葉西

岳陽形勝古來聞，城上高樓聳入雲。湖水至今蒸夢澤，烟波何處弔湘君。忘機一鷺横秋浦，倒影千帆帶夕曛。獨立蒼茫百端集，楚騷木葉正紛紛。

奉和嚴觀察《登岳陽樓望洞庭湖》元韵

魏成漢

高樓聳出白雲隈，極目湖天一鏡開。楚粵千航皆北貢，瀟湘九派自西來。風清遠浦魚龍静，浪撼孤城曉夜哀。幸覩安瀾追禹蹟，汀蘭岸芷共徘徊。

一洲霜横洞庭南

綦璧

洞庭風景異尋常，秋盡湖南滿樹香。湛露新零千顆橘，寒風旋遶一林霜。清波蕩漾涵初緑，玉液酸甜藴晚黄。九日侍臣沾賜渥，蓬萊殿上爛生光。

洞庭張樂

程景伊

軒帝垂裳成廣樂，洞庭鉅野奏《雲和》。半空仙籟傳蒼嶼，一片幽音起緑波。金石鏗鏘魚戲躍，宫商縹緲鳥驚過。試從楚甸尋遺迹，數叠青山擁翠螺。

波撼岳陽城

劉勛

楚江西望淼滔滔，風勁長波勢轉高。麇子國疑天在水，岳陽樓怯地隨濤。

虛傳鉄械魚龍厭，寔仗金城壁壘牢。今日湖平同海宴，不煩首借戴山鰲。

君山懷古

王祚尉

雲浮林樹水浮天，雲水蒼茫境欲仙。巧割洪濛開碧島，力争狂瀾湧華蓮。冷風凄雨斑修竹，荒草頹巖血杜鵑。情種聖人終不免，致遺孤怨漲洪川。

太白星精號謫仙，何來浪迹任年年。一腔奇思天同邈，永夜深杯月與圓。豪士肯消湖海氣，孤踪力結水雲緣。君山剗却君方快，千古長留達論懸。

赭山舊怨嬴秦暴，伐木争傳岳氏奇。一旅雷霆森號令，八山草木儼鬚眉，肅清江表聊臣分，零落南枝肯北垂。汴水于今尚嗚咽，六陵寂寞雨風知。

滇鯨南擾夕烽連，雺寒雰霾近五年。颭徧黄旗寒日月，堆殘白骨靡山川。元戎計决江邊壘，蟻冦兵消嶺上烟。獨苦滃湖膏碧血，不隨春水化啼鵑。

春日過君山次韵

孫廷槐

竹與啞軋過鳴沙，石磴頻攀景漸嘉。屏嶂迷離聞引鶴，林烟迢遞好尋花。一天水色兼山色，無數晴霞襍雨霞。欸乃聲中帆去疾，棹歌清曉柳陰斜。

洞庭湖感懷

劉成佐

八百湖光路正遥，秋來木落晚蕭蕭。衡峰雁帶重陽雨，湘浦帆歸九月潮。吹笛何人音漸遠，懷沙有賦恨難消。蘼蕪兩岸今猶是，聊復停舟話昔朝。

君山

石嵋森

峰巒十二聳山靈，萬頃波光一點青。孤鶴夕陽高岸唳，老龍明月滿湖腥。丹鉛已失軒轅鼎，蔓草空餘帝女亭。我欲穿崖尋竹杖，樵人指點説南屏。

洞庭秋二首有引

黄秀

歲在申寅，昆明肆逆。六軍進勦，五載方克。奔走山林，目擊亂離，作此記之。

秋光黯淡渺無垠，鯨浪横翻漲楚瀕。帝女墓前霜未散，子京樓畔雨初新。班師舞羽推虞夏，索酒焚香笑漢秦。南服猶然多險阻，徒勞車馬雜征塵。

九派汪洋湧碧流，孤城雄鎮踞巴邱。笳聲競奏濤聲亂，漁火新添烽火愁。幾欲懸旌秦塞上，何時洗甲楚江頭。關山望月明如許，蘆荻蕭蕭天已秋。

秋日泛舟洞庭

楊兆儒

乘秋鼓枻洞庭邊，日暮孤霞接遠天。颭水芙蓉搴木末，凌風蘆荻亂帆前。雲棲群岫蟠螺髻，烟點平沙落鷺拳。欲弔湘靈何處是，蕭疎竹露已涓涓。

岳陽樓

袁枚

岳陽樓望水無涯，萬里荒荒白浪開。氣象果然吞八表，神仙豈止醉三回。静聽鐵笛聲吹過，動覺魚龍影上來。幾點君山雲外立，擬乘風去訪蓬萊。

二妃廟

袁枚

翠輦雲旗古殿高，黄陵風色草蕭蕭。碑先啟母傳靈蹟，歌繼皇娥落碧霄。穿井能教夫壻出，渡江不許祖龍驕。千秋姊妹分湯沐，天與瀟湘水二條。

岳樓賓館

汪師韓

名樓倒畔架修椽，苔徑新開錦砌邊。風轉一帆明霽日，筵鋪四座隔塵烟。思添好句唐音近，手補遺文宋代前。駐節留題多遠者，最傳勝事滿南天。

洞庭湖

費元傑

玉露金風咽暮蟬，白蘋紅蓼醉江烟。無邊水國涼生早，不碍平湖月到先。清夢每隨歸燕杳，秋聲遥聽塞鴻傳。相看惟有湘山好，一點青螺鏡裏懸。

曉霄登岳陽樓舊址和韵

費元傑

大觀猶在刼樓非，石磴苔封客到稀。萬頃濤聲喧暮雨，千門夜氣静朝暉。雲間句得灉湖寺，芳草詩傳黄鵠磯。山水文章原不朽，浮沉何用轉歔欷。

宿岳陽樓

楊錫紱

楚天中扼古名樓，極目西南萬頃浮。巴蝮曾聞吞象骨，白沙依舊護龍洲。半個窻旅夢三更月，一枕濤聲午夜秋。使節明朝仍遄發，願隨甘雨到潭州。

宴集岳陽樓即席留别黄郡守

阮學浩

勝地名材自昔傳，粗疎心眼漫生憐。不堪忙似隨陽鴈，却許清同抱葉蟬。烟樹依稀迷楚澤，雲鬟縹緲墮賓筵。他時明月重相憶，别思遷憑杜若牽。

弔岳陽樓故址

郭遠

萬里波光一葉秋，眼前不見岳陽樓。青楓摇落江城在，白草依稀麋鹿遊。天地無情空晝夜，古今有恨任沉浮。月明今夕還聞笛，曾否仙人在上頭。

宿岳陽樓和楊撫軍韻

謝仲坃

斗極平臨百尺樓，蜺旌高擁夜光浮。風聲勁入蘆花岸，露氣清歸杜若洲。天倚重城當一面，地連五渚壯千秋。憑欄召父恩波在，竚聽歌謡起十州。

登岳陽樓望洞庭和嚴觀察韻

黄凝道

岳陽形勝水之隈，萬頃玻璃望眼開。帝子已隨流水逝，湘靈猶逐好風來。傳書橘老濤聲壯，鑄鼎臺空猿嘯哀。回首昔賢行自愧，偃虹隄没重低徊。

登岳陽樓

江昱

層樓高敞壓崇墉，壯觀東南九派鍾。千里波濤涵日月，半空欄檻動魚龍。仙人夜笛臨風迥，帝子春山帶雨濃。本自置身憂樂外，不嫌雲夢芥心胸。

登岳陽樓望洞庭和嚴觀察韻

薛澍

洞庭波浪撼城隈，更上層樓眼界開。帆影半隨雲氣没，雷聲偏趁晚濤來。

草迷芳渚英華歇，兵燹荒郊鴻鴈哀。自古重湖雄楚甸，欲尋軒樂漫徘徊。

登岳陽樓二首

龔學海

高樓百尺俯層欄，駐馬登樓此大觀。三楚地連雲夢迥，五湖天入洞庭寬。中年白髮馳驅迫，盛世蒼生袵席安。誰似牧之風韻好，古梅花下獨盤桓。

翹首飛仙去不回，振衣歡自日邊來。烟含樞浦青成蓋，雲疊遥峰翠作堆。范老文章少陵句，湘靈聲曲楚騷才。汀蘭岸芷何時發，我欲臨風酹酒杯。

君山

張春穀

烟波秋泛洞庭空，十二芙蓉落鏡中。好雨東來三面白，夕陽西去一邊紅。月明有客吹長笛，良夜何人理釣筒。不信山靈秦火後，尚留赭樹撼西風。

巴陵山居

龔仲文

避名不欲歷三台，為覓雲窩自往回。結屋披風刪細草，補牆和日築蒼苔。只因花路多人到，故把松門對水開。雖欲抱琴山外去，依隨猿鶴叫聲來。

重登岳陽樓

龔仲文

風景依然似昔時，湖山何處覓親知。關心吴楚隨雙棹，放眼乾坤付一巵。水落島汀寒日淡，草荒雉堞野雲隨。朗吟不見飛仙過，我但憑高續舊詩。

洞庭

彭齡

霧市蜃樓未可尋，征人曉夢越湘陰。洪濤作意傾天地，斷岍無情變古今。五嶺源分還滙聚，三閭事往尚蕭森。秋風摇落增憑弔，苦憶當時澤畔吟。

泊城陵磯下不及登岳陽樓

張九鐔

兩湖煙景昔曾經，舶棹風來失渚汀。何處高樓能縱目，獨憐絶塞又趨庭。斜陽直下帆零亂，江笛吹殘夢杳冥。卻憶停舟回首處，岳陽城外一峰青。

巴陵守風

張九鐔

重湖望斷岳陽煙，汉口縱横繫客船。吹笛正當明月夜，吟詩多在阻風天。厨人撥火催茶熟，漁子開潭試網鮮。休把寒更催宿鷺，相看俱是不成眠。

岳陽樓懷古

吴鴻

天岳名區控制長，春深萬里濯滄浪。盪胸氣擬無雲夢，憂國人還憶廟堂。南浦帆隨沙鴈落，西風笛送晚雲涼。湘娥楚客皆蕭瑟，叢竹斑深岸草荒。

岳陽樓見月❶

姚鼐

高樓深夜静秋空，蕩蕩江湖積氣通。萬頃波平天四面，九霄風定月當中。雲間朱鳥峰何處？水上蒼龍瑟未終。便欲拂衣瓊島外，止留清嘯落湘東。

晚過岳州

秦瀛

縹緲飛樓不記年，當窻湖水月吞天。三更醉聽巴陵雨，四月寒生夢澤船。納納乾坤成老大，茫茫今古問神仙。不知何處招黄鵠，鉄篴數聲人扣舷。

曉登岳陽樓

秦瀛

重俯蒼茫日未升，危欄獨倚最高層。五更鮫蜃仙山現，九派魚龍水氣蒸。巨浸西來吞下雋，亂雲東望走孱陵。道人只管瞢騰睡，滿枕風濤喚不應。

望君山

陶澍

螺髻分明翠欲堆，湖天都向洞庭開。登山漢帝心應健，流水湘靈恨未灰。大橘猶横柳毅井，青蘆自長軒轅臺。風帆不及維舟問，辜負山香送酒來。

重登岳陽樓

陶澍

獨步城顛俯若梯，危樓高峙岳雲齊。秋生水國魚龍晚，天入湖心日月低。

❶ 此詩題名又作《夜起岳陽樓望月》。

遠色坐收空際影，舊痕猶濕壁間題。江山又到銜杯處，惆悵梅花小閣西。往歲，同静山師飲此。

辛酉九月宿青岡駰，次亡友吴二少甫樹萱壁間韻并序

韓葑

少甫詩為戊午典試粵西作，旁有錢太史福胙、伊比部秉綬題筆，誌年月甚詳。盖兩君亦於是歲為楚南主試，距今已三易寒暑。而少甫歸泉下，又一年餘矣。挑燈細讀，惋悼久之。因追步其韻，以誌人琴之感。

當年題壁人何在，零落殘縑澁蘚紋。忽忽音塵成宿草，依依態度尚春雲。過門幾輩留遺墨，彈指三年走隙曛。擬賦招魂續楚些，碧天無那鴈行分。

甲子二月重過青岡駰疊前韻

韓葑

此地當年成信宿，陂陀曲遥認苔紋。壁間塵滅籠紗字，屋角山封拂樹雲。行脚半生真過鳥，停驂一飯又斜曛。不堪重聽山陽笛，消得飛鴻爪半分。

岳陽樓二首

陳玉垣

一上高樓一爽神，千秋勝概到今辰。氣蒸波撼常如此，後樂先憂有幾人。皓月當空聊舉醽，扁舟隨處可垂綸。半年匏繫初心在，猶是天涯老病身。

湖山與我最多情，每到登臨眼獨明。駭浪飛花衡嶽雨，孤雲落日鼎州晴。高吟適有潛魚躍，静坐如聞奏樂聲。堪惜忠魂無處奠，却教羽客踞華楹。

自注：余謂岳陽樓，當奉屈左徒，粟主以杜工部、孟襄陽、韓文公、范文正公、岳忠武王配食。諸君子忠義文章，宜享名勝，令人瞻仰。有以扶掖名教，若吕洞賓像，城南舊有吕仙亭，移供亭中可耳。

登岳陽樓

周鍔

又見平湖八月秋，西南空望水天浮。神仙説醉寧關酒，過客何緣屢上樓。怪爾君山青在眼，感余衰鬓白盈頭。憑欄蹔作凌虛想，腳底湘波萬古流。

郡城晚望

楊秀

暮色横江淡欲愁，百年生事等浮鷗。閒情莫盡古今意，征鴈一聲天地秋。遠樹蒼涼連極浦，平湖浩渺入寒流。憑軒最愛煙波外，淺水蘆花不繫舟。

重登君山

童大年

名山愛客渾忘形，又檢爐鐺上翠屏。兩度來遊秋已老，百年興感客重經。雲中斷嶺孤撐碧，雨後長天一洗青。惆悵美人湖水濶，願貽香草託湘靈。

遊灉湖寺

李大珩

南湖一片水雲封，古寺來遊策短笻。山掃蛾眉當户淡，雨梳螺髻隔江濃。黄翎初試春前茗，白鶴猶巢舊日松。閒掬井泉心可洗，烟林裊裊送疏鐘。

君山

張五典

洞庭春漲到來遲，步屧寒汀路半欹。涌髻芙蕖倒青碧，懸壺宫觀鬱參差。僧寮撥火供清茗，雲壑披榛讀斷碑。免誚愛山心未至，凌濤並擬跨桃枝。

君山懷古

萬圖南

朗吟何處問仙靈，勝比方壺隔渺溟。水濶風翻三楚白，天開螺擁數峰青。湘妃留怨猶聞瑟，屈子沉波尚有經。日暮湖烟飛作雨，西風吹上緑蘿亭。

岳陽樓

陳圭

蛟室龍堆勢渺茫，城邊烟景接滄浪。雲來始着峰巒色，風定猶聞杜若香。終古流波悲屈宋，千秋瑶瑟怨英皇。毬門鎮日支頤坐，懷古懷仙又夕陽。

岳陽懷古

陳圭

千里湖江寇盜媒，蟻屯蜂聚有渠魁。人多衹利蘆茅藪，歲久旋成劍戟堆。漫倚舟輪能走敵，誰知讖兆果飛來。可憐八日功何烈，少保終留萬古哀。

將至巴陵即事

李樹穀

石徑盤陀接古陂，長松夾道如風吹。地連雲夢入春後，行近洞庭歸雁時。

積氣浮空常浩渺，諸峰帶雪遠參差。遥遥轉過平橋畔，忽見梅花横一枝。

夜渡洞庭

李樹穀

岳陽樓下凡帆開，直走長風疊浪堆。萬里雲陰遥夜積，四垂天水一舟來。浮空雨氣黿鼉上，震耳濤聲霹靂回。才到凌晨湖已過，碧湘入目興悠哉。

過洞庭湖，風利不得泊，欲登岳陽樓，未果

張家槐

十幅蒲帆趁曉懸，乘風破浪獨争先。直趨江漢船如馬，回首瀟湘水接天。沽酒但看帘影拂，裁詩空羡鱖魚鮮。岳陽咫尺同千里，兀坐蓬窗憶醉仙。

静軒堂兄秋闈下第歸，同舟過洞庭湖，將至岳陽矣，作此以遣其愁

萬福林

憶昨長沙同醉酒，岳陽今可繫扁舟。風狂鼓浪魚龍喜，水濶無邊雁鶩愁。身隔神山海空渡，事關天下我方憂。明朝須有登臨興，挈榼提壺一上樓。

卷之十四

藝文六

五言絶句二十四首

陪侍郎叔遊洞庭，醉後三首

［唐］李白

今日竹林宴，我家賢侍郎。三杯容小阮，醉後發清狂。

其二

船上齊橈樂，湖心泛月歸。白鷗閒不住，争拂酒筵來。

其三

剗却君山好，平鋪湘水流。巴陵無限酒，醉殺洞庭秋。

君山懷古

劉禹錫

屬車八十一，此地阻長風。千載威靈盡，赭山寒水中。

湘妃廟

劉長卿

帝子不可見，秋風來暮思。嬋娟湘江月，千載空蛾眉。

洞庭乾二首

李群玉

借問蓬萊水，誰逢清淺年。傷心雲夢澤，歲歲作桑田。

其二

朱宫紫貝闕，一旦作沙洲。八月還平在，魚蝦不用愁。

湘川懷古

施肩吾

湘水終日流，湘妃昔時哭。美色已成塵，淚痕猶在竹。

湘竹詞

施肩吾

萬古湘江竹，無窮奈怨何。年年長春筍，只是淚痕多。

過二妃廟

崔塗

殘陽楚水畔，獨弔舜時人。不及廟前草，至今江上春。

南樓望

盧僎

去國三巴遠，登樓萬里春。傷心江上客，不是故鄉人。

夜泊九江

崔道融

夜泊江門外，歡聲月下樓。明朝歸去路，猶隔洞庭秋。

洞庭秋月[1]

［元］揭傒斯

灝氣自登穆，碧波還蕩漾。應有凌風人，吹笛君山上。

夜泛

［明］黎淳

四溟波浩浩，一葦向空渡。月近星斗寒，始識天上路。

洞庭湖

徐緘

巴蜀雪水來，洞庭容不住。一夜風濤聲，漂却君山去。

---

[1] 此詩題名又作《題王仲山所藏〈瀟湘八景圖·洞庭秋月〉》。

岳陽樓

魏允貞

洞庭天下水，岳陽天下樓。誰為天下士，飲酒樓上頭。

湘妃怨

吴曰南

班竹淚千叢，蒼梧雲四起。遥望瀟湘波，不似溈汭水。

望君山

羅瑶

逍遥湖上樓，水天真一色。白浪捲風濤，隱却君山碧。

巴陵江村即事

王啟茂

雪意雅先亂，千門夕盡關。渡頭聞犬吠，舟客酒家還。

汲柳毅井水，試茶於岳陽樓下三首

譚元春

湖中山一點，山上復清泉。泉熟湖光定，甌香明月天。

其二

不風亦不雲，静甆擎月色。巴邱夜望深，終古涵消息。

其三

臨湖不飲湖，愛汲柳家井。茶照上樓人，君山破湖影。

湖邊夜起

陶澍

冉冉星沈水，依依月上山。漁歌何處發，遥指白雲灣。

洞庭秋月

趙又昂

疑是湘妃鏡，入波光蕩漾。秋來九水明，湖底連天上。

七言絶句一百六十二首

送梁六[1]

［唐］張説

巴陵一望洞庭秋，日見孤峰水上浮。聞道神仙不可接，心隨湖水共悠悠。

和尹從事懋泛洞庭

張説

平湖一望水連天，秋景千尋下洞泉。忽驚水上光[2]華滿，疑是乘舟到日邊。

同燕公泛洞庭

尹懋

風光淅淅草中飄，日彩熒熒水上摇。幸奏瀟湘雲壑意，山傍容與動山橈。

巴陵送李十二

王昌齡

摇曳巴陵洲渚分，清江傳語便風聞。山長不見秋城色，日暮蒹葭空水雲。

西亭春望

賈至

日長風暖柳青青，北鴈歸飛入窅冥。岳陽城上聞吹笛，能使春心滿洞庭。

初至巴陵，與李十二、白裴九，同泛洞庭湖三首

賈至

江上相逢皆舊遊，湘山永望不堪愁。明月秋風洞庭水，孤鴻落葉一扁舟。
楓岸紛紛落葉多，洞庭秋水晚來波。乘興輕舟無近遠，白雲明月弔湘娥。
江畔楓葉初帶霜，渚邊菊花亦已黄。輕舟落日興不盡，三湘五湖意何長。

巴陵夜别王八員外

賈至

柳絮飛時别洛陽，梅花發後在三湘。世情已逐浮雲散，離恨空隨江水長。

---

[1] 《全唐詩》卷八十九張説詩，題名一作“送梁六歸洞庭山作”。

[2] “光”原文爲“江”，據《全唐詩》卷九十改。

洞庭送李十二赴零陵

賈至

今日相逢落葉前，洞庭秋水遠連天。共説金華舊遊處，回看北斗欲潸然。

岳陽樓重宴別王八員外貶長沙

賈至

江路東連千里潮，青雲北望紫微遥。莫道巴陵湖水濶，長沙南畔更蕭條。

巴陵贈賈舍人

李白

賈生西望憶京華，湘浦南遷莫怨嗟。聖主恩深漢文帝，憐君不遣到長沙。

陪族叔、刑部侍郎曄及中書舍人至遊洞庭五首

李白

洞庭西望楚江分，水盡天南不見雲。日落長沙秋色遠，不知何處弔湘君。

帝子瀟湘去不還，空餘草色洞庭間。淡掃明湖開玉鏡，丹青畫出是君山。

洛陽才子謫湘川，元禮同舟月下仙。記得長安還欲笑，不知何處是西天。

南湖秋水夜無烟，耐可乘流直上天。且就洞庭賒月色，將船買酒白雲邊。

洞庭湖西秋月輝，瀟湘江北早鴻飛。醉客滿船歌《白紵》，不知霜落入秋衣。

題屈原祠

洪州將軍

蒼藤古木幾經春，舊祀祠堂小水濱。行客漫陳三酹酒，大夫原是獨醒人。

送人歸岳陽

李益

烟草連天楓樹齊，岳陽歸路子規啼。春江萬里巴陵戍，落日看沉碧水西。

望洞庭

劉禹錫

湖光秋月兩相和，潭面無風鏡未磨。遥望洞庭山水翠，白銀盤裏一青螺。

湘中送友人[1]

顧況

青草湖邊月色低，黃茅嶂裏鷓鴣啼。丈夫漂泊今如此，一曲長歌楚水西。

君山一作呂巖詩

劉禹錫

午夜君山玩月廻，西鄰小圃碧蓮開。天香風露蒼然冷，雲在清霄鶴未來。

湘中

韓愈

猿愁魚踊水翻波，自古流傳是汨羅。蘋藻滿盤無處奠，空聞漁父扣舷歌。

岳陽樓

元稹

岳陽樓上日銜窓，影到深潭赤玉幢。悵望殘春萬般意，滿櫺湖水入西江。

斑竹自注：得之湘流

元稹

一枝斑竹渡湘沅，萬里行人感別魂。知是娥皇廟前物，遠隨風雨送啼痕。

過洞庭[2]

唐温玉

西風吹老洞庭波，一夜湘君白髮多。醉後不知天在水，滿船清夢壓星河。

清江曲内一絶

崔峒

八月長江去浪平，片帆一道帶風輕。極目不分天水色，南山南是岳陽樓。

岳陽樓

李商隱

欲為平生一散愁，洞庭湖上岳陽樓。可憐萬里堪乘興，枉是蛟龍解覆舟。

---

❶ 《顧況詩集》（趙昌平校編，南昌：江西人民出版社，1983年）作“湖中”。

❷ 一作唐珙《題龍陽縣青草湖》，這是元末明初詩人唐珙（字温如）的詩。

岳陽樓

李商隱

漢水方城帶百蠻，四鄰誰道亂周班。如何一夢高唐雨[1]，自此無心入武關。

黄陵竹枝詞一作李群玉詩

李遠

黄陵廟前莎草春，黄陵女兒茜裙新。輕舟短棹唱歌去，水遠山長愁殺人。

過湘妃廟

許渾

古木蒼山掩翠蛾，月明南浦起微波。九疑望斷幾千載，斑竹淚痕今更多。

湘浦曲[2]

高駢

帝舜南巡去不還，二妃幽怨水雲間。當時珠淚垂多少，直到如今竹尚斑。

湘妃怨[3]

陳羽

二妃怨處雲沉沉，二妃哭處湘江深。商人酒滴廟前草，蕭颯風生斑竹林。

初次巴陵

楊疑

西江浪接洞庭波，積水遥連天上河。鄉信為憑誰寄去，汀洲燕雁漸來多。

湘妃廟

李涉

斑竹林邊有古祠，鳥啼花發盡堪悲。當時惆悵同今日，南北行人可得知。

---

❶ “雨”原文爲“語”，據《全唐詩》卷五百三十九改。

❷ 此詩名又作“二女廟詩”。

❸ 《全唐詩》卷三四八陳羽詩，題名一作“湘君祠”。

中秋夜君山臺望月

李涉

大隄花裏錦江前，詩酒同遊四十年。不料中秋最明夜，洞庭湖上見當天。

題二妃廟

李群玉

黄陵廟前春已空，子規啼血滴松風。不知精爽歸何處，疑是行雲秋色中。

湘妃廟

李群玉

少將風月怨平湖，見盡扶桑水到枯。相約杏花壇上去，畫欄紅紫鬬樗蒲。

夜過洞庭

殷堯藩

笙歌只解鬧花天，誰是敲冰掉小船。為覔瀟湘幽隱處，夜深載月聽鳴泉。

別君山

崔魯

點空誇黛妬愁眉，何必浮來結夢思。慙愧二年青翠色，惹膓粘枕伴吟詩。

題雲夢亭

崔魯

薄烟如夢雨如塵，霜景晴來卻勝春。好住池西紅葉樹，他年今日伴何人。

過洞庭

崔魯

西風吹老洞庭波，一夜湘君白髮多。醉後不知天在水，蒲船清夢壓星河。

一作崔魯作，故重載之。

巴陵夜泊

崔塗

家依楚塞窮秋別，身逐孤舟萬里行。一曲巴歌半江月，便應消得二毛生。

洞庭隱

來鵠

高臥洞庭三十春，芰荷香裏獨垂綸。莫嫌無事閒銷日，有事始憐無事人。

君山

程賀

曾遊方外見麻姑，説道君山自古無。原是崑崙山頂石，海風飄落洞庭湖。

軒轅臺

胡曾

五月扁舟過洞庭，魚龍吹浪水雲腥。軒轅黄帝今何在，回首巴山蘆葉青。

岳陽兵火後題僧舍

裴説

十年兵火真多事，再到禪扉卻破顔。唯有兩般燒不得，洞庭湖水老僧閒。

題君山

雍陶

風波不動影沉沉，翠色全微[1]碧色深。疑是水仙梳洗處，一螺青黛鏡中心。

湘南曲

戎昱

虞帝南廵不復還，翠娥幽怨水雲間。昨夜月明湘[2]浦宿，閨中環珮度空山。

漁父歌

張志和

青草湖邊月正圓，巴陵漁父棹歌連。鉤車子掘頭船穩，樂在風波不羨仙。

二妃廟一作湘浦曲

張志和

舜帝南廵去不還，二妃幽怨水雲間。當時珠淚知多少，直到如今竹上斑。

---

❶ “微”原文爲“深”，據《岳州府志》（明隆慶刻本）卷七改。

❷ “湘”原文爲“明”，據《升庵集》（清文淵閣四庫全書本）卷六十改。

一作張志和作，故重載之。

岳州眾湖阻風二首

王周

眾湖湖口繫蘭船，睡起中餐又卻眠。風伯如何解廻怒，數宵檣倚碧蘆煙。
偶繫扁舟枕綠莎，旋移深處避驚波。曉來閒共漁人話，此去巴陵路幾多。

送維諒上人歸洞庭

釋皎然

從來湖上勝人間，遠愛浮雲獨自還。孤月空天見心地，寥寥一水鏡中山。

送獨孤使君赴岳州

釋皎然

海上仙山屬使君，石橋琪樹此來聞。他時畫出白團扇，乞取天台一片雲。

送顧道士遊洞庭

釋皎然

見說洞庭無上路，春遊亂踏五靈芝。含桃風起花狼藉，正是仙翁棋散時。

洞庭湖

［宋］吕蒙正

八月寒濤濺碧空，片帆悠颺信秋風。探珠直待驪龍睡，莫遣迷津浩渺中。

宿雲夢館

歐陽修

北雁來時歲欲昏，私書歸夢杳難分。井梧葉落池荷盡，一夜西窓雨不聞。

過偃虹隄

胡寅

有時風浪戰城西，何啻漁陽萬鼓鼙。狎水蚩蚩忘墊溺，誰人能續偃虹隄。

雨中登岳陽樓望君山二首

黄庭堅

投荒萬里鬢毛斑，生出瞿塘灎澦關。未到江南先一笑，岳陽樓上對君山。

滿川風雨獨凭闌，綰結湘娥十二鬟。可惜不當湖水面，銀山堆裏看君山。

瀟湘八景圖詩

米芾

瀟水出道州，湘水出全州，至永州而合流焉。自湖而南，皆二水所經，湘陰始與沅之水會。又至洞庭，與巴江之水合，故湖之南，皆可以瀟湘名水。若湖之北，則漢沔湯湯，不得謂之瀟湘。瀟湘之景，可得聞乎？洞庭南來，浩淼沉碧。叠嶂層岩，綿衍千里。際以天宇之虛碧，雜以烟霞之吞吐。風帆沙鳥，出没往來，水竹雲林，映帶左右。朝昏之氣不同，四時之候不一。此則瀟湘之大觀也。若夫八景之極致，則具列於左，各系以序。

瀟湘夜雨

苦竹叢翳，鷓鴣哀鳴。江雲黯黯，江水冥冥。翻河倒海，若注若傾。舞泣珠之淵客，悲鼓瑟之湘靈。

大王長嘯起雄風，又逐行雲入夢中。想像瑶臺環珮濕，令人腸斷楚江東。

山市晴嵐

依山為郭，列肆為居。魚蝦之會，菱芡之都。來者于于，往者徐徐。林端縹緲，峰巒縈紆。翠含山色，紅射朝暉。舒不盈乎一掬，散則滿乎太虛。

亂峰空翠晴還濕，山市嵐昏近覺遥。正值微寒堪索醉，酒旗從此不須招。

遠浦歸帆

晴嵐漾波，落霞照水。有葉其舟，捷如飛羽。幸際洪濤，將以寧處。家人候門，歡笑容與。

漢江遊女石榴裙，一道菱歌兩片聞。估客歸帆休悵望，閨中紅粉正思君。

烟寺晚鐘

暝入松門，陰生蓮宇。杖錫之僧，將歸林莽。蒲牢一聲，猿驚鶴舞。幽谷雲藏，東山月吐。

絶頂高僧未易逢，禪牀長被白雲封。殘鐘已罷寥天遠，杖錫時過紫蓋峰。

漁村夕照

翼翼其廬，瀕崖以居。泛泛其艇，依荷與蒲。有魚可膾，有酒可濡。收綸卷網，其樂何如，西山之暉，在我桑榆。

曬網柴門返照新，桃花流水認前津。買魚沽酒湘江去，遠弔懷沙作賦人。

洞庭秋月

君山南來，浩浩滄溟。飄風之不起，層浪之不生。夜氣既清，清露斯零。素娥浴水，光盪金精。倒霓裳之清影，來廣樂之天聲。纖雲不起，上下虛明。

李白曾携月下仙，烟波秋醉洞庭舡。我來更欲騎黄鶴，直上高樓一醉眠。

平沙落鴈

霜清木落，蘆葦蒼蒼。群鳥肅肅，有列其行。一飲一啄，或鳴或翔。匪上林之不美，懼矰繳之是將。雲飛水宿，聊以隨陽。

陣斷衡陽暫此廻，沙明水碧岸莓苔。相呼正喜無矰繳，又被孤城畫角催。

江天暮雪

歲晏江空，風嚴水結。馮夷剪冰，亂飄洒雪。浩歌者誰，一蓬載月。獨釣寒潭，以奇清絶。

蓑笠無踪失釣船，彤雲黯淡混江天。湘妃獨對君山老，鏡裏修眉已浩然。

讀《岳陽樓記》

王十朋

先憂後樂范文正，此志此言高孟軻。暇日登臨固宜樂，其如天下有憂何。

黄陵廟

陸士規

東風吹草緑離離，路入黄陵古廟西。帝子不來春又去，亂山無主鷓鴣啼。

二妃廟

李邦彦

蒼梧杳靄迷霞躅，晚雲愁入修眉緑。薰風不動五弦空，清淚斑斑在湘竹。

春寒

陳與義

二月巴陵日日風，春寒未了怯園公。海棠不惜臙脂色，獨立濛濛細雨中。

城上晚思

陳與義

獨凭危堞望蒼梧，落日君山如畫圖。無數柳花飛滿岸，晚風吹過洞庭湖。

九日登岳陽樓

陳與義

西風吹日弄晴陰，酒罷三巡湖海深。岳陽樓上登高節，不負南來萬里心。

荊山口望君山

鄭震

荊山江口望漫漫，一白無邊夕照寒。只是青雲浮水上，教人錯認作山看。

岳陽樓

［元］虞集

落絮飛花點鬢絲，清湘春晚獨歸時。我來不為湖山好，祇欠岳陽樓上詩。

巴陵雨中

安南國王陳益稷

鴉拂平林雁陣空，黄花行李老秋風。如何一夜江南夢，盡在巴陵細雨中。

湘中絃

［明］高啟

涼風嫋嫋月粼粼，竹色蘭香秋水濱。一夜猿聲流淚盡，黄陵祠下泊舟人。

題湘君圖

高啟

悵望南巡竟不還，淚和湘雨暮斑斑。須知竹死悲方盡，莫怪秦人便赭山。

過城陵磯

楊士奇

城頭水落石層層，石上魚檣半搭罾。忽望高樓出城郭，舟人指點説巴陵。

洞庭秋月

夏原吉

萬籟無聲玉宇清，君山推出一輪明。嬋娟倒蘸寒波底，驚起魚龍夢不成。

竹枝歌

李東陽

湘江水深天下清，何如隴頭秋月明。離人到此不得醉，况是高樓吹笛聲。

洞庭秋月

唐寅

洞庭湖上岳陽樓，檻外波光接素秋。數點征帆天際落，不知誰是五湖舟。

岳陽樓

杜庠

茫茫雪浪帶烟蕪，天與西湖作畫圖。樓外十分風景好，一分山色九分湖。

湘山障子

湯顯祖

蒼梧雲影落人間，帝子浮湘竟不還。千載秦皇問堯女，不能燒却淚痕斑。

岳陽樓

馮孜

氣蒸雲夢詞何壯，地拆東南語益雄。更著希文金石記，一樓三絶許誰同。

過君山值雨

姜廷頤

十二青螺寺作家，曉尋詩句乞僧茶。秋風過樹落紅葉，夜雨湖聲送白沙。

香爐峰

吴國倫

山烟細細五雲盤，散入春陰楚甸寒。我欲峰頭瞻北極，香爐不似殿中看。

湘竹

王鉞

湘妃分翠滿蒼梧，管領春風叫鷓鴣。我欲放舟閒載酒，紫簫吹過洞庭湖。

重登岳陽樓

戴嘉猷

樓倚雲霄一再臨，江湖眺望百年情。乾坤事變本無盡，眼底風波尚未平。

遊衡山不果寓君山

陳纘宗

衡山未到到君山，君山儘有白雲間。我坐雲根雲送我，不妨擕去到衡山。

君山除夕二首

張元忭

歲晚人間萬事并，市廛燈火簇如星。逍遥獨有乘風客，把酒君山望洞庭。
曉起湘娥點翠眉，窻前一片碧琉璃。湖光山色長如此，臘盡春回總不知。

登岳陽樓

姜性

削出君山水面横，湖光烟景逼山城。誰能收却樓頭趣，千古風流一子京。

題岳陽酒家壁

盛鳴世

巴陵壓酒洞庭春，楚女當壚勸客頻。莫上高樓望湖水，烟波二月已愁人。

岳陽舟中别三弟後作

王啟茂

青草湖邊客路分，吴山楚水正離群。閒鋪枕簟篷牕底，臥看春空幾片雲。

洞庭晚望

王啟茂

樵漁歸盡小舟閒，秋水殘霞錦一灣。身在湖南望湖北，暮雲多似九嶷山。

擬岳陽樓寄嘲黄鶴

孟登

洞庭東繞出岑樓，華嶽飛仙倚醉遊。寄語江城休弄笛，梅花落處鶴生愁。

洞庭湖二首

田九齡

南望蒼梧鎖白雲，九嶷秋色碧氤氲。夜深誰鼓湘靈瑟，淒斷清商不忍聞。
明月懷人倚暮愁，星河不動白雲流。一聲何處來鴻鴈，忽送人間萬里秋。

登岳陽樓贈司閽道士

王應斗

箇箇揮金看洞天，湖山為汝作良田。可知仙客長眈飲，故遣閽人乞酒錢。

二橋墓

王應斗

戰火當年蔽楚天，東風贏得美人全。如今只有雙鬟冢，鐵甕銅臺總未堅。

岳陽樓遇長沙别駕量移岳丞有贈

楊一鶴

夜深宣室照長沙，趨走河西莫問家。碧合君山江篴晚，君從何處聽梅花。

湘君祠觀古松

楊一鶴

望斷蒼梧恨莫從，深山寂寂點秋容。獨憐萬古湖心月，猶照荒祠百尺松。

登岳陽樓

周瑛

洞庭日夜撼孤城，一上危樓百感生。薄暮采芳思寄遠，隔江遥聽楚歌聲。

登岳陽樓書壁

方一鶚

天岳影摇湖水動，樓臺身屹曉風高。婆娑興到憑詩酒，三醉風流一樣豪。

夜泊岳陽樓

吴江清

一葉淩江夜泊時，君山秋水動遐思。樓隨白鶴歸蓬島，冷落梅花老住持。

繫臂十絶

杜女

按：《沅陵志》：明季，沅陵縣城南杜氏女，名小英，被賊掠去，投水死，逆流而上，至洞庭。有詩十絶，以油衣裹之，繫於臂云。

家園一别已經春，此日含羞到漢城。忽下將軍搜括令，教人尚敢惜餘生！
骨肉經辭弟與兄，依人千里夢常驚。歸魂願返家園路，報與雙親已不生。
遮身猶是舊羅衣，夢入瀟湘何日歸？遠涉風濤誰是伴，深深遥祝兩靈姬。
少小叮嚀畫閣時，詩書曾託母兄師。濤聲夜夜悲何極，猶記挑燈讀楚詞。
當年畫閣惜如珍，何事相隨逐水濱。寄語雙親休眷戀，入江猶是女兒身。

征帆又説過雙姑，掩淚深深怯夜鳥。葬我漁江波底没，不留青塚在塵區。
厭聽强兒帶笑歌，幾回腸斷嶺猿多。青鸞有意隨王母，空教人間設網羅。
生平負節欲留題，身入狂瀾歎不齊。河伯有心憐薄命，東流直送洞庭西。
影照江干滿目悲，永辭鸞鏡缺雙眉。朱門空教成秦晉，死後相逢揔不知。
國史當年講解親，殺身自古欲成仁。簪纓雖愧奇男子，猶是王家共事臣。

按：此詩見《沅陵志》。《明詩綜》僅録一首，《岳州丙寅志》亦止録二首，又附入《捃摭》一門。玩此詩，與韓希孟均宜入《藝文》。與二妃之從巡不返、屈子之自沉汨羅，人文俱不朽矣！

洞庭秋月

陶汝鼐

風浄湖雲露浄波，楚天連漢復連河。岳陽無限烟霜月，不及秋蟾氣象多。

黄陵廟

［國朝］徐葆光

翠帷玉珮問湘娥，夕悵佳期憶《九歌》。寂寞荒祠叢竹淚，西風吹作洞庭波。

見斑竹

施閏章

碧玉森森緑水灣，風鳴環珮滿湘山。遊人自洒離愁淚，不是當年舊淚斑。

岳陽道中

唐世徵

三閭祠下草萋萋，竹兎山雞掠馬蹄。儘有征人迷問渡，一肩曉色向寒溪。

登樓望君山

李旭白

巴陵勝概盡湖光，一點君山綰夕陽。秋入洞庭誰共醉？隔江遥憶酒泉香。

君山雜詩四首録一

李嘗之

潭面真如夢得詩，蓬濤亦許子京詞。欲尋石穴通吴會，時向花宫問住持。

君山大士閣紫薇

李嘗之

曾向黄昏對掌麻，何緣枝葉近袈裟。定知往昔中書省，發願來為供佛花。

君山夜棹

楊翔鳳

扁舟滿載夕陽峰，八百烟波入望重。乘興歸來僧睡穩，狂歌夜月扣禪鐘。

過岳陽故廬

楊翔鳳

戰場此日傍城開，憔悴於今有落梅。野閣不知誰是主，故人無意問仙臺。

登岳陽樓

潘宗洛

邯鄲店裹梁初熟，黄鶴樓前酒一沽。何事岳陽三度醉，也應貪看洞庭湖。

題君山寺二首

蔡毓榮

十年鐵甲妖魔定，一道丹書大帥還。臣力已隨湖水竭，聖恩原自浩如天。
昔日莽蜂皆有毒，今來魚鳥盡忘機。登高不作悲風景，活得生靈百萬歸。

湘陰竹枝詞

王之鈇

黄陵山上落日殘，黄陵山下水雲寒。半竿湘竹斑斑淚，多少行人不忍看。
畫闌紅子鬬樗蒲，唾落隨風字字珠。遊人試入湘妃廟，看有題詩女子無。
春日晴和天蔚藍，游絲嫋嫋拂烟嵐。閨中少婦採桑去，學飼吴王八蠒蠶。
青草河西散晚霞，橘林楓岸幾人家。挑來白鶴崖中水，閒試君山穀雨茶。

洞庭阻風

許之豫

烟雨淒迷失岳陽，孤蓬小住洞庭旁。石尤有意吾能説，不許人間鎮日忙。

舟過君山

張埴

群峰簇立一奩開，二女雲鬟江上臺。聞道東方生善飲，何妨自向酒泉來。

黄陵廟

徐世佐

一片浮雲渡水西，春山如畫日初低。鷓鴣不信蒼梧遠，飛向黄陵廟裏啼。

洞庭湖櫂歌三首

朱丕戭

白馬磯前湖水深，白笛山頭鐵笛吟。忽聽女兒唱歌去，山長水遠杳難尋。
綠蓑青篛碧灣邊，初熟黄梅雨滿天。結得青絲千縷網，還須折柳串銀鯿。
岳陽十月不曾涼，雷未收聲虹未藏。昨日江南新到客，白羅衫子葛衣裳。

己酉冬重過君山口占

趙城

扁舟一葉覺身輕，冷水寒烟過洞庭。惟有君山不改舊，向人猶是昔年青。

洞庭竹枝詞十六首録三

高爵尚

雨前雨後采茶忙，嫩綠新抽一寸香。十二碧峰春色好，和烟摘取鬬旗槍。
夕陽村裏是儂家，門外青山一帶斜。好比阿儂頭上髻，朝朝波面照菱花。
青草湖寬風浪多，拍來銅斗聽儂歌。漁家弱媳休言小，拍浪兒能拜浪婆。

秋日登君山

黄文瑗

纔泛平湖又入山，一山高插水中間。新秋滴翠瀟湘雨，門掩波光盡日閒。

二橋墓

費志學

割據紛紛浩刼前，美人黄土劇堪憐。只今銅雀春何處，一種香魂泣杜鵑。

登岳陽樓

王文治

萬頃春聲捲浪花，孤舟晚泊天之涯。岳陽樓頭無事坐，洞庭水試君山茶。

守風鹿角三日，風定放棹，逾刻即次岳陽，賦此以志同舺之興。四首

吴樹萱

三朝風信阻黄牛，鹿角峰前使者舟。忽聽雞聲催喔喔，五更魚大篴烏頭。
東南吴楚盪空舲，一霎烟波過洞庭。欲與江天分主客，重來長揖曉山青。
書畫同舟望若仙，四圍攬盡楚南天。誰將北苑圖中意，寫出蒼茫萬頃烟。

城頭塔影在空濛，無數帆檣落鏡中。一隊鷺鷥飛不定，蘆洲水淺雨花濃。

夜泊岳陽口占

查禮

頻渡湖湘客思多，岳陽樓上洞庭波。空江殘夜無漁火，寒月滿船聞櫂歌。

過洞庭

陶澍

斗酒推篷話小舲，湖光駘蕩浴春星。閒聽一夜南風駛，已報扁舟過洞庭。

由中窖至南嘴湖水甚大

陶澍

萬頃湖天雪打開，樹顛浮起緑成堆。小舟葦裏亂穿過，一陣瀟瀟風雨來。

天心湖望楊閣部墳山二首

陶澍

運籌幃幄原乖術，畢命疆場匪愛身。世亂始知才不易，督師死後更無人。

師門忍用鞭尸報，謗口誰從死後明。檮杌若教成信史，莫將首惡赦周生。

周生事見《池北偶談》。

岳陽樓次壁間吴少甫韻

韓崶

烟雨空濛客滯留，七年三上岳陽樓。風波如此行不得，羨煞天邊萬里鷗。

洞庭漁歌四首録一

劉濟

輕舟逐水等飄萍，長日生涯在洞庭。還趁晚凉頻下網，歸來摇動一湖星。

朗吟亭

張五典

來和咸池舊樂聲，倏然劍佩御風輕。道人何不空文字，半是躭吟半紀行。

立秋日遊桃花庵

童大年

泉聲山色總秋思，閒倚孤雲憩坐時。何處飛來桐一葉，山靈疑遣客題詩。

過洞庭湖望君山

釋海聰

君山頂上布金沙，僧舍重開古梵家。我欲停帆無住著，竟將身世等浮槎。

阻風洞庭徐廷鑑之妻，節婦，見《楚風補》

杜氏

烟雨淒迷失岳陽，孤篷小住洞庭旁。石尤有意吾能説，不許人間鎮日狂。

此詩向傳許之豫所作，今以《楚風補》正之。

五言排律二十七首

岳州作

［唐］張説

水國生秋草，離居早及瓜。山川臨同穴，風日望長沙。土物南州異，關河北信賒。日昏聞怪鳥，地熟見修蛇。遠人夢歸路，瘦馬嘶去家。正有江潭月，徘徊戀物華。

岳州宴姚紹之并序

張説

姚斯馬住在栢臺，每欽骨鯁。及玆荒服，偶得官聯。復有令弟美允，芬芳襲予。山寺外廬，幽深形勝。童冠是集，歡言賦詩。

杞梓滯江濱，光華向日新。難兄金作友❶，媚子玉為人。山水含秋興，池亭借善隣。簷松風送静，院竹鳥來馴。翠斝吹黄菊，琱盤膾紫鱗。緩歌將醉舞，為拂繡衣塵。

岳州觀競渡

張説

畫作飛梟艇，雙雙競拂流。低裝山色變，急棹水華浮。土尚三閭俗，江傳二女游。齊歌迎孟姥，獨舞送陽侯。鼓發南湖溠，標争西驛樓。並舟恒詑速，非畏日光遒。

❶ “友”原文爲“字”，據《全唐詩》卷八十八改。

過南嶽入洞庭湖

杜甫

洪波忽争道，岸轉異江湖。鄂渚分雲樹，衡山引舳艫。翠牙穿裛槳，碧節上寒蒲。病渴身何去，春生力更無。壤童犁雨雪，漁屋架泥塗。欹側風帆滿，微冥水驛孤。悠悠迴赤壁，浩浩略蒼梧。帝子留遺恨，曹公屈壯圖。聖朝光御極，殘孽駐艱虞。才淑隨厮養，名賢隱鍜鑪。邵平原入漢，張翰後歸吴。莫怪[1]啼痕數，危檣逐夜烏。

酬韓愈侍郎登岳陽樓見贈自注：時予權知岳州事

竇庠

巨浸連空濶，危樓在杳冥。稍分巴子國，欲近老人星。昏旦呈新候，川原按舊經。地圖封七澤，天限鎖重扃。萬象皆歸掌，三光豈遁形。月車纔碾浪，日御已翻溟。落照金成柱，餘霞翠擁屏。夜光疑漢曲，寒韻辨湘陰。山晚雲常碧，湖春草徧青。軒黄曾舉樂，范蠡幾揚舲。有客初留鷁，貪程尚數蓂。自當徐孺榻，不是謝公亭。雅論冰生水，雄才刄發硎。座中瓊玉潤，名下茝蘭馨。假手誠知拙，齊心匪憝寧。每慙公府粟，却憶故山苓。苦調當三歎，知音韻一聽。自悲由也瑟，敢墜孔悝銘。野杏初成雪，松醪正滿瓶。莫辭今日醉，長恨古人醒。

湘靈鼓瑟

錢起

善鼓雲和瑟，常聞帝子靈。馮夷空自舞，楚客不堪聽。苦調凄金石，清音入杳冥。蒼梧來怨慕，白芷動芳馨。流水傳湘浦，悲風過洞庭。曲終人不見，江上數峰青。

前題

莊若誠

帝子鳴金瑟，餘音自抑揚。悲風絲上斷，流水曲中長。出没游魚聽，逶迤彩鳳翔。微音時叩徵，雜韻乍含商。神理誠難測，幽情詎可量！至今聞古調，應恨滯三湘。

---

[1] “怪”原文爲“悮”，據《全唐詩》卷二百三十三改。

前題

魏催

瑶瑟多哀怨，朱絃且莫聽。扁舟三楚客，叢竹二妃靈。淅瀝聞餘響，依稀欲辨形。柱間寒水碧，曲裏暮山青。良馬悲啣草，遊魚思繞萍。知音若相遇，終不滯南溟。

湘靈鼓瑟

王邕

寶瑟和琴韻，靈妃應樂章。依稀聞促柱，髣髴夢新粧。波外聲初發，風前曲正長。凄清和萬籟，斷續繞三湘。轉覺雲山迥，空懷杜若芳。誰能傳此意，雅奏在宫商。

湘靈鼓瑟

陳季

神女泛瑶瑟，古祠嚴野亭。楚雲來泱漭，湘水助清泠。妙指微幽契，繁聲入杳冥。一彈新月白，數曲暮山青。調苦荊人怨，時遥帝子靈。遺音❶如可賞，試奏為君聽。

過洞庭

李嶼

浩渺注横流，千潭合萬湫。半泓侵楚翼，一汉屬吴頭。動舳當新霽，漫空正仲秋。勢翻荊口近，聲擁岳陽浮。遠脉滋衡嶽，微凉散橘洲。星辰連影動，嵐翠逐隅收。漸落分行鴈，旋添趂伴舟。昇騰人莫測，安穩路何憂。氣與塵中别，言堪象外搜。此身如未了，來把一竿休。

中秋夜洞庭圓月

姚合

素月閑秋景，騷人汎洞庭。滄波正澄霽，凉葉未飄❷零。練彩凝葭菼，霜容静杳冥。曉棲河畔鶴，宵映渚邊螢。圓彩含珠魄，微飚發桂馨。誰憐採蘋客，此夜宿孤汀。

---

❶ “音”原文爲“言”，據《全唐詩》卷二百四十改。

❷ “飄”原文爲“雕”，據《全唐詩》卷八百八十三改。

憶洞庭觀步十韻

皮日休

前時登觀步，暑雨正錚摐。上戍看綿蕝，登村度石矼。崦花時有簇，溪鳥不成雙。遠樹點黑稍，遥峰露碧幢。巖根瘦似殼，杉破腹如腔。SOFT衩衬漁人服，笭箵野店窻。多攜白木鍤，愛買紫泉缸。仙犬聲音古，遺民意緒厖。何文堪緯地，底策可經邦。自此將妻子，歸山不姓龐。

憶襲美洞庭觀步奉和次韻

陸龜蒙

聞君遊静境，雅具更摐摐。竹傘遮雲徑，藤鞵踏蘚矼。杖斑花不一，尊大癭成雙。水鳥行沙嶼，山僧禮石幢。已甘三秀味，誰念百牢腔。遠棹投何處，殘陽到幾窗。仙謡珠樹曲，村餉白醅缸。地里方吴會，人風似冉厖。探遊非遯世，尋勝肯迷邦。為讀《江南傳》，何賢過二龐。

寄岳陽滕太守宗諒[1]

［宋］歐陽修

峭巘孤城倚，平湖遠浪來。萬尋迷島嶼，百仞起樓臺。太守凭軒[2]處，群賓[3]奉笏陪。清霜薦丹橘，積雨過黄梅。逸思歌湘曲，遒文繼楚材。魚貪河岫樂，雲忘[4]帝鄉廻。遥信雙鴻下，新緘尺素裁。因聞誇野境，自笑擁邊埃。龍漠[5]方多孽，旄頭久[6]示災。旌旗時映日，鼙鼓或驚雷。有志皆嘗膽，何人可鑿坏。儒生半投筆，牧豎亦輪懷。沮澤辭猶漫，蒲萄舘未開。支離莫攘臂，天子正求才。

洞庭善慶堂置酒小詩寄之

孫覿

幽絶小蓬壺，參差見畫圖。亂青山四出，一碧水平鋪。洲蘗[7]紅相照，沙

---

❶ 據《歐陽修集》（肖丁、楊夢東、趙曉曼整理，北京：國際文化出版公司，1997年），此詩題名爲《得滕岳陽書，大誇湖山之美，郡署懷物甚野，其意有戀著之趣。作詩一百四十言爲寄，且警激之》。

❷ “軒”原文爲“闌”，據《歐陽修集》改。

❸ “賓”原文爲“賢”，據《歐陽修集》改。

❹ “忘”原文爲“望”，據《歐陽修集》改。

❺ “漠”原文爲“漢”，據《歐陽修集》改。

❻ “久”原文爲“反”，據《歐陽修集》改。

❼ “蘗”原文爲“葉”，據《宋詩鈔》（清文淵閣四庫全書本）卷四十七改。

茸細欲無。蓮房並百子，橘圃聚千奴。布穀休催種，提壺且勸酤。楚腰飛燕燕，秦缶和烏烏。便旋驚囘雪，連娟引貫珠。西風催畫鷁，落日詠驪駒。浩蕩川原隔，驚呼歲月徂。寥寥清夜夢，直似控摶扶。❶

洞庭野望

陳與義

洞庭微雨後，凉氣入綸巾。水底歸雲亂，蘆叢返照新。遥汀横薄暮，獨鳥度長津。兵甲無歸日，江湖送老身。悠悠只倚杖，悄悄自傷神。天意蒼茫裏，村醪亦醉人。

登岳陽樓

［元］傅若金

馳傳自青天，憑高憶往年。闌干映水迴，埤堄與雲連。江合沅湘大，山侵楚蜀偏。蜃郎通别井，龍女宅重淵。日月鴻濛裏，風沙浩蕩前。驪珠秋後冷，犀火夜深然。張樂猶疑奏，乘槎欲並仙。登臨停去騎，寵餞惜離筵。地氣南交接，天文北極懸。賦慚王粲作，詩擬杜陵傳。渺渺衡陽鴈，迢迢浪泊鳶。早春囘漢節，應得泛湖船。

君山雨後漫興

孫穀

昨日障春霧，兹晨吼岸風。繫舟停水際，著屐出山巃。旋汲龍王井，頻來帝子宫。寒烟留野剎，細雨濕簾櫳。逕散桃花色，墟夷斑竹叢。問仙尋鶴跡，弔古覔遺蹤。谷應空中鼓，沙明水上茂。行歌猶未已，瑶瑟遠崆峒。

過洞庭湖

［國朝］施閏章

春半洞庭漲，風驅萬櫓開。蛟龍横楚粤，島樹割蓬萊。軒帝乘雲去，湘妃鼓瑟囘。白蘋鷗浩蕩，芳杜水瀠洄。蜃市朝曦暗，珠帆夜月來。氣連南嶽霧，濤駭北溟雷。天地滄洲盡，江湖畫角哀。中宵呼屈宋，千古一徘徊。

庚子秋過洞庭漫賦

李旭白

向聞洞庭濶，今在水中央。一碧聯空浄，千山落渺茫。舟輕風怯重，楫短濟驚長。蕩漾同鷗汎，翱翔接鴈行。文章傳屈賈，雲物感英皇。今古升沉異，

❶ “寥寥清夜夢，直似控摶扶”，據《宋詩鈔》（清文淵閣四庫全書本）卷四十七補。

乾坤節序常。風流懷往昔，沽酒醉斜陽。

洞庭

鄧林尹

漠漠渺無際，茫茫彌不窮。天維全在水，地極忽為空。積氣和雲白，浮光漾日紅。沸騰驚破浪，出没看飛蓬。青漢頻聞鶴，横波每渡鴻。君山歸一點，衡嶽失層崧。神鳥能迎櫂，江豚解拜風。霞明千里灼，霧隱萬波濛。不泛馮夷窟，安知神禹功！虞巡從此逝，秦火至今烘。鐵笛音何韻，桃源路可通。玉輪開碧落，冰鑑燭蛟宫。浣手探星斗，鳴橈破昊穹。石尤聲倏怒，澤國勢彌雄。黄鵠翔樓下，青蛇在袖中。我無今昔恨，長嘯揖仙翁。

洞庭張樂

張麟錫

帝子瀟湘浦，音交命大容。五簴調細管，九乳發神鍾。籟應金堂響，雲留寶殿濃。氾林翔紫鳳，香窟舞斑龍。珠蚌徽原肖，霜鼉鼓自供。魚兒方竊聽，風伯定偕從。桂竹幾千里，芎花十二峰。遥知和笛處，忘却採芙蓉。

洞庭張樂

裘麐

廣樂咸池盛，高張在洞庭。烟波浮大野，鐘鼓降群靈。逸韻流空濶，繁音動杳冥。鼉鳴秋浪涌，龍出晚風腥。衡雁驚還起，湘雲遏欲停。半天聲渺渺，極浦响泠泠。楚水長含白，君山不斷青。重歌軒后德，遺律叶千齡。

湘靈古瑟

張九鎰

杳杳復冥冥，朱絃澀更泠。聲從何處落，人在半窓聽。舊説湘妃怨，遥傳帝子靈。無言思更切，有响淚俱零。月静群峰白，烟浮一綫青。彈時龍出壑，咽後雁歸汀。結霧横蘭畹，為波下洞庭。明朝看繍竹，應寫玉瓏玲。

江上數峰青

沈自申

聽罷湘靈瑟，難尋聲外踪。澄江拖素練，冷氣撲晴峰。水净烟全斂，天空黛更濃。倒侵寒瀲灎，高插秀芙蓉。情遠知何極，雲歸定幾重。低回悲白芷，隱約辨蒼松。不復聞遺韻，無端起暮鐘。荊人空自怨，帝子若為逢。

七言排律一首

洞庭湖

黃文理

八百滔滔開楚甸，三湘浩浩勢奔騰。陰陽翕闢千山轉，海嶽迢遥萬派澄。光動斗牛波似雪，冥含烟霧氣如蒸。白沙青草羅斑竹，蛟室龍堆孕化鵬。鼓盪層雲天際曉，飛來片白地中棱。乾坤蕩漾漚頻泛，今古循環浪疊興。雨洗一泓江樹合，月融虛壁玉壺凝。浸花潤葉風怯静，蘭鷁希光楫可乘。

騷體四

洞庭迎神送神辭四章

［元］陳泰

我歲晏兮北行，蹇維舟兮洞庭。詣靈均兮神圉，女巫進兮告情。擊鼓兮坎坎，心馳兮日短。靈惝怳兮有無，思我虔兮無遠。

修門兮延佇，靈將動兮松語。群龍兮吹靈，森天矯兮樹羽。擊鼓兮咽咽，靈飈兮建旂。鬱鬱玉珥兮位服，映位紞兮華縠。紛進拜兮王臣，心夷猶兮平陸。

我所悦兮霞觴，假將進兮翱翔。分靈光兮怵惕，靈慰我兮清揚。灑酒兮苾椒，荃蕙兮為殽。靈飲此兮長壽，配南箕兮參北斗，介下土兮景福，荷皇風兮永久。

蹇既醉兮日暮，絲烟生兮南浦。靈之回兮影翔，紛遺女兮螭章。幽懦兮閒夕，窈窕兮望不極，雲冉冉兮靈辭，羌勞汝兮余思，湖之濱兮有芷，候南風兮來歸。

詞六

洞庭湖臨江仙

［宋］滕宗諒

湖水連天天連水，秋來分外澄清。君山自是小蓬瀛，氣蒸雲夢澤，波撼岳陽城。

帝子有靈能鼓瑟，凄然依舊傷情，微聞蘭芷動芳馨，曲終人不，江上數峰青。

洞庭念奴嬌[1]

張于湖

洞庭青草近中秋，更無一點風色。玉界瓊田三萬頃，著我扁舟一葉。數月

[1] 據《于湖居士文集》（徐鵬点校，上海：上海古籍出版社，1980 年）卷第三十一改。

分輝，銀河共影，表裏俱澄澈[1]，悠[2]然心會，妙處難與君説。

應念嶺海經年，孤光自照，肝肺皆冰雪。短髪蕭騷襟袖冷，穩泛滄浪空濶。盡挹西江，細傾北斗，萬象為賓客。扣舷[3]一笑，不知今夕何夕！

湘羅夜雨浪淘沙

［明］李攀龍

風雨夜來多，暗渡湘羅。帶烟縈霧蘸清波，遠浦殘燈明又滅，濕透漁蓑。三載幾經過，壯志消磨。蘆花深處楚人歌，大半《離騷》篇内意，音調幽和。

洞庭秋月浪淘沙

鐘世賢

霜落洞庭秋，天濶雲收。影摇孤月翠光浮，何處仙人吹鐵笛，黄鶴樓頭。不洗古今愁，只管清幽。琉璃盤内水晶毬，照徹君山千萬丈，便是瀛洲。

四言詩十二章

平滇雅三篇録一

岳湖逐寇也

［本朝］陳廷敬

岳湖洋洋，我武洸洸。謂南有藩，無敢撼我疆。岳潮滔滔，我武囂囂。謂南有藩，無敢鬮我郊。一章

我疆大矣，我圉溢矣。芽蘗其間，竦棘合蜎。昔我南藩，化為異類。二章

帝如兩大，以覆以載。推食以食，解衣以衣。遷之善地，勿剪勿拔。三章

彼惟狂昏，狡焉生心。肆為誅首，啟戎于南。如螗奮臂，如蚋決背。首仰意張，如豕斯鶩。四章

惟帝咨嗟，惠威是崇。薄徃禽之，孰佐予功。予矜下民，救此一方。取其殘凶，是類是造，禡于臨衝。五章

楛矢敦弓，我弓我矢。靡旌摩壘，兵無遺鏃。耕無失耜，天塹茫茫。限此江水，既斷其趾，且斬其頞。六章

盜負險阻，距趯躍踉。翾飛饑歒，羽翅以張。侯在太白，占於天狼。我涇我隴，是震是驚。七章

---

[1] “澈”原文爲“徹”，據《于湖居士文集》卷第三十一改。

[2] “悠”原文爲“油”，據《于湖居士文集》卷第三十一改。

[3] “舷”原文爲“絃”，據《于湖居士文集》卷第三十一改。

維彼閩粤，波蕩海垠。帝屢下顧，哀此蟄昏。盗徃連結，倚以父母。乃餌乃誘，乃為盗守。八章

帝援天矛，鎩羽截鱗。嶺海革面，蒙羞來臣。禽魋于威，柔肌于恩。盗失厥助，飛魄殞命。九章

老雄野死，梟雛棲棲。巢湖飲海，傾摇於波。爾居鶃廆，我步逶遲。大祖高驤，賊馬遁逃。十章

洞庭湯湯，岳陽峩峩。載驅載馳，爰拔厥家。十一章

惟人歸德，惟帝之謨。窮經窟宅，是翦是屠。我武煇燿，式廓鬼區。百蠻萬國，傒我來蘇。十二章

六言二

岳陽晚興二首

［明］葉子奇

洞庭萬頃秋月，君山一點晚烟。安得幅巾無事，酒船吹笛江天。

其二

暮雨漁村春暝，曉霜楓葉秋酣。人世花開花落，山光湖北湖南。

聯句一

漂泊岳陽，遇張中行，因泛舟洞庭，晚宿君山，聯句

［元］丁開

元氣無根株，開。地脉有斷絶。中行。日月互吞吐，開。雲霧自生滅。中行。楚妃結幽想，開。巴客答清呋。中行。寧知莽蒼中，不假巨鼇力。勢閲南紀浮，開。思隨西風發。形影寄孤舟，中行。吾道成鴃舌。笑談正凌傲，開。俯仰不偏側。每與景物會，中行。未省歡娱畢。叠翠晚愔愔，開。墮黄秋的的。魚龍負贔屭，中行。獨鳥去不息。曠野眇周抱，開。異境超慌惚。徑度萬頃空，[1] 中行。煮茗香初歇。衣裳識霜信，開。瓶鉢了禪悦。事定心源清，中行。夢回斗柄直。周遊興欲盡，開。長往計未决[2]。出門更回首，中行。洲水盪虚白。美哉神禹功，開。已矣三苗國。山水長不朽，中行。愚智俱可惜。神交正冥冥，開。指點空歷歷。慎勿語俗人，中行。桃園恐相失。開。

---

[1] 中間删“忽得一拳碧。稍稍雞犬近，開依依鐘梵夕。推門月微墮，中行”，據《宋詩紀事》（清文淵閣四庫全書本）卷六十八補。

[2] “决”原文爲“曲”，據《宋詩紀事》卷六十八改。

集唐十

岳陽樓集唐百首録五。按：集句始於傳咸，非詩家正體。第裁翦集腋，亦見匠心。附録數首，以備一格。又可見名勝留題，無美不備也

彭範

翡翠為樓金作梯，李白。青山常對捲簾時。李嘉祐。雲門自繞軒臺外，麻温其。芳草春深帝子祠。李群玉。裛裛東風吹水國，無名氏。娟娟西月生蛾眉。廉氏。物情多與閒相稱，劉威。獨立蒼茫自詠詩。杜甫。

對水看山欲暮春，劉長卿。一螺青黛鏡中心，雍陶。千秋釣艇歌明月，杜牧。幾處閒花映竹林。張謂。青草浪高三月渡，張泌。蒼梧雲疊九疑深。僧齊己。仙人有待乘黄鶴，李白。半夜猶追白石吟。陸龜蒙。

樓上風光似去年，麻温其。初聞征鴈已無蟬。李商隱。溪風送雨[1]過秋寺，張泌。沙鳥帶聲飛遠天。李群玉。帝子夢魂烟水濶，韋莊。巴陵漁父棹歌連，張志和。誰人正得風濤便，崔塗。疑是乘舟到日邊。張説。

碧城十二曲欄杆，李商隱。棟宇峥嶸燕雀還。周岳秀。樓上北風斜捲席，崔珏。洞庭秋水遠連天。劉長卿。川原繚繞浮雲外，盧綸。木葉偏飛楚客前。麻温其。莫把羈魂弔湘魄，張泌。古碑無字草芊芊李群玉。

洞庭秋水騷人哀，李白。竹葉閒傾滿滿杯。韋莊。乘地寒雲吞大漠，方干。遠城波色動樓臺。温庭筠。巴人涙應猿聲落，劉禹錫。估客舡隨返照來，杜甫。看處便須終日住，吴融。欲題風韻輙徘徊。楊巨源。

岳陽樓集唐三十首録五

陳杰

城上高樓接大荒，柳宗元。遥天漠漠水茫茫。包和。寒雲曉散千峰雨，許渾。旭日晴開萬頃光。李中。湖口浪花吞漢沔，陳陶。海門帆勢極瀟湘。許渾。年來吴楚常為客，方干。一半生涯在岳陽。劉滄。

洞庭春盡水如天，柳宗元。獨上江樓思悄然。趙椵。青草浪高三月渡，張泌。緑楊晴拂萬條烟。黄滔。興來吟咏徒成癖，白居易。樂在風波不羡仙。張志和。學取青蓮李居士，譚用之。將錢買酒白雲邊。李白。

水物輕明澹似秋，皮日休。天光雲影共悠悠。劉禹錫。江豚初起浪如屋，韓愈。山雨欲來風滿樓。許渾。凉風漸多炎氣少，譚用之。遠帆將落近帆收。李咸用。世間變態誰能測，魚元機。又見斜陽下楚邱。武昌妓。

巴陵一望洞庭秋，張説。渺渺湖光繞郡流。唐彦謙。曲岸有花皆近水，許渾。

[1] “雨”原文爲“語”，據《全唐詩》卷七百四十二改。

好雲無處不遮樓。羅隱。新愁舊恨憑誰説，雍陶。事去人亾蹟尚留。劉長卿。聞道神仙不可接，張説。片帆孤影去夷猶。李郢。

上盡層樓更上樓，李商隱。一天寒氣聚南州。竇鞏。風吹雨色連村暗，法振。樹夾河聲繞郡流。姚癸。去鴈遠銜雲夢雪，李頻。啼猿多傍木蘭舟。許棠。楚江自古多離愁，張泌。安得知音共唱酬。吕温。

論曰：自來地里、山川，一切藝文，至洞庭湖，可謂極天下之大觀，盡古今人文之能事矣。

以人，則帝王、將相、名臣、醇儒、才人、媍女、仙釋、外番之流，靡不到；以景，則風晨、月夕、雲霞、雨雪、陰晴、晦明、春秋、冬夏之見於吟咏者，靡不悉；以情，則憂君、愛國、傷時、憫亂、宴飲、酬酢、離别、悲歌、忼慨、喜怒、哀樂之發於篇章者，靡不精。

而且君山、天岳、青草、赤沙、瀟湘、雲夢、石門、巴邱、鹿角、龍堆、鼓樓、磊石一帶，瀕湖之地，皆名勝也，而靡不有作。黄陵、軒鼎、堯女、舜妃、秦樹、漢泉、飛昇、朗吟、魯墓、岳城之處，皆名跡也，而靡不有作。屈子、賈傅之後，若南北朝之顔庾沈謝，唐之李杜韓白，宋之蘇黄米陸，元之虞揭歐元，明之前後七子及本朝來諸大家，皆名人也，而靡不有作。

是以其見於文者，自《離騷》外，若賦、若序、若記、若書、若疏、若議、若辨、若解、若考、若題跋之文，靡不備。其見於詩者，五古、七古、五律、七律、五絶、七絶、五排、七排、四言、六言，及詩餘、聯句、集唐各體，靡不備。且雕劖混茫，斧鑿虚空，各露精光，美不勝收。而文之屬，其存之者六十餘篇；詩之屬，其存者九百餘篇。嗚呼！可謂盛矣！

古人謂“巴陵勝狀，在洞庭一湖”，則即謂洞庭勝狀，在《藝文》一門，可也。原本但分時代，而又多所遺逸，惟以文體、詩體分其眉目，而以時代次序之，益足見洞庭之大極，天下之勝區，萬不能遠過也。